Der Fall Maldaque

Ein Willkürakt mit Todesfolge

# Der Fall Maldaque

## *Ein Willkürakt mit Todesfolge*

Beiträge und Dokumente

Herausgegeben von
Waltraud Bierwirth, Luise Gutmann,
Klaus Himmelstein und Erwin Petzi

Verlag Friedrich Pustet
Regensburg

**Bibliografische Information der Deutschen Nationalbibliothek**
Die Deutsche Nationalbibliothek verzeichnet diese Publikation
in der Deutschen Nationalbibliografie; detaillierte bibliografische
Angaben sind im Internet über http://dnb.d-nb.de abrufbar.

www.verlag-pustet.de

ISBN 978-3-7917-2478-2
© 2013 by Verlag Friedrich Pustet, Regensburg
Satz: Vollnhals Fotosatz, Neustadt a. d. Donau
Druck und Bindung: Friedrich Pustet, Regensburg
Umschlaggestaltung: Heike Jörss, Regensburg
Printed in Germany 2013

# Inhalt

**Vorwort** ............................................................. 7

*Klaus Himmelstein*
**Vom kurzen Leben der Elly Maldaque** ........................ 13

*Waltraud Bierwirth, Luise Gutmann*
**Eine anstößige Beziehung** ..................................... 58
Der KPD-Stadtrat und Sozialpolitiker Konrad Fuß

*Waltraud Bierwirth*
**Zwischen Verdammung und Verklärung** ..................... 82
Die Berichterstattung über Leben und Tod Elly Maldaques

*Waltraud Bierwirth*
**Über die Kontinuität von Gesinnungsschnüffelei
und Obrigkeitsstaat** ............................................. 104
Von den Schwierigkeiten der Erinnerung an Elly Maldaque


# Dokumentation

**Texte Elly Maldaques** .......................................... 134
Dokumente 1–19

**Die Lehrerin Elly Maldaque** ................................... 170
Dokumente 20–34

**Eltern nehmen Stellung** ....................................... 185
Dokumente 35–39

**Berichte der Politischen Polizei über Elly Maldaque** ...... 192
Dokumente 40–47

**Ein Fall für die Psychiatrie** .............................. 207
Dokumente 48–52

**Aus dem Bayerischen Landtag – 88. Sitzung vom 31. Juli 1930** .. 230
Dokumente 53–54

**Die Presse über Elly Maldaque** ........................... 247
Dokumente 55–60

**Die Evangelische Kirche nimmt Stellung** ................... 266
Dokumente 61–63

**Anhang**

Zeittafel ............................................. 273
Glossar .............................................. 276
   Henri Barbusse (1873–1935) ........................ 276
   Nikolai Iwanowitsch Bucharin (1888–1938) .............. 278
   Ludwig Freiherr von und zu der Tann (1815–1881) ......... 280
   August Kerscher (1869–1954) ....................... 281
   Romain Rolland (1866–1944) ........................ 282
   Die Bewegung der Kinderfreunde ..................... 285
   Bund der Freunde der Sowjetunion (BdFSU) ............. 287
   Deutschnationale Volkspartei (DNVP/BMP) .............. 289
   Die proletarische Freidenker-Bewegung ................ 291

Quellen .............................................. 294
Literatur ............................................. 296
Abbildungsnachweis .................................... 301

# Vorwort

Die Titelseite der vorliegenden Publikation zeigt ein als verschollen vermutetes Foto des Regensburger Porträtfotografen Franz Dallago, eine modisch gekleidete, selbstbewusste junge Frau. Irgendwann im Sommer 1926 entstand das „schöne Foto" von Elly Maldaque. Anfang 30 ist die protestantische Lehrerin, als sie dem Fotografen Dallago Modell steht. Noch knapp vier Jahre hat sie zu leben. Wie die sportlich ambitionierte Frau, Mitglied beim Freien Turn- und Sportverein in Regensburg, vom erfüllten Leben zum überraschenden Tod in der Regensburger „Irrenanstalt" Karthaus-Prüll kam, löste im Sommer 1930 eine deutschlandweite politische Reaktion aus.

„Der Fall Maldaque" stand auf der Tagesordnung. Weit über hundert Artikel erschienen und einig war sich die Presse in der Feststellung: „Es ist eine Tragödie". Das Schicksal der „Lehrerin von Regensburg" berührte Schriftsteller und Dramatiker, Musiker und Maler. Und natürlich die Politiker. Konservative, Liberale und die Linke – repräsentiert durch die Parteien KPD und SPD – sahen im Vorgehen der bayerischen Kultusbürokratie gegen die Lehrerin Maldaque elementare, demokratische Grundsätze der Weimarer Verfassung verletzt. Sie beschuldigten die regierende Bayerische Volkspartei, ihre Machtstellung genutzt zu haben, um durch ein Berufsverbot gegen die vermeintlich „kommunistische" Lehrerin Elly Maldaque ein Exempel zu statuieren, was deren Tod zur Folge hatte.

Wie sich das abgespielt haben könnte, verarbeitete der Dramatiker Ödön von Horváth in dem Dramenfragment *„Die Lehrerin von Regensburg"*. Als kritischer „Chronist" der Weimarer Republik deutet er den „authentischen" Fall der Lehrerin von Regensburg als Konflikt zwischen bürgerlichem Individualismus und sozialistischem Kollektivismus. Als ein Beispiel für die „Tragik bei der Überwindung des Mittelstandes", dem er das „Gepräge eines kleinen Totentanzes" gibt. So ordnete fünfzig Jahres später der Tübinger Literaturwissenschaftler Jürgen Schröder das Fragment ein. Im Wintersemester 1976 entdeckten Regensburger Studenten Horváths vergessenes Dramenfragment und führten vor über 400 Zuschauern in Szenen vor, wie der Obrigkeitsstaat die Gesinnung der Lehrerin Maldaque ausforschte und ihre Existenz vernichtete. Der aktuelle Bezug zur Gegenwart war zwingend, denn in der jungen Universität Regensburg vergifteten Gesinnungsschnüffelei und Berufsverbot das politische Klima. Zwei Jahre darauf entdeckten auch Tübinger Studierende eines Horváth-Seminars die zeitgeschichtliche Parallele.

Für den Horváth-Spezialisten Jürgen Schröder galt es fortan zu klären: Basiert das Horváthsche Dramenfragment um Leben und Sterben von „Lehrerin Ella" tatsächlich auf einem authentischen Fall? Vor dem Hintergrund einer geplanten, historisch dokumentierten Edition des Fragments schrieb er dem damaligen bayerischen Kultusminister Professor Dr. Hans Maier: „ ... zum ersten Mal scheint es möglich, Horváths produktives Verhältnis zur historischen Wirklichkeit an einem exemplarischen Beispiel zu belegen und auszuwerten."

Schröder brauchte dringend ministerielle Unterstützung, um seinen Forschungsansatz zu überprüfen, denn bei seiner Spurensuche in Regensburg war er buchstäblich vor die Wand gelaufen. Den Bewahrern der brisanten Akten erschien die Veröffentlichung der Maldaque-Akte vor dem Hintergrund der aktuellen Berufsverbote als zu heiß. Sie leugneten und schwiegen. Zwei Jahre blieb die Personalakte unauffindbar, bis der Minister um der Wissenschaft willen ein Machtwort sprach.

1982 veröffentlichte Jürgen Schröder das Ergebnis seiner Recherchen über „Horváths Lehrerin von Regensburg" im Suhrkamp Verlag. Die Ergebnisse in Sachen Maldaque/Horváth ergänzte er durch einen umfangreichen Dokumententeil. Die Bilanz seiner Arbeit: „Hier kann man verfolgen, wie eine sensible Frau, die nichts als ein ‚guter Mensch' sein mochte, plötzlich und planmäßig zu einem ‚Verfassungsfeind' gemodelt wird."

Was gibt es mehr als 80 Jahre nach dem Tod der Regensburger Lehrerin Neues zu erzählen? Was unterscheidet das vorliegende Buch von Jürgen Schröders Publikation, die vor 30 Jahren erschien?

Anstoß für eine erneute, erweiterte Spurensuche gab eine Veranstaltungsreihe des Evangelischen Bildungswerks Regensburg im Frühjahr 2008 über die „mutige Regensburger Lehrerin am Vorabend der NS-Diktatur". Das öffentliche Interesse an den Vorträgen machte deutlich, die künstlerische Verarbeitung des Lebens und Sterbens von Elly Maldaque dominiert das Bild von ihr: Die Theaterstücke von Ödön von Horváth *(Die Lehrerin von Regensburg)* und dem Regensburger Josef Wolfgang Steinbeißer *(Lehrerin Elly)*, die *Ballade der Lehrerin Elly Maldaque* von Walter

Mehring und die Oper von Franz Hummel *(An der schönen blauen Donau)* prägen die Erinnerung und die politische Einordnung des Falles Maldaque. Die künstlerische Rezeption ist natürlich nicht an historische Fakten gebunden, besonders wenn das „Kerngeschehen", Entlassung und Tod, im Zentrum der künstlerischen Bearbeitung steht. Dann fügen sich die verschiedenen Bausteine aus Überlieferung, Kolportage und Bühnenbearbeitung zu einem jeweils eigenen Gesamtbild zusammen und Elly Maldaque kann zum Beispiel als ein frühes Opfer der Nazis gesehen und ihr Tod im „Irrenhaus" als Mord interpretiert werden.
Diese Sicht der Dinge, die in den öffentlichen Auseinandersetzungen bis 1930 wurzeln, entlasten die Bayerische Volkspartei, die Regierungspartei des Freistaats Bayern im Jahr 1930. Stimmt die Überlieferung vom Nazi-Opfer mit den politisch-historischen Fakten überein? Und wollte sie wirklich nur „ … ein ‚guter Mensch' sein", wie Jürgen Schröder in seinem Buch „Horváths Lehrerin von Regensburg" meint?

Vor diesem Hintergrund begann eine über zweijährige Erkundung in staatlichen und kirchlichen Archiven. Die Auswertung alter und neuer Quellen führte zu einem erweiterten und politisch differenzierteren Maldaque-Bild. Richtig bleibt dabei, dass die Regensburger Lehrerin keine Kommunistin nach dem Parteibuch war und ihre fristlose Entlassung ein Willkürakt war, der die Weimarer Verfassung missachtete.
Auch das vorliegende Buch enthält eine breite Dokumentation. Anders als in der Publikation von Jürgen Schröder sind die Dokumente jedoch vollständig wiedergegeben. So wird erstmals auch das komplette Tagebuch Maldaques veröffentlicht. Die Einordnung der Dokumente wird durch ihre Einteilung und durch Erläuterungen für den Leser nachvollziehbar.
Neu ist auch der Ansatz, die Rezeptionsgeschichte über die Lehrerin von Regensburg mit den Zeitläuften zu verbinden. Welche Wirkung hatte das von einem autoritären Obrigkeitsstaat vor über 80 Jahren verhängte Berufsverbot für eine Lehrerin auf die späteren Generationen? Gibt es eine Kontinuität im staatlichen Handeln, wenn Kritik an der bestehenden Ordnung als „illoyal" bewertet und der Wunsch nach Veränderung als „extremistisch" eingestuft und mit Berufsverbot geahndet wird? Am Beispiel der Universität Regensburg wird deshalb thematisiert, wie das Berufsverbot für Elly Maldaque und 40 Jahre später der „Radikalenerlass" zusammenhängen und sich erneut ein Spitzelsystem etabliere.

Bei unseren Recherchen haben wir vielfältige Hilfe und Unterstützung in Landes- und städtischen Archiven erfahren. Wir danken insbesondere den Mitarbeiterinnen und Mitarbeitern des Staatsarchivs in Amberg, der Stadtarchive in Erlangen, Nürnberg und Regensburg, den Mitarbeitern der Abteilung IV des Bayerischen Hauptstaatsarchivs in München, dem Kriegsarchiv, sowie den Mitarbeiterinnen und Mitarbeitern des Landeskirchlichen Archivs der Evangelisch-Lutherischen Kirche in Bayern. Der Leiter des Stadtarchivs Erlangen, Dr. Andreas Jacobi, genehmigte die Veröffentlichung des Klassenfotos aus dem Schuljahr 1903/04 der Städtischen höheren weiblichen Bildungsanstalt in Erlangen. Frau Dr. Gottfriedsen vom Pfarrarchiv in Regensburg unterstützte unser Anliegen mit sachkundigen Hinweisen. Die Professoren Helmfried Klein und Clemens Cording am Bezirksklinikum Regensburg genehmigten die Einsichtnahme in die „Krankenakte Maldaque" und erlaubten den Abdruck von Dokumenten daraus. Den Mitarbeiterinnen und Mitarbeitern der Regensburger Universitätsbibliothek danken wir für die sachkundige Unterstützung bei der Literaturbeschaffung.

Der Tübinger Literaturwissenschaftler Jürgen Schröder überließ uns Unterlagen seiner Recherche über Elly Maldaque in den 80er Jahren und ermutigte uns zu unserem Vorhaben. Herrn Jakob Rester, dem Kreisheimatpfleger von Nittenau, danken wir für seine Auskünfte und Hinweise zu August Kerscher und Frau Wunner aus Regensburg für die Erlaubnis, Bilder aus dem Nachlass ihrer Tante zu verwenden. Herrn Hans Gebhardt aus Eckersdorf danken wir für die „Übersetzung" der Gabelsberger Kurzschrift im Tagebuch Elly Maldaques.

Waltraud Bierwirth, Luise Gutmann,<br>Klaus Himmelstein, Erwin Petzi

**Klaus Himmelstein**

# Vom kurzen Leben der Elly Maldaque

Elly Maldaque wuchs um die Wende des 19. zum 20. Jahrhundert im Königreich Bayern auf. Sie wurde Volksschullehrerin und versuchte schließlich in der Weimarer Republik, sich von ihrem weltanschaulichen und religiösen Erbe zu befreien. Mit der Hinwendung zum Kommunismus und zum Freidenkertum begann sie einen neuen weltanschaulichen Weg, der zur fristlosen Entlassung aus dem bayerischen Schuldienst führte. Maldaques Leben lässt sich aus dem vorliegenden, sehr begrenzten Quellenmaterial nicht ausreichend rekonstruieren. Ich versuche deshalb eine Annäherung in mehreren Schritten.

Ich beginne mit Maldaques Herkunft aus Erlangen und skizziere die Faktoren ihrer Kindheit und Jugend, die ihre politische Sozialisation beeinflussten und die mentalen, die „selbstverständlichen Sinngewissheiten"[1] begründeten: Eltern, Schule, Lehrerinnen-Seminar sowie das städtische Umfeld. In einem weiteren Schritt gehe ich, unter Beachtung der schulpolitischen Rahmenbedingungen, auf die Volksschullehrerin Maldaque ein: zunächst auf ihre Zeit als Lehrerin im Wartestand, sodann auf ihre Tätigkeit an einer protestantischen Volksschule in Regensburg, der Von-der-Tann-Schule. Anschließend stelle ich ihre Wendung zum Kommunismus und ihre Abwendung von der Religion dar sowie ihre Entlassung aus dem Schuldienst und die Einweisung in die Regensburger psychiatrische Einrichtung Karthaus-Prüll, im Volksmund die „Irrenanstalt" genannt. Abschließend frage ich, vor dem Hintergrund der Spannung zwischen Weimarer Verfassung und bayerischer Rechtsauffassung, ob die fristlose Entlassung der Lehrerin Maldaque verfassungsgemäß war.

## Kindheit und Jugend in Erlangen
## Vaterländischer Geist und sittliche Tüchtigkeit

Am 10. September 1893 zog das Ehepaar Maldaque von Eichstätt nach Erlangen in die Stubenlohstraße 19. Rund zwei Monate später, am 5. No-

---
1 Sellin 1985, S. 585.

vember 1893, wurde das erste Kind, die Tochter Elisabeth (Elly) Karoline Maldaque geboren, am 4. Mai 1895 das zweite Kind, der Sohn Wilhelm Maldaque.
Der Vater, Wilhelm Maldaque, 1859 geboren, stammte aus Labes in Pommern und lernte den Beruf des Büchsenmachers. Die Mutter, Karoline (Lina) Ofenhitzer, 1870 geboren, stammte aus Neu-Ulm. Beide Eltern waren Protestanten.[2]
Der Vater stand seit 1883 im Dienst der Bayerischen Armee. Nach anderthalb Jahren Wehrdienst arbeitete er zunächst in der Gewehrfabrik Spandau, anschließend in der Amberger Gewehrfabrik als Militärwaffenmeister. Er wurde in verschiedenen Gewehrwaffensystemen ausgebildet. 1892 wechselte er zum 3. Bataillon des 19. Infanterie-Regiments der Bayerischen Armee, das seit 1893 in Erlangen stationiert war. Als Waffenmeister und damit als Fachoffizier war er für die Anschaffung, die Abnahme und Inspektion der Bataillonswaffen zuständig.[3]
Nach der Gründung des Deutschen Kaiserreiches 1871 blieb in einigen der dem Reich beigetretenen Bundesstaaten, so auch in Bayern, die Militärhoheit bestehen. Erst im Kriegsfall unterstanden auch die bayerischen Truppen dem Oberbefehlshaber des Reichs, dem deutschen Kaiser. Dies geschah dann 1914, beim Beginn des 1. Weltkrieges.
Zweimal zog die Familie Maldaque in Erlangen um, 1895 zunächst in die Raumerstraße in der Innenstadt und 1896 schließlich in den Wohnbereich der Neuen Kaserne in der Luitpoldstraße 80. Da war Elly Maldaque fast drei Jahre alt, ihr Bruder ein Jahr.
Die Kaserne und der dazugehörende große Exerzierplatz waren das alltägliche Lebensumfeld der Kinder. Hier fanden immer wieder Paraden und Militärübungen statt. Und so wuchsen Elly Maldaque und ihr Bruder in der täglichen Wahrnehmung des Militärischen, der entsprechenden Verhaltensstandards und Werteinstellungen wie Disziplin und Gehorsam auf.
Der Vater gehörte als Fachoffizier zum bayerischen Offizierskorps. Die Offiziere standen loyal zum König und sahen sich als Stütze in Staat und Gesellschaft. Die bayerischen Offiziere waren „konservativ-reaktionär, … deutsch-national und doch auch bayerisch-patriotisch, monarchistisch, ‚staatserhaltend'", und bemühten sich mit den herrschenden Kräften „um die Erhaltung des status quo". Das bayerische Offizierskorps bildete

---

2  Familienbogen Maldaque, Adressbücher der Stadt Erlangen, StE.
3  Offizierspersonalakt Wilhelm Maldaque, BHStA.

deshalb „ein statisches Element" in der immer dynamischer werdenden gesellschaftlichen Entwicklung um die Wende vom 19. zum 20. Jahrhundert, so auch in der Revolution von 1918.[4]
Wilhelm Maldaque war da keine Ausnahme, wie sich noch 1930 aus einem Bericht des Regierungsdirektors Julius Hahn, dem Leiter des Referats für politische Angelegenheiten bei der Regierung der Oberpfalz und von Regensburg ablesen lässt. Er war Nachbar der Maldaques in der Weißenburgstraße in Regensburg. Hahn beurteilt den Vater als politisch weit rechts stehend und sieht in ihm zugleich einen religiösen Schwärmer.[5] In der Krankenakte Elly Maldaques in Karthaus-Prüll findet sich 1930 ebenfalls eine Charakterisierung des Vaters: „ein ganz sonderbarer Mensch; der alle Welt, besonders die Geistlichkeit ‚bekehren' will. Höchst unklarer Kopf. Fanatiker. Im Gegensatz zu seiner Tochter selbstgerecht u. lächerlich selbstbewusst."[6] Von sich selbst sagt der Vater, er sei ein Gottsucher, von einem fanatischen Drang nach Wahrheit beherrscht.[7]
Erlangen hatte 1893, im Geburtsjahr Elly Maldaques, rund 17.000 Einwohner und wuchs im ersten Jahrzehnt des 20. Jahrhunderts auf über 24.000 Einwohner an, von denen mehr als Zweidrittel evangelisch waren. Die wirtschaftliche Entwicklung der Stadt bestimmten um die Jahrhundertwende große Brauereien und eine Reihe kleinerer Industrien wie Bürsten-, Handschuh- und Spiegelfabriken sowie die Baumwollindustrie. Erlangen war eine „junge" bayerische Stadt, gehörte sie doch bis 1810 zu Preußen. In der „einstigen Hohenzollernstadt gab ein mehrheitlich protestantisch-nationales Bürgermilieu mit seinen Gesinnungs- und Interessenvereinen … den Ton an."[8] Der Vater Maldaques war in dieses Milieu integriert, ablesbar an seiner aktiven Mitgliedschaft in der Privilegierten Hauptschützengesellschaft Erlangen.[9]
Elly und ihr Bruder wuchsen nicht nur in einem staatsloyalen, evangelischen Offiziershaushalt auf, sondern sie erlebten auch eine Stadtgesellschaft, die beiden „Vaterländern", dem „‚engere(n)' und ‚weitere(n)' Vaterland" Loyalität zollte. Dazu gehörte etwa der „landespatriotische Kult um den Prinzregenten Luitpold" oder 1910 die „festliche Erinnerung

---

4 Rumschöttel 1973, S. 233f.
5 Dokument 45.
6 Zitiert bei Schröder 1982, S. 223f.
7 Dokument 49.
8 Blessing 2002, S. 41.
9 Verzeichnis der Erlanger Schützenscheiben, StE.

15

an 100 Jahre glückliche Zugehörigkeit zum Königreich" Bayern.[10] Der Loyalität gegenüber dem Kaiserreich galten Bismarckfeiern, die Errichtung eines Kaiser-Wilhelm-Denkmals und schließlich die regelmäßigen Feiern zum Sedanstag. Im deutsch-französischen Krieg, an dem auch die bayerische Armee beteiligt war, kapitulierten am 2. September 1870 die französischen Truppen bei Sedan und der französische Kaiser, Napoleon III., wurde gefangengenommen. Die Sedansschlacht war entscheidend im deutsch-französischen Krieg, dessen Ausgang 1871 zur Gründung des Deutschen Reiches führte. Der zweite September wurde auch in den Städten Bayerns ein zentraler Gedenk- und Festtag.

Erlangen war zudem Universitätsstadt mit über 1.000 Studenten und Garnisonsstadt mit mehr als 2.000 Soldaten. Zum Selbstverständnis der Garnisonsstadt gehörten vaterländische Feiern vor den Kriegerdenkmälern zu Ehren der Gefallenen, das Antreten der Regimenter zur sonntäglichen Kirchparade und Festumzüge durch die beflaggte Stadt sowie „Königs- und Kaisergeburtstage mit militärischem Zeremoniell, Wachablösungen usw.".[11] Und sicher hat Elly Maldaque als Kind immer wieder erlebt, wie an den symbolischen Orten der Stadt der Kult der Nation und die „Sakralisierung von Geschichte und Politik" machtvoll inszeniert wurden.[12] Auch die Städtische höhere weibliche Bildungsanstalt in Erlangen, die Elly Maldaque besuchte, inszenierte Feiern der vaterländischen Gedenktage als erzieherisches Mittel der nationalmonarchischen Verehrung. So veranstaltete die Schule nach dem Tod des Prinzregenten Luitpold in allen Klassen am 19. Dezember 1912, dem Beisetzungstag des „hohen Entschlafenen", Trauerfeiern, „die der Trauer um den Heimgang des geliebten Landesherrn bewegten Ausdruck gaben. Danach wurden die Schülerinnen in die Trauergottesdienste geführt".[13] Ein weiteres Beispiel: Am 14. Juni 1913 – Maldaque stand da vor dem Abschluss der Lehrerinnen-Seminarausbildung an der Schule – feierte die Schule die 100. Wiederkehr der Befreiung von der napoleonischen Herrschaft und das 25jährige Regierungsjubiläum Kaiser Wilhelms II. mit festlicher Ansprache, Vortrag von Freiheitsgedichten und patriotischen Liedern: „Die Feier klang aus in dem allgemeinen Gesang ‚Deutschland, Deutschland über

---

10 Blessing 2002, S. 40.
11 Bauernfeind 2002, S. 79.
12 Assmann 1993, S. 48f.
13 Jahresber. d. Städtischen höheren weibl. Bildungsanstalt Erlangen, Schulj. 1912/13, StE.

alles!'".[14] Das entsprach durchaus dem im § 1 des Schulstatuts formulierten Auftrag „eine(r) erweiterte(n) Bildung in vaterländischem Geist" und einer „auf positiver religiöser Grundlage" basierenden Erziehung „zu sittlicher Tüchtigkeit".[15]
Elly Maldaque besuchte seit dem Schuljahr 1903/04, ab der Klasse IV, die Städtische höhere weibliche Bildungsanstalt in Erlangen. Da war sie 10 Jahre alt. Die Schule war in drei Stufen gegliedert: die Seminarübungsschule, die Höhere Töchterschule bzw. Präparandinnenschule und das Lehrerinnenseminar. Die Seminarübungsschule beinhaltete die 7 Klassen der Volksschule mit dem Zusatzangebot der Französischen Sprache ab der fünften Klasse. Maldaque hatte in einer Aufnahmeprüfung nachweisen müssen, dass sie den Stoff der ersten drei Klassen der Seminarübungsschule beherrschte. Welche Bildung sie vor der Aufnahme in die Städtische Bildungsanstalt erhalten hatte, war nicht zu ermitteln.

Mit der Klasse VIII wechselte Maldaque in die dreijährige Präparandinnenschule, deren Besuch den Übergang in das anschließende Lehrerinnenseminar ermöglichte. Unterrichtet wurde (Stundenzahl pro Woche): Religion (2), Deutsch (4), Französisch (4), Arithmetik und Mathematik (3), Erdkunde (2), Geschichte (2), Naturkunde (2), Zeichnen (2), Schönschreiben (1), Gesang (2), Violine (1), Turnen (2). – Handarbeiten (2), Stenografie (1) und Englisch (3) konnten als Wahlfächer hinzugenommen werden. Im Lehrerinnenseminar kamen dann noch Physik (2) und Chemie mit Mineralogie (3 im Wintersemester, 2 im Sommersemester) hinzu. In ihrem Bewerbungsschreiben um die Lehrerinnenstelle an der 8. Mädchenklasse der protestantischen Schule untere Stadt in Regensburg, der Von-der-Tann-Schule, weist Maldaque 1920 darauf hin, dass sie das französische Sprachexamen mit der Note 1 abgelegt hat und Stenografieunterricht erteilen kann.[16]
Die Schülerinnen der Erlanger Schule stammten aus dem Bildungs- und Besitzbürgertum Erlangens, die Schule bildete damit die klare Trennung der sozialen Schichten um die Jahrhundertwende ab. In Maldaques Klasse des Schuljahrs 1903/04 mit 23 Schülerinnen, wurden die Berufe der Väter angegeben: z. B. Universitätsprofessor, Lehrer, Kaufmann,

---

14 Ebd.
15 Jahresber. d. Städtischen höheren weibl. Bildungsanstalt Erlangen, Schulj. 1913/14, StE.
16 Dokument 21.

Foto der Klasse IV (Schuljahr 1903/04) der Städtischen höheren weiblichen Bildungsanstalt in Erlangen. Links neben der Lehrerin Elisabeth Sperl (2. Reihe, Bildmitte) steht Elly Maldaque

Fabrikant, Pfarrer, Hauptmann, Zimmer- und Fleischermeister.[17] Die Schule kostete den Stufen entsprechend 100 bis 140 Mark pro Jahr, wobei eine Mark im ersten Jahrzehnt des 20. Jahrhunderts ungefähr der Kaufkraft von 5 Euro entspricht. Mit dem Besuch der Erlanger höheren weiblichen Bildungsanstalt ermöglichten die Eltern Maldaque ihrer Tochter eine bürgerlich standesgemäße Bildung und mit der Ausbildung zur Volksschullehrerin zugleich die Möglichkeit einer Berufstätigkeit und eines eigenen Einkommens.

Im Jahr 1909 wechselte Wilhelm Maldaque als Waffenmeister zum 2. Cheveaulegers-Regiment in Regensburg. Die Eltern und der Bruder zogen im September 1909 nach Regensburg, zunächst in eine Dienstwohnung im Kavallerie-Kasernement in der Landshuterstraße 74.[18]

Elly Maldaque blieb in Erlangen. Sie war 16 Jahre alt, besuchte weiterhin die Städtische Bildungsanstalt und begann 1911, mit 18 Jahren, ihre Aus-

---

17 Jahresbericht der Städt. Höheren weibl. Bildungsanstalt Erlangen, Schulj. 1903/04, StE.
18 Familienbogen Wilhelm Maldaque, StR.

bildung als Volksschullehrerin. Sie wohnte nach dem Umzug der Eltern wie alle auswärtigen Schülerinnen und Seminaristinnen in einem der privaten Pensionate, die von der Schule empfohlen wurden. Ein der Schule angeschlossenes Wohnheim gab es nicht.

Das zweijährige Lehrerinnenseminar war in vier Semester aufgeteilt, wobei die Seminaristinnen die Unterrichtspraxis durch eigenen Unterricht in der Seminarübungsschule lernten: eine Praxisausbildung ohne wissenschaftlich orientierten Anspruch.

Vor dem Wechsel in das Lehrerinnenseminar war ein amtsärztliches Gesundheitszeugnis über die Eignung für den Volksschuldienst vorzulegen. Der Königlich Bayerische Bezirksarzt bestätigte aus medizinischer Sicht, dass Elly Maldaque „z. Z. vollkommen gesund und zum Lehrberuf geeignet" und eine „besondere Krankheitsanlage nicht nachweisbar" sei außer einer „Kropfanlage". Ihre Größe betrage 1,66 m, ihr Gewicht 60 kg, sie sehe gesund und kräftig aus und menstruiere noch nicht regelmäßig.[19]

Im Seminar lernte Maldaque zwei junge Frauen kennen, mit denen sie auch nach der Seminarzeit in Verbindung blieb, Irene Neubauer und Luise Walter. Die Beziehung zu Irene Neubauer war dabei von besonderer Bedeutung. Sie war über ein Jahr jünger als Maldaque und stammte aus einem gutbürgerlichen, katholischen Elternhaus in Bamberg. Sie arbeitete nach der Ausbildung zur Volksschullehrerin in Apolda, in Thüringen, in einer Berufsschule, wohnte in Weimar und wurde Mitglied der Kommunistischen Partei Deutschlands (KPD) sowie des proletarischen Freidenkerverbandes.[20] Sie gab Maldaque die entscheidenden Anregungen für die Wendung zum Kommunismus und wurde ihre engste Vertraute auf dem Weg der weltanschaulichen Neuorientierung.

Im Juli 1913 legte Elly Maldaque die Seminar-Schlussprüfung ab, eine schriftliche und eine mündliche. Ihr Zeugnis war hervorragend.[21] Und der Bezirksarzt bescheinigte ihr wiederum die gesundheitliche Eignung für den Lehrberuf. In der Zensur-Liste des Lehrerinnenseminars der Städtischen höheren weiblichen Bildungsanstalt heißt es am Schluss des Schuljahres 1911/12 bzw. nach dem zweiten Semester: „Die begabte Schülerin arbeitete mit anerkennenswertem Fleiße u. folgte d. Unterricht mit Interesse u. Verständnis. Deshalb erzielte sie fast überall sehr gute Erfolge. Auch ihr Verhalten war stets tadellos."

---

19 Personalakte, STA.
20 Dokument 44.
21 Dokument 20.

Und im Jahr darauf, nach zwei Jahren bzw. vier Semestern Lehrerinnenseminar wird ihr bescheinigt: „Elise erfreute durch verständnisvolles Erfassen des Unterrichtsstoffes und durch ein bescheidenes u. musterhaftes Betragen. Sie erzielte bei ausdauerndem Fleiße fast in allen Fächern sehr gute Leistungen. Auch in den Lehrproben strebte sie nach gleichmäßigem Aufbau u. methodischer Durchdringung des Stoffes. Doch ließ die Schrift zu wünschen übrig."[22]

Zusammenfassend lässt sich sagen: Elly Maldaque verbrachte ihre Kindheit und Jugend in einer protestantischen, nationalen Umwelt. Elternhaus, Schule, Seminar und die Erlanger Stadtgesellschaft stimmten in dieser politischen Orientierung überein. Sie war eine sehr gute Schülerin, das belegen ihre Zeugnisse. Insofern entsprach sie den Erwartungen insbesondere wohl des Vaters. Allerdings waren die psychischen „Kosten" für diese Einpassung hoch. Zur Charakteristik schrieb der Vater später: „Meine Tochter war schon als Kind ein sonderbares Wesen".[23] Die Erziehung des Vaters, politisch weit rechts stehend und fanatischer Gottsucher, hat sicher entscheidend zum angepassten, „sonderbaren Wesen" seiner Tochter beigetragen. Er dominierte in der Familie. Die Mutter war leidend, wie Elly nach deren Tod 1927 schreibt, ohne das Leiden zu nennen; sie sei trotz alledem geduldig und anspruchslos gewesen. Die tiefe Trauer Elly Maldaques um die Mutter lässt auf ein wechselseitiges Vertrauen und Verständnis im Mutter-Tochter-Verhältnis schließen. Über den Vater äußert sich Elly in ihrem Tagebuch nicht. Die Familie als Institution beurteilt sie dagegen kritisch und verallgemeinert ihre eigenen Erfahrungen: „… die Familie ist mehr die Stätte des Egoismus und vieler Lebenshemmungen als die Quelle der Erholung und des Fortschritts."[24]

## Lehrerin im Wartestand – aufgenommen in den oberpfälzischen Schulverband

Elly Maldaque wurde im August 1913 auf ihren Antrag hin als „Schuldienstexpektantin", als Schuldienstanwärterin ohne Festanstellung und damit ohne Einkommen, in den oberpfälzischen Schulverband aufgenommen. Nominell war ihr Dienstort Regensburg. Hier konnte sie bei ihren

---

22 Zensurliste, StE.
23 Dokument 49.
24 Dokument 3.

Eltern in der Weißenburgstraße 27 wohnen. Maldaques Vater hatte dort 1912 ein Haus gekauft. Die Familie wohnte im Erdgeschoß.[25]
Maldaque wurde 1913, nach ihrer Aufnahme in den oberpfälzischen Schulverband, Mitglied im Bezirkslehrerinnenverein Regensburg des Bayerischen Lehrerinnenvereins (BLiV).[26] Der BLiV war eine überkonfessionelle Organisation von Volksschullehrerinnen. Der Verein war 1898 in München gegründet worden und stand anfänglich in berufspolitischer Konkurrenz zu dem 1861 in Regensburg gegründeten Bayerischen Lehrerverein (BLV), der die Volksschullehrer organisierte, auch Volksschullehrerinnen aufnahm, aber nur als außerordentliche Mitglieder. Ab 1910 gab der BLiV eine Mitgliederzeitschrift heraus, die Bayerische Lehrerinnenzeitung (BLiZ). Die „berufliche und gesellschaftliche Emanzipation der Volksschullehrerin" in Bayern, ist ohne die Arbeit dieser Organisation nicht denkbar. Zu diesem Ergebnis kommt Helmut Beilner in seiner Dissertation über den Bayerischen Lehrerinnenverein (BLiV).[27]
Der Beginn des 1. Weltkrieges im August 1914 brachte der Familie Maldaque eine tiefgreifende Veränderung. Der Bruder Ellys, der gerade sein Abitur gemacht hatte, meldete sich sofort zum Kriegsdienst und fiel zwei Jahre später, 21 Jahre alt, in Flandern. Der Vater nahm als Waffenmeister beim Stab des 2. Cheveaulegers-Regiments an der Westfront am Krieg teil. Im März 1915 wurde er krank und zurück nach Regensburg, zur Ersatzeinheit des Regiments versetzt.
Infolge des Krieges, nachdem auch Lehrer zum Kriegsdienst eingezogen worden waren oder sich freiwillig gemeldet hatten, fand Elly Maldaque im Dezember 1914 in dem überwiegend protestantischen Städtchen Magstadt, mit etwas mehr als 2.000 Einwohnern eine erste Stelle als Unterlehrerin. Magstadt, im Schulbezirk Böblingen, lag im Königreich Württemberg.
Im April 1915 wurde sie von der Regierung der Oberpfalz als Aushilfslehrerin, als Kriegsaushilfe, für vier Wochen an die protestantische Schule von Waldsassen berufen und vier Wochen später an die einklassige protestantische Volksschule in Krummennaab in der Oberpfalz.[28] Rund vier Jahre, vom 18. Mai 1915 bis zum 15. Januar 1919, von ihrem 21. bis zu

---

25 Dokument 45.
26 Bayerische Lehrerinnenzeitung, 4. Jg., Nr. 19: 01.10.1913, S. 151 (Neuanmeldungen zu unserem Verein).
27 Beilner 1971, S. 237.
28 Akten d. Regierung der Oberpfalz, Nr. 25995; Baron 2009, S. 45.

ihrem 25. Lebensjahr, arbeitete Maldaque in Krummennaab und erhielt eine „Zulage", da sie einen eigenen Haushalt unterhalten musste. Die Gemeinde hatte zu der Zeit über 560 Einwohner, mehr als Zweidrittel waren katholisch. Eine Porzellanfabrik mit etwa 200 Beschäftigten und die Landwirtschaft auf schwierigen Böden prägten die wirtschaftlichen und sozialen Verhältnisse der Kommune.[29]
Die junge Lehrerin und Offizierstochter wurde hier erstmals mit den schwierigen sozialen Verhältnissen der Kinder von Arbeitern, Bauern und Kleingewerbetreibenden konfrontiert. Maldaque erfuhr die pädagogischen und psychischen Belastungen einer einklassigen Dorfschule und erlebte zugleich das traditionsgeprägte Milieu eines mehrheitlich katholischen Dorfes. Diese Belastungen waren für das evangelische Fräulein aus der Stadt doch erheblich. Im April 1918 wurde sie für drei Wochen wegen „Blutarmut" und „reizbarer Schwäche des Nervensystems" beurlaubt und litt immer wieder mal an Erschöpfungszuständen und Schlaflosigkeit. Die Auswirkungen der schulischen Belastungen blieben jedoch. Auch später in Regensburg klagte Maldaque immer wieder über Schlaflosigkeit. So schreibt sie beispielsweise am 20. Mai 1927 in ihr Tagebuch: „Meine Nächte sind wieder sehr unzuverlässig. Sitze schon seit ½ 5 [Uhr] am Schreibtisch wieder, nachdem ich seit 1 [Uhr] vergebens um den Schlaf kämpfe."
Im November 1918 endete der 1. Weltkrieg, Elly Maldaque unterrichtete da noch in Krummennaab. Das Kriegsende war zugleich das Ende des Bayerischen Königreichs und des Deutschen Kaiserreichs. König Ludwig III. von Bayern wurde am 7. November 1918 abgesetzt und floh aus München. Drei Tage später löste sich das deutsche Kaiserreich auf, Kaiser Wilhelm II. floh am 10. November in die neutralen Niederlande. In München rief Kurt Eisner von der Unabhängigen Sozialdemokratischen Partei (USPD) den Freien Volksstaat Bayern aus und wurde vom Arbeiter-, Bauern- und Soldatenrat zum ersten Ministerpräsidenten Bayerns gewählt. In Berlin „konkurrierten symbolische Proklamationen"[30] der deutschen Republik durch den Spartakisten Karl Liebknecht vor dem Hohenzollernschloss und den Sozialdemokraten Philipp Scheidemann vor dem Reichstag. Es folgte in Deutschland wie in Bayern eine durch die Rätebewegung ausgelöste Umbruchphase, eine blutig endende, revolutionäre Nachkriegskrise, die hier nicht dargestellt werden kann. Sie mündete schließlich

---

29 Lehner 1966, S. 60f. u. S. 79f.
30 Peukert 1987, S. 15.

mit der föderalen Weimarer Republik und der Weimarer Verfassung (11.08.1919), dem Freistaat Bayern und der Bayerischen Verfassung (14.08.1919) in eine bürgerlich-parlamentarische, demokratische Form. Die Frauen erreichten erstmals in der deutschen Geschichte die staatsbürgerliche Gleichberechtigung mit dem passiven und aktiven Wahlrecht. Allerdings erhielt dieses Grundrecht in der Weimarer Verfassung eine folgenschwere Einschränkung. Der Artikel 109, 2 lautete: „Männer und Frauen haben grundsätzlich dieselben staatsbürgerlichen Rechte und Pflichten." Im Entwurf der Verfassung hieß es noch: „Männer und Frauen haben dieselben staatsbürgerlichen Rechte und Pflichten." Das Zentrum, die Partei des politischen Katholizismus, hatte den Einschub „grundsätzlich" durchgesetzt, um, wie es hieß, eine „Gleichmacherei" der Geschlechter zu verhindern, um die postulierten unterschiedlichen, physischen und psychischen, Naturanlagen der Geschlechter zu berücksichtigen. Damit wurde die Möglichkeit offengehalten für Einschränkungen bei der gesetzlichen Realisierung des Gleichberechtigungs-Grundsatzes. Dies zeigte sich zum Beispiel am Umgang mit dem „Lehrerinnen-Zölibat".

Nach Artikel 128, Satz 2 der Weimarer Verfassung sollten: „Alle Ausnahmebestimmungen gegen weibliche Beamte ... beseitigt" werden. Das geschah 1919, indem das „Lehrerinnen-Zölibat", die Kündigung bei Heirat der Lehrerinnen, aufgehoben wurde. Aber eine Reichsverordnung zur Minderung der Personalkosten ermöglichte 1923 dann doch wieder die Entlassung verheirateter Lehrerinnen. In Bayern blieb aufgrund der Mehrheitsverhältnisse im Landtag das christlich-konservative Bild der Frau und Lehrerin bei der gesetzlichen Regelung bestimmend. Die Frau sollte ihre angeborene Rolle in der Familie spielen oder sich ganz dem Lehrerinnenberuf („geistige Mutterschaft", „geistige Mütterlichkeit") hingeben. Das war auch die Auffassung der konfessionell geprägten Lehrerinnenvereine und zunächst die mehrheitliche Position im BLiV. So legte das bayerische Volksschullehrergesetz vom 14. August 1919 im Artikel 151 fest: „Das Dienstverhältnis der Volksschullehrerin erlischt mit der Eheschließung."[31] Ein Versuch, diese Bestimmung aufzuheben und dem Artikel 128, 2 der Weimarer Verfassung auch in Bayern Geltung zu verschaffen, scheiterte im März 1920 an der konservativen Mehrheit im Bayerischen Landtag. Es blieb bei der Entlassung einer Lehrerin bei Heirat.

---

31 Bayerisches Volksschullehrergesetz 1920, S. 70.

Elly Maldaque hatte kurzzeitig an Heirat gedacht, nachdem sie 1927 während eines Hauswirtschaftslehrgangs in Augsburg einen Mann kennengelernt hatte, Alfred. Nach einem ersten „Wohl- und Befriedigtsein" stellte sie, bald ernüchtert, „krasse Wesensgegensätze" fest: Alfred könne sich nicht aus seiner „krass klein- und spießbürgerlichen" Herkunft lösen, er sei „bereits auf dem besten Wege ..., ein idealer Bierphilister zu werden," der seine Gaben nicht nutze, sich nicht ernsthaft mit Problemen auseinandersetze, ihm habe „das Leben trotz seiner 39 J[ahre] noch nicht die Zeichen zähen Manneskampfes ins Gesicht geprägt", schreibt sie am 12. Februar 1928 in ihr Tagebuch. Nach einem längeren Prozess des Auseinandergehens, beabsichtigte sie, sich „endgültig" von ihm zu trennen.[32] Die Ehe mit diesem Mann schien ihr nicht mehr erstrebenswert.

Aus der Perspektive der Volksschullehrer und Volksschullehrerinnen gab es im bildungspolitischen Nachkriegsprozess in Bayern aber doch demokratische Neuerungen des „Dienstverhältnisses", die von grundlegender Bedeutung waren und durch den ersten bayerischen Kultusminister und Sozialdemokraten Johannes Hoffmann 1918 eingeleitet wurden, ab 1920, nach der Übernahme der Regierung in Bayern durch die konservativ-katholische Mehrheit jedoch teilweise wieder zurückgenommen wurden. So blieb etwa, mit gewissen Einschränkungen, die Verordnung von 1919 zur Bildung von Lehrerräten für die Volksschulen auf Stadt- und Kreisebene sowie der Bezirks- und Landesebene eine schulpolitische Neuerung, die die autoritäre Schulstruktur veränderte. Die Lehrerräte hatten Anhörungs- und Vorschlagsrecht in Fragen der Lehrordnung und bei Personalfragen.

Die Volksschulen in Bayern blieben überwiegend Bekenntnisschulen. Und mit dem Konkordat und dem Kirchenvertrag 1924 konnten die beiden christlichen Kirchen ihren Einfluss auf die Konfessionsschulen erheblich verstärken. Dabei war 1918 die Umbenennung des „Königlichen Staatsministeriums des Innern für Kirchen- und Schulangelegenheiten" in „Staatsministerium für Unterricht und Kultus" nicht nur eine Änderung der Bezeichnung, sondern beinhaltete das programmatische Vorhaben von USPD und Sozialdemokratischer Partei (damals MSPD): die Trennung von Schule und Kirche. Das entsprach der bildungs- und schulpolitischen Tendenz der Weimarer Verfassung in den Artikeln 142 bis 149, indem das Schulwesen unter die Aufsicht des Staates gestellt wurde. Ein entscheidender Schritt dabei war das Ende der geistlichen Schulaufsicht

---

32 Dokument 17.

und stattdessen die Einsetzung pädagogisch vorgebildeter Beamter. Damit wurde eine zentrale Forderung der überkonfessionellen Lehrerverbände erfüllt. Der sozialdemokratische Kultusminister Hoffmann feierte das entsprechende Gesetz vom 16. Dezember 1918 als „Geburtstag der freien bayerischen Volksschule und der freien bayerischen Lehrerschaft", als einen „Akt der Befreiung der bayerischen Volksschule von der Herrschaft der Kirche".[33] So wurde die Lehrerinnentätigkeit Elly Maldaques in Regensburg im Oktober 1926 und im November 1928 durch pädagogisch qualifizierte Schulräte beurteilt und nicht durch einen Geistlichen. Im Januar 1919 war der Lehrer, den Maldaque in Krummennaab vertrat, wieder dienstbereit. Maldaque kehrte an den Dienstort Regensburg zurück, wo sie bei ihren Eltern wohnte. Da sie aber nach sechs Jahren Wartezeit immer noch keine Stelle in Regensburg zugewiesen erhielt, ließ sie sich vom 1. März 1919 bis zum 12. Juli 1919 für eine Privatstelle in Traunstein beurlauben und im Anschluss daran, vom 10. September 1919 bis Mitte Juli 1920 für eine Lehrerinnenstelle am privaten Lohmann-Institut in Nürnberg. Sie hatte zwar im August 1919 den Bescheid erhalten, dass sie der protestantischen Volksschule untere Stadt in Regensburg zugewiesen wäre, aber ein Einstellungstermin stand noch nicht fest. Das Lohmann-Institut in Nürnberg war eine Gründung der Lehrerin Elise Lohmann. Es bestand aus einer zehnklassigen Mädchenschule, einem Lehrerinnenseminar und einem Kindergärtnerinnenseminar.[34] Wahrscheinlich arbeitete Maldaque, die 1917 ihre Dienstprüfung für die Volksschule als Zweitbeste ihrer Prüfungsgruppe bestanden hatte, als Lehrerin an der Mädchenschule des Lohmann-Instituts. Sie wohnte in der Tuchergartenstraße 13, in der Nähe des Lohmann-Instituts. In dieser Zeit hat sie wohl als Gasthörerin zwei Semester Philosophie an der nahegelegenen Universität Erlangen studiert.[35] Vielleicht regte sie das Beispiel ihrer Arbeitgeberin Elise Lohmann an. Die 1859 geborene Tochter eines evangelischen Pfarrers hatte im Juli 1917 mit einer Dissertation über „Pascal und Nietzsche" an der Erlanger Universität promoviert.[36]

---

33 Verhandlungen d. Prov. Nationalrates 1918, S. 102, Digitale Bibliothek d. Bayer. Staatsbibliothek.
34 Bühl 1999, S. 478f.
35 Dokument 5.
36 Lohmann 1917.

## Anstellung in Regensburg

„Befördert zur Volksschullehrerin die Schulamtsbewerberin: *Maldaque* Elly in Nürnberg nach Regensburg ... ab 1. 9."[37], meldete der *Oberpfälzische Schul-Anzeiger* 1920 und dokumentierte damit die Wende in der Lehrerinnenkarriere Maldaques, ihre Anstellung als Volksschullehrerin, wenn auch „unständig", d. h. auf Widerruf. Sie wurde Lehrerin der evangelischen Volksschule untere Stadt, der Von-der-Tann-Schule in der gleichnamigen Straße in Regensburg.

Was war das für eine Stadt, in der Maldaque bis zu ihrem Tod 1930 lebte und arbeitete? Die Macher einer Ausstellung des Kunst- und Gewerbevereins meinten unlängst über die 20er Jahre des 20. Jahrhunderts in Regensburg: „Es ist eine Lust zu leben!"[38]

Der Bischof von Regensburg und Oberhirte der Katholiken der Stadt seit 1928, Michael Buchberger, sah das ganz anders. Er bilanzierte 1931 in einer düsteren, ins Allgemeine gewendeten „Diagnose unserer Zeit": Die Menschheit, „auf dem Höhepunkt ihrer geistigen und technischen Entwicklung angelangt, steht ... zugleich vor dem Absturz in die Tiefe." Und: „Die Gegenwart ... tanzt wie berauscht über ihrem offenen Grab", urteilte Buchberger.[39] Die Weimarer Zeit in Regensburg: Waren es Jahre der Lebenslust oder ein rauschender Tanz über dem offenen Grab?

Bisher liegen erst wenige Ergebnisse historisch-wissenschaftlicher Forschung über die sozialen, politischen und ideologischen Verhältnisse in Regensburg in der Weimarer Republik vor, so dass es schwierig ist, eine knappe zusammenfassende Bewertung vorzunehmen. Im Folgenden beschränke ich mich auf die Jahre zwischen 1920 und 1930, auf die Zeit Elly Maldaques in Regensburg. Für ihre Arbeit waren die konfessionellen und sozialen Strukturen der Bevölkerung sowie die politischen Verhältnisse bedeutsam: Parteien, Stadtregierung, die Schulverhältnisse, die Schulpolitik und natürlich die Machtverhältnisse in weiterem Sinn, also die Struktur und Einflussnahme der traditionellen „Obrigkeiten". Dabei ist zu beachten, dass sich Regensburg im April 1924 in der Fläche mehr als verdoppelte. Durch die Eingemeindung von sieben Vorortgemeinden vergrößerte sich das Stadtgebiet von 2.002 ha auf 4.404 ha und die Einwohnerzahl stieg von rund 56.000 auf 75.786 im Jahr 1925. Regensburg

---

37 Oberpfälzischer Schul-Anzeiger v. 1.09.1920, S. 80.
38 Kunst- und Gewerbeverein Regensburg 2009.
39 Buchberger 1931, S. 9 u. 10.

war damit die fünftgrößte Stadt in Bayern. 89,1 % der Einwohner waren katholisch, 9,7 % evangelisch und 0,7 % jüdisch, der Rest entfiel auf sonstige Konfessionen und Konfessionslose.[40] Anders als Erlangen war Regensburg eine katholische Stadt und das in doppeltem Sinn. „Der Katholizismus war in Regensburg das Maß aller Dinge" und prägte die Stadt in der Weimarer Republik.[41] So waren nicht nur fast 90 Prozent der Bevölkerung katholisch, Regensburg war und ist Bischofssitz und der Katholizismus verfügte über ein breit entwickeltes, einflussreiches Netz von kirchlichen Organisationen, über eine Vielzahl von Vereinen samt ihren Wochen- und Monatsblättern sowie viele kirchlich-soziale Einrichtungen.

Regensburg war auch ein lokales Zentrum des politischen Katholizismus, „des Willens ..., Politik aus der Bindung und Selbstbindung an die katholische Lehr- und Glaubensgemeinschaft ... zu gestalten",[42] allerdings in einer besonderen, bayerischen Ausformung. Schon wenige Tage nach der Auflösung der Monarchie in Bayern wurde am 12. November 1918 in Regensburg die Bayerische Volkspartei (BVP) gegründet, eine Abspaltung aus der Zentrumspartei. Damit waren die traditionell „besonderen föderalistischen und agrarischen Interessen des bayerischen Katholizismus"[43] nicht mehr in die Politik des Zentrums, der Partei des politischen Katholizismus in Deutschland, integriert. Der bayerische Katholizismus und die BVP verstanden sich als ordnungspolitische Kräfte gegen sozialistische und jüdisch-liberale Tendenzen in Bayern – „Ordnungszelle Bayern" – und in Berlin und votierten dabei auch gegen das Zentrum. Die BVP ging auf Landesebene das Regierungsbündnis mit der rechtsextremen, antisemitischen und antidemokratischen Deutschnationalen Volkspartei (DNVP) ein, arbeitete mit rechtsextremen Wehrverbänden zusammen und förderte damit die antidemokratische Lösung der gesellschaftlichen Krise Anfang der dreißiger Jahre, die mit der Machteinsetzung der Hitler-Regierung 1933 das Ende der Weimarer Republik besiegelte. Ein bedeutendes Beispiel für die Grundhaltung des bayerischen politischen Katholizismus war die Wahl des Reichspräsidenten 1925. Da unterstützte die BVP den Kandidaten der extremen Rechten, Paul Hindenburg, gegen den Zentrumsvorsitzenden Wilhelm Marx.

---

40 Bericht 1924/25, S. 99, Staatliche Bibliothek Regensburg.
41 Reindl 2000, S. 384.
42 Lönne 1986, S. 11.
43 Lönne 1986, S. 222; Schönhoven 1972, S. 17ff.

In Regensburg war die BVP mit 42,2 % der Stimmen bei den Kommunalwahlen 1924 und 18 Sitzen im Stadtparlament die stärkste Partei.[44] Sie stellte mit dem Katholiken Otto Hipp seit 1920 den Oberbürgermeister. Demgegenüber erzielten die Sozialdemokraten 22,6 % (9 Sitze) und die Kommunisten 3,6 % (1 Sitz). Nach den Sozialdemokraten war die liberalkonservative Deutsche Demokratische Partei (DDP) mit 11,4 % (5 Sitze) die drittstärkste Partei, gefolgt von der extrem rechten Deutschnationalen Volkspartei (DNVP) mit 8,7 % (3 Sitze). Weiter waren im Stadtparlament vertreten: die rechtspopulistische Verbraucherliste mit 6,8 % (2 Sitze), der rechtsextreme Völkische Block, ab 1925 Nationalsozialistische Deutsche Arbeiterpartei (NSDAP), mit 2,3 % (1 Sitz) und schließlich die linksliberale Republikanische Partei mit 2,4 % (1 Sitz). Es gab damit eine deutliche rechte Mehrheit im Stadtparlament, auf die die regierende BVP zählen konnte.

Doch nicht nur das obrigkeitsstaatliche Denken des Katholizismus und des politischen Katholizismus bestimmte die ideologische Atmosphäre der Stadt. Hinzu kam ein offener und latenter Antisemitismus. Gespräche mit älteren Regensburgern, die der Historiker und Lehrer Erich Zweck während seiner Forschungen über die Nazi-Partei in Regensburg führte, zeigten ihm immer wieder, „dass der Antisemitismus damals weit verbreitet war."[45] Dieser wurde von den Völkischen und den Nazis, aber auch von der katholisch-konservativ orientierten Presse in Regensburg in wiederholten, rassistisch gefärbten, öffentlichen Hasskampagnen gegen die Juden der Stadt bestärkt.[46] Und die katholische Kirche, hier der Bischof Michael Buchberger, zeigte angesichts der „nationalen Woge" Verständnis. Er sah nicht *das* Judentum, sondern eine bestimmte, verwerfliche Schicht der Juden am Werk: in der Presse, in der Literatur, in der Sexualforschung und im Wirtschaftsbereich. Diese gleichsam schlechten Juden würden am „sittlichen Mark" des Volkes saugen, im Handel tausende Existenzen zerstören und damit ein „Unrecht am Volksganzen" begehen.[47] Der einflussreiche und öffentlich wirksame Domdekan und Rechtskatholik Franz Xaver Kiefl wiederum deutete die revolutionären Ereignisse nach dem Krieg als „jüdisch" und befand sich hier im Einklang mit seinem Verleger Otto Hartmann, dem Direktor des Regensburger Manz-

---

44 Bericht 1924/25, S. 688, Staatliche Bibliothek Regensburg.
45 Zweck 1995, S. 200.
46 Borut 2000, S. 171.
47 Buchberger 1931, S. 97f.

Verlages.[48] Und seine Sympathien galten uneingeschränkt dem Mörder des Ministerpräsidenten Kurt Eisner.[49] Daneben trug die Deutschnationale Volkspartei, die Partei des protestantischen Bürgertums, mit ihrer antidemokratischen und antisemitischen Programmatik, zur judenfeindlichen Atmosphäre in der Stadt bei. Ob Elly Maldaque antisemitisch eingestellt war, lässt sich aus den vorliegenden Quellen nicht beantworten. Immerhin soll sie deutschnational orientiert gewesen sein, bevor sie sich dem Kommunismus zuwandte.

Zu den „prägenden Kräften" der Stadt gehörte Fürst Albert Maria Josef Maximilian Lamoral von Thurn und Taxis. Aus dem „Fürsten" wurde mit der Konstitution der Weimarer Republik der „Bürger" von Thurn und Taxis. Das ehemalige Fürstenhaus und einstige Post-Unternehmen war seit der Mitte des 18. Jahrhunderts in Regensburg ansässig. Albert von Thurn und Taxis, dessen Vermögen 1914 auf 270 Millionen Mark geschätzt wurde, war einer der größten Grundbesitzer in Europa.[50] Es gab in Bayern nur einen, der reicher war, König Ludwig III. Auf der Ebene des Kaiserreichs lag von Thurn und Taxis an siebter Stelle. Der reichste Deutsche war Wilhelm II. Zwar gehörte „eine direkte Parteinahme für katholische Positionen nicht zum Stil des Hauses", aber Albert von Thurn und Taxis trug aufgrund seines immensen Reichtums und „durch sein Selbstverständnis doch erheblich zur Stärkung katholischer Belange" bei.[51] Enge Verbindungen bestanden zudem zwischen Albert von Thurn und Taxis und dem 2. Chevaulegers-Regiment Taxis, das in Regensburg stationiert und dessen Namensgeber („Regimentsinhaber") er war.[52] Der Vater Elly Maldaques diente in diesem Regiment als Waffenmeister.

Das Kriegsende 1918 brachte mit dem Ende der Bayerischen Armee auch das Ende des Chevaulegers-Regiments. Die Bayerische Armee wurde Teil der Reichswehr der Weimarer Republik und Wilhelm Maldaque Angehöriger der Reichswehr. In Regensburg war das 20. Infanterie-Regiment stationiert. Wilhelm Maldaque wurde 1925 pensioniert.

Bischof, Fürst und BVP, das waren in den 20er Jahren in Regensburg die politisch und ideologisch bestimmenden, katholischen Kräfte der Stadt. Doch es gab in Regensburg nicht nur die Reichen und die Mächtigen.

---

48 Hausberger 2003, S. 179ff.
49 Kiefl 1928, S. 292f.
50 Behringer 1990, S. 280ff.
51 Reindl 2000, S. 385.
52 Obpacher 1926.

Infolge des Krieges, verbunden mit den schweren wirtschaftlichen Krisen der Weimarer Zeit und der mittelalterlichen Struktur der Altstadt, traten vielfältige soziale Probleme auf. Und dies natürlich auch, weil die Wirtschaftsstruktur Regensburgs nach dem Krieg keine größeren Veränderungen erfuhr und „durchweg einen gewerblich-handwerklichen Charakter"[53] bewahrte. Es gab keine größere Industrieansiedlung in Regensburg. „Not und Elend" in der Stadt nahmen nach dem Weltkrieg beträchtlich zu. So hatte Regensburg unter den deutschen Städten mit mehr als 50.000 Einwohnern 1929 die zweithöchste Sterblichkeit und bei der Säuglingssterblichkeit nahm Regensburg unter den bayerischen Städten eine Spitzenstellung ein.[54] Dies galt auch für die schlechte Qualität der Wohnverhältnisse. Im Bericht der Stadt über die Gemeindeangelegenheiten von 1924/25 wurde die Lage auf dem Wohnungsmarkt „als trostlos" bezeichnet. „So ist es keine Seltenheit, dass Familien in Holzlegen, in Kellern, in ehem. Waschhäusern oder Pferdeställen, in Latten- oder Bretterverschlägen oder in sonstigen feuchten und ungesunden Räumen hausen."[55] Die beengten Wohnverhältnisse insbesondere in der Altstadt verschlimmerten auch die „Volksgeißel (Lungen-) Tuberkulose", und es trat in verschiedenen Jahren Typhus auf.

Auch wenn die Arbeitslosigkeit aufgrund der „nicht ausgeprägt industriellen Wirtschafts- und Erwerbsstruktur" mit „25 und 30 % tendenziell unter der anderer Städte lag", nahm die Verarmung der Sozial- und Kleinrentner immer mehr zu. Während 1913 etwa 1,8 % der Bevölkerung „auf laufende kommunale Unterstützung angewiesen war", lebten im März 1932 schon 28,5 % der Regensburger von öffentlicher Unterstützung.[56]

Elly Maldaque nahm die Armut und die Not in der Stadt sehr intensiv wahr. Ihr Vater schrieb, dass sie „das herrschende Elend ... als niederdrückend empfunden" habe und „dass sie sich verantwortlich fühlte, so viel an ihr lag zu helfen". Sie sei „in die Wohnungen der Armen" gegangen und habe versucht, „mit Rat und Tat beizustehen ..., wobei sie weit über die Grenzen ihrer Leistungsfähigkeit ging."[57] Doch Elly Maldaque leistete nicht nur praktische Hilfe. Aufgrund ihres „tiefen Blick(es) in die

---

53 Reindl 2000, S. 402ff.
54 A.a.O., S. 394ff.
55 Bericht 1924/25, S. 245, Staatliche Bibliothek Regensburg.
56 Reindl 2000, S. 410f.
57 Dokument 49.

soziale Not unserer Zeit" begann sie zunehmend, sich mit den politischen Ursachen zu beschäftigen.[58]

## Die Lehrerin Maldaque – streng, gerecht, modern

Als Elly Maldaque ihren Dienst an der Von-der-Tann-Schule antrat, war sie die erste und einzige evangelische Volksschullehrerin in Regensburg. Die Von-der-Tann-Schule war eine vollausgebaute, achtklassige Volksschule, an der neben ihr als einziger Frau noch acht Lehrer unterrichteten.[59] Die zweite protestantische Volksschule, die Engelburgerschule, war siebenklassig. Die Von-der-Tann-Schule gehörte, entsprechend der 1814 erfolgten Teilung der evangelischen Gemeinde in Regensburg, zur Gemeinde „Untere Stadt" (Neupfarrkirche), die Engelburgerschule zur Gemeinde „Obere Stadt" (Dreieinigkeitskirche).

Von den 7.236 Volksschülern in Regensburg waren 93,7% (6.776) katholisch, 6,1% (445) evangelisch und 0,2% (15) jüdisch. Bei der Zahl der Mädchen und Jungen bestand nahezu Gleichstand (48% zu 52%). Entsprechend der Schülerzahlen 1924 gab es 12 katholische, 2 evangelische und 1 jüdische Schule.[60] Über die Klassenstärken in den Schulen geben die vorliegenden Quellen keine Auskunft. Der *Oberpfälzische Schulanzeiger* vom 9.8.1930 gibt für die Volksschulen als Durchschnittszahl pro Klasse 44,4 Schüler an. Dabei ist zu berücksichtigen, dass in den nicht ausgebauten Schulen auf dem Land wesentlich mehr Schüler pro Klasse unterrichtet werden mussten als in den vollausgebauten städtischen Volksschulen. Die Anzahl der Schülerinnen pro Klasse, die Elly Maldaque in ihrer Regensburger Zeit unterrichtete, war recht unterschiedlich: 25 (1921), 23 (1922), 32 (1924), 33 (1925), 20 (1926), 30 (1927), 30 (1928), 15 (1929); in der 2. Klasse 1930 waren es 18 Schüler und Schülerinnen.[61]

Die Auseinandersetzungen um die Schulartikel in der Weimarer Verfassung brachten nur in einem Punkt eine Einigung. Die ersten vier Jahre der Volksschule wurden als Grundschule Teil der Volksschule, deren Besuch war für alle Kinder in der Weimarer Republik verbindlich. Die innere

---
58 Dokument 19.
59 Handbuch der oberpfälzischen Volksschulen 1924, S. 7ff.
60 Bericht 1924/25, S. 579ff.
61 Personalakt Elly Maldaque, StR.

Ausgestaltung der Volksschulen, die Gestaltung der Lehrpläne, blieb Angelegenheit der Länder, die sie den geänderten Verhältnissen entsprechend auszuarbeiten hatten. In Bayern geschah das 1926 mit der „Lehrordnung für die bayerischen Volksschulen"[62], die die Kreislehrpläne ablöste. Nicht umsonst wurde der Lehrplan als „Lehrordnung" bezeichnet. Weltanschauliche Geschlossenheit und die Hervorhebung der erzieherischen Arbeit kennzeichnen das Bildungsideal, das der Ministerialrat im Kultusministerium, Johann Lex, der die Lehrordnung entworfen hat, folgendermaßen formuliert:

*„Aus unserer Zeit ragen vor allem zwei große Wertgruppen hervor, die unser Volk erfüllen und dem pädagogischen Leben und Streben Richtung geben. Auf die kürzeste Formel gebracht lauten sie: Religiöse Innerlichkeit und deutsche Volkskultur, umrahmt von lebensfreudigem Gemeinschaftsgeist. ... Zwei große Gedanken müssen also unser Bildungsbemühen vor allem tragen: der religiös-sittliche Gedanke und der deutsche Gedanke. ... Der Lehrer soll sich der sozialplastischen Kraft, die in seinen Kindern hinterlegt ist, bewusst sein und sie im Geiste der gesegneten Arbeit zu formen trachten."*[63]

Nicht der Unterricht, nicht das Wissen stehen im Vordergrund, sondern Schulung, Formung, kurz: Erziehung, der „erziehende Unterricht" und „besondere Erziehungsmaßnahmen". Das „Ziel der Erziehung ist die im richtigen Gleichmaß entwickelte Persönlichkeit, die religiös und sittlich, deutsch und sozial empfindet, denkt und handelt",[64] bestimmt die Lehrordnung. Maldaque beurteilte 1928 die Lehrordnung als „ein Verlegenheitsprodukt" und meinte: „Wir haben in unseren jetzigen Schulen keinen Erziehungsinhalt, kein Ziel mehr". Sie befürwortete die Konfessionsschule, „weil sie ein Erziehungsziel vor Augen stellt im Rahmen einer festen Weltanschauung" und bewunderte deshalb die „Anthroposophie, weil sie bis jetzt die geschlossenste Weltanschauung ist. Die Auslese seiner Menschen in ihr muss auffallen. Die Erfolge der Waldorfschule sind frappant".[65]

Das Interesse Maldaques am Kommunismus ab 1927/1928 hatte wohl noch keinen Einfluss auf ihre schulpolitischen Vorstellungen. Die Zielsetzung der bayerischen Lehrordnung, die „zwei großen Wertgruppen",

---

62 Lehrordnung 1926.
63 Lex 1927, S. 373.
64 Lehrordnung 1926, S. 129.
65 Dokument 5.

wie Johannes Lex sie kennzeichnete, erkannte sie offenbar nicht. Über die breite Schulreformdiskussion unter den liberalen bürgerlichen und den sozialistischen Pädagoginnen und Pädagogen der Weimarer Republik äußerte sie sich nicht.
Maldaque war Mitglied im Bayerischen Lehrerinnen-Verein und doch interessierten sie die „Standesfragen" der Lehrerinnen und Lehrer scheinbar nicht: „Unsere Lehrerschaft macht keinen guten Eindruck, sollte sich mehr auf sich besinnen, statt so viel Standesfragen und Angriffe und Standesdinge in den Vordergrund zu schieben", meinte sie.[66] Für Maldaque stand die Unterrichtsarbeit im Vordergrund. Die historische sowie die aktuelle, gesellschafts- und bildungspolitische Bedeutung der Organisierung der Lehrerinnen und Lehrer zur Lösung der „Standesfragen" im Rahmen einer Demokratisierung der Schulverhältnisse in der Weimarer Republik, lagen offenbar nicht in ihrem Blickfeld.
Maldaque unterrichtete ab dem 1. September 1920 eine 8. Mädchenklasse. Dabei blieb es bis zum Schuljahr 1929/30. Während in den Klassen 1 bis 7 Jungen und Mädchen gemeinsam unterrichtet wurden, waren die beiden 8. Klassen nach Geschlecht getrennt.

Der Stundenplan der 8. Klassen stimmte in den Fächern Religion, Deutsch, Rechnen, Singen, Erdkunde, Geschichte, Naturkunde, Zeichnen und Turnen überein, darüber hinaus wurde in den Mädchenklassen noch Hauswirtschaft, Kochen und Handarbeit unterrichtet, bei den Jungen Werken. Die Lehrordnung empfahl, in der 8. Klasse Geschichte und Erdkunde „zu einfacher Kulturkunde" zusammenzufassen, die allerdings heimatbezogen unterrichtet werden sollte. Maldaque nutzte diese Möglichkeit. So konnte sie bei der Behandlung der Geschichte Regensburgs z. B. unterschiedliche Aspekte, wie Kunstgeschichte, Politikgeschichte und Religionsgeschichte, aufeinander beziehen.[67]
Seit Anfang 1921 unterrichtete Elly Maldaque zusätzlich an der Berufsfortbildungsschule für Mädchen in Regensburg. Hier wurden die Mädchen nach Abschluss der Volksschule entsprechend ihrer gewählten Berufe oder nach Berufsgruppen unterrichtet. Es bestand eine zwei- oder dreijährige Fortbildungspflicht parallel zur Lehre. Aus den Berufsfortbildungsschulen wurden später die Berufsschulen. Die Regensburger Mädchenfortbildungsschule hatte 5 Abteilungen: für Kontoristinnen, für

---
66 Ebd.
67 Vgl. dazu Dokument 29.

Foto der 8. Mädchenklasse der Von-der-Tann-Schule, April 1927: Links außen stehend Elly Maldaque; in der zweiten Reihe stehend, Charlotte Wunner (Kleid mit Borten)

Verkäuferinnen, für Modistinnen, für gewerbliche und für hauswirtschaftliche Berufe. Maldaque gab an der hauswirtschaftlichen Abteilung der Schule 4 Wochenstunden Unterricht.
Zweimal erhielt sie Unterrichtsbesuch von den Schulräten, von Dr. Andreas Freudenberger am 7. Oktober 1926 und von Friedrich Betz am 28. November 1928. Dabei stellten beide fest, dass es schwierig sei, die 8. Mädchenklasse zu unterrichten, weil „die Durchschnittsbegabung der Schülerinnen ... mäßig" sei (Freudenberger) bzw. nur ganz wenige der Mädchen „eine über das Mittelmaß hinausgehende Begabung" zeigten (Betz). Beide Schulräte bescheinigten Maldaque, dass sie vor diesem Hintergrund erfolgreiche Arbeit leiste.
Im Bericht von Freudenberger im Jahr 1926 heißt es dazu:
*„Die Lehrerin hat sich in mehrjähriger Praxis gut in die schwierigen Stoffe der 8. Klasse eingearbeitet. Durch schriftliche Vorbereitung beherrscht sie das Lehrgut und sucht es methodisch verarbeitet an die Schülerinnen heranzubringen. Die alten Grundsätze der Anschaulichkeit, Klarheit und Gründlichkeit werden beachtet. Der Lehrton ist energisch, die Lehrsprache rein. Außerdem sichert ein herzliches Vertrauensverhältnis zwischen Lehrerin und Schülerinnen den erziehlichen Erfolg."*[68]

---

68 Personalakt Maldaque, StR.

Schulrat Betz urteilte bei seinem Unterrichtsbesuch zwei Jahre später, im November 1928, in ähnlicher Weise. Es sei „der energischen Lehrerin gelungen, die willige Mädchenschar zu recht anerkennenswerten Erfolgen zu führen". Er lobte den Fleiß Maldaques bei der täglichen Vorbereitung, ihr methodisches Geschick und ihren anregenden, anschaulichen Unterricht. Darüber hinausgehend fand Betz es besonders anerkennenswert, dass sich die Lehrerin „um Steigerung der Denk- und Urteilskraft der ihr anvertrauten Kinder" bemühe. Dies führe „trotz minderer Begabung" der Mädchen zu „recht reger Anteilnahme" am Unterricht.[69] Diese Beobachtung und Bewertung von Betz ist bemerkenswert. Sie deutet darauf hin, dass Maldaque in ihrem Unterricht nicht die Formung und Schulung in den Vordergrund stellte, also einen „erziehenden Unterricht". Dies war ja die Kernforderung der bayerischen Lehrordnung. Vielmehr versuchte sie wohl, vor allem die Denk- und Urteilsfähigkeit der Mädchen zu fördern, was einen höheren Einsatz bei der didaktischen und methodischen Vorbereitung des Unterrichts erforderte.

„Sie war ihrer Zeit voraus", meinte eine ehemalige Schülerin über Maldaques Unterricht. So besuchte sie beispielsweise mit den Mädchen die Ausstellung „Der Mensch" in einer Halle im Regensburger Stadtpark. Dort konnte „man sehen, wie Kinder entstehen". Dafür habe sie vom Schulrat einen Verweis erhalten, hieß es bei den Mädchen.[70] In Maldaques Personalakte fand sich dafür allerdings kein Beleg.

Maldaque war sportlich, ging mit den Mädchen schwimmen in Donau oder Naab und machte interessante Wanderausflüge. Die Mädchen gingen gern in die Schule und gaben ihrer Zuneigung Ausdruck, indem etliche von ihnen die Lehrerin auf ihrem Weg nach Hause begleiteten: aber nur bis zur Haustür. Für ihre Schülerinnen war Maldaque eine ideale Lehrerin.[71] Sie war streng, aber gerecht, sie regelte Konflikte mit Güte und nicht mit der damals noch üblichen Körperstrafe. Auch die Eltern waren sehr zufrieden mit der Arbeit „ihrer" Lehrerin.

Neben der intensiven Unterrichtsarbeit nahm Maldaque auch die Gelegenheiten zur weiteren Ausbildung wahr: 1925 besuchte sie einen Turnkurs, vom September 1927 bis zum Januar 1928 in Augsburg einen

---

69 Dokument 23.
70 Kätzel 1995, S. 184.
71 A.a.O., S. 180ff.

Ausbildungskurs für Lehrerinnen der 8. Klassen und im Sommer 1928 einen Zeichenkurs.[72]

Im März 1927 starb die Mutter Maldaques, deshalb trägt sie auf dem oben abgebildeten Foto Trauerkleidung. Es ist ein Foto zum Abschluss der 8. Klasse im April 1927. Charlotte Wunner, Schülerin dieser Klasse, hat das Foto aufbewahrt. In ihrem Nachlass fand sich auch das „schöne Foto" (Titelbild), ein Zeugnis und ein Poesiealbum mit einem Eintrag Maldaques. Charlotte Wunner schätzte die Lehrerin Maldaque sehr, wie Martina Wunner von ihrer Tante Charlotte weiß. Geht man davon aus, dass Maldaque weit über 200 Schülerinnen in den Jahren 1920 bis 1930 unterrichtet hat, dann finden sich sicher auch heute noch in vielen Regensburger Haushalten die Spuren der Lehrerin Maldaque in Form von Fotos, Zeugnissen, Poesiealben und überlieferten kleinen Geschichten und Anekdoten. Diese Erinnerungsebene, die Nachlass-Erinnerung, ist bisher nicht ausgeschöpft.

Zwei Jahre nach dem Tod der Mutter heiratete der Vater wieder. 70 Jahre alt war er und benötigte nicht mehr die Hilfe der Tochter, die im Juli 1929 eine eigene Wohnung in der Orleansstraße mietete.

Maldaque zog es „zum Modernen, Großstädtischen, Lebensrealen und -heiteren".[73] Ihr machte es Freude, Reisen zu planen. Sie fuhr nach Dalmatien an die Ostküste der Adria, nach Spitzbergen, anschließend nach Sylt, Flensburg, Kiel und Lübeck, auch in die Kitzbühler Alpen. Sie fuhr nach Straßburg, nach Paris und mehrmals nach Berlin und mit ihrer Freundin Irene Neubauer nach Aumont-en-Halatte, dem Wohnort des französischen Schriftstellers und kommunistischen Intellektuellen Henri Barbusse.

Sie besuchte in Regensburg Vorträge, beispielsweise über „Selbstverwaltung der Gemeinden", ein, wie sie fand, „seichter Vortrag" des Oberbürgermeisters Otto Hipp oder einen Vortrag über Spanien von Franz Heidingsfelder, einem Professor für Kirchen- und Kunstgeschichte an der Regensburger Philosophisch-Theologischen Hochschule.[74] Sie ging ins Theater. Sie las viel und hatte Kontakte mit Kolleginnen. Sie führte ein eigenständiges Leben, immerhin hatte sie ein ausreichendes Einkommen. Sie verdiente im Jahr 1927, den für Beamte üblichen Wohngeldzuschuss eingerechnet, 4.157 Reichsmark, hinzu kam die Bezahlung für den Nebenunterricht.

---

72 Personalakt Maldaque, StR.
73 Dokument 3.
74 Dokument 11.

## Zwei Seelen in der Brust – die dunkle Seite

Nach außen hin bot Elly Maldaque das Bild einer emanzipierten, berufstätigen, sportlichen jungen Frau. Dies war ihr „besseres Ich", wie sie es im Tagebuch nennt. Von ihrer „dunklen Seite", ihrer inneren Sicht, ihren seelischen Schwierigkeiten, wussten nur wenige. „Ich gehöre … zu den Menschen, die zwei Seelen in ihrer Brust haben", versuchte Maldaque 1930, ein Goethe-Zitat aus dem Faust aufgreifend, ihrer Freundin Irene Neubauer ihre schwierige seelische Lage nahezubringen; der einen, ihrem „besseren Ich", stellte sie die andere, die „dunkle Seite", gegenüber.[75] Diese beschrieb Elly Maldaque in ihrem Tagebuch in immer neuen Bildern. Es quälten sie häufige Stimmungswechsel zwischen Himmelhoch jauchzend und zum Tode betrübt bis hin zu Depressionen. „Die Zeit her war ein einziger Hymnus des Aufschwungs und höchsten Lebensgefühls" (12.11.1928), schrieb sie in ihr Tagebuch. Und dann, vier Tage später: „… lähmende Depression." Und diese Depressionen lähmten sie derart, dass sie „wie ein Fremdling, ein Ausgestoßener unter den Menschen" einherging (16.11.1928). „Wie ein Naturgesetz, wie ein Verhängnis ist dieser Ablauf in mir, dieser kurze, stürmende Höhepunkt und dann dieser permanente Tiefpunkt" (12.11.1928).

Die Depressionen beeinträchtigten zeitweise auch ihre intellektuellen Fähigkeiten; ihr erschien ihr „Wissen und Können wie zugeschraubt und mit den entsetzlichsten Anstrengungen vermag ich doch nicht das Geringste … Es ist, als ob ich die menschliche Ohnmacht in ihren tiefsten Abgründen durchkosten sollte" (12.2.1928). In Zeiten der Schwäche versank sie in einen phlegmatischen Stumpfsinn, „wie in einen unverrückbaren Pol" (12.2.1928). Und diese „unsagbare Gleichgültigkeit in mir, dieses Abgetötetsein alles lebendigen Seins! Es ist wie ein geistiger Defekt. Nur mit ungeheuerster Willensanstrengung wäre dagegen anzukommen" (5.3.1929). Es war ein ewiges, unseliges „nicht Mitsichselbstfertigwerden" (20.05.1927), das sie quälte.

In der Kindheit und Jugend formte sich das, was Elly Maldaque als „geknechtete Seele" (20.05.1927) bezeichnete. Nach dem Tod der Mutter und insbesondere mit dem Wegfall der häuslichen Verpflichtungen gegenüber dem Vater, begann die Last der Kindheit etwas abzunehmen. Der Vater fand im Rückblick auf die Kindheit seiner Tochter, dass sie da schon „ein sonderbares Wesen" gezeigt habe: „Mit zunehmendem Alter (bes. in

---

75 Dokument 17.

den Entwicklungsjahren) fiel sie auf durch vollständiges Fehlen der in diesem Alter eigentümlichen Eigenschaften (Übermut, sorglose Heiterkeit). Ich erinnere mich nicht, sie jemals (auch in den späteren Jahren) für längere Zeit anders gesehen zu haben als mit melancholischen Hemmungen. Bezeichnend ist ein Ausspruch, den wir häufig von ihr hören konnten: ‚Ich möchte auch so gerne lustig sein und lachen können, aber es liegt beständig ein Druck auf mir.'"[76]

Dieser Druck ging vom Vater aus, der sich als Gottsucher sah, als einen Menschen von „fanatischem Drang nach Wahrheit beherrscht" und der seine Familie sicher diesem „Drang" zu unterwerfen suchte. Auch wenn die „Schatten", die „dunkle Seite", die „geknechtete Seele" Elly Maldaque immer wieder niederdrückten, blieb ihr „besseres Ich" in ihrer Zeit in Regensburg zunächst doch so stabil, dass sie 1929 in ihrem Tagebuch festhielt: „Noch nie trotz allem habe ich mir gewünscht, ein anderer zu sein als der ich bin."[77]

## Wendung zum Kommunismus, Abkehr von der Religion

Elly Maldaque beschrieb in einer Stellungnahme nach ihrer Entlassung 1930 die Beweggründe, die sie schließlich der „kommunistischen Bewegung" näher brachten. Am Anfang standen ihre Beobachtungen der sozialen Nöte in den großen Städten. Ihr politisches Interesse wurde dadurch zunehmend geweckt: „Ich besuchte politische Wahlversammlungen aller Richtungen, las die Presse von links nach rechts, vertiefte mich in politische Literatur, beobachtete die täglichen Vorgänge schärfer wie bisher: Allmählich erkannte ich klar die schreiende Ungerechtigkeit unserer Gesellschaftsordnung."[78]

Um die kommunistische Bewegung und die Kommunisten näher kennenzulernen, nahm sie Kontakt zu ihnen auf. Sie wollte sich „ein eigenes Urteil über diese landesüblich verfemte Klasse von Menschen bilden … ." Sie besuchte auch parteiinterne Veranstaltungen, um sich „einen Einblick in die Ziele und Wege der Bewegung zu verschaffen".[79]

Die Freundin Irene Neubauer nahm in dem langwierigen Prozess der politischen Entwicklung Maldaques eine Schlüsselstellung ein. Ihr Einfluss

---
76 Dokument 49.
77 Dokument 13.
78 Dokument 19.
79 Ebd.

und ihre Gesprächsbereitschaft bestärkten Maldaque in ihrem Interesse für den Kommunismus. Wenn Irene Neubauer ihre Mutter in München besuchte, unterbrach sie ihre Fahrten in Regensburg und traf sich hier mit Elly Maldaque, die sie immer wieder sehnsüchtig erwartete, da sie mit Irene Neubauer „noch am meisten anfangen" konnte.[80] Elly Maldaque teilte das starke Interesse Neubauers an dem französischen Schriftsteller und Kommunisten Henri Barbusse. So begleitete sie ihre Freundin im März 1929 auf einer Reise nach Nordfrankreich, nach Aumont-en-Halatte, um Barbusse zu besuchen. Irene Neubauer stand in regem Briefwechsel mit Barbusse und war wohl verliebt in ihn, eine „dornenvolle Liebe", wie Maldaque in ihrem Tagebuch notierte.[81] In ihrem letzten Tagebucheintrag vom 14. Juli 1929 schreibt sie über ihre Freundin: „Was hab ich diesem Menschenkind zu danken. Sie hat mich wirklich erlöst – von Anfang bis zum Ende". Irene Neubauer jedoch blieb in einer gewissen Distanz zu Elly Maldaque, wohl wegen derer schwieriger psychischer Verfassung.

Einen zweiten wichtigen Gesprächspartner fand Elly Maldaque in dem Kommunisten Konrad Fuß. Der rund drei Jahre jüngere Fuß, von Beruf Schreiner, gehörte 1920 zu den Mitbegründern der KPD-Ortsgruppe Regensburg. 1928 wurde er Stadtrat.[82] Maldaque schätzte den Gedankenaustausch mit Fuß, der ihr allerdings nicht genügte: „Er hat viel gelesen und arbeitet fleißig, meint es ehrlich und ernst – mehr aber konnte mir in einer kurzen Stunde am nächsten Abend in der Freidenkerversamml[ung] der Kom[munist] Fischer aus München geben, der einen für meinen Eindruck sehr tiefgründigen Vortrag hielt über ‚Braucht der Arbeiter Religion?' ... Wir tauschten nachher noch einige Gedanken und in diesen Augenblicken erkannte ich aufs Neue, wie ich nach Austausch lechze."[83] Den intellektuellen Austausch, wie Maldaque ihn suchte, fand sie in Regensburg nicht.

Neben den vielen Gesprächen und Versammlungsbesuchen begann sie eine intensive Lektüre unterschiedlicher sozialistischer Autoren. „Berge von Literatur häufen sich um mich: Marxismus, Monismus, Psychoanalyse neben zahllosen Zeitungen und Zeitschriften", schrieb sie in ihr Tagebuch.[84] Dazu gehörten beispielsweise Bücher von Barbusse. Von

---

80 Dokument 12.
81 Dokument 14.
82 Vgl. dazu den Beitrag von Bierwirth/Gutmann.
83 Dokument 11.
84 Ebd.

dem sowjetischen Politiker und Theoretiker Nikolai Bucharin las sie die „Theorie des historischen Materialismus", ein „Gemeinverständliches Lehrbuch der Marxistischen Soziologie", ferner das „Kommunistische Manifest" von Karl Marx und Friedrich Engels und die „Allgemeine Geschichte des Sozialismus und der sozialen Kämpfe" des sozialistischen Historikers und Journalisten Max Beer.

Anfang März 1929 fuhr Maldaque nach Berlin. Sie besuchte dort ihren kommunistischen Vetter Richard und gemeinsam mit ihrer Freundin Irene Neubauer den „Ersten Internationalen Antifaschisten-Kongress". Über 300 Delegierte aus 23 Ländern nahmen daran teil: „Syndikalisten, Anarchisten, Mitglieder der sozialdemokratischen Parteien, Kommunisten, pazifistische Gruppen, die Liga für Menschenrechte, Demokraten und linke Liberale".[85] Hier lernte Maldaque den französischen Kommunisten und Schriftsteller Henri Barbusse kennen. Dieser eröffnete den Kongress und schloss ihn mit einer Ansprache. In Referaten und Diskussionen bilanzierten die Teilnehmer den Charakter des Faschismus mit dem Ziel, „die breiten werktätigen Massen, die organisierten Massen der Arbeiter gegen den Faschismus zu organisieren."[86] Der Faschismus wurde in der abschließenden Resolution als Folge des Krieges gesehen: als Folge „der allgemeinen Krise des kapitalistischen Systems der Nachkriegszeit". Der Faschismus habe sich in den Ländern, in denen er an die Macht gekommen sei, „als die offene und unmittelbare Diktatur der Großbourgeoisie unter Führung des organisierten Finanzkapitals" entpuppt, als die größte Bedrohung der „Lebenswurzeln" der „Werktätigen aller Länder". Zugleich wurde vor der „verderblichen Illusion" gewarnt, „dass der bürgerlich-demokratische Staat auch nur den geringsten Schutz gegen die Errichtung der Faschistenherrschaft biete"; ebenso wurde vor der „sozialfaschistische(n) Politik der Reformisten", gemeint waren die Sozialdemokraten, gewarnt, diese führe „geradewegs zum Siege der faschistischen Reaktion".[87] Der Kongress folgte mit diesen Einschätzungen dem ultralinken Kurs der KPD, die damit antifaschistische Bündnisse nahezu unmöglich machte. Wieweit Maldaque sich mit den Richtungskämpfen in der KPD und ihrer Programmatik auseinandergesetzt hat, muss offen bleiben, informiert darüber war sie durch die Freundin Irene Neubauer und durch Konrad Fuß.

---

85 Faschismus 1930, S. 11.
86 Ebd.
87 Zitate aus Faschismus 1930, S. 77ff.

Nach einem längeren, äußerst mühevollen Suchprozess tat sich Ende 1928 für Elly Maldaque „eine neue Welt" auf, hatte sie endlich ihren Weg gefunden und hielt voller Pathos in ihrem Tagebuch fest:
„*Was ich Zeit meines Lebens gesucht und mit heißen Schmerzen ersehnt – endlich seh ich es vor mir. Wie ein Sturm ist die Erkenntnis in mich gefahren und nun wütet es in mir wie eine neue Gottheit. Ich bin voll Glück und Schmerz zugleich. ... Nun fällt mir alles leicht und alles versteht sich von selbst und alle Kräfte stellen sich ein, seit ich den Urquell des Lebens erkannt habe und den Weg des Menschenrechts gehe."*[88]
In der Überwindung der „nationalen Idee" durch Rechte für alle Menschen greift Maldaque einen Gedanken des von ihr verehrten Henri Barbusse auf. Sie sah diesen Weg jedoch belastet durch Hass und notwendige Gewalt, denn, schreibt sie am 5. März 1929 in ihr Tagebuch:
„*Der Weisheit letzter Schluss ist die Liebe zu allen Menschen und Hass gegen die Menschen, damit du sie bekämpfen kannst. Aber es ist ein Unterschied. Ohne Hass und Gewalt lässt sich das Unterdrückersystem nicht beseitigen. Die Liebe zur Menschheit greift in diesem Falle zur Waffe, um den Weg zum Lieben können frei zu machen. Daneben kannst du dich persönlich ja immer zur Liebe erziehen. Freilich spüre ich vorerst, wie das andere Element in den Vordergrund tritt. Umso mehr wird die Masse die hässlichen Züge der Unduldsamkeit annehmen."*
Der Widerspruch, das Menschenrecht, Liebe zu allen Menschen auch mit Gewalt gegen das Unterdrückersystem durchzusetzen, beunruhigte Maldaque offenbar nicht grundlegend, denn sie beschließt ihr Tagebuch 1929 mit dem überschwänglichen Bekenntnis: „Aber nun bin ich auf Tod und Leben dem Kommunismus verschworen – er bedeutet die Glückseligkeitsform alles Menschlichen – er deckt alle dunklen Zusammenhänge auf – er gibt Antwort auf die bangste Frage – er ist der einzige Menschheitserlöser."
Der Literaturwissenschaftler Jürgen Schröder stellt in seinem Buch über „Horváths Lehrerin von Regensburg" dazu fest: „So schreibt und schwärmt kein Kommunist". Der moralisch-religiöse Ton in Maldaques Aufzeichnungen ähnelten, so Schröder, „nach Form und Inhalt dem Muster pietistischer Erweckungs- und Wandlungstagebücher."[89]
Konkreter wird der Literaturwissenschaftler Erwin Petzi. Er sieht Maldaques Bewegung zum Kommunismus von Henri Barbusse beein-

---
88 Dokument 9.
89 Schröder 1983, S. 82.

flusst, dessen Schriften sie gut kannte und den sie verehrte. So schreibt Maldaque nach der Lektüre von Barbusse' „Schimmer im Abgrund" an ihre Freundin: „Allmählich geh[t] mir die überragende Größe von Henri auf. Seine Worte sind leuchtende, ewige Wahrheit, seine Bücher eine neue Bibel für die Menschheit. Ich glaube an ihn. Und es ist des höchsten Kampfes um ihn wert."[90]

Petzi weist darauf hin, dass es für Barbusse nicht Gott und die Kirche sind, die „den ‚Wahrheitssuchern' die Erlösung bringen: sie ruht nach Barbusse im Menschen selbst – er erschaffe sich einen Gott, sei daher selbst göttlich". Weiterhin, folgert Petzi, verweise der Lebensweg Maldaques „auf den ihres Vorbildes: Auf christliche Erziehung und patriotische Begeisterung folgt die geistige Ernüchterung durch die grässliche Fratze des Krieges. Am Ende dieser Entwicklung steht die Wendung hin zum Kommunismus als eine Art Ersatzreligion, die neue Werte und Halt verspricht."[91]

Die Stichhaltigkeit dieser Interpretation wird dadurch gestützt, dass Elly Maldaque im Prozess ihrer Annäherung an den Kommunismus auch allmählich ihren christlichen Glauben „bewusst und voller Überzeugung", aufgibt. Der anerzogene Glauben habe ihr Schäden zugefügt und tue es immer noch an Tausenden, hält sie bitter am 13. September 1927 in ihrem Tagebuch fest:

*„Meine schönsten Jugendjahre, die ich in jenem Wahnwitz verloren, standen unter diesem Zeichen, die ganzen späteren kostbaren Lebensjahre versäumte man mit diesem Hoffen und Trauen auf die führende göttliche Hand, statt dass man der Wirklichkeit in die Augen geschaut und nach seinem natürlichen Gefühl gehandelt hätte. ... Und all die falschen Moral- und Gesellschaftsbegriffe, alles Alte habe ich in mir gestürzt."*

Im Schuljahr 1930/31 übernahm Elly Maldaque eine Grundschulklasse, die 2. Klasse der Von-der-Tann-Schule. Zu den Fächern, die sie zu unterrichten hatte, gehörte Religion. In den 8. Mädchenklassen hatte diesen Unterricht ein Vikar gegeben. Maldaque machte nun von ihrem Recht Gebrauch, den Religionsunterricht abzulehnen.[92] Dies sah der Artikel 149 der Weimarer Verfassung vor.

Elly Maldaque wandte sich Ende der 20er Jahre nicht nur von „alten Überzeugungen" ab, sondern auch von dem anerzogenen Glauben. Wenn sie zunächst der Vorstellung vom „deutschen Geist", der imaginären Ein-

---

90 Dokument 15.
91 Vgl. dazu das Glossar Barbusse.
92 Dokument 22.

heit des Deutschen gefolgt war, dann war sie in der zweiten Hälfte der 20er Jahre auf dem Weg, „alles Alte" in sich zu stürzen. Vergleicht man Maldaques Weg mit dem der 16 Jahre älteren Sozialistin Antonie (Toni) Pfülf,[93] die sich ebenfalls aus einem konservativen Offiziersmilieu befreite, Volksschullehrerin in München wurde, aus der Kirche austrat und schließlich Reichstagsabgeordnete der SPD für den Wahlkreis 25, Niederbayern und Oberpfalz, also auch für Regensburg, wurde, dann fällt auf, dass hier die Abkehr vom „Alten" und die Wendung zum Sozialismus in konkrete politische Arbeit mündete. Maldaques schwärmerisches, idealistisches Bekenntnis zum Kommunismus lässt noch keine reale politische Konsequenz erkennen.

## Entlassung und Tod – ein „Mitteiler" berichtet der Politischen Polizei

Maldaques Kontakte zur KPD blieben der Politischen Polizei in Regensburg nicht verborgen. Die KPD wurde landesweit seit ihrer Gründung 1919 intensiv überwacht. Die Regensburger Politische Polizei oder auch Sicherheitspolizei war mit 2 Beamten eine Unterabteilung der „Kriminalhauptabteilung". Deren 18 Kriminalbeamte waren 1925 in der Alten Waag am Haidplatz untergebracht. Am 1. April 1929 wurden die städtische Polizei und so auch die Kriminalpolizei verstaatlicht und erhielt eine „Polizeidirektion".[94]
Seit Ende 1929 berichtet ein „Mitteiler", also ein Spitzel, aus der Regensburger KPD auch über eine Lehrerin, die einen französisch klingenden Namen habe. Die Beobachtung Maldaques durch die Politische Polizei mündete schließlich in eine Haussuchung. Den Anlass dafür fand die Kriminalpolizei bei einem Besuch der Freundin Maldaques, Irene Neubauer, in Regensburg. Neubauer, die vor einem Prozess gegen Konrad Fuß am 21. März 1930 sich im Amtsgericht Regensburg mit ihm unterhielt, konnte sich gegenüber der anwesenden Polizei nicht ausweisen.[95] Ihre Papiere befanden sich in der Wohnung ihrer Freundin Maldaque. Nach einer Vernehmung bei der „politischen Abteilung"[96] der Kriminalpolizei,

---

93 Dertinger 1984.
94 Dolhofer 1974, S. 99ff.
95 Vgl. den Beitrag von Bierwirth/Gutmann.
96 Bericht 1924/25, S. 173, Staatsbibliothek Regensburg.

wurde Neubauer „wegen des Verdachts der Verbreitung kommunistischer Zersetzungsschriften" und zur Kontrolle ihres Gepäcks in die Wohnung Maldaques gebracht.[97] Die Kriminalpolizei fand keine Zersetzungsschriften, schrieb aber u. a. heimlich aus Maldaques Tagebuch ab und durchsuchte am folgenden Tag ihre Wohnung, eine rechtlich umstrittene Aktion. Dabei fand die Polizei u. a. auch Maldaques Mitgliedskarten vom „Deutschen Arbeiter Abstinentenbund", vom „Bund der Freunde der Sowjetunion", von der „Internationale der Bildungsarbeiter" und dem „Freien Turn- und Sportverein Regensburg".[98] Eine Mitgliedskarte der KPD oder des Freidenkerverbandes fand die Polizei nicht.

Im Mai 1930 fasste dann der Leiter des Referats für politische Angelegenheiten bei der Regierung der Oberpfalz, Julius Hahn, das vorliegende Beobachtungsmaterial der Polizei zusammen und bilanzierte, dass Maldaque „mit Bestimmtheit ... in Regensburg Angehörige der KPD und Anhängerin der Freidenkerbewegung" sei.[99] Hahn lieferte mit seiner Bewertung die Grundlage für die Entlassung Maldaques. Als weitere Beweise für die Nähe Maldaques zur KPD wurden gewertet, dass sie im Dezember 1929 gemeinsam mit Konrad Fuß den Arzt August Kerscher, KPD-Mitglied, in Nittenau besuchte und am 18. Juni 1930 beim Kultusministerium eine Woche Urlaub vor den großen Ferien beantragte, um mit einer norddeutschen Reisegruppe eine pädagogische Ausstellung in Leningrad zu besuchen.[100] Diese Reisen wurden vom „Bund der Freunde der Sowjetunion" durchgeführt, in dem Maldaque auch Mitglied war.[101]

Inzwischen war man sich zwischen München und Regensburg einig, Maldaque müsse entlassen werden. Eile war geboten, da am 1. September entsprechend dem Beamtengesetz ihre Festanstellung anstand. Am 21. Juni gab das Kultusministerium der Regierung der Oberpfalz grünes Licht; am 27. Juni 1930 wurde Elly Maldaque das Entlassungsschreiben bzw. die „Regierungsentschließung" zugestellt, unterschrieben von Ludwig von Rücker, der von 1927 bis 1930 Regierungspräsident der Oberpfalz war:

*„Gemäß Art. 5 Abs. II des Volksschullehrergesetzes mit § 46 der Formationsordnung vom 17. Dezember 1825 wird Ihr Dienstverhältnis als*

---

97 Dokument 44.
98 Dokument 43.
99 Dokument 45.
100 Personalakte Maldaque, STA.
101 Zum Bund der Freunde d. Sowjetunion vgl. das Glossar.

*Volksschullehrerin mit Wirkung vom 1. Juli 1930 aufgelöst. Von dem gleichen Zeitpunkt ab verlieren Sie den Anspruch auf Ihr Diensteinkommen und die Standesbezeichnung sowie die Aussicht auf Ruhestandsversorgung. Die Regierung hat die Überzeugung gewonnen, dass Sie Ihrer geistigen Einstellung nach der Bewegung des Kommunismus und des Freidenkertums angehören und wirkendes Mitglied der Kommunistischen Partei Deutschlands sind. Diese bestimmte Haltung zu einer auf gewaltsamen Umsturz der bestehenden Staats- und Kulturordnung hinarbeitenden Bewegung ist mit der Stellung eines Beamten und Lehrers unvereinbar. Ihr widerrufliches Dienstverhältnis war daher zu lösen."*[102]

Der Bezug auf „die Formation, den Wirkungskreis und den Geschäftsgang der obersten Verwaltungsstellen in den acht Kreisen betreffend", beinhaltete die Zuständigkeit der Kreisregierung. Diese war als Vertreterin der Landesregierung berechtigt, die „Versetzung, Quiescirung, Entlassung" der Lehrer an den Volksschulen vorzunehmen.[103] Die Formationsordnung blieb in der Weimarer Republik gültig.

Der 2. Absatz des Artikels 5 des Volksschullehrergesetzes lautete: „Das Dienstverhältnis des widerruflichen Volksschullehrers kann von der Anstellungsbehörde jederzeit gelöst werden." Dafür war nicht einmal eine Begründung notwendig. Und im 3. Absatz hieß es: „Mit der Lösung des Dienstverhältnisses verliert der Volksschullehrer den Anspruch auf das Diensteinkommen und die Standesbezeichnung sowie die Aussicht auf Ruhestands- und Hinterbliebenenversorgung."[104] Der oder die Entlassene verloren alles. Ihnen wurde nicht einmal eine Übergangsregelung eingeräumt. Elly Maldaque stand damit vor dem beruflichen Aus: sie war von einem Tag auf den anderen ohne Einkommen, sie durfte die Bezeichnung Volksschullehrerin nicht mehr führen, sie verlor jeglichen Anspruch auf eine Pension. Infolge der fristlosen Entlassung musste Sie ihre Wohnung in der Orleansstraße aufgeben und wieder in die Wohnung des Vaters ziehen. Drei Tage nach Erhalt der Regierungsentschließung suchte Maldaque die Regierung der Oberpfalz auf. Sie bat um Aufschub der Entlassung bis zur Entscheidung über ihren Widerspruch, den sie in den nächsten Tagen einreichen wolle. Regina Widmann, Lehrerin an der Augustenschule, begleitete sie. Widmann war Mitglied im Kreislehrerrat und im Bayerischen Lehrerinnenverein. Sie beriet Maldaque wohl rechtlich, denn der Bayeri-

---

102 Dokument 32.
103 Formationsordnung (1825) 1835, S. 445.
104 Bayerisches Volksschullehrergesetz 1920, S. 14.

sche Lehrerinnenverein, in dem Maldaque Mitglied war, verfügte über eine Rechtsschutzkommission und unterstützte seine Mitglieder in Konfliktfällen bis zur Wahl eines Anwalts.

Anfang Juli bat sie den Vater eines ihrer Schüler in der 2. Klasse um Hilfe. Dieser, Georg Black, Kaufmann, aktiv in der evangelischen Kirche und der Deutschnationalen Volkspartei, berief am 7. Juli 1930 eine Elternversammlung ein, an der Eltern der 2. Klasse teilnahmen, die Maldaque im September 1929 übernommen hatte, und Eltern aus der 8. Klasse, die Maldaque zuvor unterrichtet hatte. Maldaque nahm an dieser Versammlung teil und stand den Eltern Rede und Antwort. Einstimmig verabschiedeten die 37 anwesenden Eltern eine „Entschließung", in der sie „Fräulein Maldaque das volle Vertrauen" aussprachen und von der Kreisregierung ihre Wiedereinstellung forderten. Sie kritisierten zudem „die fristlose Entlassung ohne jede Entschädigung nach so vielen Jahren" und dies vor allem auch deshalb, weil „sich Fräulein Maldaque keine unehrenhafte Handlung und keine Berufsverletzung zuschulden" kommen ließ.[105] Auch die weiteren Zuschriften, die Elly Maldaque erhielt, belegen, dass die Eltern an ihrer politischen Einstellung keinerlei Anstoß nahmen. Ebenso waren die Kollegen Maldaques in der Von-der-Tann-Schule völlig überrascht, dass sie der KPD angehören sollte. Sie achteten ihre Kollegin wegen ihrer pädagogischen Fähigkeiten. Maldaque fand nicht nur bei den Eltern Unterstützung. Auch der Redakteur der Wochenzeitung „Regensburger Echo", Rupert Limmer, unterstützte sie nach ihrer Entlassung mit seiner Berichterstattung und seinem Rat.

Am 5. Juli 1930 wurde Maldaque bei der Regierung der Oberpfalz vorstellig und ersuchte, „beiliegendes Belastungsmaterial entgegennehmen zu wollen, bis ich meine mir zustehende Beschwerde ... eingereicht habe, die ich bisher nicht fertigzustellen in der Lage war, da ich vor einem Nervenzusammenbruch stehe".[106] Das „Belastungsmaterial" war das Tagebuch. Maldaque wollte damit offenbar den Auszügen aus ihrem Tagebuch, die die politische Polizei bei der Haussuchung gemacht hatte, entgegenwirken. Die Zusammenstellung der Auszüge konnte bei böswilliger Auslegung den Eindruck erwecken, Maldaque sehe in den Schulkindern Versuchskaninchen für kommunistische Beeinflussung.[107]

---

105 Dokument 39.
106 Dokument 33.
107 Personalakte Maldaque, Anlage 16, STA.

Elly Maldaque lieferte sich jedoch mit der Übergabe des Tagebuchs vollständig an die strafende Behörde aus. Es war zugleich ein vergeblicher Hilferuf. Sie war offenbar nicht mehr in der Lage, gegen ihre Entlassung zu kämpfen. Und schließlich brach sie zusammen, um in diesem Bild zu bleiben. Alle, die mit Elly Maldaque in den ersten Tagen des Juli 1930 zu tun hatten oder ihr helfen wollten: der Rechtsanwalt Weiner, ihre Kollegin Betty Krebs, Handarbeitslehrerin an der Engelburgerschule, ihre Kollegin Regina Widmann oder der Redakteur Limmer: sie waren mit den eintretenden Veränderungen der Persönlichkeit Maldaques konfrontiert: extremer Verfolgungsangst und zunehmender Verwirrung im Wechsel mit starker Unruhe und Aggressionen.

Der Vater Elly Maldaques, der die politische Neuorientierung seiner Tochter als „Unheil" ansah und die Strategie verfolgte, sie deshalb für seelisch krank erklären zu lassen, um die Anerkennung der „Dienstunfähigkeit infolge schwerer Erkrankung" zu erreichen,[108] nutzte die zunehmende Hilflosigkeit seiner Tochter und beantragte beim Verwaltungs- und Polizeisenat der Stadt ihre Einweisung in die Anstalt Karthaus-Prüll. Grundlage für eine Einweisung in eine Anstalt wie Karthaus-Prüll war der Art. 80 des Polizeistrafgesetzbuches für Bayern. Danach hatte die Polizei das Recht, die Unterbringung von „Blödsinnigen oder Geisteskranken" in „einer Irrenanstalt" anzuordnen, die zur Gefahr für sich und ihre Umgebung wurden.[109] Das dafür notwendige bezirksärztliche Gutachten wurde eingeholt.

Am 9. Juli 1930 wurde Elly Maldaque, gegen ihren Willen und mit Gewalt, in die Heil- und Pflegeanstalt Karthaus-Prüll gebracht. Diagnose bei der Aufnahme um 18 Uhr: „Psychogener Ausnahmezustand" und „sehr unruhig". Am Mittag des 20. Juli, also 11 Tage später, war sie tot. Die Obduktion ergab: „Centrale Pneumonie und Herzinsuffizienz bei Hypoplasie, Herzgewicht 180 gr.", also Lungenentzündung und Herzschwäche.[110]

Die psychiatrische Anstalt Karthaus-Prüll mit ihren 1.000 Betten war 1928 in die Reihe der vier „gehobenen Anstalten" in Bayern aufgenommen worden. Der Leiter der Anstalt, Karl Eisen, und die sechs weiteren Ärzte waren bemüht, nicht nur den räumlichen Ausbau der Anstalt voranzubringen. Eisen führte die „erweiterte aktive Therapie"[111] von Simon ein,

---

108 Dokument 49.
109 Polizeistrafgesetzbuch 1927, S. 110f.
110 Dokument 48.
111 Cording 2000, S. 38; Zierl 1932, S. 127.

benannt nach dem damaligen Leiter der Anstalt in Gütersloh. Durch unterschiedliche Arbeiten der „ruhigen" Kranken konnte sich die Anstalt zu einem großen Teil selbst versorgen.
Elly Maldaque jedoch wurde, wie der Krankenbericht festhielt, in die „unruhige Frauenabteilung" (F2) mit Mehrbettsälen eingeliefert. Sie erfuhr damit die damals in der Psychiatrie übliche „Bettbehandlung und medikamentöse Ruhigstellung"[112]. In ihrem Fall: Spritzen oder Verabreichen „per Os" des Beruhigungsmittels Scopolamin, bei besonders starker Unruhe wurde sie „beschränkt", also am Bett festgebunden, bei Nahrungsverweigerung wurde sie mit der „Schlundsonde" zwangsernährt. Ihr Zustand zwischen Verwirrung und Ansprechbarkeit wechselte ständig, sie bekam eine Lungenentzündung und starkes Fieber, wurde körperlich immer schwächer. Nachdem sie in die Krankenabteilung (C1) verlegt worden war, starb sie am 20. Juli 1930, einem Sonntag, nachmittags „in Anwesenheit der Eltern und des Pastors [Baumann]".[113]
Maldaque erhielt in dieser „gehobenen Anstalt" eine gewaltförmige medizinische Versorgung, die mit ihrem Tod endete. Eine ihrer psychischen Problemlage angemessene Therapie oder ein Eingehen auf ihre besondere persönliche Problemlage fand nicht statt. Zudem sorgte der Vater als ihr rechtlicher Vertreter dafür, dass sie keine Besuche erhielt. Elly Maldaque wurde damit vollständig von ihrer gewohnten, alltäglichen gesellschaftlichen Umgebung isoliert und ausschließlich dem Anstaltsmilieu der „unruhigen" Frauenabteilung ausgesetzt.
Der zuständige Arzt, Obermedizinalrat und Stellvertretender Direktor Dr. Wilhelm Korte, hatte zudem für seine Patientin Elly Maldaque keinerlei Verständnis, war er doch, wie die Anstaltszeitschrift, die Karthäuser Blätter, 1929 stolz auf der Titelseite ihrer Nummer 3 berichteten, zeitweise Arzt des entmündigten Königs Otto I. von Bayern gewesen. Erst also die Behandlung eines Königs und nun die einer „Kommunistin". So kam es, dass der Staatsbeamte Doktor Korte nach der Lektüre von Tagebuch und Personalakte bei der Abfassung seines Berichts über die „Geistesbeschaffenheit" der Patientin Maldaque immer wieder die professionelle, ärztliche Haltung verlor. Unmissverständlich verlieh er seiner konservativen, staatstreuen Einstellung Ausdruck. Er bezeichnete beispielsweise das Urlaubsgesuch Maldaques für eine pädagogische Studienreise nach Leningrad als „dreist". Ihre Überlegung, allen Menschen ihre Rechte zu geben,

---

112 Zierl 1932, S. 122.
113 Dokument 56/2.

dann würden sie gut – ein seit Jahrhunderten diskutierter Problembereich Politischer Philosophie – tat er in konservativer Manier ab als den „unheilvollen, aber unheilbaren psychologischen Grundirrtum aller derartiger Ideologien". Und nicht zuletzt diffamierte er auch noch die pädagogische Arbeit Maldaques mit der Bemerkung, sie habe ein „mäßiges Interesse an ihrer Lehrtätigkeit" gehabt.

Kortes diagnostischer Blick auf seine Patientin war, entsprechend dem damaligen Stand der Psychiatrie, ausschließlich auf angenommene biologische, endogene Faktoren gerichtet. Mögliche Ursachen für Maldaques Krankheit in ihrem Lebensumfeld wie z. B. die extrem autoritäre Erziehung durch den Offiziers-Vater oder die zölibatäre Isolierung der Lehrerinnen, wurden gar nicht erst erwogen. Kortes Fazit schließlich über die „Geistesbeschaffenheit" der „überzeugte(n) und begeisterte(n) Kommunistin": Sie wäre „eine nervös labile, zu endogenen Depressionen neigende Psychopathin mit hysterischen Zügen" und „manisch-depressiver Veranlagung".[114] Der Anstaltsdirektor, Dr. Karl Eisen, fügte dem knapp hinzu: „Hysteroneurotiker".[115]

Die massive Anhäufung verschwommener diagnostischer Befunde demonstriert die methodische Borniertheit der damaligen Psychiatrie gegenüber psychischen Konfliktlagen, wie sie bei Elly Maldaque entstanden waren. Hinzu kam, dass der Anstaltsleiter Eisen und sein Stellvertreter Korte von ihrer konservativen politischen Einstellung her die Entlassung Maldaques durch die bayerische Regierung vollkommen richtig fanden.

Nach der Prüfung des vorliegenden Materials durch das Medizinalkomitee der Universität Erlangen, entlastete der Oberstaatsanwalt die Anstalt Karthaus-Prüll, indem bescheinigt wurde, „dass in der Behandlung der Elisabeth Maldaque Fehler oder Unterlassungen der Anstaltsärzte nicht nachweisbar sind. Die Diagnose und die Behandlung war eine in allen Teilen richtige."[116] Elly Maldaque konnte nach ihrer Entlassung und ihrem „Nervenzusammenbruch" dem Ineinandergreifen der patriarchalen, extrem konservativen Machtinstitutionen von: Kultusminister und Regierungspräsident, von Vater und Polizeisenat, von Amtsarzt, Psychiatern und Staatsanwalt nicht entkommen, es sei denn, sie hätte die Stadt Regensburg und den Freistaat Bayern verlassen. Doch dazu war sie Anfang Juli 1930 nicht mehr in der Lage.

---

114 Dokument 50.
115 Dokument 52.
116 Zitiert bei Schröder 1983, S. 261.

Nach dem Tod Maldaques ging in Regensburg bald das Gerücht um: „die haben's umgebracht in Karthaus"[117]. Ihre Beerdigung auf dem protestantischen Zentralfriedhof wurde entgegen der Ankündigung des Vaters, dass die Beerdigung in aller Stille stattfände, (Todesanzeige) zu einer Solidaritätsbekundung vieler Regensburger. Während die Polizei „ca. 500 Personen" zählte, „von welchen der größte Teil als sensationslüsterne Neugierige" herabgestuft wurde,[118] gestaltete sich für den Reporter der Nürnberger kommunistischen *Neuen Zeitung* die „Beerdigung der gemordeten Lehrerin Maldaque ... zu einer mächtigen Demonstration gegen den bayerischen Kulturfaschismus" mit 3.000 Teilnehmenden.[119] Wenn auch die Tendenz der beiden Berichte nicht unterschiedlicher sein kann, in beiden wurde die große Anteilnahme der Schülerinnen von Elly Maldaque, deren Eltern, vieler Kolleginnen und Kollegen und vieler Regensburger dargestellt, ebenso die überaus positiven Würdigungen ihrer Arbeit und Persönlichkeit bei den Reden am Grab.

Die fristlose Entlassung und der plötzliche Tod Maldaques fanden eine breite öffentliche Beachtung. In über 90 Zeitungsartikeln wurde nicht nur in Regensburg, sondern auch über Bayern hinaus über den „Fall Maldaque" berichtet.[120] Die Lehrervereine nahmen deutlich Stellung in ihren Verbandszeitschriften und auch die Kirchen äußerten sich. Die katholische Kirche in Regensburg, d. h. das Bistum, äußerte sich zwar nicht offiziell zum „Fall Maldaque". So findet sich im *Regensburger Sonntagsblatt-Wochenschrift für das Bistum Regensburg* 1930 kein Hinweis. Aber das *Klerusblatt*, die Mitgliederzeitschrift der Diözesan-Priestervereine Bayerns, begrüßte die Entlassung Maldaques als Schutzmaßnahme. In einem Artikel am 17.09.1930 übte es Kritik an der positiven Berichterstattung der *Bayerischen Lehrerzeitung* über die Kinderfreundebewegung. Zustimmend wurde dabei auf den NSDAP-Abgeordneten im Bayerischen Landtag, Hans Schemm, verwiesen, der „die Betätigung der Arbeitsgemeinschaft der Kinderfreunde als parteipolitische, sozialistische, ja bolschewistische Betätigung" bezeichnet habe. Im Fall der Berichterstattung der Bayerischen Lehrerzeitung über die Regensburger Lehrerin Maldaque wurde die Kritik an ihrer Entlassung zurückgewiesen und als aktuell „heiligste Aufgabe aller, vorab der Lehrer und Erzieher unserer Jugend", ge-

---

117 Kätzel 1995, S. 186.
118 Dokument 47.
119 Dokument 59.
120 Schröder 1982, S. 13; vgl. auch den Beitrag von Bierwirth: Berichterstattung.

fordert, „die deutsche Jugend zu schützen und zu bewahren vor den bolschewistischen Erziehungsmethoden, und sie freizuhalten von verderblichen politischen Einflüssen; denn es gilt die Erhaltung der deutschen Kultur, den Schutz heiligster christlicher Erbgüter, die Rettung des deutschen Volkes vor dem Untergang."[121]
In der „Chronik des evangelisch-lutherischen Pfarramts unterer Stadt" lässt sich nachlesen, dass der evangelischen Kirchenleitung insbesondere die Entschließung der Eltern missfiel: sie zeige die „Urteilslosigkeit weiter Kreise der Gemeinde".[122] Im *Evangelischen Gemeindeblatt für den Donaugau* vom 10.08.1930 wurde zum „Fall Maldaque in Regensburg" die Stellungnahme des Kultusministers Goldenberger zustimmend referiert samt der zynischen Feststellung, „dass die unglückliche Lehrerin M. ... ein Opfer ihres eignen pflichtwidrigen Verhaltens und im weiteren Sinne ein Opfer des Kommunismus und seiner Agitation selbst geworden sei." [123] Karl Büchele, der Herausgeber des Gemeindeblatts, versuchte in einem weiteren Artikel „die tiefe Tragik" der „sehr tüchtigen Lehrerin" Maldaque darzustellen und aus evangelischer Sicht abzuwägen. Für ihn war Elly Maldaque „eine suchende Seele", die „zur Kommunistin aus Idealismus" geworden war, dabei aber doch verblendet, so dass sie sich verirrt und verschlossen habe gegenüber dem „treugemeinten Rat anderer erfahrener Menschen".[124]
Ende Juli 1930 kam es zu einer Debatte im bayerischen Landtag, in dessen Verlauf dem amtierenden Kultusminister Franz Goldenberger von Abgeordneten der DVP, der KPD und der SPD vorgehalten wurde, dass er eine Reihe selbstverständlicher Rechtgrundsätze missachtet habe und dass er, wie ihm die SPD-Abgeordnete Elisabeth Kaeser vorhielt, nationalsozialistische Lehrer, die öffentlich für die NSDAP aufträten, schone.[125] Die, allerdings sehr unterschiedlichen, Anträge der KPD und der SPD, die Verantwortlichen für die Entlassung und den Tod Maldaques zur Verantwortung zu ziehen, wurden von der konservativen und rechtsextremen Mehrheit des Landtags abgelehnt.
Im August 1930 erhielt das Kultusministerium Hefte einer ehemaligen Schülerin Maldaques.[126] Das Ministerium sah in den Themen, die in dem Kulturkundeheft behandelt wurden, dass „die Lehrerin Maldaque den

---

121 Klerusblatt v. 17.09.1930, S. 524.
122 Dokument 61.
123 Dokument 62.
124 Dokument 63.
125 Dokument 53.
126 Dokumente 24 bis 31.

Unterricht in der Kulturkunde dazu benutzt hat, sich eingehend und mit kaum verhüllter Zustimmung über sozialistische und kommunistische Gedankengänge gegenüber ihren Schülerinnen zu verbreiten."[127] Die Gelegenheit, der Lehrerin Maldaque doch noch kommunistische Beeinflussung ihrer Schülerinnen, wenn auch nach ihrem Tod, nachzuweisen, und damit einen tragfähigen Rechtsgrund für die Entlassung nachzuschieben, wollte sich das Ministerium nicht entgehen lassen. Die Regierung der Oberpfalz wurde beauftragt, nach weiteren Heften zu forschen. Da dies nicht gelang und die vorliegenden Hefte der Schülerin als nicht ausreichend eingeschätzt wurden für eine nachträgliche, neue Begründung der Entlassung, wurde dieser Versuch aufgegeben.

Elly Maldaque schließt ihr Tagebuch am 14. Juli 1929 mit dem Eintrag: „… in der neuen Wohnung, auch äußerlich frei von allen alten Ketten." Dies erweckt den Eindruck, sie habe mit der Wendung zum Kommunismus die innere Freiheit von altem Denken und mit dem Umzug aus der Wohnung des Vaters in eine eigene, auch die äußere Freiheit gewonnen. Doch die Folge der Entlassung, ihr psychischer Zusammenbruch, zeigt ein anderes Bild. Der Sprung über den Abgrund – dieses von Henri Barbusse geprägte Bild benutzt Maldaque in ihrem Tagebuch – er misslang. Da war Elly Maldaque 36 Jahre alt.

## Eine bayerische Entlassung

Die Regierung der Oberpfalz formulierte gleich zwei Gründe für die Entlassung Elly Maldaques. Zum einen: Maldaque gehöre ihrer „geistigen Einstellung nach der Bewegung des Kommunismus" an und sei „wirkendes Mitglied der Kommunistischen Partei", die eine „auf gewaltsamen Umsturz der bestehenden Staats- und Kulturordnung hinarbeitende Bewegung" sei. Zum anderen: Maldaque gehöre „der Bewegung des Freidenkertums" an, die demnach, folgt man der Logik des Satzes in der Regierungsentschließung, ebenfalls eine „auf gewaltsamen Umsturz der bestehenden Staats- und Kulturordnung hinarbeitende Bewegung" sein musste. Zwei Tatbestände: Kommunistin und Freidenkerin, dies machte nach Auffassung der Regierung der Oberpfalz und des Bayerischen Kultusministeriums aus beamtenrechtlichen Gründen eine Lösung des Dienstverhältnisses zwingend.

---

127 Personalakte Maldaque, STA.

In der Debatte im Bayerischen Landtag Ende Juli 1930, bekräftigte Kultusminister Franz Goldenberger die Rechtmäßigkeit der Entlassung des „Fräulein Maldaque". Sie habe sich nach den Beobachtungen der Polizei kommunistisch betätigt und dies sei angesichts der verfassungswidrigen Ziele der Partei „als ein schweres und regelmäßig mit Dienstentlassung zu ahndendes Dienstvergehen zu erachten". Der Minister betonte jedoch zugleich, dass gegen die Lehrtätigkeit des Fräulein Maldaque „keine Beanstandung vorlag" und ihre Dienstprüfung gut gewesen sei.[128]
In der Beurteilung des „Falles Maldaque" durch Kreisregierung und Kultusministerium lag demnach ein gravierender Widerspruch: einerseits gab es keine im Beruf oder in der Öffentlichkeit sichtbare „Betätigung" für den Kommunismus oder gar Beschwerden über eine politische Einflussnahme im Rahmen der Lehrtätigkeit Maldaques; andererseits stützte sich die Regierung ausschließlich auf in ihrem Wahrheitsgehalt ungeprüfte Spitzel- und Polizeiberichte und konstruierte, da eine Mitgliedschaft nicht nachweisbar war, ein der „geistigen Einstellung nach der Bewegung des Kommunismus und des Freidenkertums angehörend(es) und wirkendes Mitglied der Kommunistischen Partei". Der fehlende Nachweis einer tatsächlichen Mitgliedschaft und öffentlichen Betätigung interessierte den Kultusminister Goldenberger bei seiner rechtlichen Bewertung nicht. Zudem fehlte in der Entlassung eine Begründung für die „Gefährlichkeit" des Freidenkertums. Freidenkertum als Entlassungsgrund, das war wohl eine bayerische Spezialität. Ebenso sah man keine Notwendigkeit, der Lehrerin Maldaque vor der Entlassung Gelegenheit zu geben, zu den „Vorwürfen" Stellung zu nehmen. Wozu auch? Sie sei doch, wie Goldenberger zynisch und „mit aller Entschiedenheit" im Landtag betonte, „ein Opfer ihres eigenen pflichtwidrigen Verhaltens und im weiteren Sinn ein Opfer des Kommunismus und seiner Agitation geworden".
Weder die Bayerische Verfassung noch die Weimarer Verfassung waren Goldenberger in diesem Zusammenhang einer Erwähnung wert. Und dieser Sachverhalt rief die liberalen Lehrerverbände auf den Plan, denn der „Fall Maldaque" demonstrierte ein Dilemma der Weimarer Republik und der Weimarer Verfassung im Verhältnis zu den Ländern. Die Länder gaben den Takt vor bei der Umsetzung der Grund- und Freiheitsrechte, die natürlich, wenn auch in eingeschränkter Form, ebenso für die Lehrer als Staatsbeamte galten.

---

128 Dokument 54.

Die liberalen, überkonfessionellen bayerischen Lehrervereine, der Bayerische Lehrerinnenverein (BLiV) und der Bayerische Lehrerverein (BLV) bezogen deshalb entschieden gegen die Entlassung Maldaques Position, ebenso der Deutsche Lehrerverein (DLV). Der Katholische Lehrerverein dagegen rechtfertigte das ministerielle Vorgehen.

Die *Bayerische Lehrerinnenzeitung* (BLiZ) informierte ihre Mitglieder im August 1930 unter dem Titel „Maldaque †" über die Entlassung und den Tod Maldaques. Der Bericht wurde ergänzt durch eine umfangreiche Dokumentation, die im folgenden Heft unter dem Titel „Der ‚Fall Maldaque' im Plenum des Bayerischen Landtages" fortgesetzt wurde.[129] Die BLiZ enthielt sich einer ausdrücklichen rechtlichen Wertung, nahm aber moralisch Stellung durch die persönliche Anteilnahme am Schicksal ihres Mitglieds Elly Maldaque.

Die *Bayerische Lehrerzeitung* (BLZ), berichtete am 17.07.1930 unter dem Titel „Politische Gesinnung" über die Entlassung Maldaques. Die BLZ war die Verbandszeitschrift des 1861 gegründeten BLV, der sich in der Weimarer Zeit zur größten und einflussreichsten Lehrerorganisation in Bayern entwickelte, mit über 19.000 Mitgliedern, darunter auch Frauen als außerordentliche Mitglieder.[130] Ausgehend vom „Fall Maldaque" verwies die BLZ auf den Artikel 130 der Weimarer Verfassung, der allen Beamten die Freiheit der politischen Gesinnung gewährleistete. Die BLZ hielt deshalb das Vorgehen des Bayerischen Kultusministeriums nicht für rechtmäßig.

Die *Allgemeine Deutsche Lehrerzeitung* (ADLZ) informierte ebenfalls in zwei Artikeln ausführlich über den „Fall Maldaque".[131] Die ADLZ war das Hauptorgan des Deutschen Lehrervereins (DLV), dem der Bayerische Lehrerverein als selbständiger Zweigverein angehörte. Der DLV, der sich in der Tradition der schulpolitischen Forderungen der bürgerlichen 1848er Revolution sah, organisierte in den 20er Jahren der Weimarer Republik mit mehr als 130.000 Mitgliedern über 60% der Volksschullehrer. Die ADLZ erreichte bis 1930 eine Auflage von 18.000 Exemplaren.[132] Unter Berufung auf den Artikel 130 der Weimarer Verfassung wertete die ADLZ

---

129 Bayerische Lehrerinnenzeitung, Nr. 15/16: 01./16.08.1930, S. 175–178 und Bayerische Lehrerinnenzeitung, Nr. 17: 01.09.1930, S. 184–188.
130 Guthmann 1961, S. 88.
131 ADLZ Nr. 32: 07.08.1930, S. 611 (Endgültig entlassen); ADLZ, Nr. 36: 04.09.1930, S. 670–672 (Kulturdokumente aus Bayern. Zur Beurteilung des Falles Maldaque).
132 Bölling 1978, S. 55f.

das Vorgehen des bayerischen Kultusministers als „*unbedingt verfassungswidrig*" und bezog damit am entschiedensten Position gegen die Entlassung Maldaques.
Ganz anders sah dies die *Katholische Lehrerzeitung*, die Verbandszeitschrift des Katholischen Lehrervereins. Die Berichterstattung ging von den Diskussionen im Bayerischen Landtag über „den betrüblichen Fall" aus und kam zum Ergebnis, dass man keine Lehrkraft bezahlen könne, die an der „Umsturzarbeit des Kommunismus" mitwirke und „dem gegenwärtigen Staat das Grab schaufeln" wolle. Auf die rechtlichen Probleme und Hintergründe, wie sie in der Allgemeinen Deutschen Lehrerzeitung und in der Bayerischen Lehrerzeitung erörtert wurden, ging die Katholische Lehrerzeitung gar nicht erst ein.[133]
War nun, wie die ADLZ feststellte, das Vorgehen des Kultusministeriums in Bayern „unbedingt verfassungswidrig"? Hintergrund dieser Feststellung ist, wie schon gesagt, der Artikel 130 der Weimarer Verfassung, deshalb ist es notwendig kurz auf diesen für die Volksschullehrer als Staatsbeamte so wichtigen Verfassungsartikel einzugehen. Der Artikel 130 schreibt im ersten und zweiten Satz vor: „Die Beamten sind Diener der Gesamtheit, nicht einer Partei. Allen Beamten wird die Freiheit ihrer politischen Gesinnung und die Vereinigungsfreiheit gewährleistet."[134]
Der BLV und der DLV bezogen sich bei ihrer Beurteilung des „Falles Maldaque" ausschließlich auf den Artikel 130, 2 der Weimarer Verfassung, da diese Vorrang vor den Landesverfassungen hatte. Die „Verfassungsurkunde des Freistaates Bayern", kurz nach der Weimarer Verfassung im August 1919 im Landtag angenommen, enthielt im § 67, I eine fast gleichlautende Regelung: „Den Beamten wird die Freiheit der religiösen und politischen Gesinnung und des Zusammenschlusses gewährt."[135]
Gerhard Anschütz, der angesehenste Kommentator der Weimarer Verfassung, betonte, dass der Beamte bei seiner Tätigkeit nicht einer Partei gegenüber verantwortlich sei, weil das Staatsrecht eine Verantwortlichkeit gegenüber Parteien nicht kenne. Der Beamte habe sich deshalb bei der Ausübung seines Amtes von dem „Interesse der Gesamtheit" leiten zu lassen, er sei Diener der Gesamtheit.[136] Unter Gesamtheit verstand Anschütz den Staat, seine Instanzen und Gesetze. Das Beamtenverhältnis beinhalte

---
133 Katholische Lehrerzeitung, Nr. 24: 21.08.1930, S. 269 (Rundschau: Schulpolitik).
134 Anschütz 1929, S. 342.
135 Bayerische Verfassungsurkunden 2002, S. 69.
136 Anschütz 1929, S. 340.

eine „besondere Gehorsams- und Treuepflicht", die das Verhalten des Beamten innerhalb und außerhalb seines Amtes betreffe. Ihm seien daher in Bezug auf die Freiheitsrechte der Verfassung besondere „Schranken" auferlegt. Andererseits betone der zweite Absatz des Artikels 130, so Anschütz, die Freiheit der politischen Gesinnung und Vereinigungsfreiheit der Beamten. Anschütz zitierte zur Erläuterung der entsprechenden rechtlichen Auslegungen dieses schwierigen Verhältnisses zwischen Freiheit und Beschränkung eine Grundsatzentscheidung des Preußischen Oberverwaltungsgerichtes (POVG). Mit der Freiheit der politischen Gesinnung des Beamten könne nicht gemeint sein, so das POVG, dass sie „nur im Innern vorhanden" sein darf. Vielmehr sei jedem Beamten die Freiheit gewährleistet, sich auch nach außen zu seiner politischen Auffassung zu bekennen und damit auch zu einer Partei. Und das OPVG kommt zum Ergebnis:
*„Danach ist eine disziplinarische Bestrafung eines Beamten wegen des bloßen Bekenntnisses zu einer politischen Partei jedenfalls ausgeschlossen. Ein Dienstvergehen ... würde ein Beamter erst dann begehen, wenn er die Erreichung des auf gewaltsamen Umsturz der bestehenden Staatsordnung gerichteten Zieles der Partei, zu der er sich bekennt, durch positive Handlungen zu fördern versuchte."*[137]
Elly Maldaque war nachweislich kein Mitglied der KPD, einer Partei, deren politische Ziele als verfassungsfeindlich eingestuft wurden. Die regierungsamtlichen Kenntnisse von Maldaques Wende zum Kommunismus bestanden nur aus Spitzelberichten und einer rechtlich fragwürdigen Wohnungsdurchsuchung durch die Politische Polizei. Weder die Kolleginnen und Kollegen, noch ihre Schülerinnen, noch deren Eltern haben beanstandet, dass sie im Unterricht oder öffentlich für die KPD agiere. Ihr Bekenntnis zum Kommunismus sowie ihre Abkehr von der Religion hin zu einem „freien" Denken waren nicht verfassungswidrig.
Es war ein konservatives, machtpolitisches Motiv, das letztlich zu ihrer Entlassung führte, das natürlich nicht öffentlich geäußert wurde. Julius Hahn, Regierungsdirektor und Leiter des Referats für politische Angelegenheiten bei der Regierung der Oberpfalz, der die Entlassung Maldaques vorbereitet hatte, sah in ihr nicht nur eine kleine Lehrerin, sondern eine „Intellektuelle", die „als Kommunistin und Freidenkerin" in beiden Bewegungen „keineswegs eine untergeordnete Rolle" spiele. Es müsse damit gerechnet werden, dass sie mit der Zeit eine „Führerin" werde.[138] Die

---

137 Zitiert bei Anschütz 1929, S. 344.
138 Dokument 45.

Angst vor der Intellektuellen, die möglicherweise die kommunistische Bewegung und das Freidenkertum in Regensburg mit ihren Fähigkeiten stärken könne, dieser vermuteten „Gefahr" galt es durch die Entlassung vorzubeugen. Die Lehrerin Maldaque wurde im Ergebnis einer polizeilichen Gefahrenprognose entlassen.

Ganz anders verhielt sich Kultusminister Goldenberger, verhielt sich die von der Bayerischen Volkspartei bestimmte Staatsregierung bei Lehrern, die nachweislich Mitglieder der Nationalsozialistischen Arbeiterpartei Deutschlands (NSDAP) waren, die offen für diese Partei und den Nationalsozialismus eintraten. Sie wurden geschont. Die bayerische Regierung hat den Beamten „grundsätzlich nicht verboten, die NSDAP außerhalb des Dienstes aktiv zu unterstützen."[139]

Zum Schluss bleibt anzumerken, dass der „Fall Maldaque" im „Handbuch der Geschichte des bayerischen Bildungswesens" berücksichtigt wird. Sehr allgemein wird zur Auseinandersetzung um die Entlassung Maldaques festgestellt, dass ihr Fall „noch heute Diskussionsstoff darüber [bietet], welche politischen Kräfte damals im Kampf um die Macht im Staate ... wirksam waren."[140]

---

139 Schmahl 1977, S. 167.
140 Flierl/Gschwendner 1997, S. 100.

**Waltraud Bierwirth, Luise Gutmann**

# Eine anstößige Beziehung

## Der KPD-Stadtrat und Sozialpolitiker Konrad Fuß

Der Blick auf den Kommunisten Konrad Fuß ist nüchtern. Am 16. November 1928 notierte die damals 35-jährige Elly Maldaque in ihrem Tagebuch: „Am Montag hörte ich mir den seichten Vortrag von Hipp! [Oberbürgermeister von Regensburg] über ‚Selbstverwaltung der Gemeinden' an und tauschte mich dann stundenlang mit dem Kommunisten Fuß aus. Er hat viel gelesen und arbeitet fleißig, meint es ehrlich und ernst." Wahrscheinlich hatte der Kommunist Fuß den Anstoß zum Besuch des Vortrags gegeben. Mit dem Regelwerk der Kommunalpolitik kannte er sich nur mangelhaft aus. Gerademal seit neun Monaten, seit Februar 1928, saß der damals 31-Jährige als einziger Abgeordneter der KPD im Stadtrat und mühte sich, keine dummen, administrativen Fehler zu machen, wenn er seine sozialpolitischen Anfragen in den Stadtrat einbrachte.

Wen sollten die Kommunisten in Regensburg auch fragen, wenn es um bürgerliche Fertigkeiten ging, die sie nicht beherrschten? Das galt für den Stadtrat wie das Kulturleben. Gesang und Klavierspiel beherrschte die sympathische Lehrerin mit dem französischen Namen, deren Unterricht die Eltern lobten. Und sie war klug, sprach französisch, war belesen und viel gereist. Manchmal mit ihrer Freundin Irene, die wie Konrad Fuß KPD-Mitglied war. Vielleicht fragte er Elly deshalb, ob sie bei Revolutionsfeiern Klavier spielen würde oder den Genossen des RFB (Rot-Front-Kämpfer-Bund) Gesangsunterricht geben könne.

Die Lehrerin Elly Maldaque zierte sich nicht. Vorurteilslos und ohne die Konsequenzen zu bedenken, engagierte sie sich für die Sache der Kommunisten. So wie es ihre Freundin Irene tat, die sie liebte und der sie nacheifern wollte. Einfühlsam erkundigte sie sich bei der Freundin: „Wie geht es Dir denn Liebe mit dem aufreibenden Hin und Her der Referate. Wenn Du Dich nur nicht zu sehr anstrengst und nicht wieder stockheiser wirst. Da tue ich mir halt leicht. Ich höre sie mir nur an."[141]

---

141 Elly Maldaque an Irene Neubauer, 1.12.1929, Dok. 16.

Mag sein, dass es die Freundin aus der gemeinsamen Studienzeit war, die bei einem ihrer Besuche in Regensburg eine Begegnung zwischen Elly Maldaque und Konrad Fuß herbeigeführt hatte. Der „Kommunist Fuß", wie sie ihn erstmals in ihrem Tagebuch Mitte November 1928 erwähnt, blieb fortan eine feste Größe in ihrem Leben. Es war von ihrer Seite her eine pragmatische, der „Sache" zugeordnete Beziehung. Sowohl in ihrem Tagebuch wie in den Briefen ist der junge Regensburger Stadtrat stets der „Kommunist Fuß" oder einfach, fast distanziert: „Fuß".
Gleichwohl gibt Fuß ihr unerhörte Einblicke, von denen sie berichtet: „Heute war ich mit Fuß in Nittenau bei einem kommunistischen Arzt, der schon seit seiner Studentenzeit auf der Seite der Arbeiter steht und bis heute trotz aller Schwierigkeiten seiner Gesinnung treu geblieben ist. Er lebt in seiner Häuslichkeit primitiver als ein Proletarier. Sein Dienstbote schläft im Zimmer, er selbst in der winzigen Küche, besitzt kaum die nötigsten Möbel, behandelt viele Arbeiter gänzlich umsonst. Kassenpraxis hat man ihm keine gegeben. Er tritt in seinem Dorfe auch öffentlich auf."[142]
Für „tiefgründige" Gespräche, wie sie die „nach Austausch lechzende" Elly Maldaque so liebte, war Konrad Fuß nicht der gesuchte Gesprächspartner. So wie es der junge Vikar Wolfgang Trillhaas war, nach dessen Besuch am 22. Februar 1928 sie in ihr Tagebuch schreibt: „Heute Nachmittag war Vikar Trillhaas bei mir, um sich über Paris erzählen zu lassen. Es kostete ehrliche Anstrengung, aus meiner geistigen Versumpfung heraus nur langsam in Fluss zu kommen. Herrgott, wenn diese Knebelung lebenslang dauern soll." Die anspruchsvollen, intellektuellen Gespräche, die sie überaus schätzte und die sie zu „Begeisterungsausbrüchen" hinrissen, gehörten der Freundin, deren Verehrung für den französischen Schriftsteller und Kommunisten Henri Barbusse sie teilte. Erst recht nach einem Besuch mit Irene in Frankreich, wo sie Barbusse persönlich kennengelernt hatte. Schwärmerisch und geradezu überschwänglich schrieb sie der Freundin am 4. Juli 1929: „Allmählich geht mir die überragende Größe von Henri auf. Seine Worte sind leuchtende ewige Wahrheit, seine Bücher eine Bibel für die Menschheit. Ich glaube an ihn. Und es ist des höchsten Kampfes um ihn wert."
In deutlichem Kontrast dazu steht ihre Haltung zu Konrad Fuß. Handfest und nüchtern ist die Sprache, keine Spur von Emotion oder Bewunde-

---

142 Ebd.

rung. In ihrem Tagebuch oder Briefen beschreibt sie schnörkellos Ereignisse aus dem Alltag. Zufrieden meldete sie der Freundin Irene, wo es nach einer gut besuchten öffentlichen Versammlung, in der der KPD-Reichstagsabgeordnete Arthur Ewert „den Hakenkreuzredner richtig blamiert" hatte, weiter ging: „Nach Schluss der Versammlung stiegen mir noch 3 Genossen auf die Bude: sie blieben bis nachts 3 Uhr: Ewert, Fuß und Reichtstagsabgeordneter Ende, der gerade auf der Durchfahrt war. Da freute ich mich natürlich sehr, wenn mich solche Größen besuchen."[143] Der Kontakt zwischen der attraktiven Lehrerin Maldaque und dem stadtbekannten Kommunisten Fuß blieb in Regensburg keine private Angelegenheit. Allen voran interessierte sich die Politische Polizei für die Begegnungen und Aktivitäten der Beiden. Sie protokollierte, wann die Lehrerin Klavier bei den „Genossen" spielte, wann sie KPD-Parteiseminare über den Marxismus besuchte oder zum großen Bundesfest der Arbeiter-Sportinternationale am 19. und 20. Juli 1929 in Nürnberg reiste. Dorthin fuhr auch der Kommunist Konrad Fuß, der am 18. Juli nach der Stadtratssitzung den Zug um 21.09 Uhr nach Nürnberg nahm. Die Abschrift des kurzen Briefes von Konrad Fuß an die „Liebe Genossin" befindet sich in der Sammlung der politischen Polizei. Willige und vermutlich bezahlte Denunzianten, die der Polizei berichteten, gab es aber auch in den eigenen Reihen. Am 2. März 1930 schrieb Maldaque der Freundin: „Also bleiben nur die eignen Reihen übrig. Das ist meine und Fuß' feste Meinung. Wir müssen aber nun dafür sorgen, dass die beiden verdächtigen Elemente nichts mehr von mir erfahren können. Das Ausschlussverfahren gegen R. ist ja bereits eingeleitet. In der Versammlung des Gaugewerksbundes hat er sich nicht verantwortet."
Für die Lehrerin Maldaque war es ein spätes Erkennen, dass ihr politischer Aufbruch ihr zum Verhängnis werden könnte. „Es könnte mich meine Stelle kosten", schrieb sie am 2. März 1930 der Freundin Irene und begann mit einer dringlichen Bitte: „Wir warten alle auf Dein Wiederkommen." Irene Neubauer kam drei Wochen später und mischte sich unter die Zuhörer, als am 21. März 1930 dem Kommunisten und Stadtrat Konrad Fuß der Prozess wegen Religionsvergehens gemacht wurde. Die Bühne für das „Drama" war bereitet.

---

143 Elly Maldaque an Irene Neubauer, 1.12.1929, Dok. 16.

## Ein Prozess nimmt seinen Lauf

Die aufblitzenden roten Tupfer im Beerdigungsschwarz fielen auf. Viele guckten hin, als sich der Trauerzug nach der Einsegnung der Leiche vor der Halle in Bewegung setzte. Kurz nach zwölf Uhr, am zweiten Weihnachtstag 1929, war der Zentralfriedhof an der Friedenstraße gut besucht. Die Menschen zog es an diesem Feiertag zur letzten Ruhestätte der Verwandten, denn die Zeiten waren lausig, ganz sicher auch für den Verstorbenen, der kurz vor Weihnachten verschieden war und nun den letzten Weg antrat.

Zu irdischen Reichtümern war der Tote, der Regensburger Erdarbeiter Johann Sailer, nie gekommen. Aus Überzeugung war er Kommunist geworden, um für ein besseres Leben zu kämpfen. Weil Johann Sailer in seinem ersten Leben altkatholisch war, suchte seine Witwe, eine überzeugte Protestantin, nach seinem Tod um eine kirchliche Beerdigung bei Pfarrer Nagl nach. Dieser sagte Ja und versprach eine Beerdigung wie es Sitte war: Zweimal Einsegnung, vor der Halle und am Grab, plus Trauerrede.

Um die letzte Ehre für den Toten, ging es an diesem nasskalten Weihnachtstag aber auch den Regensburger Kommunisten. Deshalb blitzten die Krawatten der Genossen in leuchtendem Rot und eine große, rote Schleife schmückte den Kranz. Den trug Konrad Fuß, der bis Anfang Dezember 1929 als KPD-Abgeordneter im Regensburger Stadtrat saß.

Was sich dann am Grab zugetragen haben soll und drei Monate später vor dem Amtsgericht verhandelt werden sollte, beschreibt der stockkonservative *Regensburger Anzeiger* säuerlich anklagend unter der Überschrift: „Ein Kommunist lästert Gott am Grabe": „Während der Geistliche am Grabe darauf hinwies, dass der Verstorbene vor seinem Tod noch kommunizierte, äußerte Fuß ‚Pfaff' ... bei der Einsegnung im Namen der Dreifaltigkeit ‚Schmarrn'. Als die offizielle Trauerfeier zu Ende war, trat Fuß an das offene Grab mit einem Kranze in der Hand, um dem Verstorbenen einen Nachruf zu widmen. Er betonte insbesondere, dass es kein höheres Wesen und keinen Gott gäbe, der das verelendete Proletariat erlösen könnte. Die gläubigen Teilnehmer waren empört."[144]

Es kam, wie es in einer bigotten Gesellschaft kommen musste: Die Strafverfolger nahmen die Ermittlungen gegen den ehemaligen Stadtrat Konrad Fuß wegen „Religionsvergehens" auf. Drei Monate nach der für

---

144 Regensburger Anzeiger v. 22.03.1930, S. 3.

Regensburger Verhältnisse skandalösen Beerdigung stand der damals 32 Jahre alte Kommunist Konrad Fuß als Angeklagter vor dem Richter des Amtsgerichts Regensburg. Die Anklage wurde jenseits von Recht, Gesetz und Geist der Weimarer Verfassung erhoben und hatte keinen substanziellen Bestand. Beifall fand sie dagegen bei der katholischen Regensburger Gesellschaft. Was ein Katholik von Sozialisten, Kommunisten und Freidenkern zu halten hat, predigten die Pfarrer sonntags von den Kanzeln. Die Vorlagen für die Sonntagspredigten lieferte das *Klerusblatt*, das Organ der Diözesan-Priestervereine Bayerns. In vielen Ausgaben beschäftigte es sich mit der Frage: Wie haben es Katholiken mit konfessionslosen Sozialisten im Alltag zu halten? Eine Antwort darauf gab Franziskanerpater Erhard Schlund: „Die Zugehörigkeit zum marxistischen Sozialismus ist zwar nicht unter Strafe, aber unter Sünde verboten."[145]

Es war ein gut besuchter Termin, als am 21. März 1930 im Amtsgericht Regensburg die öffentliche Verhandlung über das „Religionsvergehen" angesetzt war. Der Fall Fuß regte auf. Freund wie Feind drängelten sich auf den Zuhörerbänken, als über den Kommunisten geurteilt werden sollte. Unter den Zuhörern machte die allgegenwärtige Regensburger Polizei eine ihr zunächst unbekannte junge Frau aus, die sich vor der Verhandlung angeregt mit dem Angeklagten Konrad Fuß unterhalten hatte. Das war per se verdächtig. Denn die Kontakte des Kommunisten Konrad Fuß überwachte die Kriminalpolizei in Regensburg seit der Gründung der KPD-Ortsgruppe.

Noch vor der Verhandlung wurde die „unbekannte junge Frau" als „kommunistische Lehrerin, die in Thüringen von Frick gemaßregelt worden war" von der Politischen Polizei identifiziert. So beschreibt Rupert Limmer einige Monate später im *Regensburger Echo* am 4. Juli 1930, wie der „Fall Maldaque" ins Rollen kam. Unverzüglich forderte die Polizei die Maldque-Freundin Irene Neubauer auf, sich auszuweisen. Die Ausweispapiere steckten jedoch im Gepäck, das Irene Neubauer in der Wohnung der Freundin in der Orleansstraße deponiert hatte. Der Vorwand für die widerrechtlich folgende Hausdurchsuchung bei Elly Maldaque war geschaffen.

In seinem Gerichtsverfahren wegen „Gotteslästerung", wie der damalige Paragraph 166 StGB auch genannte wurde, schlug sich Konrad Fuß wacker. Er war ohne Verteidiger gekommen, was im obrigkeitshörigen Regensburg mutig war. Deswegen beantragte Fuß beim Vorsitzenden Rich-

---

145 Schlund 1929, S. 265.

ter die Überweisung des Falles an ein Schöffengericht, weil er die Mitwirkung von Laien für notwendig hielt. Selbstredend wurde sein Antrag abgelehnt. Sodann wurden die ermittelten Zeuginnen gehört. Es waren schwache Zeuginnen und ein Diakon, die sich über rote Krawatten, rote Schleifen und „ein böswilliges, ungeduldiges Mienenspiel" des Angeklagten Fuß aufregten. Zur Qualität der Aussagen schrieb der Redakteur der sozialdemokratischen *Volkswacht* am 22. März 1930: „Beim Verlesen dieser Stellen, konnte sich jeder, der Fuß als Mensch näher kennt, eines Kopfschüttelns nicht erwehren."

Staatsanwalt Helm nahm dagegen alles wortwörtlich. Er unterstellte Fuß, dass er als „Führer einer Parteigruppe gegen die heilige Überzeugung anderer ankämpft" und forderte sechs Monate Gefängnis. In seiner Erwiderung gab Konrad Fuß zu Protokoll: er als Freidenker ergehe sich grundsätzlich nicht in Beschimpfungen anderer. Man müsse aber sagen dürfen, dass auch bei der Religion so manches nicht in Ordnung sei, was freilich durch Aufklärung überwunden werden könne. Er müsse freigesprochen werden, wenn die Gerichte nicht eine Einrichtung der Kapitalisten wären. Das Urteil: Ein Monat Gefängnis. Zur richterlichen Begründung notierte die „Volkswacht": „Der Angeschuldigte habe den Kampf an eine Stätte des Friedens getragen und die religiösen Gefühle anderer beleidigt." Das Urteil sollte nicht rechtskräftig werden. Bereits im Monat darauf, am 28. April 1930 titelte die *Volkswacht*: „Der Kommunist Fuß von einem Religionsvergehen in 2. Instanz freigesprochen".

Es war ein Freispruch erster Klasse. Die Berufungsverhandlung vor der Kleinen Strafkammer des Landgerichts Regensburg nahm fünf Stunden in Anspruch. Konrad Fuß kreuzte mit Rechtsanwalt Dietz-Bamberg auf und legte die schriftliche Fassung seines Nachrufs auf Johann Sailer vor. Weitere Zeugen wurden gehört. Dazu zählten Pfarrer Nagl, der Kriegsinvalide Behr und der Zeuge Rudolf, Vorsitzender der Kriegsbeschädigtenorganisation. Dieser versicherte Oberlandesgerichtsrat Huber, er halte es für ausgeschlossen, dass Fuß mit seiner Ansprache Gott habe verhöhnen wollen. Kränze mit roten Schleifen, so eine andere Zeugin, seien wiederholt auch von den Herren Esser und Roter auf Gräbern niedergelegt worden.

Staatsanwalt Hebauer sah trotzdem die Vorgänge für erwiesen an, plädierte auf „beschimpfenden Unfug" und wollte Fuß als „Sühne" für drei Monate ins Gefängnis schicken. Richter Huber korrigierte auf „grobe Ungehörigkeit" und erkannte nach längerer Beratung auf Freispruch. Im Gegensatz zur ersten Verurteilung von Konrad Fuß brachte die Zeitung der Bayerischen Volkspartei, der *Regensburger-Anzeiger*, keine Zeile über den Freispruch des Kommunisten vor dem Landgericht.

## Eine Jugend im Schützengraben

Als zweiter Sohn von sieben Kindern wurde Konrad Fuß am 16. Januar 1897 in der damals noch selbständigen Gemeinde Schwabelweis bei Regensburg geboren. Sein Vater war als junger Mann aus Scharmassing bei Obertraubling zugezogen. Die Mutter Anna stammte aus Pettenreuth bei Roßbach in der Oberpfalz. Die besser bezahlte Arbeit im Steinbruch des Kalkwerkes Funk hatte den gelernten Schumacher Konrad Fuß zum Aufbruch bewogen.

Wilhelm Kick, Regensburger Stadtchronist, beschrieb, wie es damals war: „Er war wie viele Einwohner der nördlichen, damals noch selbständigen Vororte von Regensburg aus dem Umland zugezogen. Die Bevölkerung auf dem flachen Land der Oberpfalz und von Niederbayern litt unter dem Mangel an Arbeitsmöglichkeiten bei gleichzeitig hohem Geburtenüberschuss. Man brauchte nicht so viele Knechte wie es junge Männer gab. So zog laufend ein Teil nach Regensburg, vor allem in die Vororte der Stadt, weil dort die Wohnungen billiger und besser waren als im Stadtkern. Im Norden von Regensburg gab es zwei Kalkwerke mit ihren Steinbrüchen, dazu im Osten die Zuckerfabrik, die noch Arbeitskräfte aufnehmen konnten."[146]

Als die vom Donauhochwasser geplagte Gemeinde Schwabelweis 1924 mit ihren 1.618 Einwohnern dem Stadtverband Regensburg zugeordnet wurde, hatte die kinderreiche Familie Fuß den Ort längst verlassen. Die neunköpfige Familie hatte in der Holzgartenstraße 222 in Reinhausen ein neues Heim gefunden.

Für Sohn Konrad fand sich eine Lehrstelle in der Schreinerei Lindermeier am Minoritenweg in Regensburg. Drei Gesellen und drei Lehrlinge beschäftigte die Schreinerei und zählte damit zu den größeren Handwerksbetrieben der Stadt. Konrad Fuß war 17 als er 1914 seine Gesellenprüfung ablegte und sich unverzüglich in der Holzarbeitergewerkschaft organisierte. Der junge Geselle ging auf Wanderschaft und sammelte in verschiedenen Betrieben in Ingolstadt und Regensburg Berufserfahrung. So wie es in der linken Holzarbeitergewerkschaft seit jeher Tradition war, las

---

146 Kick 1985, S. 105.

er die Schriften der Sozialisten, grenzte sich von der anfänglichen nationalen Kriegsbegeisterung in seinem Umfeld ab und fühlte sich bei den linken Sozialdemokraten angekommen. Am 1. September 1916 traf ihn die Einberufung zum Kriegsdienst: Eisenbahnpioniereinheit München. Mit der Betriebskompagnie 116/117 wurde er an verschiedenen Abschnitten der Balkanfront in Serbien und Rumänien eingesetzt. Im Frühjahr 1918 wurde die Einheit nach Frankreich verlegt: Cambrai, Verdun, Ramincourt. Jeder Ort steht für das sinnlose Sterben tausender junger Männer. Ein akuter Anfall von Malaria, die er sich auf dem Balkan eingefangen hatte, setzte ihn außer Gefecht. Zur Ausheilung verlegte man ihn in das Heimatlazarett, das Klerikalseminar in Regensburg. Schon bald fand Freiherr von Scheben, dass der Soldat Fuß wieder kv, kriegsdienstverwendungsfähig sei. Erneut meldete er sich bei seiner Stammeinheit, den Eisenbahnpionieren in München. Diese hatte sich zur Demobilisierungskompagnie gewandelt, denn in München herrschte ab 7. November 1918 Revolution.

Mit der Erklärung des USPD-Politikers Kurt Eisner: „Die Dynastie Wittelsbach ist abgesetzt. Bayern ist fortan ein Freistaat!" und seiner Wahl zum Ministerpräsidenten von Bayern durch den Münchner Arbeiter- und Soldatenrat in der Nacht zum 8. November 1918 begann auch für den Eisenbahnponier Konrad Fuß eine turbulente Zeit.

Der Chronist Wilhelm Kick: „Fuß wurde von seinen Kameraden in der Kaserne bald als Soldatenrat gewählt. Er war Mitglied bei der USPD geworden. Als Soldatenrat beteiligte er sich an mehreren Sitzungen der Räteorgane im Hofbräuhaus. Nach den Wahlen am 12. Januar 1919, der Ermordung Eisners am 21. 2., wurde am 7. 4. die Räterepublik ausgerufen, die aber nur drei Wochen dauerte. In den Tagen vom 1. bis 3. Mai eroberten die ‚Weißen' unter General Ritter von Epp die Hauptstadt München. Dabei verloren viele Hunderte, vielleicht tausend Menschen, besonders Arbeiter, ihr Leben. Bei diesen Kämpfen, beziehungsweise bei einem vorausgegangenen Putschversuch der Rechten wurden im April 1919 u. a. Eisenbahnanlagen in Zorneding gesprengt. Die kurz vorher eingesetzte Räteregierung setzte Eisenbahnpioniere, darunter Konrad Fuß, zum Wiederaufbau der Anlagen ein. Seine Leute hatten dabei einen Toten zu beklagen.

Nach dem Sieg der Weißen wurde Fuß am 3. 5. 1919 in einem Militärgefängnis in der Leonrodstraße inhaftiert. Dort hausten sie zu sechst in einer Zelle und erhielten viel zu wenig zu essen. Mehrmals wurde Fuß zu Verhören in das Polizeigefängnis in die Ettstraße gebracht. Er wurde angeschuldigt, Hochverrat begangen zu haben. Dagegen verteidigte er sich mit der Behauptung, nur Befehle ausgeführt zu haben, wie das für ihn als Soldat seine Pflicht gewesen war. Schließlich wurde er am 21. 6. 1919 entlassen mit der Auflage, sofort München zu verlassen. Er erhielt ein Papier ‚Außer Verfolgung gesetzt, Polizeipräsidium München, Ettstraße'. Leider kann er heute keine Erinnerungsstücke mehr vorweisen. Alle Dokumente sind ihm später von der Gestapo weggenommen worden."[147]

## Hungerrevolte in Regensburg

Im Sommer 1919 kehrte Konrad Fuß in seine Heimatstadt zurück. Der 22-Jährige, geschunden von zwei Kriegsjahren, Revolutions- und Hungerwochen im Gefängnis, traf auf eine Stadt im Ausnahmezustand: Regensburg stand am Rande einer Hungerkatastrophe. Es mangelte an Kleidung, ausreichender Nahrung und Wohnraum. Im Mai und Juni wurden die Fleisch- und Fettrationen auf 150 Gramm pro Woche gekürzt. Die Kartoffelration pro Person schmolz Anfang Juni von fünf auf drei Pfund pro Woche zusammen. Die Hoffnung auf einen gefüllten Magen richtete sich auf die neue Ernte.

Aufreibende Monate lagen hinter einer kriegsmüden, ausgelaugten Bevölkerung. Noch im Januar 1919 hatte krasse Not zu Unruhen und Plünderungen in der Stadt geführt. Drei Menschen kostete die Hungerrevolte das Leben. Der Sachschaden ging in die Millionen. Für das Bürgertum war es eine traumatische Erfahrung, hilflos Plünderern ausgeliefert zu sein. Den Ausnahmezustand beendeten schließlich einige hundert Arbeiter, die vom Arbeiterrat mobilisiert worden waren. In der Garnisonsstadt Regensburg blieben die Soldaten in den Kasernen, weil sich die Kommandantur der Moral der Soldaten nicht sicher war.

Vorbei war auch das Kapitel „Räterepublik". In einer großen Versammlung am 7. April 1919 auf dem Neupfarrplatz hatte der von der SPD geführte Arbeiterrat die Räterepublik zwar legitimiert, aber schon nach drei Tagen war es damit aus und vorbei. Regensburgs Mehrheitssozialdemokraten (MSPD) hatten die Reißleine gezogen und sich entschieden gegen die kommunistisch orientierte Münchner Räterepublik gewandt und damit gegen den erklärten Willen der unabhängigen Sozialdemokraten (USPD) in Regensburg, deren Mitgliederzahl sich in diesen Wochen ver-

---
147 Kick 1985, S. 106f.

vielfacht hatte. Als die Regierung Hoffmann (MSPD) bayernweit zur Bildung von Volkswehren aufrief, um das Münchner Experiment zu zerschlagen, fanden sich auch Freiwillige in Regensburg. Das erklärte Ziel: Die „Kommunistenherrschaft" in München um jeden Preis zu beenden. Nach dem blutigen Ende der Räterepublik schlug das politische Pendel in Regensburg nach rechts. Die Stadtratswahl im Juni 1919 brachte den bürgerlich-klerikalen Kräften, die in der Bayerischen Volkspartei (BVP) ihre Heimat gefunden hatten, eine satte Mehrheit. Von den 36 Sitzen im Stadtrat entfielen 23 auf die BVP, 7 auf die MSPD und 6 Sitze auf die Liste des Hauptlehrers Staudinger, die alsbald in der linksliberalen Deutschen Demokratischen Partei (DDP) aufgehen sollte.

## Gründung der KPD-Ortsgruppe

Angesichts dieser politischen Konstellation in seiner Heimatstadt gab es für den jungen Konrad Fuß kein Zaudern: „Nur eine eindeutig sozialistische Partei kann in einem kompromisslosen Kampf die Lage der Arbeiter verbessern."[148] Unverzüglich machte sich der junge Schreinergeselle daran, Mitstreiter zu gewinnen. Am 20. Februar 1920 war es soweit: Im ersten Stock des „Thomaskellers" Am Römling kamen die 17 Gründungsmitglieder zusammen, um die KPD-Ortsgruppe Regensburg formell zu gründen. Mit Bedacht hatte Konrad Fuß den Thomaskeller gewählt. Hier trafen sich die jungen Revolutionäre von 1848 und diesem Erbe fühlte er sich verpflichtet.

Der Abend der KPD-Gründungsversammlung endete auf der Polizeidirektion am Haidplatz. Noch in der laufenden Versammlung hatte Polizeisekretär Alfons Hartl zugeschlagen und alle Anwesenden für verhaftet erklärt. Ohne Begründung wurde von allen 17 die Personalien festgehalten und Fingerabdrücke genommen. Auch damit knüpfte die Sicherheitspolizei an alte Traditionen an. Diesem ersten Zusammentreffen mit Alfons Hartl sollten noch viele weitere folgen. Das blieb auch so, als aus dem SPD-Mitglied Alfons Hartl mit den Zeitläuften das NSDAP-Mitglied Hartl wurde und dieser zum gefürchteten Abteilungsleiter der Gestapo in Regensburg aufgestiegen war.

Bei den Reichstagswahlen im Juni 1920 entfielen auf die KPD in Regensburg 1.406 Stimmen, was immerhin einem Stimmanteil von 5,7 Prozent

---
148  Kick 1985, S. 107.

entsprach. Gemessen an den Verboten, Verhaftungen und Schikanen, die die KPD seit ihrer Gründung in Regensburg bedrängten, war dies ein ansehnliches Ergebnis. Nicht nur im katholischen Regensburg unterlagen die Kommunisten in den dreizehn folgenden Jahren der Weimarer Republik einer genauen Beobachtung durch die politische Polizei. Was sich in der Region seit der KPD-Gründung abspielte, recherchierte und veröffentlichte Ulrich Neuhäußer-Wespy in seiner Studie „Die KPD in Nordbayern von 1919–1933":

*„Die nur drei Wochen während und mit einem Desaster endende Räteherrschaft hatte sich für die noch junge ungefestigte Partei, die ihre besten Führer verlor, eher als retardierendes Moment denn als stimulierender Faktor erwiesen. Aber auch für den Staat war die Räterepublik – wenn auch in ganz anderer Weise – von nachhaltiger Bedeutung; sie wurde zu einem Trauma, das das politische Vorgehen gegen die Linkskräfte und vor allem gegen die Kommunisten in der Folgezeit bestimmte. Davon zeugt die Verhängung und Handhabung des Ausnahmerechts, das nach der Aufhebung des Kriegszustandes im November 1919 in Kraft trat und vor allem gegen die Linksbewegung nach und nach ausgebaut wurde. Auch der eigentliche, durch die nationalsozialistischen Umtriebe veranlasste Ausnahmezustand vom Herbst 1923, der – anders als im Reich – bis zum Februar 1925 ausgedehnt wurde, traf die bayerische KPD besonders hart, die nach dem Hitlerputsch zusammen mit der NSDAP verboten wurde. Eine sehr effiziente Polizei- beziehungsweise Staatsschutzorganisation, die etwa parallel mit der beginnenden Parteiarbeit der Kommunisten in Bayern aufgebaut wurde, wirkte sich durch die Überwachungs- und Unterdrückungsmaßnahmen als konstanter Hemmungsfaktor für die Entwicklung der bayerischen KPD aus."*[149]

Die Mitgliederentwicklung der KPD in Regensburg blieb schwach. Das änderte sich auch nicht nach der Vereinigung des linken USPD-Flügels in Bayern im Herbst 1920 mit der KPD. Neue Mitgliederschichten, Industrie- und Facharbeiter, erschlossen sich in den Industrieregionen Nordbayerns durch diesen Zusammenschluss. Nicht so in Regensburg. Hier verweigerte die Mehrheit der USPD-Mitglieder die Vereinigung mit der KPD. Die KPD-Ortsgruppe blieb im Wesentlichen auf das Protestpotential der sozial Benachteiligten begrenzt. Einen weiteren Rückschlag in der Entwicklung der KPD brachte die „Märzaktion" von 1921. Der Aufstand der KPD in Mitteldeutschland wurde niedergeschlagen und als Folge

---

149 Neuhäußer-Wespy 1981, S. 236f.

verbot die bayerische Staatsregierung für ein halbes Jahr die KPD, obwohl es in Bayern weder Streiks noch Unruhen gegeben hatte. Erneut verlor die KPD in Bayern organisierte Mitglieder. Das wiederholte sich 1923 nach dem Hitlerputsch in München, als mit der NSDAP auch die KPD bis zum Februar 1925 verboten wurde. Fast ein Jahr länger als auf Reichsebene.

Konrad Fuß fochten diese Verbote und das Abdrängen der Partei in die Illegalität nicht an. Er blieb überzeugter Kommunist und machte daraus keinen Hehl. Dabei stand er unter der besonderen Beobachtung des Staatsschutzes, der seine Spitzelbeziehungen bis in den innersten Kreis der KPD-Ortsgruppe getrieben hatte. Davon zeugen die „geheimen" Aktenvermerke in den Polizeiakten. In dem Aktenvermerk vom 30. Juli 1923 wird von einer Sitzung der KPD Ortsgruppe Regensburg berichtet: „Als Deckadresse wurde die Schwester des Kommunisten Konrad Fuß bestimmt. Personalien derselben sind: Fuss Karoline, led. Arbeiterin, geb. 6. 6. 1904 in Reinhausen, bay. St.A. Eltern: Konrad und Anna Fuß letzt. geb. Maier, wohnhaft in Reinhausen 222."

Über den Inhalt der Sitzung heißt es knapp: „Der 1. Vorsitzende der Ortsgruppe Pöppl Michael legte um sich der Verantwortung als Vorsitzender zu entziehen zum Scheine die Vorstandschaft nieder. Um die Polizei zu täuschen wurde dieses schriftlich niedergelegt und Pöppl zum Zwecke des Vorzeigens bei einer eventuellen Durchsuchung etc. eine Abschrift übergeben. Die Ortsgruppe ist also offiziell ohne 1. Vorsitzenden."[150]

Es ist also folgerichtig, dass die „Geheimen" kurz nach dem KPD-Verbot vom 11. November 1923 bei Konrad Fuß klingelten. Grund für seine Verhaftung und Überführung in die „Augustenburg": Zugehörigkeit zur verbotenen KPD und Versuch, die Partei fortzuführen. So bestätigte es die Gerichtsverhandlung und so stand es im Urteil, das auf sechs Wochen Gefängnis lautete. Konrad Fuß blieb unbeeindruckt und setzte seine Parteiarbeit unter schwierigen Bedingungen fort. Es folgte die erneute Verurteilung zu zwei Monaten Gefängnis, die Konrad Fuß wieder im Gefängnis an der Augustenstraße absaß.

Die staatliche Verfolgung und Bestrafung schadeten der persönlichen Reputation von Konrad Fuß in der Öffentlichkeit in keiner Weise. Das gilt auch für die KPD, die 1924 im Status der Halblegalität bei den bayerischen Landtagswahlen und den Reichstagswahlen antrat und gemessen an der Zahl der Parteimitglieder beachtliche Resultate einfuhr. Bei den

---

150 Zitate aus Regierung KdJ, Abgabe 1949 ft, Nr. 14087, STA.

Landtagswahlen vom 6. April 1924 – trotz des Verbots durfte die KPD mit ihren Kandidaten antreten – entfielen in Regensburg 2.704 Stimmen (10,7 %) auf die halblegale Partei. Im Wahlbezirk Stadtamhof kam es noch besser: 3.380 Stimmen (17,8 %) für die KPD. Die Erfolge der KPD im katholischen Regensburg, Gründungsstadt und Hochburg der Bayerischen Volkspartei, sind erklärungsbedürftig. Der Historiker Hartmut Mehringer kommt zu dieser Deutung: „Hohe Stimmenzahlen der KPD sind hier keineswegs ein Zeichen politischen Gewichts und gesellschaftlicher und organisatorischer Stärke der Arbeiterbewegung, sondern Ausdruck eines elementaren Sozialprotests gegen wirtschaftliche, gesellschaftliche und psychologische Auswirkungen der neuen Verhältnisse."[151] Diese Interpretation wird von den Ergebnissen der Reichstagswahl vom 7. Dezember 1924 in Regensburg gestützt. Der KPD-Stimmanteil reduzierte sich auf 4,8 % (Stadtamhof 7,6 %), während die SPD auf 22,8 % stieg. Ein enormer Zugewinn zu Lasten der KPD. Dieser Trend fand spiegelbildlich bei der gleichzeitig durchgeführten Kommunalwahl seine Fortsetzung.

Obwohl immer noch offiziell in Bayern verboten, trat die KPD bei den Stadtratswahlen am 7. Dezember 1924 mit einer eigenen Kandidatenliste an. Die Stimmenzahl reichte für 1 Mandat, das der Rentner Max Haindl, Vater von vielen Kindern, wahrnahm. Zwei Jahre blieben dem ersten kommunistischen Stadtrat noch vergönnt, bis er an einem Kehlkopfleiden starb. Sein Nachrücker war Konrad Fuß.

## Konrad Fuß wird Stadtrat

Seine Premiere als Stadtrat feierte Konrad Fuß am 23. Februar 1928. Gleich in der ersten Sitzung zog der Neuling, mit seinen 31 Jahren ohnehin einer der jüngsten im Stadtrat, alle Register des politisch inszenierten Auftritts. Erstaunt erlebte das aus 40 Mitgliedern bestehende Gremium, wie einer kam und unbeeindruckt von bürgerlichen Konventionen die öffentlichen Sitzungen des Stadtrats für sein sozialpolitisches Engagement nutzte.

Unter der Leitung des seit 1920 amtierenden Oberbürgermeisters Otto Hipp, der sich seit der Kommunalwahl von 1924 nicht mehr auf die absolute Mehrheit seiner BVP-Fraktion stützen konnte, führte das Stadtparlament mehr oder weniger eine Statistenrolle.

---

151 Mehringer 1983, S. 22.

Oberbürgermeister Otto Hipp regierte die nach der Eingemeindung auf über 75.000 Einwohner angewachsene Stadt so autoritär wie paternalistisch. Eine rechte Mehrheit war ihm immer sicher. Bei strittigen Fragen stimmten die Stadträte der Rechtsparteien (Deutschnationale, Völkischer Block, Verbraucherliste) mit den 18 Stadträten der Bayerischen Volkspartei. Die linke Opposition führte mit 9 Sitzen die SPD an, die häufig Unterstützung von den 5 Stadträten der DDP (Deutsche Demokratische Partei), dem Republikaner Kollmeier und dem Kommunisten Fuß erhielt.

In der fünftgrößten bayerischen Stadt, die hartnäckig die schwarz-rot-goldene Fahne der Republik auf dem Rathaus verweigerte und bei Fahnenschmuck die Farben des vergangenen Kaiserreiches hisste, prägten grausame Not und Elend den Alltag der Bevölkerung. Im negativen Sinne führte Regensburg in den 20er Jahren reichsweit die Spitze der Verelendung an. Das galt für die Säuglingssterblichkeit (1923 kamen auf 100 Lebendgeburten 26 Säuglingstote), die Erkrankungen an Lungentuberkulose und eine auffallend hohe Sterblichkeit.

Die Wohnungsnot wie die miserablen Wohnverhältnisse in der Altstadt, in der bis zu 900 Menschen auf einem Hektar lebten, führte dazu, dass junge Leute oft nicht heiraten und eine Familie gründen konnten, weil eine Wohnung fehlte. Die Folge: 7 Eheschließungen 1929 auf 1.000 Einwohner. Der Anteil der unehelichen Geburten lag dafür auf Großstadtniveau und mehr als ein Drittel dieser Babys starb kurz nach der Geburt.[152] Von einer Lust zu leben, konnte in der Regensburger Altstadt wahrlich keine Rede sein.

Konrad Fuß gehörte zu den Stadträten, die wussten, wie es sich anfühlt, „wenn der Hunger gleichsam aus den Augen schaut". Wenn Mangelerkrankungen wie Rachitis und Skrofulose junge Menschen für immer zeichneten.

In der Regel trat der Regensburger Stadtrat einmal im Monat zusammen. Der einzige Stadtrat der KPD versäumte keine Ratssitzung in der noch verbliebenen Amtsperiode bis Ende 1929.[153] Sitzung für Sitzung brachte Konrad Fuß Dringlichkeitsanträge ein, die sämtlich abgelehnt wurden. Dabei konfrontierte er die rechte bürgerliche Stadtratsmehrheit mit einer sozialen Wirklichkeit in Regensburg, die krass zur bürgerlichen Wahrnehmung stand. Als einziger votierte Konrad Fuß mit einem Nein, als bei den Haushaltsberatungen im Juni 1928 der Stadtrat sich für die Aufnahme

---

152 Reindl 2000, S. 349ff.
153 Stadtratsprotokolle 1928–1932, StR.

eines Kredits über 80.000 Reichsmark aussprach, um den Neuhaussaal zu renovieren und die Beleuchtung des Stadttheaters instand zu setzen. Der Kommunist Fuß setzte für den Haushaltsplan 1928/29 andere Prioritäten: Die Ausgaben für die Polizeiverwaltung sollten um 260.000 Reichsmark gekürzt, der allgemeine Verwaltungsbedarf um 100.000 reduziert und im Gegenzug der Etat für Wohlfahrtspflege, soziale Fürsorge und Sozialrentner um 160.000 Reichsmark erhöht werden. Jeweils 100.000 Reichsmark sollten zur Beschäftigung ausgesteuerter Erwerbsloser bei städtischen Regiearbeiten und für den Bau eines städtischen Obdachlosenasyls berücksichtigt werden.

Seine Vorschläge fielen durch. Abgelehnt. Ebenso der Dringlichkeitsantrag, städtische Mittel für den Bau von 180 Wohnungen bereitzustellen, „damit die schon seit 10 Jahren beim Wohnungsamt vorgemerkten Arbeiter zu einer Wohnung kommen. Die Miete ist nach Einkommen und Kinderzahl zu äußerst niedrigen Sätzen zu erheben." In den beiden Jahren seiner Ratstätigkeit begründete der junge Konrad Fuß seinen Ruf als „sozialer Kümmerer", der ihn bis ins hohe Alter auszeichnete. Er gab dem elementaren sozialen Protest von tausenden Armenunterstützungsempfängern in Regensburg eine Stimme. Er wusste um die bittere Kälte in den Altstadtwohnungen, als er in der Stadtratssitzung im Januar 1929 den Dringlichkeitsantrag stellte, „allen Wohlfahrtsunterstützungsempfängern wie Sozialrentnern, Kriegsbeschädigten, Hinterbliebenen, Kleinrentnern und Erwerbslosen zwei Zentner Kohle kostenlos abzugeben". Seine Initiative lief ins Leere. 2.400 Hauptunterstützungsempfänger in der Erwerbslosenfürsorge zählte Regensburg im Januar 1929. Dazu kamen tausende, die ausgesteuert waren. Die Wohlfahrtsunterstützung für Alleinstehende betrug 32 Reichsmark (RM), für Eheleute 48 RM und Kinder 12 RM im Monat. Für 1 Zentner Steinkohle waren 2,40 Reichsmark zu berappen. Für viele Familien stellte sich die Frage: „Hungern oder Frieren?" Ein Ei kostete 11 bis 14 Pfennig, Tafelbutter bis zu 1,80 RM und die billigere Margarine lag bei 70 Pfennig.

An der großen Mehrheit der Altstadtbewohner gingen die „Goldenen Zwanziger", wie Nostalgiker das Lebensgefühl der Weimarer Republik beschreiben, ohne den Hauch eines goldenen Scheins vorbei. Die harte Wirklichkeit stellte sich aus Sicht der *Volkswacht* so dar: „Am 4. April hat die 30-jährige ledige Anna Schmalzl, Zieroldsplatz 3, durch Öffnen des Gashahns sich und ihre drei Kinder im Alter von 5, 3, und 1 Jahr vergiftet."[154]

---

154  Volkswacht v. 5.04.1930.

Was war geschehen? Die ehemalige Kassiererin Anna Schmalzl wusste nicht mehr, wie sie den Hunger ihrer drei kleinen Buben, Alfons, Josef und Johann, stillen sollte: „Die Schmalzl war gänzlich mittellos." Der Vater ihrer Söhne, der mit einer geistig behinderten Frau verheiratete Dienstmann Steinhauer, stellte die Zahlungen an seine Zweitfamilie ein. Mutter Anna drehte den Gashahn auf.

## Pragmatische Zweckbündnisse

Konrad Fuß agierte als Stadtrat in Regensburg nach eigenem Gusto. Unbeirrt von den Richtlinien der KPD-Bezirksleitung Nordbayern, die ihren Funktionären und Mandatsträgern in Marxistischen Arbeiterschulen (Masch) das Rüstzeug der „marxistischen Wissenschaft von der Befreiung des Proletariats" vermitteln wollte. Zweckbündnisse mit dem politischen Gegner, zu denen vorneweg die Sozialdemokraten zählten, waren da eigentlich ausgeschlossen. Nicht für Konrad Fuß.
Er fand es vernünftig, wenn der Genosse Karl-Friedrich Esser, SPD-Fraktionsvorsitzender, nach der Ablehnung auf Lieferung von kostenloser Kohle für die Bedürftigen, im Gegenzug beantragte, eine Wärmestube für die frierenden Erwerbslosen einzurichten. Keine Chance auf Unterstützung hatte dagegen die Initiative beider Parteien, den Bewohnern der dichtbevölkerten Vororte eine Badegelegenheit zu verschaffen. Deshalb sollte zum Beispiel das Schulbrausebad in Sallern an den schulfreien Nachmittagen der Allgemeinheit zur Verfügung stehen. Weniger als 10 Prozent der Wohnungen in der dichtbesiedelten Altstadt verfügten über ein eigenes Bad. Sehnlichst wünschten sich viele eine öffentliche Warmbadeanstalt, die zwar vom Stadtrat Mitte der zwanziger Jahre beschlossen worden war, aber keine Chance auf Realisierung in der Wirtschaftskrise hatte. Kein Wunder, dass die für eingedämmt gehaltene Lungentuberkulose wieder aufflackerte. Im Berichtsjahr 1929/30 zählte die städtische Lungenfürsorgestelle 3.294 zu betreuende Fälle.[155]
Fast rührend muten die Initiativen von Konrad Fuß an, dem Leben der verarmten Bevölkerung kleine Glanzlichter aufzusetzen. So beantragte er im März 1928 im Stadtrat, „den größten Teil der Erübrigung des Pfandamtes zu verwenden, für die Auslosung der Pfänder von langfristig Erwerbslosen und sich in Not Befindlichen." Der Stadtrat lehnte ab.

---

155 Reindl 2000, S. 396.

Einen Höhepunkt in seinen bündnispolitischen Bemühungen erlebte Konrad Fuß im Frühjahr 1929. Im März 1929 hatte die Bayerische Volkspartei einen Antrag im Stadtrat eingebracht, die beiden berufsmäßigen Bürgermeister, Otto Hipp und Hans Herrman, auf Lebensdauer anzustellen. Auf jede Stimme des linken, oppositionellen Lagers kam es an, wenn der Antrag auf „Verleihung der Unwiderruflichkeit" eine Chance auf Ablehnung haben sollte.

Mit weitergehenden Zusatzanträgen erreichte das „linke" Bündnis eine Verschiebung um vier Wochen in die nächste turnusmäßige Sitzung des Stadtrats im April 1929. Für die 18 Stadträte der Bayerischen Volkspartei ging es bei der lebenslänglichen Bestellung ihrer beiden Bürgermeister Hipp und Herrmann um die langfristige Sicherung ihrer Macht im Rathaus.

Das schreibt das Parteiorgan *Der Regensburger Anzeiger* natürlich nicht, sondern schwadroniert in seiner Ausgabe vom 19. April 1929 munter drauflos: „Die bisherige Regelung mit 10-jähriger Wahlperiode stellt doch nur ein unbefriedigendes Mittelding zwischen parlamentarischem System und Berufsbeamtentum dar. Die Unwiderruflichkeit verleiht den obersten Verwaltungsbeamten einer Stadt diejenige Unabhängigkeit, die ihnen gerade die Möglichkeit einer freien, zielbewussten und weitschauenden Arbeit für die Gemeinde gibt. Erst mit dieser Unabhängigkeit und mit der Tatsache, dass die Führung einer Stadt als Lebenswerk eines Mannes aufgefasst werden kann, ergibt sich die wünschenswerte Stetigkeit und Gleichmäßigkeit der gemeindlichen Verwaltung."

Welche Zusatzkosten diese „Unwiderruflichkeit" der verarmten Stadt aufbürdete, war kein Thema. In Regensburg war im Winter 1929/30 jeder sechste Einwohner auf öffentliche Unterstützung angewiesen. Wer von der Wohlfahrt lebte, konnte zu Pflichtarbeiten bis zu sechs Stunden täglich herangezogen werden. Dafür gab es eine Arbeitsprämie von 50 Pfennig pro Tag.

Hand in Hand mit der Einführung der Pflichtarbeit für „Wohlfahrtsarbeitslose" und der Anstellung der Bürgermeister auf Lebensdauer, beschloss die rechte Stadtratsmehrheit die Kürzung des Etats für die allgemeine Fürsorge um 88.000 Reichsmark. Vergebens hatte der SPD-Fraktionsvorsitzende Karl Friedrich Esser dagegen gehalten: „Die lebenslängliche Anstellung von zwei Bürgermeistern verhindert eine dauerhafte Einsparung von jährlich 20. 000 Reichsmark." Vergebens auch beantragte die deutschdemokratische Fraktion die Gehälter von Hipp und Herrmann zu kürzen und denen der unwiderruflichen Beamten anzugleichen. KPD-

Stadtrat Konrad Fuß genügte ein Satz, für seine Position: „Eine unwiderrufliche Anstellung der beiden berufsmäßigen Bürgermeister findet nicht statt." Die Machtpolitik im Stadtrat wurde mit 25 gegen 14 Stimmen durchgesetzt. Mit der Bayerischen Volkspartei stimmten die deutschnationalen und völkischen Stadträte.
Seine letzte Sitzung als Stadtrat in der Weimarer Republik erlebte Konrad Fuß am 8. November 1929. Zwei Jahre hatte er mit seinen Anträgen wirkungsvoll Sand ins Getriebe der Bayerischen Volkspartei gestreut und sich mutig für die sozial Schwachen eingesetzt.
Die Quittung dafür präsentierte ihm Oberbürgermeister Hipp im Stadtrat: Machtbewusst drückte er durch, dass mit der bevorstehenden Neuwahl des Stadtrats am 8. Dezember 1929 die Zahl der Stadtratssitze von 40 auf 30 reduziert wurde. Begründung: „Der Geschäftsgang im Gemeindeparlament wird durch diese Maßnahme erleichtert." Der zweite von Hipp genannte Grund: „ ... wesentliche finanzielle Einsparungen", war angesichts der vorangegangenen Selbstbedienung blanker Hohn. Geschlossen votierte die Linke gegen diese willkürliche Verkleinerung und unterlag mit 20 gegen 22 Stimmen.

## Neuanfang in Nürnberg

Der Coup von Oberbürgermeister Hipp brachte den erwünschten Erfolg. Nach der Kommunalwahl mit neuen Stimmbezirken gehörte Konrad Fuß nicht mehr dem Stadtrat an. Die Arbeitslosen und Bedürftigen hatten ihren unerschrockenen Fürsprecher verloren.
Mit seinem Ausscheiden aus dem Stadtrat im Dezember 1929 verlor Konrad Fuß die monatliche „Remuneration" (Aufwandsentschädigung) von 60 Reichsmark. Viel Geld für den „Tagelöhner" Konrad Fuß, der noch immer in Reinhausen 222 unter einem Dach mit dem Vater lebte. Für den stadtbekannten Kommunisten mit der ausgewiesenen revolutionären Vergangenheit war es schwer, eine Festanstellung in dieser wirtschaftlichen Krisenzeit zu finden. Er behalf sich mit Gelegenheitsjobs und konzentrierte sich auf die Parteiarbeit. Überall, wo er sich zu Hause fühlte, agitierte er für seine Partei. Besonders in den Vereinen wie dem Sportverein Freier TuS oder bei den Freidenkern. An den dürftigen Mitgliedszahlen für die KPD änderte sich trotzdem nichts.
In der BVP-Hochburg Regensburg, wo Bayerns amtierender Ministerpräsident Held privat residierte und Einfluss mit seinem Verlag auf die Stadt-

gesellschaft nahm, hatte die KPD als politische Kraft keine Chance. Mit durchschnittlich 56 eingeschriebenen Genossen lag der Organisationsgrad deutlich unter dem Landesdurchschnitt. Nicht viel besser sah es bei den „Kampforganisationen" der KPD aus: der „Roten Hilfe" und dem „Kampfbund gegen den Faschismus". Dieser zählte in Regensburg 1930 etwa 10 bis 15 Mitglieder mit seinem Vorsitzenden Konrad Fuß. Stärkste Bastion war die Rote Hilfe, die sich im Dezember 1930 auf 84 eingetragene Mitglieder stützen konnte. Ein ganz anderes Bild über Einfluss und Resonanz der KPD in Regensburg vermitteln die Wahlergebnisse. Bei den Reichstagswahlen im September 1930 kam die KPD auf 2.569 Stimmen (6,2 %) und fuhr im November 1932 mit 3.868 (9,1 %) Stimmen ihr stärkstes Ergebnis ein.

1931 gab Konrad Fuß seinen Wohnsitz Regensburg auf und zog nach Nürnberg. Ausschlaggebend für den Umzug dürfte die 37-jährige Babette Birnstiel gewesen sein. Die um drei Jahre ältere Genossin war in der KPD Nürnbergs ein politisches Schwergewicht. Die am 5. November 1894 in Kronach/Oberfranken geborene Babette, die sich zeitlebens Betty nannte, hatte es von der Arbeiterin in einer Nürnberger Spielzeugfabrik zur Stadträtin gebracht. Als zeitweilige Organisationsleiterin des „Kampfbundes gegen den Faschismus" für den Bezirk Nordbayern leistete sie einflussreiche Parteiarbeit. Immerhin zählte die KPD in Nürnberg Anfang 1927 bis zu 1.400 Mitglieder.

Über den Hintergrund für diese 1931 geschlossene Ehe mit der „aktiven Kommunistin" Betty schreibt Wilhelm Kick: „Allgemein geschah es häufig, dass aktive Kommunisten sich mit Gleichgesinnten fürs Leben liierten, ein Zeugnis für die starke Bindung an die KPD, wesentlich stärker als bei anderen politischen Parteien. Aktive Kommunisten bildeten eine soziale Gruppe mit ähnlicher Bindekraft wie etwa religiöse Gruppen."[156] Die Ehe zwischen Betty und Konrad hielt bis an ihr Lebensende.

## Sechs Jahre im KZ Dachau

„Mit der Gleichschaltung Bayerns am 9. März 1933 und der Ernennung von Heinrich Himmler zum kommissarischen Polizeipräsidenten in München und Reinhard Heydrich zum Leiter des Politischen Referats – er war der eigentliche Organisator der Bayerischen Politischen Polizei –

---

156 Kick 1985, S. 108.

setzte auch in Bayern die systematische Verfolgung kommunistischer Funktionäre ein."[157]

In Nürnberg, Stadt der Reichsparteitage der Nazis, setzte die Verhaftungswelle von KPD-Funktionären und -Mitgliedern am 9. März 1933 ein. So wie in den beiden anderen bayerischen Großstädten mit intakten KPD-Strukturen München und Augsburg. Konrad Fuß wurde am 10. März 1933 in Nürnberg verhaftet. Bei seiner Festnahme und dem Abtransport auf einem LKW in das Gefängnis Bärenschanzstraße rief er: „Nieder mit der Hitlerdiktatur. Es lebe die Kommunistische Partei", und wurde mit einer entsicherten Pistole zum Schweigen gebracht.

Am 11. April 1933 wurde Konrad Fuß in einem Sammeltransport aus Nürnberg in das drei Wochen zuvor eröffnete Konzentrationslager Dachau deportiert. Bis zum 13. April 1933 wurden in Bayern insgesamt 5.400 Menschen von den Nazis in „Schutzhaft" genommen. Manche blieben wenige Tage, aber zum Stichtag 13. April sind 3.770 in Haft. Davon über 3.000 Kommunisten. Im KZ Dachau war das Zuteilungsverfahren bei den Häftlingsnummern bei über 2.000 angekommen. Konrad Fuß wurde die Häftlingsnummer 323 zugewiesen.

Sechs Jahre, bis zum 20. April 1939, erlitt Konrad Fuß das Grauen des Konzentrationslagers Dachau. Einen detaillierten Bericht über die Demütigungen und Qualen, die ihm dort angetan wurden, gibt es von Konrad Fuß nicht. Was er in dürren Fakten Anfang der 80er Jahre berichtete, notierte der Chronist Kick: „Gleich im April und Mai wurden 12 Häftlinge ermordet. Die Todeskandidaten wurden jeweils zu einem ‚Verhör' weggeführt, derweilen die anderen ihre Baracken nicht verlassen durften. Danach hieß es, die Betreffenden wurden ‚auf der Flucht erschossen'."[158] Zu den in Dachau Ermordeten gehörten Genossen aus Nürnberg wie sein Trauzeuge Martin Stiebl.

Den Anlass für seine Entlassung aus dem KZ lieferte die Nazi-Propaganda: Amnestie zu Hitlers Geburtstag. 400 KZ-Häftlinge aus Dachau kamen unter Auflagen frei. Konrad Fuß ging zunächst dahin zurück, wo er zuletzt gelebt hatte. Die Gestapo in Nürnberg erteilte ihm Stadtverbot. So wie zuvor Betty Fuß, der nach der Haftentlassung gleiches widerfahren war.

Fast neun Monate nach der Verhaftung von Konrad war Betty Fuß am 5. Dezember 1933 in Nürnberg festgenommen worden. Die Nazis sperr-

---

157 Mehringer 1983, S. 73.
158 Kick 1985, S. 114.

ten sie für 18 Monate in Einzelhaft in das Gefängnis in der Bärenschanzstraße ein. Sie erlitt in den folgenden Monaten die Frauengefängnisse in Fürth, Landshut und Hildesheim, bis sie in das Frauen-KZ Lichtenburg deportiert wurde. Nach vier Jahren und sieben Monaten wurde sie entlassen. Zunächst ging auch Betty Fuß für fünf Tage nach Nürnberg zurück. Dieses Limit hatte ihr die Gestapo eingeräumt, um ihren künftigen Wohnort zu organisieren.

Die gemeinsame Wohnung des Ehepaares Fuß in Nürnberg war längst vermietet. Vater Birnstiel hatte nach der Verhaftung der Tochter Teile der Wohnungseinrichtung gerettet und bei einer Möbelfirma untergestellt. Betty Fuß wurde nach Augsburg abgeschoben, wo ihr ein Sozialdemokrat ein Zimmer zur Verfügung stellte. Nach einem kurzen Zwischenaufenthalt in Nürnberg, traf Konrad Fuß im April 1939 nach sechs Jahren der Trennung wieder mit Betty in Augsburg zusammen.

Das Zusammenleben des Ehepaares Fuß währte nicht lange. Die Gestapo entschied, dass Augsburg nicht von Dauer sei und schob Konrad ab nach Regensburg. Am Anfang der Rückkehr nach acht Jahren stand für Konrad Fuß der Weg zu seinen Peinigern. Er musste sich bei der Gestapoleitstelle anmelden. Eine Bleibe wurde ihm zur Miete in Schwabelweis, Donauufer Nr. 29 zugewiesen. „Ähnlich einem Stadel", so charakterisierte Wilhelm Kick die „mehr als bescheidene, eher abenteuerliche Mietwohnung in Schwabelweis", die dem Ehepaar Fuß bis 1981 zum Lebensmittelpunkt wurde. Das Arbeitsamt vermittelte Fuß eine Arbeit als Schreiner, die Gestapo hielt ihn unter Beobachtung. 1943 wurde der „wehrunwürdige Volksgenosse" Fuß als Flaksoldat eingezogen, um Regensburg vor dem „Feind" zu retten. Als dieser im Frühjahr 1945 als Befreier in Regensburg einzog, nahm er Konrad Fuß in Kriegsgefangenschaft. Im Sommer 1946 wurde Konrad Fuß aus dem amerikanischen Kriegsgefangenenlager entlassen.

## Wieder im Stadtrat und wieder Verbote

Der fast fünfzigjährige Konrad Fuß kommt in eine Stadt zurück, die in weiten Teilen zwar unzerstört, aber deren Bewohner vom Krieg gezeichnet sind. Das „Heim" im ersten Stock am Schwabelweiser Donauufer 29 mit der windschiefen, knarrenden Treppe war nun auch für Ehefrau Betty zum endgültigen Zuhause geworden. Wohnraum war in Regensburg so knapp wie nie. Die Stadt quoll über von Menschen: Überlebende aus den

Konzentrationslagern, ehemalige Zwangsarbeiter, Flüchtlinge und Vertriebene waren hier gestrandet. Für sie alle galten die fundamentalen Überlebensfragen: Nahrung, ein Dach über dem Kopf, Suche nach Angehörigen und Orientierung. Es dauerte einige Jahre bis Konrad und Betty Fuß wieder Tritt gefasst hatten und bereit waren, sich einzumischen. Bei der Kommunalwahl am 30. März 1952 führte der Schreiner Konrad Fuß die Liste der 18 KPD-Kandidaten an. Zehn Parteien stellten sich dem Votum der Wähler und  bewarben sich um einen der 42 Sitze im Stadtrat.

Konrad Fuß kam durch. Mit 2,6 % der Stimmen hatte die KPD ihr Ergebnis gegenüber der Wahl von 1948 (5,5 %, zwei Mandate) zwar mehr als halbiert, aber Regensburgs bekanntester Kommunist war wieder Stadtrat. Als Einziger.

So wie in den Jahren der Weimarer Republik profilierte sich Konrad Fuß erneut als engagierter Sozialpolitiker. Sein Kontrahent war ein alter Bekannter: Hans Herrmann, einst unwiderruflicher BVP-Bürgermeister, dann Nazi-Bürgermeister, jetzt CSU-Oberbürgermeister. Er ging mit den beherzten Dringlichkeitsanträgen des Stadtrats Konrad Fuß so um, wie er es früher handhabte: Ablehnung oder Überweisung an den Ausschuss, in dem das Anliegen nicht mehr zur Sprache kam.

Um die Verbesserung der Lebensverhältnisse von Arbeitslosen, Rentnern und Fürsorgeempfängern ging es Konrad Fuß stets in den frühen 50er Jahren in allen Anträgen. Zum Beispiel wollte er für die „Bedürftigen die städtischen Tarife für Strom, Gas und Wasser um 25 Prozent ermäßigt und die Zählergebühren erlassen" sehen. Das sah der rechte Stadtrat anders und lehnte ab. Oder seine Initiative für mindestens 200 neue Wohnungen zu tragbaren Mieten, weil „beim Wohnungsamt eine große Menge Elendsfälle vorgemerkt sind." Auf Antrag von OB Herrmann wurde nicht in die Behandlung des Falles eingetreten, „weil ein brauchbarer Deckungsvorschlag nicht gemacht ist."[159]

---

159 Ratsprotokolle 156; II 143/1713, Konrad Fuß, StR.

Mit der Kommunalwahl am 18. März 1956, als die KPD in Regensburg zum letzten Mal antrat, endete das Wirken des Stadtrats Konrad Fuß. Die KPD schrumpfte auf 1,7 % der Stimmen, was für ein Mandat im Stadtrat nicht mehr reichte. Nur wenige Monate später machten der Kalte Krieg und das KPD-Verbot der legalen kommunistischen Parteiarbeit den Garaus.

## Die letzten Jahre: Zeitzeuge und Vorbild

Natürlich ging das Leben für den 59jährigen Schreiner, KZ-Überlebenden und Kommunisten Konrad Fuß weiter. Und natürlich versteckte er sich nicht, sondern widmete sich mit Eifer dem, was er konnte: Werben für ein besseres Leben der Bedürftigen, überzeugen für den Sozialismus. Das tat er in seiner Gewerkschaft Holz und Kunststoff und in Organisationen und Vereinen, die ihn als Unterkassierer schätzten: bei der Freiwilligen Feuerwehr, der Konsumgenossenschaft, dem Arbeitersamariterbund, dem Freien TuS, der VVN (Vereinigung der Verfolgten des Naziregimes) und den Freidenkern. 1968, als die Deutsche Kommunistische Partei (DKP) in der Bundesrepublik zugelassen wurde, zählte er zu den Gründungsmitgliedern der Regensburger Ortsgruppe. Und natürlich entdeckte auch die „junge Linke" in der neuen Universität in den 70er Jahren Regensburgs stadtbekannten Kommunisten. „Er fiel uns bei politischen Versammlungen auf, wenn er seine Genossen mitunter plagte, weil er vom Hundertsten ins Tausendste kam", erinnert sich Luise Gutmann, damals junge Lehramtsstudentin, „aber für uns stand er für die Revolutionen von 1918, war Zeitgenosse von Lenin und Rosa Luxemburg. Er war dabei gewesen, auf der Seite der Revolution als Arbeiter- und Soldatenrat in München. Wenn er über diese Zeit und ihre historischen Personen sprach, bekam die Geschichte unumstößliche Präsenz. Er ging auf die 80 zu, groß und schwer mit lauter Stimme. Von ihm erfuhren wir auch die Geschichte Elly Maldaques, was im Januar 1977 zur szenischen Lesung des Dramenfragments von Ödön von Horváth im Augustiner führte."
Als in der KZ-Gedenkstätte Dachau die Überlebenden sich zu einer Befreiungsfeier trafen, organisierten die Studenten die Teilnahme des über 80jährigen. Luise Gutmann: „Wir holten ihn zu Hause in Schwabelweis ab. Die Gedenkstätte Dachau gab es damals nicht viel länger als zehn Jahre. Nach der Kranzniederlegung trafen sich die politisch Verfolgten in einem großen Zelt. Allein die Tatsache, dass es sie gab, ihren Widerstand

gegen das Naziregime gegeben hat, war schon das Besondere in einer Zeit, in der die Mehrheit verdrängte und hartnäckig leugnete. In der Dunkelheit brachten wir Konrad Fuß seiner Frau, seiner Bettl, nach Schwabelweis zurück. Wir führten ihn über die Stiege in der bekannt abenteuerlichen Behausung in das obere Stockwerk. Betty Fuß lag im Bett, gestützt von Kissen. Und hielt uns eine Standpauke. Für sie waren wir drei schlicht in der falschen Partei. Ich war beeindruckt von ihrem Temperament."
Erst als Konrad Fuß, alt und gebrechlich, dem Lebensende nahe, aber immer noch interessiert Stadtratssitzungen als Zuhörer im Rollstuhl beobachtete, hatte sich seine Verfolgung verflüchtigt. Den jungen Linken in der Uni galt er als respektable Institution. Diejenigen, die am Drücker waren, konnten es sich jetzt leisten, dem Jubilar zum Geburtstag zu gratulieren. Das war am 16. Januar 1982 als Konrad Fuß 85 Jahre alt wurde, die Heimatzeitung einen kurzen Bericht und ein verschwommenes, schlechtes Bild veröffentlichte und der amtierende Oberbürgermeister Friedrich Viehbacher (CSU) einen Glückwunschbrief ins BRK-Altenheim an der Rilkestraße schickte.
Um die Jahreswende 1981/1982 waren die Eheleute Fuß nach über 40 Jahren im „Stadel" am Donauufer in das Altenheim des Bayerischen Roten Kreuzes gezogen. Hier starb Betty Fuß am 15. November 1982 mit 88 Jahren, Konrad Fuß folgte ihr vier Monate später.

**Waltraud Bierwirth**

# Zwischen Verdammung und Verklärung

## Die Berichterstattung über Leben und Tod Elly Maldaques

Es ist eine malerische, friedliche Szene: Auf einer Wiese, in einer weiten Landschaft drängen sich lachende Kinder um eine junge, dunkelhaarige Frau. Sie trägt eine weiße Bluse und einen dunklen Rock, den ein weißes Kreuz markiert. Das unscharfe Foto gibt die Gesichtszüge der jungen Frau mit dem leicht geneigten Kopf nur vage wieder. Die Bildunterschrift gibt Auskunft: „So verbrachte Elly Maldaque ihre Sonntage: mit Schülerinnen, die sie über alles liebten, auf Wanderungen in der freien Natur." Im krassen Gegensatz zum idyllischen Foto stehen Text und Aufmachung des zugehörigen Artikels. In dicken Lettern über dem schwarzen Balken die schreiende Botschaft: „Elly Maldaque tot!", „Das Volk sei ihre Rächerin!". Am Freitag, den 25. Juli 1930, widmet das *Regensburger Echo* die komplette erste Seite dem Tod der Regensburger Lehrerin.[160] Es ist der Höhepunkt einer recht ungewöhnlichen Berichterstattung: parteilich und pathetisch, mit einem kräftigen Schuss Boulevard, wenn es um die „große Sucherin Elly Maldaque" geht. Knallhart, im besten Agitprop, wenn die „wildgewordene Reaktion in München" vorgeführt werden soll. Mit dieser Aufmachung fiel das *Echo* aus dem Rahmen, was sein Gründer und Herausgeber, Josef Kollmeier, durchaus beabsichtigt hatte. Wie man mit Boulevard Auflage macht, wie man sich von der Konkurrenz absetzt und Minderheiten eine Stimme gibt, hatte der streitbare „Echomann" in jungen Jahren in den USA erlebt.

Etwas über 80.000 Einwohner zählte Regensburg Ende der zwanziger Jahre. Mit vier regionalen Tageszeitungen, einer Wochenzeitung, plus eines Angebots diverser überregionaler Tageszeitungen gab es formal eine große Zeitungsvielfalt. Die 1930 in Regensburg herausgegebenen Zeitun-

---

160 Dokument 56.

gen zählten jedoch ausnahmslos zum Spektrum der Parteienpresse. Die beschäftigten Redakteure und Journalisten waren Parteimitglieder und agitierten nach Kräften für die Ziele ihrer jeweiligen Partei. Darüber hinaus stellten sie vielfach ihre organisatorischen Fähigkeiten in den Dienst ihrer Partei, übernahmen Ämter und Mandate. Die parteipolitische Brille färbte die Berichterstattung auf allen Ebenen. Das galt nicht nur für die politischen Großereignisse in der Regierungshauptstadt Berlin, sondern setzte sich in der regionalen und lokalen Berichterstattung fort.

Entsprechend gefärbt war die Berichterstattung über Leben und Tod der Regensburger Lehrerin Elly Maldaque. Es gibt jedoch ein gemeinsames Merkmal, das sich selbst achtzig Jahre nach dem Tod von Elly Maldaque dem heutigen Leser vermittelt: die fristlose Entlassung und der Tod der Regensburger Lehrerin drei Wochen später hat die Berichterstatter berührt. Es war ein Aufregerthema, zu dem jeder Schreiber eine Meinung hatte. Das gilt für die Presse in Regensburg ebenso wie für die diversen Hauptstadtblätter, Provinzzeitungen, berufsständischen Zeitschriften oder politischen wie kirchlichen Magazine in Bayern und der Weimarer Republik, die über den „Fall Maldaque" berichteten.

Natürlich wurde mit dem „Fall Maldaque" auch kräftig Politik gemacht, denn das Schicksal der 36-jährigen Lehrerin rüttelte die Menschen auf und forderte zur Stellungnahme heraus. Der „Fall Maldaque" polarisierte in Pro und Contra. Die linke und linksliberal orientierte Presse trat für Elly Maldaque ein, während die konservativen bis nationalkonservativen Zeitungen die staatlichen Maßnahmen gegen die „pflichtwidrige" Lehrerin guthießen.

Die etwa hundert Artikel, Berichte, Stellungnahmen und Kommentare in Regensburg, in Bayern und republikweit sind von Anfang an von spezifischen Wortkombinationen geprägt. So gehören „Elly Maldaque und Tragödie" ebenso zusammen wie „Willkür und Obrigkeit" oder „Gesinnung und Staatsordnung". Gemeinsam ist rechten wie linken Zeitungen die Kennzeichnung „Opfer", wenn sie über Elly Maldaque schreiben. Die jeweiligen Zuordnungen „Opfer von Gesinnungsriecherei und Bürokratie" und „Opfer des Kommunismus und Bolschewismus" geben die Bandbreite ebenso wieder, wie sie die unüberbrückbaren Gegensätze beschreiben.

Im Folgenden konzentriere ich mich auf die Berichterstattung über Elly Maldaque in Regensburg und dabei auf die Zeitungen, die ausführlich auf die Entlassung und den Tod Maldaques eingegangen sind: die *Regensburger Nachrichten*, die *Regensburger Neuesten Nachrichten*, die *Volks-*

*wacht* und das *Regensburger Echo*. Hinzu kommen die *Neuesten Nachrichten*, die KPD-Zeitung, die in Nürnberg gedruckt wurde, aber auch in Regensburg ihre Leser fand. Neben eigenen Recherchen im Staatsarchiv Amberg und dem Stadtarchiv Regensburg, habe ich die Dissertation von Andreas Jobst über die „Pressegeschichte Regensburgs"[161] ausgewertet.

## Der Regensburger Anzeiger
## Sprachrohr der Bayerischen Volkspartei

Der *Anzeiger* war die auflagenstärkste Zeitung der Stadt mit über 20.000 Exemplaren, das Sprachrohr der BVP und speziell des bayerischen Ministerpräsidenten Heinrich Held. Der tiefreligiöse Sohn eines hessischen Kapellmeisters, ursprünglich ebenfalls zum Berufsmusiker bestimmt, hatte sich nach etlichen Studienjahren (Rechtswissenschaften, Geschichte und Nationalökonomie) dem Journalismus zugewandt. 1899 bot ihm der Regensburger Verleger Josef Habbel die Stelle eines Leitenden Redakteurs beim *Regensburger Morgenblatt* an. Unter Helds Leitung entwickelte sich das Blatt zum zentralen Organ des Regensburger politischen Katholizismus. Als Heinrich Held 1901 die Tochter seines Verlegers heiratete und zum Teilhaber des Verlagshauses avancierte, startete er gleichzeitig seine Mission als Zentrumspolitiker. Das *Morgenblatt* mit seiner selbständigen Beilage *Anzeiger* entwickelte sich zum katholischen Kampfblatt, das gegen die „protestantisch-jüdischen-liberalen Ansprüche" in Regensburg aufrief. 1911 ging das *Morgenblatt* im *Regensburger Anzeiger* auf, den Heinrich Held mit seinen Leitartikeln zum zentralen Organ des katholischen Zentrums hochgeschrieben hatte. Seit Sommer 1907 saß Held als Abgeordneter des Wahlkreises Burglengenfeld-Schwandorf-Parsberg für die Zentrumspartei im bayerischen Landtag.

Held war ein engagierter, fanatisch für die Sache des Katholizismus kämpfender Parteipolitiker. Ohne Skrupel nutzte er seine Stellung als Blattmacher und Mitinhaber des *Regensburger Anzeigers* für seine politischen Ziele. In polemischen Leitartikeln befand er, dass sich Christentum und Sozialdemokratie ausschließen „wie Feuer und Wasser". Als Bollwerk gegen „die sozialistischen Ideen unserer Arbeiterschaft" forderte er die Gründung von christlichen Gewerkschaften. In Regensburg stellte der Journalist Held „Schikanen der sozialdemokratisch Organisierten" ge-

---

161 Jobst 2002.

genüber den christlichen fest, ohne diese Aussage zu belegen. Dafür sah der Parteipolitiker Held keine Notwendigkeit, weil er von einer grundsätzlichen Gegnerschaft gegenüber der „atheistischen Sozialdemokratie" ausging. Ungebremst warb er für den Beitritt in katholische Vereine: „Herein in die Vereine, herein namentlich in den ‚Volksverein für das katholische Deutschland'."

Einen scharfen Konfrontationskurs gegenüber Sozialdemokratie und Liberalismus pflegte Heinrich Held in den Vorkriegsjahren. Im Februar 1914 übernahm er den Fraktionsvorsitz des Zentrums in München und mit Kriegsbeginn auch die Funktion des Chefredakteurs für den „Anzeiger". Für den Zentrumspolitiker und Journalisten Heinrich Held war der Erste Weltkrieg ein „sittlich gerechtfertigter Krieg", wie er es seinen Lesern im „Regensburger Anzeiger" in vielen hundert Kommentaren über die Kriegsjahre hin erklärte. Der Kurswechsel der Berliner Reichsregierung und der Zentrumspartei im Juli 1917 erwischte den weiß-blauen Zentrumsflügel in Bayern auf dem falschen Fuß. Der Umschwung des Reichstagszentrums in der Kriegszielpolitik, für den in Bayern der Name des Zentrumspolitikers Matthias Erzberger stand, stieß in Bayern auf heftige Ablehnung. Sebastian Schlittenbauer, Zentrumsabgeordneter und Direktor der Landwirtschaftlichen Genossenschaft in Regensburg, erklärte unter tosendem Beifall seiner Zuhörer, „man lasse sich nicht in dem festen Vertrauen auf die volle Wirksamkeit des rücksichtslosen U-Bootkrieges" irre machen. Die Friedensresolution des Reichstages sei „das Kind einer pessimistischen Katerstimmung bei gewissen führenden Persönlichkeiten". Das Bayerische Zentrum lasse sich nicht „vererzbergern".

Die Feststellung von Matthias Erzberger bei einer Tagung des Reichsparteiausschusses des Zentrums im Juni 1918: „Links ist das Leben, rechts der Tod", führte zum endgültigen Bruch der Zentrumseinheit. Das weiß-blaue Zentrum mit seiner Fixierung auf „Thron und Altar" verharrte bei seiner illusionären Kriegslinie und leitete die Abkopplung vom Reichszentrum ein. Drei Tage nach dem Sturz der Monarchie in Bayern wurde am 12. November 1918 in Regensburg die Bayerische Volkspartei (BVP) gegründet. Die Linie der „Zylinderbauern", Repräsentanten von rund 120.000 Mitgliedern des Bayerischen Christlichen Bauernvereins, hatte sich durchgesetzt.

Der Bruch mit der Berliner Reichsführung war fundamental. In einem Flugblatt vom 22. November 1918 kündigte die Bayerische Volkspartei an, Bayern werde eigene Wege gehen, wenn in Berlin „Judentum und Asphalt" regierten. Das bayerische Volk dürfe nicht zum „Schlachtopfer" der „Russisch-Berliner Wahnsinnspolitiker" werden, man müsse sich „von dem verseuchten Berlin" trennen. Bayern müsse einen „Kern" bilden, „an dem sich die übrigen deutschen Stämme und Staaten wieder ankristallisieren können zur Schaffung einer neuen und besseren Einheit der deutschen Volksgenossen."

In seiner Studie „Die Bayerische Volkspartei 1924 – 1932" stellt der Historiker Klaus Schönhoven zu diesen Flugblättern fest:

*„Auch wenn sich in derartigen Äußerungen letztlich nur die Illusionen einzelner BVP-Politiker widerspiegeln und zwar in doppelter Hinsicht, in Bezug auf ihre eigenen politischen Möglichkeiten und in Bezug auf die politischen Möglichkeiten des Spartakusbundes, so wirft doch der Radikalismus einzelner Formulierungen ein bezeichnendes Licht darauf, wie die Stimmung innerhalb der Volkspartei war und welche Überzeugungen dort vertreten werden konnten. Mit solchen Redewendungen bereitete die BVP aber auch den Boden, auf dem sich die „Ordnungszelle Bayern" als erster Sammelpunkt und Zufluchtsort all derer bilden konnte, deren Ziel es war, den Weimarer Staat zu zerstören."*[162]

Bereits im Januar 1919, bei den Landtagswahlen und den Wahlen zur Nationalversammlung, wurde die BVP zur stärksten Partei in Bayern gewählt. Achtzehn gewählte Abgeordnete schickte sie in die Berliner Nationalversammlung, bei einer Gesamtzahl von 423 Abgeordneten eine kleine, einflusslose Gruppe, die sich postwendend zur Arbeitsgemeinschaft mit dem Zentrum zusammenschloss und erfolgreich Privilegien durchsetzte. Davon machten sie umgehend Gebrauch. Gegen die Mehrheit der Zentrumsfraktion in der Nationalversammlung stimmten die achtzehn BVP-Abgeordneten gegen das Gesetz über die vorläufige Reichsgewalt.

Mit dieser Abstimmungsniederlage begann der weiß-blaue Sonderweg in die Isolation und Bedeutungslosigkeit. Als am 31. Juli 1919 die Reichsverfassung von der Nationalversammlung angenommen wurde, stimmten 16 der 18 BVP-Abgeordneten zwar zu, doch die Ablehnung in Bayern blieb fundamental. Am 9. Januar 1920 beschloss die BVP auf ihrem Parteitag in München die Trennung ihrer Abgeordneten in der Nationalversammlung von der Zentrumsfraktion. Und Heinrich Held forderte: „Wenn die Zentrumspartei im Reich Wert darauf legt, dass wir Verbindung mit ihr haben, dann soll sie den Abgeordneten Erzberger zu den Sozialdemokraten abschieben". Diese wenig realistische Forderung war genau kalkuliert auf

---
162 Schönhoven 1972, S. 28.

dem Weg in die Sonderpolitik. „Wenn wir in Bayern Ordnung halten, werden wir einen bestimmenden Einfluss auf die Reichspolitik bekommen", ließ Held den *Bayerischen Kurier* wissen. Es war die Formel für die BVP-Politik der nächsten Jahre. Fortan verstand sich die BVP, abgekapselt vom Zentrum und von der Reichspolitik, als bayerische Staatspartei. Sie verengte ihre Politik ausschließlich auf das von ihr regierte Land, das sie zu einer „Ordnungszelle" notfalls auch gegen das Reich ausgestalten wollte. Vor dem letzten logischen Schritt, der Gründung eines eigenen bayerischen Staates, scheuten die weiß-blauen BVP-Politiker jedoch zurück. Die bayerische Staatsidee blieb allerdings ein Fixpunkt.

Die Zerstörung und Schwächung der verhassten Weimarer Republik ließ die BVP-Politiker eine Zusammenarbeit mit nationalistischen Bünden und halbmilitärischen Wehrverbänden eingehen. Grundlage der Koalition mit den Deutschnationalen war die „antiweimarische Front".

Ende 1923 erkannten die BVP-Politiker, dass die Abkapselung vom Zentrum ein Irrweg war. Der Hitlerputsch in München im November 1923 hatte die bayerische Position im Zentrumsflügel weiter geschwächt, den politischen Kredit des Landes verspielt. Neue Methoden mussten also her und mit diesen ein neuer Ministerpräsident. Im Juli 1924 übernahm Heinrich Held die Regierung in München und leitete im Zeichen des Föderalismus einen parteipolitischen Neuanfang ein.

Seine höchste Auflage erreichte der *Regensburger Anzeiger* mit 36.000 Exemplaren Anfang 1919. Sofort nach der Gründung der BVP im November 1918 stellte Held die Zeitung in den Dienst seiner Partei. Für 1925 meldete der „Anzeiger" eine Auflage von rund 20.000 Exemplaren. Anfang 1933 verfügte Heinrich Held als Hauptgesellschafter und Seniorchef der Gebrüder Habbel GmbH mit Sitz in Regensburg über die Mehrheit des Verlagskapitals. Die Geschäftsführung des Zeitungsverlags mit Buch- und Kunstdruckerei hatte Held seinem Sohn Josef übertragen. Zum Dunstkreis der Bayerischen Volkspartei zählten in Bayern etwa 120 regionale und lokale Zeitungstitel mit einer Gesamtauflage von 500.000 Exemplaren. Zu den wenigen auflagenstarken Zeitungen zählten der *Bayerische Kurier* und der *Regensburger Anzeiger*.

### Die pflichtwidrige Lehrerin ist selbst schuld

Die Berichterstattung über die fristlos entlassene Lehrerin eröffnete der *Regensburger Anzeiger* erst, als Elly Maldaque bereits tot und begraben war. Zuvor reagierte Regensburgs größte Tageszeitung mit Schweigen.

Keine Zeile wurde über die fristlose Entlassung, ihre Einweisung ins Irrenhaus und ihr Sterben veröffentlicht. Diese Ignoranz gegenüber einem Thema, das die Menschen in Regensburg aufwühlte und das deutschlandweit Schlagzeilen machte, unterbrach Heinrich Helds Zeitung erst, als SPD und KPD den „Fall Maldaque" zum Thema im Bayerischen Landtag machten. Die BVP geriet unter Druck und Kultusminister Goldenberger in Erklärungsnot. Jetzt musste die BVP-Zeitung Stellung beziehen.
Zur Einstimmung des Publikums wählte der *Anzeiger* den Weg über die Denunziation der „Kinderfreunde". In der Nr. 211 vom 2. August 1930 kamen die „sozialistischen Erziehungsbestrebungen" an prominenter Stelle ins Blatt. Da kam der BVP-Abgeordnete, Prälat Dr. Anton Scharnagl, zu Wort, der spaltenlang begründete, warum die Kinderfreundebewegung in der volksschulpflichtigen Jugend nicht zugelassen werden könne.

Weil es aber in Bayern keinen Verstoß der Kinderfreunde gegen Recht und Gesetz gab, berichtete der *Anzeiger*: „Noch schlimmer ist die Entartung der Kinderfreundebewegung in *Österreich*, von woher sie auch nach Bayern gedrungen ist. ... In Österreich, dem Eldorado der Sozialdemokratie, ist es auch, wo gerade die ‚Kinderfreunde' an Fronleichnamstagen Kundgebungen gegen die eucharistischen Prozessionen veranstalten, und ‚Frühlings-Feiern', um die Kinder von der heiligen Firmung und von der ersten heiligen Kommunion fernzuhalten".[163]

Zum traurigen Höhepunkt kommt der *Anzeiger*, wenn er Franziskanerpater Zyrill Fischer berichten lässt: „Ich weiß Fälle, wo sozialistische Eltern erklärten: Nein, in jene Kinderfreundegruppe schicke ich meine Kinder nicht, weil sie dort in wenigen Wochen geschlechtskrank waren. – Ich kenne ferner Orte, wo sich seit dem Fortschreiten der Kinderfreunde- und Falkenbewegung unter den Kindern die Syphilisfälle unheimlich vermehren."[164]

In diesen Kontext platzierte der *Anzeiger* in der Nr. 210 vom 1. August 1930 seine Berichterstattung über den „Fall der Lehrerin Maldaque".[165] Es ist eine indirekte Berichterstattung, sozusagen aus zweiter Hand, denn die Redaktion verzichtet auf einen selbstrecherchierten Artikel. Es wird veröffentlicht, was Kultusminister Goldenberger in der Landtagsdebatte zur Entlassung der „pflichtwidrigen" Lehrerin zu sagen hat, nämlich dass

---

163 Regensburger Anzeiger, Nr. 210: 2.08.1930, S. 2.
164 Ebd.
165 Dokument 55.

„der Staat seine Beamten nicht dafür bezahlen könne, dass sie mithelfen, sein Grab zu schaufeln." Deswegen sei das Dienstverhältnis der Lehrerin mit Wirkung vom 1. Juli 1930 mit der Begründung gelöst worden, weil sie „ihrer geistigen Einstellung nach der Bewegung des Kommunismus und Freidenkertums angehöre und auch *Mitglied der Kommunistischen Partei Deutschlands sei*."
Um die Pflichtwidrigkeit zu belegen, wird plump konstruiert: In einem Artikel über die „sozialistischen Kinderfreunde" wird eine Liste von Goldenbergers Verboten aufgezählt. Demnach ist es untersagt, bei Veranstaltungen mit Kindern „sozialistische und sonstige politische Lieder, insbesondere die Internationale, zu singen." Und genau das unterstellt ihr der *Anzeiger*, wenn er Goldenberger zitiert: „Gelegentlich einer Haussuchung in der Wohnung von Fräulein Maldaque wurde eine Menge kommunistischer Literatur gefunden, darunter auch das kommunistische Schülerhetzblatt und das kommunistische Liederbuch, sowie eine Mitgliedskarte des Bundes der Freunde der Sowjetunion sowie ein Rundschreiben der oppositionellen Freidenkergruppe Nordbayerns." Folgt man dem *Regensburger Anzeiger*, dann waren die „sozialistischen Kinderfreunde" und die „pflichtwidrige" Lehrerin Maldaque vom selben Übel und gehörten deshalb entfernt.

Regensburgs größte Tageszeitung informierte also erst im August 1930 über die Entlassung und den Tod der beliebten Lehrerin in einem Bericht, notgedrungen, weil es Thema im Landtag war. Einige Wochen darauf, zur Einstimmung der Landtagswahl im September 1930, wird Goldenbergers Rede noch einmal am 5. September 1930 ins Blatt gehoben, weil die Kommunisten und Sozialdemokraten den Fall Maldaque „zum Gegenstand einer umfangreichen hinterhältigen Hetze" gemacht hätten. Für den *Anzeiger* sind dies Belege für einen „Kulturkampf". Auch deshalb bleibt das BVP-Blatt bei seiner falschen Behauptung, die „pflichtwidrige Lehrerin" sei KPD-Mitglied und Mitglied bei dem Regensburger Freidenkerverband gewesen.

Von einmaliger Infamie ist die Zusammenstellung der Veröffentlichungen. Auf die Wiederholung der falschen Anschuldigungen gegen Elly Maldaque folgt eine Seite zum Thema: „Wohin der Marxismus führt! Die Jugend in Sowjetrussland." In diesem Hetzbericht zieht das BVP-Organ alle Register: „Was kümmert die Kommunisten die Moral einer heranwachsenden Generation? Weigert sich ein Mädchen, den Wünschen des Mannes zu folgen, wird sie aus der Partei ausgeschlossen ... Das ist nicht allein Unmoral, sondern sexueller Terror." Von gleicher Art ist das Mitgefühl für Elly Maldaque, das der *Anzeiger* so ausdrückt: „Die unglückliche Lehrerin Maldaque ist ein Opfer ihres eigenen pflichtwidrigen Verhaltens und im weitesten Sinne ein Opfer des Kommunismus und seiner Agitation."

## Regensburger Neueste Nachrichten
## Zeitung der Deutschen Demokratischen Partei

Die Tageszeitung der Regensburger Liberalen, die *Regensburger Neuesten Nachrichten*, konzentrierte sich auf die lokale und regionale Berichterstattung. Breiten Raum nahmen in der sechs bis acht Seiten starken Ausgabe die örtlichen Vereinsnachrichten wie Veranstaltungshinweise ein. Die Ressorts Theater und Musik wurden von ambitionierten Bürgern „versorgt". Ein lokaler Schwerpunkt war die Gerichtsberichterstattung unter der Spitzmarke „Aus dem Gerichtssaal". Die Berichterstattung aus dem Deutschen Reich wurde unter der Rubrik „Politik in Kürze" auf drei Spalten beschränkt.

In den Anfangsjahren der Weimarer Republik verstanden sich die *Neuesten Nachrichten* als Opposition zur BVP. Diese Rolle übernahm in den späteren Jahren die stärkere SPD-Fraktion. In der Endphase der Republik folgten die *Neuesten Nachrichten* der Rechtsentwicklung der Deutschen Demokratischen Partei (DDP) und riefen zur Wahl Hitlers auf. Die Zahl der Abonnenten war da bereits von 6.000 im Jahr 1925 auf 2.000 bis 3.000 Leser geschrumpft. Die von den Nazis beschlossene Pressegleichschaltung setzte den Schlusspunkt. Von seiner liberalen Tradition hatte sich das Blatt zu diesem Zeitpunkt längst verabschiedet.

Nur wenige Monate nach der Machtübernahme der Nazis verließ Politik-Redakteur Andreas Albrecht die *Regensburger Neuesten Nachrichten*, die Ende September 1933 ihr Erscheinen einstellten. Albrecht, 1909 in Regensburg geboren, hatte 1930 als 21-jähriger Nachwuchsredakteur bei dem liberalen Blatt angefangen. Von 1931 bis 1933 war er für den Politik-Teil des Blattes zuständig. Nahtlos wechselte er im Juni 1933 zum amtlichen Organ der NSDAP, der *Bayerischen Ostwacht*, für deren Sportteil er zunächst schrieb und kurz darauf für den Regensburg-Teil verantwortlich zeichnete.

Als Nebenausgabe des in Oberfranken erfolgreichen *Fränkischen Volks* erschien die *Bayerische Ostwacht* ab 1. Februar 1933. Bereits Ende Februar wurde am Bismarckplatz 5 eine Hauptgeschäftsstelle in Regensburg eingerichtet. Damit erhielt die *Ostwacht* als ortsansässige Zeitung auf Anordnung von Oberbürgermeister Hipp die bezahlten amtlichen Anzeigen. Binnen kurzer Zeit stieg die Auflage des Naziblattes, das mit einem 90-Pfennig-Abonnement verbilligt eingeführt wurde, auf bis zu 8.000 Exemplare. Ab 1. Oktober 1934 änderte sich der Titel in *Bayerische Ostmark –Tageszeitung für Regensburg, Amtliches Organ der NSDAP*. Der ehrgeizige, junge Andreas Albrecht machte Karriere: Ab Februar 1934 zeichnet er für die Schriftleitung Regensburg als Schriftleiter vom Dienst verantwortlich, ab März 1934 übernahm er das Politik-Ressort. Ab 1938 war Albrecht Hauptschriftleiter; die Auflage erreichte mit 18.400 Exemplaren ihren Höchststand. Nach der Umbenennung des Gaus Bayerische Ostmark in Gau Bayreuth erhielt die Regensburger Ausgabe der *Bayerischen Ostmark* ab August 1942 den neuen Titel *Regensburger Kurier* und war damit die einzige verbliebene Tageszeitung.

Im April 1943 meldete sich Hauptschriftleiter Albrecht zum Einsatz als Kriegsberichterstatter bei einer SS-Propagandakompanie auf dem Balkan. Das Kriegsende 1945 führte ihn in die französische Kriegsgefangenschaft. 1949 kehrte Albrecht nach Regensburg zurück. 1951 startete er seine Nachkriegskarriere als Redakteur bei der *Regensburger Woche*. Bereits 1962 wurde der wendige Albrecht Chefredakteur und „renommierter Leitartikler" der *Mittelbayerischen Zeitung* in Regensburg. Das blieb er bis zu seiner Pensionierung 1975.

### „Das Missgeschick von Fräulein Maldaque"

Entgegen ihrer üblichen Praxis, breit und umfänglich über lokales Geschehen zu informieren, verzichteten die Berichterstatter der liberalen *Regensburger Neuesten Nachrichten* im Fall Maldaque auf eine breite Hintergrunddarstellung. Sie begnügten sich mit zwei Berichten von je fünfzig Zeilen, die am Anfang und Ende der „Tragödie" um die „tüchtige Lehrerin" stehen.

Die Klangfarbe der Berichterstattung findet sich verdichtet in der Feststellung: „Leider hörte die Gemaßregelte nicht auf gutgemeinte Warnungen; in ihrem Wahrheits- und Gerechtigkeitsdrange hielt sie das Äußerste für unmöglich, zu spät muss sie nun erkennen, dass persönliche Existenzfragen wichtiger sind als politische."[166]

---

166 Dokument 57.

Die Entlassung Elly Maldaques aus dem Schuldienst wird als staatliche „Bestrafung rein grundsätzlicher Art" angesehen: „Der Kommunismus richtet sich gegen den bestehenden Staat – also – Punktum!". Aus „Gerechtigkeitsgründen" müsse dieser strenge Maßstab auch für „sonstige politische Umtriebe und agitatorische Ungeheuerlichkeiten" gelten: „Der heutige Nationalsozialismus ist ebenso revolutionär und richtet sich ebenso so sehr gegen den bestehenden Staat und seine Verfassung ... Soll mithin ein strenger Maßstab angelegt werden wie im Falle Maldaque, so muss *Konsequenz nach allen Seiten* geübt werden."[167]

## Volkswacht – Sozialdemokatische Tageszeitung

Ab 1919 änderte die Sozialdemokratische Partei Deutschlands (SPD) in Bayern ihre Organisationsstruktur. Mit der Gründung des SPD-Bezirks Oberpfalz-Niederbayern wurden die verschiedenen lokalen Zeitungen wie *Tagespost* oder *Neue Donau-Post* zum gemeinsamen Titel *Volkswacht* zusammengelegt. So wie bereits vor dem Krieg war die Sicherung der wirtschaftlichen Grundlage das größte Problem. Die Mittel für den Neubau eines Verlagsgebäudes auf dem Eckgrundstück Spatzengasse/Lederergasse stellte der Berliner Parteivorstand bereit. 1921 stand der Neubau, in dem alles Platz fand, was die Regensburger Sozialdemokraten für eine funktionierende politische Agitation brauchten. Ins Dachgeschoß zogen der Redakteur und der Hausmeister, im ersten Stock fanden der Volkswacht-Verlag, die Redaktion und das SPD-Bezirksbüro Platz, im Erdgeschoß standen Druckmaschinen und die Rotation. Am 1. August 1922 begann die SPD-Pressekommission mit dem Vorsitzenden Karl Friedrich Esser mit der Zeitungsarbeit. Esser, der nach zweijähriger Kriegserfahrung 1919 in die Regensburger SPD eingetreten war, übernahm 1922 den SPD-Ortsvorsitz und fungierte zeitweilig als Bezirksvorsitzender für die Oberpfalz-Niederbayern.

Schon bald nach dem hoffnungsvollen Start kämpfte die *Volkswacht* ums Überleben. Willkür, Schikanen und offene Zensur behinderten alle linken Zeitungen in Bayern. Dafür sorgten in München die Regierenden der Bayerischen Volkspartei und in Regensburg BVP-Oberbürgermeister Hipp. Etliche Male musste die *Volkswacht* ihr Erscheinen wochenlang auf

---

167 Dokument 57.

Grund der „Anordnung über die Verbreitung staatsgefährlicher Druckschriften" einstellen. Unter der Auflage, die Zeitung von „jeglicher sozialistischer Tendenz" freizuhalten, erlaubte OB Hipp in „widerruflicher Weise" die Drucklegung eines „Nachrichtenblattes". Vor der Drucklegung hatten die Redakteure ihre Artikel beim „Kommissär" der Stadt Regensburg abzuliefern. Verboten waren alle Artikel oder Nachrichten, welche die Bevölkerung „verhetzen oder aufreizen" konnten. Als Sicherheit für die Einhaltung dieser Auflagen musste der Verlag 100 Goldmark hinterlegen.

Ab Februar 1924, nach dem Rücktritt von Generalstaatskommissar Kahr, wurden die knebelnden Bestimmungen außer Kraft gesetzt, die 100 hinterlegten Goldmark freigegeben, doch die *Volkswacht* war wirtschaftlich ausgeblutet. Verlag und Redaktion mussten einen Sparkurs fahren und den Seitenumfang von acht auf vier Seiten reduzieren. Die galoppierende Inflation, steigende Arbeitslosigkeit und Mitgliederverluste ließen die Auflage weiter bröckeln. Erst zum Ende der zwanziger Jahre erholte sich die *Volkswacht* von ihrer Talfahrt und erschien wieder im vollen Umfang plus attraktiver Beilagen. Die Auflage erreichte 1930 mit rund 9.000 Exemplaren einen stabilen Leserkreis.

Agitation und Kampf gegen die Nazis standen fortan im Mittelpunkt der Berichterstattung der *Volkswacht*. Ein besonderer Coup gelang der Redaktion im August 1932 als die Mitgliederliste der NSDAP Regensburg veröffentlicht wurde. Etliche der heimlichen Nazis kündigten daraufhin ihre Mitgliedschaft oder dementierten diese. Am 9. März 1933 stürmten die Nazis das Verlagsgebäude in der Spatzengasse Nr. 1. SA-Braunhemden verwüsteten die Druckerei und das SPD-Bezirkssekretariat. Die SPD-Zeitungen wurden verboten.

### „Wir erheben im Namen der Gutgesinnten Anklage"

Erst als alles zu spät, Elly Maldaque tot und begraben war, setzte eine breite Berichterstattung in der sozialdemokratischen *Volkswacht* ein. Der Schwerpunkt aller Artikel galt dem Nachweis, dass eine erzkonservative, reaktionäre Regierung „ungesetzlich handelte" und ein BVP-Kultusminister einen wertvollen Menschen zu Tode hetzte: „Sie starb als Opfer bürokratischer Einsichtslosigkeit."

Die SPD-Fraktion im bayerischen Landtag nutzte den „Fall Maldaque", um auf der parlamentarischen Bühne eine Politik bloßzulegen, die „Nazi-Rowdies im Schuldienst begünstigte" und linke Lehrer verfolgte. In ihrer

Berichterstattung konzentrierte sich die *Volkswacht* auf die Begleitung und Dokumentation der parlamentarischen Arbeit der SPD-Abgeordneten im Landtag zum Fall Maldaque. Höhepunkt war die Beratung und Verabschiedung des Kultusetats, den die Lehrerin und Abgeordnete Elisabeth Kaeser am 31. Juli 1930 zur Abrechnung mit Kultusminister Goldenberger nutzte.

Mit einer kurzen, spröden Meldung über die fristlose Entlassung und ihre „Einschaffung in eine Heilanstalt" hatte die *Volkswacht* ihre Berichterstattung über die „Tragödie" der Lehrerin Maldaque begonnen.[168] Diese auffällige Zurückhaltung in der Berichterstattung gab die *Volkswacht* auf, als Rudolf Schlichtinger, Lehrer aus Regensburg, Vorsitzender des Kreisverbandes Oberpfalz der sozialistischen Lehrer in der SPD und Mitglied des Landtags, den „Fall Maldaque" auf die parlamentarische Ebene hob. Schlichtinger forderte im Haushaltsausschuss des Landtags, dass „der Gemaßregelten mindestens der Beschwerdeweg zum Ministerium eingeräumt wird ..., um nachzuweisen, dass sie erstens nie Mitglied der KPD war und zweitens in schulischer Hinsicht allen Angriffen standhalten kann."[169]

Als die *Volkswacht* am 22. Juli 1930 ihren ersten umfänglichen Bericht veröffentlichte und der damals 21-jährige Volkswacht-Redakteur Josef Rothammer mit Empathie seine „Anklage für Elli Maldaque" schrieb, war sie bereits tot. Natürlich lernte der junge Rothammer im Laufe seiner Berichterstattung ihren Namen richtig zu schreiben, nachdem er seine Abgrenzungsprobleme zum Kommunismus abgearbeitet hatte:
„Die Lehrerin Elli Maldaque hat sich nicht jenem Kommunismus zugewandt, der eine zweifelhafte Abart der sozialen Erkenntnisse der letzten fünfzig Jahre ist und sich zu einer Partei verdichtete, sondern sie war ein empfindender, empfindlicher Mensch, den die Not seiner Nächsten mehr als die eigene bedrückte."[170]

In seinem „Anklagebericht" veröffentlicht Rothammer den chronologischen Ablauf der Ereignisse und nimmt mutig Stellung, wer mit seiner autoritätshörigen Beflissenheit die „Tragödie" auslöste: „Wir sind der Auffassung, dass die Kriminalpolizei (hier bezieht sich der Autor auf die zuvor genannte „politische Abteilung der Regensburger Kriminalpolizei") damit ungesetzlich gehandelt hat, ohne das fest behaupten zu wollen, aber

---

168 Volkswacht, Nr. 157: 12.07.1930, STA (Personalakte Maldaque).
169 Volkswacht, Nr. 162: 18.07.1930, StR.
170 Dokument 58.

dass sie Tagebücher der Regensburger Lehrerin beschlagnahmte und aus ihnen in empörender Weise sinnentstellende Auszüge gemacht wurden, ist die reine Wahrheit. *Und erst diese zweifelhafte Verwertung des gefundenen Materials gab die Möglichkeit zur fristlosen Entlassung.*"[171]

Noch einmal, ein Jahr nach ihrem Tod, am 20. Juli 1931, erinnerte Rothammer in der *Volkswacht*, was „das ganze geistig fortschrittliche Deutschland aufhorchen ließ": „Dass Elly Maldaque für die menschenerlösende Idee des Sozialismus gestorben ist, soll uns immer Mahnung sein."

Josef Rothammer, katholisch, wurde im November 1908 in Regensburg geboren. Sein Vater stand als Obersekretär im Verwaltungsdienst. Als Nachwuchsredakteur begann Rothammer seine journalistische Karriere mit gerade einmal 21 Jahren 1929 in der Redaktion der *Volkswacht*. Sein älterer Kollege, Rupert Limmer, nutzte den Zuwachs in der knapp besetzten Redaktion, um sich endgültig zum *Echo* abzuseilen. Aus seiner Position des Nachwuchsjournalisten wuchs Rothammer binnen kurzer Zeit in die Position eines verantwortlichen Redakteurs.

Ab 9. März 1933 war es damit vorbei: Ein aufgehetzter SA-Mob stürmte das in „Verteidigungszustand" gerüstete Verlagsgebäude in der Spatzengasse. Die Regensburger Polizei schaute dabei zu, als nachts ein Teil der Einrichtung verwüstet und SA-Leute vergebens versuchten, die Druckmaschinen für ihre Rechtfertigungspamphlete in Gang zu setzen. Rothammer wurde am 14. März 1933 verhaftet. In der Nacht zuvor, es war die Nacht von Samstag auf Sonntag, war er aus einem Lokal heraus ins „Braune Haus" am Bismarckplatz verschleppt worden. Dort wurde er schwer misshandelt und in das Landgerichtsgefängnis in der Augustenstraße gebracht. Nach seiner Entlassung am 1. Mai wurde Rothammer jedoch im Juni erneut in „Schutzhaft" genommen. Am 7. Juli wurde er gemeinsam mit 14 weiteren SPD-Mitgliedern ins Konzentrationslager Dachau überstellt. Im Dezember 1933 kam Rothammer frei und kehrte nach Regensburg zurück.

Mit einem Zynismus der besonderen Art konfrontierte der Berufskollege Rupert Limmer den gerade aus dem KZ zurückgekehrten und unter scharfer Beobachtung stehenden Rothammer: er bot ihm einen prominenten Platz im *Regensburger Echo* zur Veröffentlichung an. Unter der Überschrift „Friede im Land" vollzog der 25-jährige Rothammer seinen „Kotau" und erkannte die „Märzrevolution" der Nazis an. Er beteuerte sein Bemühen „nichts anderes als guten Willen zur Mitarbeit" zu zeigen. Die

---

171 Dokument 58.

Nazis honorierten diese Anpassung nicht und belegten Rothammer mit einem Berufsverbot.
Von 1939 bis 1945 musste Rothammer Kriegsdienst leisten. Nach der französischen Kriegsgefangenschaft kehrte er 1946 in seine Heimatstadt zurück. Von 1949 an war er neunzehn Jahre Redakteur bzw. Chefredakteur der *Regensburger Woche*. Politisch engagierte er sich wieder in seiner Partei und vertrat die SPD im Stadtrat und für vier Jahre im bayerischen Landtag. Josef Rothammer starb im Mai 1976 in Regensburg.

## Regensburger Echo
## Zeitung der Regensburger USPD (1918 bis 1921), Republikanische Volkszeitung (ab 1924)

Die erste Ausgabe des *Regensburger Echos* erfolgte am 1. Februar 1919. Nach einer kurzen Anlaufzeit erschien das „parteilose" Wochenblatt jeweils freitags in einem Umfang von vier bis acht Seiten. Schon bald gab sich das Echo im Untertitel als Zeitung der lokalen USPD-Gruppe zu erkennen. Das war exakt die parteipolitische Zugehörigkeit des Verlegers und Redakteurs Josef Kollmeier, der einer der fünf Gründungsmitglieder der Regensburger USPD-Ortsgruppe im Dezember 1918 war. So hielt es jedenfalls die Regensburger Kriminalpolizei fest, die regelmäßig Versammlungsberichte schrieb, über eine Mitgliederliste verfügte und Kollmeier als örtlichen „Führer der USPD" bezeichnete.
Von Anfang an war die Wochenzeitung ein Gesinnungsblatt, das die politischen Überzeugungen seines Inhabers in allen Phasen widerspiegelte: von der Abgrenzung zur SPD, der euphorischen Unterstützung Eisners bis zur „Absage an den Terror der Straße und die Ablehnung der reinen Räterepublik für Bayern", um diese nach dem erfolgten Umsturz erneut zu begrüßen: „Es lebe das freie Bayern! Es lebe die Räterepublik, es lebe die Weltrevolution!"
Im Januar 1924 veröffentlichte das *Echo* einen flammenden Aufruf für die von Carl von Ossietzky gegründete Republikanische Partei Deutschlands. Der Hintergrund dieses Aufrufes lag auf der Hand: Verleger und Redakteur Kollmeier rief zur Gründung einer Regensburger Ortsgruppe auf. Diese konstituierte sich im Februar 1924 und Kollmeier übernahm das Amt des 2. Vorsitzenden. Bei den Gemeindewahlen im Dezember kandidierte Kollmeier für die Republikanische Partei und zog in den Stadtrat ein. Damit begann der Auflagenerfolg des *Regensburger Echos*.

Im Zweifel entschied sich Stadtrat Kollmeier für seine Rolle als hemdsärmeliger „Echomann" und scheute nie davor zurück, Vertrauliches aus Sitzungen, Skandalöses oder Pikantes in seiner Zeitung zu enthüllen. Das schloss Intrigen mit BVP-Oberbürgermeister Hipp ein, wenn es galt, den politischen Gegner zu diskreditieren. Das war in den frühen zwanziger Jahren die SPD. Der Bruch kam 1927, als dem *Echo* die städtischen Inserate und die BVP-Zuwendungen entzogen wurden. Fortan fuhr das *Echo* einen scharfen linken Kurs und ging auf kritische Distanz zur dominierenden BVP. Mit einer Auflage von 15.000 Exemplaren war das *Echo* hinter dem *Anzeiger* die meistgelesene Zeitung in Niederbayern und der Oberpfalz.

### „Kampfgemeinschaft" mit dem Opfer

Zehn Berichte veröffentlichte das *Regensburger Echo* über Elly Maldaque. Alle Artikel schrieb der damals 37-jährige Journalist und Schriftleiter Rupert Limmer. Die Berichterstattung eröffnete er in der Ausgabe vom 4. Juli 1930 mit der Schlagzeile „Fristlose Entlassung einer Regensburger Lehrerin". Damit wurde der „Fall Maldaque" landesweit bekannt. Wer ihn über den Willkürakt informiert hatte, geht aus seinen Berichten nicht hervor. Auf keinen Fall war es die Betroffene selbst, die Limmer erst nach dem Erscheinen seines ersten Berichts kennenlernte. Über diese erste Begegnung schrieb er ein Jahr nach ihrem Tod: „Wir sehen sie noch vor uns stehen, diese große, knochige Person, mit etwas männlich harten aber schönen Gesichtszügen, als sie uns nach Erscheinen des Artikels, wovon sie völlig überrascht wurde, in der Redaktion besuchte, um uns zu weiterer Kampfgemeinschaft aufzufordern."[172]

Limmers Berichte über die „Tragödie der Lehrerin" fallen nicht nur aus heutiger Sicht aus dem für einen Journalisten üblichen Rahmen. Mag sein, dass deshalb das Schicksal von Elly Maldaque im kollektiven Gedächtnis der Region haften geblieben ist. Was machte seine Berichterstattung aus? Sie war die erste ihrer Art, auch blieb Limmer der einzige Journalist, der Elly Maldaque persönlich kennenlernte und als aktiv Handelnder ihren vergeblichen Kampf um Rehabilitation begleitete.

Entgegen seiner ursprünglichen Absicht, „den Akt vorläufig in unserer Schublade ruhen zu lassen", um das „Fabeltier Bürokratie" nicht zu reizen, stieg er aktiv in das Geschehen ein. Er wurde zum Ratgeber

---

172 Regensburger Echo, Nr. 29: 17.07.1931, STA (Personalakte Maldaque).

Maldaques. Gemäß der verabredeten „Kampfgemeinschaft" entwickelten Limmer und die Betroffene einen Plan, der die Konsultation von Rechtsanwalt Weiner vorsah, „um eine Beschwerdeschrift an die Regierung auszuarbeiten". Gemeinsam begaben sie sich am 8. Juli zum Büro des Anwalts. Dort erlitt Elly Maldaque einen Nervenzusammenbruch, der zu ihrer Einlieferung ins allgemeine Krankenhaus führte. „Nachts um 11 Uhr hatte sie sich bereits wieder soweit beruhigt, dass sie von ihrem Vater abgeholt und nach Haus geführt werden konnte", schreibt Limmer.

Am nächsten Tag, es war Mittwoch, der 9. Juli, traf er seinen „Schützling" zum letzten Mal. Durch einen Boten hatte Elly ihn wissen lassen, dass sie seinen Besuch in der Wohnung des Vaters in der Weißenburgstraße 27 wünsche. „Ihr Zustand war erregter wie am Tage vorher, sie irrte auch manchmal vom Gespräch ab, im allgemeinen aber war ihr Befinden das eines Menschen, der seine Vernunft noch gut gebrauchen konnte", schrieb Limmer im *Echo*. Erklärend setzte er hinzu: „Man muss dabei wissen, dass sie in ständiger Angst vor Verfolgern lebte, dass sie oft selbst guten Bekannten misstraute, alles eine Frucht jener Haussuchung, die die Polizei in ihrer früheren Wohnung veranstaltet hatte und die den Ausgangspunkt der Tragödie bildet."[173]

Zu einem inhaltlich klärenden Gespräch kam es in Anwesenheit des Vaters nicht mehr. „Die Situation war nun so", berichtet Limmer, „dass ein Arzt zugezogen werden musste ... Ich ging nun aus der Wohnung und als ich gegen 6 Uhr wiederum Nachschau hielt, stand bereits ein Sanitätswagen vor der Tür, der die heftig Widerstrebende schließlich nach Karthaus-Prüll brachte."[174]

## Empathie und Gesinnungsjournalismus

Die Berichterstattung Rupert Limmers ist von der persönlichen Begegnung mit Elly Maldaque geprägt. Mitgefühl, Engagement und politische Empörung sind die Kennzeichen seiner Artikel. Limmer engagiert sich distanzlos für die Sache der gemaßregelten Lehrerin. Er hinterfragt nicht, sondern identifiziert sich mit einer Frau, die er schwärmerisch verehrt. Er projiziert seine politischen Ideale auf Elly Maldaque, wenn er schreibt: „Aber der Geist, dessen Gefäß sie war, ist wach geblieben: der revolutionäre Geist, der schrankenlos sich auswirkt, weil er nach der höchsten

---

173 Dokument 56/2
174 Ebd.

Form der Menschlichkeit strebt. An ihm dürfen und müssen wir uns erbauen, wenn wir müde zu werden beginnen: denn beispiellos war der Kampf dieser Frau, zusammengedrängt auf ein paar kurze Wochen, nachdem sie Jahre lang eine Sucherin war."[175]

Mit einer professionellen Berichterstattung, die Antworten auf Fragen gibt, die Zusammenhänge deutlich macht und interveniert, wenn Unrecht geschieht, haben seine Berichte wenig zu tun. Peu à peu gleitet Limmer in die Haltung eines Anklägers. Er empört sich, wenn politische Argumentation gefordert ist. Was aus heutiger Sicht seiner Berichterstattung fehlt, ist die Darstellung des politischen Ordnungsrahmens, in dem sich der „Fall Maldaque" abspielte. Nur kurz erwähnt Limmer in seinem ersten Bericht, dass die Politische Polizei eine Haussuchung in der Wohnung Maldaques vornahm, um die Identität ihrer Freundin Irene Neubauer zu überprüfen. Lakonisch schreibt er: „Belastendes Material" sei gefunden worden.

Nun war die allgegenwärtige Anwesenheit der „geheimen Polizei" im Staat der Bayerischen Volkspartei eine erschreckende Normalität. Die politische Kontrolle der Bevölkerung war schon im Königreich Bayern etabliert und erst recht in den Kriegs- und den darauf folgenden Revolutionsjahren. Mit der Regierungsübernahme perfektionierte die Bayerische Volkspartei die vorgefundenen Strukturen. Bayern mutierte zu einem Überwachungsstaat. Das Spitzelsystem unter dem Dach der Kriminalpolizei, Abteilung Sicherheitspolizei, durchdrang den Alltag und war in allen Parteien, die links von der BVP standen, fest verankert. Die „Geheimen" waren immer dabei, wenn „Linke" zusammenkamen. Das galt nicht nur für die Führungsspitze, sondern erfasste systematisch auch die lokale Ebene. Es gab keine SPD- oder KPD-Zusammenkunft in Regensburg über die nicht anschließend ein Spitzel berichtete und die Politische Polizei einen „geheimen" Bericht abfasste. Selbstverständlich wusste Limmer von diesem Überwachungssystem, dessen Opfer er selbst war.

Als Rupert Limmer im November 1922 von München nach Regensburg zog, traf kurz darauf der von der Polizeibehörde Regensburg angeforderte Bericht der „Geheimen" aus München ein. Für die politische Polizei war Limmer kein unbeschriebenes Blatt. Rupert Limmer wurde am 12. November 1892 in Aschheim bei München geboren. Sein Vater, der katholische Hauptlehrer Edmund Limmer, war bis zu seinem Tod im Juli 1914 in Graßlfing bei Fürstenfeldbruck als Lehrer tätig. Die Mutter, Josefine Limmer, geb. Strasser, stammte aus Stadtamhof und war nach dem Tod

---

175 Regensburger Echo, Nr. 29: 17.07.1931, STA (Personalakte Maldaque).

ihres Mannes in ihre Heimatstadt zurückgekehrt. Bei seiner Mutter, Am Gries 58 in Stadtamhof, zog der Sohn im November 1922 ein. Für den Dreißigjährigen markierte der Umzug nach Regensburg einen Neuanfang. Er ließ nicht nur seine von ihm getrennt lebende Ehefrau Johanna Maria Limmer, geb. Wittmann, in München zurück, sondern auch eine kurze wie heftige Polit-Karriere. Mit Beginn des Ersten Weltkriegs wurde Limmer Soldat. Über seine Kriegsjahre ist nichts bekannt. Im März 1916 verurteilte ihn das Kriegsgericht wegen unerlaubter Entfernung von der Truppe und fälschlicher Anfertigung einer öffentlichen Urkunde zu einer Gefängnisstrafe von acht Monaten und einem Tag.

1917 heiratete Limmer in Würzburg die aus Rottenburg stammende Johanna Maria Wittmann. Das Paar ließ sich in München nieder. Rupert Limmer wurde Mitglied der Unabhängigen Sozialdemokratischen Partei Deutschlands (USPD) und des Landessoldatenrates. Er trat als USPD-Agitator auf, verfasste mit Ernst Toller und anderen Genossen eine „Interpellation", eine parlamentarische Anfrage „an die provisorische Regierung, in der diese auf die gegenrevolutionären Machenschaften gewisser Kreise hingewiesen wird." So steht es wörtlich in dem Bericht der Polizeidirektion München, die nach Limmers Umzug im November 1922 die Kriminalpolizei in Regensburg informierte. Die Münchner Nachkriegsjahre Rupert Limmers erzählen von einem mühsamen Kampf, den die politische Polizei wachsam beobachtete. Sie führte Protokoll, wenn er in USPD-Versammlungen in München oder außerhalb als Redner auftrat.

Ab Februar 1920 arbeitete er als verantwortlicher Redakteur für den lokalen Teil der USPD-Zeitung *Der Kampf – Südbayerische Tageszeitung der Unabhängigen Sozialdemokratie Deutschlands*. Bald nach seinem Start hatte er eine Presserechtsklage am Hals. Das Landgericht München I sah im Zusammenhang mit der Berichterstattung über einen Theaterskandal in Passau das Reichswehrgruppenkommando IV angegriffen und beleidigt. Das Urteil: 500 Mark Geldstrafe oder 50 Tage Gefängnis für Limmer. Mitte 1920 ging dem *Kampf* die Puste aus und er stellte die Herausgabe ein. Im Jahr darauf fand Limmer Arbeit beim Nachfolgeorgan, der *Münchner Morgenpost*, und zeichnete für den redaktionellen Teil – ausgenommen Politik – verantwortlich. Im Januar 1922 musste die chronisch unterfinanzierte USPD-Zeitung erneut aus Geldmangel Limmer entlassen.

Ohne seine Ehefrau Johanna, die nach dem Familienbogen offiziell von ihm getrennt lebte, versuchte Limmer nach dem Umzug in Regensburg ein zweites Standbein aufzubauen, um sich wirtschaftlich abzusichern. Er begann als Vertragsangestellter beim Finanzamt Regensburg und betrieb als freier Mitarbeiter beim *Regensburger Echo* seine journalistischen und

politischen Ambitionen. Unter dem Kürzel „Rup Rem" veröffentlichte er bissige Glossen mit „stark links gerichteter Tendenz".
Noch einmal probte Limmer den Sprung in eine unabhängige Selbständigkeit: zum 1. Dezember 1923 brachte er jeweils montags im Eigenverlag die Wochenzeitung *Regensburger Wort-Sport* heraus. Die Herstellung erfolgte im Lohndruck bei Georg Aumüller. In einer Beurteilung dieses Projektes schrieb der „Kommissär der Stadt Regensburg", der gleichzeitig als Zensor fungierte, an die Regierung der Oberpfalz: „Der Verleger bezeichnet sein Blatt als unparteiisch. Die zum Teil stark links gerichtete Tendenz, die in den ehedem im *Regensburger Echo* erschienen Artikeln von „Rup Rem" zu Tage trat, ist in dem gleichen Maße im neuen Blatt, in dem Sportberichte einen breiten Raum einnehmen, bis jetzt nicht wahrzunehmen gewesen, wenngleich die linkssozialistische Einstellung des Schriftleiters mitunter unverkennbar ist. Zu Beanstandungen war bis jetzt kein Anlass gegeben. Ob sich das Blatt auf die Dauer wird halten können, vermag heute noch nicht gesagt zu werden. Jedenfalls wird der Verleger einen schweren Stand haben." Mit seiner Prognose lag der Stadtkommissar, Oberregierungsrat Hahn, richtig. Schon bald musste Limmer sein *Wort-Sport* aus finanziellen Gründen aufgeben. Es blieb die freie Mitarbeit für das *Regensburger Echo*.
Im August 1926 wurde aus dem langjährigen Mitarbeiter der verantwortliche Redakteur, „unter dessen Schriftleitung sich das ‚Echo' weitaus umfangreicher als bisher der Lokalpolitik und der BVP widmete", stellt Andreas Jobst in seiner „Pressegeschichte Regensburgs" fest: „Tatsächlich erregten unter Limmers Schriftleitung die Maßnahmen des BVP-dominierten Stadtrats immer häufiger den Widerspruch des ‚Echos', das in polemischer Schärfe seine wachsenden Auseinandersetzungen mit dem ‚Regensburger Anzeiger' austrug."[176]
Im Oktober 1928 wechselte Limmer für die Dauer von zwei Jahren auf eine freigewordene Stelle bei der sozialdemokratischen *Volkswacht*. Im Februar 1930 kehrte er von der *Volkswacht* in die *Echo*-Redaktion zurück. In seiner Funktion als Schriftleiter zeichnete Limmer bis zum Jahresende 1936 verantwortlich. Bis zur Machtübernahme durch die Nazis warnte Limmer eindringlich vor der kommenden „Politik des Terrors". Einen Tag vor der Machtübernahme der Nazis in Bayern, am 9. März 1933, wurde das *Echo* unter Vorzensur der SA gestellt. Die kritische Stimme Limmers verstummte. Er bemühte sich um einen neutralen Anpassungskurs und ging oftmals dabei so weit, dass er die Schutzhaftaktionen

---

176 Jobst 2002, S. 181.

Anfang April 1933 rechtfertigte. Die Verhafteten müssten vor dem Zorn der „erregten Volksmenge" geschützt werden und seien „samt und sonders anständig untergebracht" im Konzentrationslager Dachau.[177]
Der angepasste Kurs des *Echo* bewahrte die Wochenzeitung allerdings nicht vor dem Ausbluten. Anzeigenaufträge und Zuschüsse entfielen nach und nach, wirtschaftlich schwer angeschlagen erklärte das *Echo* Ende 1936 die Einstellung.

## Neue Zeitung – Zeitung der KPD in Bayern

Die Zeitungen des bayerischen Teils der Kommunistischen Partei Deutschlands (KPD) standen in der Weimarer Republik in der Tradition der *Münchner Roten Fahne*. Max Levien, Mitbegründer der KPD in Berlin und führender Kommunist in München, übernahm die Schriftleitung und definierte die Aufgaben der Zeitung: „Wecker und Rufer im Streite gegen die Bourgeoisie". Mit der Niederschlagung der Münchner Räterepublik am 1. und 2. Mai 1919 und dem nachfolgenden Ausnahmezustand wurde die Zeitung verboten. Die Nachfolgezeitungen der bayerischen KPD wurden durch Verbote und Behinderungen noch stärker eingeschränkt als die KPD-Publikationen auf Reichsebene. Über einen längeren Zeitraum erschienen: Die *Neue Zeitung*, zunächst der USPD nahe stehend, ab Ende 1920 die KPD-Zeitung für ganz Bayern, ab 1926 bis 1933 nur noch für Südbayern. Die *Nordbayerische Volkszeitung*, das Organ der KPD für Nordbayern, erschien seit März 1930 bis Februar 1933 wegen eines Namensstreits mit der bürgerlichen *„Nordbayerischen Zeitung"* als *Neue Zeitung. Ausgabe A, Organ des Bezirks Nordbayern für Nürnberg, Franken und die Oberpfalz"*. Die Auflagen betrugen laut Polizeibericht im Herbst 1932 für Südbayern 2.500, für Nordbayern 1.200 Exemplare.

### „Ein Attentat tollhäuslerischer Bolschewistenfresser"

So umfangreich wie keine andere Tageszeitung berichtete die *Neue Zeitung* über den „staatlichen Mord", den die „Kulturreaktion" an der Regensburger Lehrerin exekutiert habe, deftig in der Sprache, polarisierend in der Meinung und agitatorisch im Ton. So wie es Max Levien als Auftrag einer kommunistischen Zeitung gefordert hatte.

---
177 Jobst 2002, S. 212.

In einer Mischung von Anteilnahme und politischer Generalabrechnung mit der „bayerischen Reaktion" berichtete die *Neue Zeitung* über Elly Maldaque. Von Anfang an stellt das KDP-Organ klar, dass die „Lehrerin Maldaque noch nie Mitglied der Kommunistischen Partei war und auch noch in keiner Weise irgendwie für unsere Bewegung tätig war." Gleichwohl macht sich die Zeitung zum Anwalt der gemaßregelten Lehrerin und instrumentalisiert sie für die politischen Ziele der KPD, wenn sie am 14. Juli 1930 schreibt: „Dieser Fall muss für die bayerische Arbeiterschaft aber der Anlass sein, einen Massensturm gegen die reaktionäre bayerische Faschistenregierung zu entfachen, um diesen Terrorakt baldigst im Gesamtrahmen aller Opfer der Arbeiterklasse sühnen zu können!"[178]

Die in der KPD organisierte Arbeiterklasse in Regensburg bestand 1930 aus maximal 56 eingeschriebenen Mitgliedern und lag damit weit unter dem bayerischen Durchschnitt. Sämtliche Mitglieder waren bei der politischen Polizei namentlich erfasst. So geschah es bei der Gründungsversammlung der Ortsgruppe im Februar 1920. Diese endete mit der vorübergehenden Festnahme von 17 Teilnehmern, die zur Feststellung ihrer Personalien zur Polizeidirektion am Haidplatz geschafft wurden. Bei dieser politischen Überwachung blieb es in den Jahren der Weimarer Republik. Warum in Regensburg andere Bedingungen gelten, beschrieb die *Neue Zeitung* am 14. Juli 1930 in einem Bericht über den Elternprotest gegen das Vorgehen des bayerischen Kultusministeriums im Fall von Elly Maldaque: „Es ist ... umso bezeichnender, als gerade in dem schwarzen Regensburg, dem Sitz des noch schwärzeren, aber gut bezahlten bayerischen Ministerpräsidenten Held, bisher an allen Fronten ein scharfer Kampf gegen die Kommunisten geführt wurde."

Wie im Fall Elly Maldaques sich der Staat seiner Spitzel bediente, thematisierte die *Neue Zeitung* nach Maldaques Tod. In dem namentlich nicht gezeichneten ganzseitigen Bericht unter dem Titel „Wie Elly Maldaque gestorben wurde" heißt es: „Es ist kein Zweifel. Elly Maldaque wäre heute noch am Leben und noch viele Jahre könnte sie ungehindert und zu aller Zufriedenheit an der Schule weiterwirken, wenn nicht ein Regierungsspitzel sich Lorbeeren verdienen wollte und dies durch die gemeinste und niederträchtigste Denunziation, die überhaupt nur vorstellbar ist. Und die Regierung hat nichts eiligeres zu tun, als mit der ganzen Wucht eines rachsüchtigen Systems Schlag um Schlag auf das Opfer niedersausen zu lassen, bis es zusammenbricht."[179]

---

178 Neue Zeitung, Nr. 158: 14.07.1930, STA (Personalakte Maldaque).
179 Neue Zeitung, Nr. 166: 23.07.1930, STA (Personalakte Maldaque).

**Waltraud Bierwirth**

# Über die Kontinuität von Gesinnungsschnüffelei und Obrigkeitsstaat

## Von den Schwierigkeiten der Erinnerung an Elly Maldaque

„Sie war fast ein halbes Jahrhundert vergessen und verschollen." Bedauern und Trauer über so viel Geschichtsvergessenheit mischen sich in dieser Feststellung. Es ist der erste Satz in Jürgen Schröders Dokumentenband über „Horváths Lehrerin von Regensburg". In Anlehnung an Walter Benjamins „Geschichtsschreiber" sieht der Tübinger Literaturwissenschaftler Schröder seine Aufgabe: *„... im Vergangenen den Funken der Hoffnung anzufachen, der davon durchdrungen ist: auch die Toten werden vor dem Feind, wenn er siegt, nicht sicher sein."*[180] An dieser Stelle bricht Jürgen Schröder das Zitat von Walter Benjamin ab, das er zum Leitmotiv seiner Veröffentlichung über Horváths „authentischen Vorfall" gewählt hatte. Dieses Zitat machte zum damaligen Zeitpunkt Sinn: In der Bundesrepublik Ende der 70er Jahre exekutierte der Obrigkeitsstaat den „Radikalenerlass" von 1972. Gesinnungsschnüffelei, Spitzel, Aktenvermerke. Die Bekämpfung der Linken erfolgte nicht mehr in der politischen Auseinandersetzung, sondern durch ihre Diskriminierung als Verfassungsfeinde mit der Folge des Berufsverbots.

Es war ein schmerzlicher Lernprozess für die erste Nachkriegsgeneration, die angetreten war, die Tätergesellschaft zu demokratisieren. Dazu gehörte, den im Grundgesetz garantierten Freiheitsrechten zum Leben zu verhelfen. Wer damit ernst machte und Mitglied in einer nicht verbotenen Partei oder Organisation wurde, durchlebte traumatische Erfahrungen: Persönliche Bespitzelung und Diffamierung als Verfassungsfeind.

An der Universität Regensburg, 1962 gegründet, 1967 eröffnet und in den 70er Jahren noch im stürmischen Wachstum, inszenierte der bayerische Obrigkeitsstaat das Stück „Die Hexenjagd gegen K". So kafkaesk wie es sich anhört, war die Praxis: Spitzel, die Flugblätter einsammeln, zur

---

180 Schröder 1982, S. 11.

nächtlichen Stunde Wandzeitungen abreißen, ebenso die amtliche Mitteilung: „Wir haben Informationen über Sie ...".

Vor diesem Hintergrund entdeckten Regensburger Studentinnen und Studenten Mitte der 70er Jahre das tragische Schicksal Elly Maldaques oder „Ein Berufsverbot für eine Regensburger Lehrerin im Jahre 1930". Im Wintersemester 1976/77 führten sie vor 400 Zuschauern im brechend vollen Saal des Augustiner am Neupfarrplatz Szenen aus Horváths Dramenfragment „Die Lehrerin von Regensburg" auf.

Zwei Jahre später erinnerten Tübinger Studenten, Teilnehmer eines Horváth-Seminars im Wintersemester 1978/79, an Leben und Sterben der Regensburger Lehrerin. „Ein Opfer des ‚Radikalenerlasses' in der Weimarer Republik? – Ein unerhörter Fall, in vieler Beziehung", schreibt Jürgen Schröder und startete 1979 seine Recherchen in Regensburg.

Wie ein Obrigkeitsstaat auf Spurensuche nach einer „Verschollenen" fast fünf Jahrzehnte nach ihrem Tod reagiert, nahm Walter Benjamin hellsichtig vorweg in seinem philosophischen Essay „Über den Begriff der Geschichte":

*„Vergangenes historisch artikulieren heißt nicht, es erkennen ‚wie es denn eigentlich gewesen ist'. Es heißt, sich einer Erinnerung bemächtigen, wie sie im Augenblick einer Gefahr aufblitzt. ... Nur dem Geschichtsschreiber wohnt die Gabe bei, im Vergangenen den Funken der Hoffnung anzufachen, der davon durchdrungen ist: auch die Toten werden vor dem Feind, wenn er siegt, nicht sicher sein. Und dieser Feind hat zu siegen nicht aufgehört."*[181]

## Die Gesinnungsschnüffelei geht weiter

Vierzig Jahre nach ihrem Tod war die Erinnerung an Elly Maldaque in Regensburg noch präsent, nicht öffentlich, sondern im Gedächtnis derer, die sie kannten. Das waren ehemalige Schülerinnen, Kolleginnen, die Sportler vom freien TuS, Nachbarn und natürlich ihre kommunistischen Gesprächspartner aus den 20er Jahren. Diese standen auch vierzig Jahre später wie eh und je unter Generalverdacht, wurden argwöhnisch beobachtet, selbst wenn sie mit knapper Not die Konzentrationslager überlebt hatten. Die 70er Jahre bescherten den alten Kommunisten in der jungen Universitätsstadt Regensburg ein Déjà-vu-Erlebnis nach dem

---
181 Benjamin 1992, S. 144.

anderen. „Verfassungsschutz" heißt die politische Kontrollinstanz. Die Spitzelmethoden ähneln sich, wie die Alten den Jungen aus ihren Erfahrungen mit Alfons Hartl berichten konnten. Ab 1920 hatte der Kripobeamte Hartl die kleine Gruppe der Regensburger Kommunisten bespitzeln lassen. So geriet die Lehrerin mit dem „französischen Namen" in sein Visier. Davon zeugen von Hartl abgefasste „streng geheime und vertrauliche" Berichte. Basierend auf Spitzelaussagen, abgeheftet in den Polizeiakten der Oberpfalz, archiviert im Staatsarchiv Amberg. Aus dem Kriminalrat Alfons Hartl wurde der Abteilungsleiter der Gestapo in Regensburg, 1948 als „Hauptschuldiger" im Spruchkammerverfahren verurteilter Nazi-Täter, auf seine Berufung hin als „Belasteter" zurückgestuft und 1950 amnestiert.

„Streng vertraulich" sind auch die Spitzelberichte, die in den 70er Jahren in Regensburg geschrieben wurden und die Behörden erreichten. Die Bewerber um eine Referendarstelle im Schul- oder Justizdienst, bei der Post oder Bahn mussten ja schließlich überwacht werden. „Erkenntnisse" für die Anhörungsverfahren mussten abgefasst und gesammelt werden.

Noch heute erinnern sich die Bewerber mit Schaudern an die amtlichen Mitteilungen in den Einstellungsverfahren:

*„Es liegen Erkenntnisse gegen Sie vor. Sie haben teilgenommen (es folgen die Veranstaltungen und Demonstrationen); Sie haben kandidiert (es folgen die Kandidaturen für den Fachschaftsrat oder das Studentenparlament auf einer Liste des MSB Spartakus oder eines linken Bündnisses); Sie haben folgende Artikel oder Flugblätter herausgebracht ... Auf Grund dieser Erkenntnisse ergeben sich Zweifel daran, dass Sie jederzeit bereit sind, für die freiheitlich-demokratische Grundordnung im Sinne des Grundgesetzes einzutreten. Sie haben Gelegenheit, die Zweifel in der Anhörung am ... auszuräumen."*[182]

Gefasst, ein bisschen nervös, aber eisern entschlossen sich nicht kleinkriegen zu lassen, fuhr Luise Gutmann, die damals noch Luise Lehner hieß, am 5. Oktober 1976 nach München. Das Kultusministerium hatte sie zur „Anhörung" zitiert. Die junge Germanistikstudentin Luise Lehner hatte im zweiten Anlauf erfolgreich ihr 1. Staatsexamen geschafft und sich um eine Referendariatsstelle beworben. Statt der erwarteten Nachricht über die Zuweisung einer Schule für den Vorbereitungsdienst, schrieb ihr das Kultusministerium:

---

[182] Zitate aus GEW-Flugblättern der 70er Jahre, Privatarchiv Gutmann.

„Nach hier vorliegenden Informationen haben Sie
- im November 1973 bei den Wahlen zum Studentenparlament der Universität Regensburg für die Liste der ‚Demokratischen Front' (DF),
- im Juli 1974 bei den Wahlen zum Fachschaftsrat wiederum für die Liste der ‚Demokratischen Front',
- im November 1974 und im Dezember 1975 bei inoffiziellen Studentenparlamentswahlen auf der ‚Liste ‚Demokratischer AstA', einem Wahlbündnis zwischen der ‚Demokratischen Front' und einer Studentischen Initiative Biologie kandidiert."[183]

Von der Gewissheit überzeugt, in einem demokratischen Rechtsstaat zu leben, dessen Regelwerk sich in verbindlichen Gesetzen für alle Bürger ausdrückt, war die 21-jährige Luise Lehner im Wintersemester 1968 nach Regensburg gekommen. Drei Semester in Würzburg und einen halbjährigen Englandaufenthalt als Austauschstudentin hatte sie da bereits hinter sich. Aus der Ferne hatte sie mit Unverständnis das Revoltieren der Studierenden gegen überkommene Strukturen verfolgt. Ihr dagegen war von Kindesbeinen an Sinnhaftigkeit und Verbindlichkeit von Gesetzen vom Vater vermittelt worden.

Im Winter 1946 hatte Max Lehner eine Anwaltskanzlei in Freising eröffnet, was er 1932 in seiner Heimatstadt Freising schon einmal getan hatte, um bewusst für Recht und Gesetz gegen die Hetze der Nazis einzutreten. Die Handvoll in Freising verbliebener jüdischer Familien wurden seine Mandanten, so wie politisch Verfolgte, die zur „Schutzhaft" in das nahe Konzentrationslager Dachau gesperrt worden waren.

Bis zur Reichspogromnacht im November 1938 trotzte Max Lehner den widrigen Bedingungen, mit denen die Nazis unangepasste Rechtsanwälte drangsalierten. In der Nacht des Terrors tobte der SA-Mob auch vor seinem Haus, drang gewaltsam ein, zerrte ihn auf die Straße und hing ihm ein vorbereitetes Plakat um den Hals „Ich bin ein Judenknecht". Spießrutenlaufen durch Freising! Kurz darauf musste Max Lehner seine Kanzlei schließen, obwohl er dem „Ehrengericht" der Anwälte die vorher nicht geklärte Frage vorlegte: „Wer darf Juden juristisch vertreten?" Die NSDAP nahm den stets nach rechtlichen Grundlagen fragenden Anwalt für drei Tage in Schutzhaft und verwies ihn des Landes Bayern. Er siedelte nach Meißen in Sachsen über und kam schließlich, dank eines Schulfreunds, bei der Verkehrsbehörde und später bei der Militärverwaltung unter.

---
183 Privatarchiv Gutmann.

Nach dem Krieg, als er sich mit seiner Frau wieder in seiner Heimatstadt niederließ, erinnerten sich die Freisinger des jungen Rechtsanwalts, der so beharrlich wie vergeblich für die rechtliche Gleichheit gekämpft hatte. Jetzt war er mit einer eigenen Kanzlei wieder präsent und zählte zu den wenigen Juristen ohne „braune Flecken" auf der Weste. Einer Partei schloss er sich nicht an. Vielleicht fragten ihn deshalb 1949 die Honoratioren der Stadt, ob er für das Amt des Oberbürgermeisters kandidieren würde. Er stimmte zu und wurde gewählt. 21 Jahre blieb er unangefochten in seinem Amt. 1970 trat Max Lehner in den Ruhestand. Er starb 1975 mit 69 Jahren.

## Politische Freiheitsrechte oder Karriere

Den Wechsel von Würzburg zur stürmisch wachsenden jungen Uni Regensburg erlebte Luise Lehner als erstaunlichen Kontrast. Dort eine angepasste Studentenschaft, in Burschenschaften organisiert, im konventionellen Anzug mit Krawatte; hier ein buntes, quirliges studentisches Volk, das die Uni-Reform leben wollte. Die Proteste vieler Studierender gegen das bayerische Hochschulgesetz, gegen die Ordinarienherrlichkeit und für Mitbestimmung erschienen ihr kühn und wagemutig.
Ihre politische Häutung entwickelte sich allmählich. Zunächst engagierte sie sich in der Theatergruppe der Uni, speziell im Englischen Theater, und arbeitete erfolgreich in einer Therapie den moralischen Druck auf, dem sie in Kindheit und Jugend als Tochter eines untadeligen Oberbürgermeisters ausgesetzt war.
Anfang der 70er Jahre gab es an der jungen Regensburger Reform-Uni mehrere linke Gruppen. Vom Kommunistischen Hochschulbund/Marxisten-Leninisten, dem Marxistischen Studentenbund Spartakus (MSB Spartakus), dem Arbeiterbund, dem Sozialistischen Hochschulbund (SHB) bis zur Gewerkschaft Erziehung und Wissenschaft (GEW) war das gesamte linke Spektrum vertreten. Es gab den Liberalen Hochschulverband (lbv); es gab auch den RCDS, den Ring Christlich-Demokratischer Studenten, der bei der Wahl zum Studentenparlament beziehungsweise AStA 1970 gerademal zwei Sitze errang. Das änderte sich schlagartig im Herbst 1972, als die konservativen Studenten mit acht Sitzen stärkste Fraktion im Studentenparlament wurden. Um die Mehrheit im AStA zu verteidigen, schlossen sich die Linken aller Schattierungen zusammen.

Der Aufwind für den RCDS hatte Ursachen. Am 28. Januar 1972 beschließen die Ministerpräsidenten „Grundsätze zur Frage der verfassungsfeindlichen Kräfte im öffentlichen Dienst", der „Radikalenerlass" wird geboren. Bis weit in die 80er Jahre wird er die politische Diskussion bestimmen und eine ganze Generation junger Menschen vor die Frage stellen, politische Freiheitsrechte um der beruflichen Karriere willen preiszugeben. Kern des „Radikalenerlasses" der Ministerpräsidenten war folgende Bestimmung: „Gehört ein Bewerber einer Organisation an, die verfassungsfeindliche Ziele verfolgt, so begründet diese Mitgliedschaft Zweifel daran, ob er jederzeit für die freiheitlich-demokratische Grundordnung eintreten wird. Diese Zweifel rechtfertigen in der Regel eine Ablehnung des Anstellungsvertrages." Mit dieser Bestimmung hielten sich die Ministerpräsidenten alle Optionen offen. Willkürlich konnte jeder Organisation der Stempel „verfassungsfeindlich" aufgedrückt werden. Der Obrigkeitsstaat hatte die Plattform bereitet, auf der sich Gesinnungsschnüffelei, Denunziation und Heuchelei entfalten konnten.
So wie in den meisten Universitäten blieb auch in Regensburg der „Radikalenerlass" zunächst ohne unmittelbare Auswirkung. Wie eh und je wurden in den linken Basisgruppen eifrig Papiere verfasst, Flugblätter geschrieben und ausdauernd gegen das bayerische Hochschulgesetz gestreikt, ein Vietnamkomitee wurde gegründet und das antifaschistische Gedenken auf die Tagesordnung gesetzt. In einem „Initiativkomitee 23. April 1945" riefen die Studenten in Erinnerung, was sich in den letzten Kriegstagen in Regensburg ereignet hatte, als unerschrockene Frauen in einer Demonstration zum Dachauplatz die kampflose Übergabe der Stadt forderten und die Henker eines in Agonie liegenden Systems drei Menschen ermordeten.
Zum ersten Mal ist bei dieser „Aktionseinheit gegen Faschismus und Krieg" im Frühjahr 1972 auf dem Dachauplatz auch die junge Studentin Luise Lehner dabei, nicht ahnend, dass aus dieser ersten öffentlichen Teilnahme eine Lebensaufgabe erwächst. Denn noch 38 Jahre später führt Luise Lehner, verwitwete Luise Gutmann, den Gedenkweg am 23. April als Vorsitzende der VVN-BdA (Vereinigung der Verfolgten des Naziregimes – Bund der Antifaschisten) vom Colosseum zum Dachauplatz in Regensburg an. Auch das frühe Engagement im Vietnamkomitee wird ihr zur Langzeitaufgabe, was zwei Besuche in Vietnam und die Mitarbeit in der Freundschaftsgesellschaft Vietnam bis heute einschließt.
1973 schließt sich Luise Lehner der Demokratischen Front (DF) an, einer vom Kommunistischen Hochschulbund beeinflussten studentischen

Basisgruppe. Neben der Organisation von Streiks gegen das bayerische Hochschulgesetz agiert die DF in München und Regensburg „gegen die neuen Rechtskräfte, die F. J. Strauß immer mehr um sich sammelt." Luise steigt im Oktober 1976 in den Zug von Regensburg nach München. Dort trifft sie den Augsburger Rechtsanwalt Hans Lafontaine, der sie als Rechtsbeistand zur Anhörung im Kultusministerium am Salvatorplatz begleitet. Für Lafontaine sollte sich das noch hundertfach wiederholen. „Ja, ich war sein erster Fall", erinnert sich Luise Gutmann, die sich nach den schriftlich mitgeteilten „Erkenntnissen" gewappnet hatte. Dann die Überraschung. „Den juristischen Anhörern ging es gar nicht um das Programm der Demokratischen Front, für die ich bei den Wahlen für das Studentenparlament und die Fachschaft kandidiert hatte. Die Juristen wollten wissen, wie ich denke."

### „Verteidigt die Grundrechte"

Die Flugblätter der 70er Jahre: Links, radikal und intelligent, dicht gefüllte Seiten, Schreibmaschinenschrift, mal ein Foto oder eine Karikatur, hektographiert. Manche sind über 35 Jahre alt. Das Papier blieb stabil – wie der Inhalt: Schluss mit den Berufsverboten! Die neuen Berufsverbote führen auf die Spur von Elly Maldaque, „Ein Berufsverbot für eine Regensburger Lehrerin im Jahr 1930". 47 Jahre später organisiert die gewerkschaftliche Berufsverbotsinitiative „Verteidigt die Grundrechte" im Augustiner am Neupfarrplatz eine Kulturveranstaltung. Szenen aus Horváths Dramenfragment über die Regensburger Lehrerin werden aufgeführt: „An einem Tisch sitzt die Lehrerin Ella Waldt dem Schulrat gegenüber und erfährt, dass sie aus dem Schuldienst entlassen ist. ‚Ich war niemals Mitglied einer kommunistischen Organisation', versucht Ella sich zu rechtfertigen; keiner verhilft ihr zu ihrem Recht."
Im Regensburg der 70er Jahre heißt das aktuelle Drama: „Die Hexenjagd gegen K." Es ist der erste Berufsverbotsfall in Regensburg nach dem Radikalenerlass von 1972 und die Hauptrolle fiel Fred Karl zu. Dazu aus einem GEW-Flugblatt:
„*Die Ablehnung*
Im Frühjahr 1973 wird der Diplomsoziologe Fred Karl (Examen „sehr gut") aus 14 Bewerbern für eine freigewordene Assistentenstelle am Lehrstuhl Soziologie der Uni Regensburg von den zuständigen Lehrpersonen ausgewählt.

Der Einstellungsakt wird jedoch durch den denunziatorischen Hinweis des Vizekanzlers Wiesner auf Karls Mitgliedschaft im MSB Spartakus gestoppt. Drei Monate lang wird in der Vergangenheit Karls vom Verfassungsschutz geforscht bis das Innenministerium folgende Erkenntnisse über K. auf den Tisch legt:
Er kandidierte auf der Liste des MSB Spartakus für das Studentenparlament. Er ist Mitglied des MSB. Er zeichnete verantwortlich für Fachschaftszeitungen und Flugblätter. Er setzt sich ein für die Besetzung von Stellen auch mit Marxisten. Daraus sei zu folgern, dass er ‚die politische Indoktrination der Studenten im kommunistischen Sinne' wolle."[184]
Wie es die Regeln nach dem Radikalenerlass verlangten, führte die Regensburger Universitätsspitze – Rektor Obermair, Kanzler Zorger und Lehrstuhlinhaber Daheim – die Befragung von Fred Karl durch, inklusive Tonbandmitschnitt und Protokoll. Das Ergebnis: Die Universitätsleitung sieht die Zweifel des Ministeriums entkräftet und will die Einstellung wie geplant vornehmen. Prompt interveniert das Kultusministerium: Zunächst wird ein Zustimmungsvorbehalt für die Besetzung dieser einen Stelle geltend gemacht, dann folgt das Einstellungsverbot für den Bewerber Fred Karl. Mit Rückenwind seiner Gewerkschaft, der GEW, leitet der junge Familienvater eine Klage vor den Gerichten ein. Zweieinhalb Jahre dauert es, bis das Arbeitsgericht Regensburg die „Güteverhandlung" terminiert und noch einmal zwei Jahre bis zur ersten Verhandlung.
Warum der Diplomsoziologe Fred Karl an der Uni Regensburg nicht Assistent werden durfte, machte über die Bundesrepublik hinaus Schlagzeilen. Besonders in Frankreich. Zwanzig französische Universitäten schickten Solidaritätstelegramme, die Tageszeitung „Le Monde" informierte auf ihrer ersten Seite prominent und das französische Berufsverbotekomitee schickte Professor Andre Giselbrecht als Prozessbeobachter nach Regensburg.

Wie gingen die Regensburger mit diesem Berufsverbotsfall in ihrer Stadt um? Gab es noch Erinnerungen an den Fall Maldaque? Wurden Vergleiche angestellt? „Ja, es gab eine mündliche Überlieferung, die auf Konrad Fuß zurückgeht", sagt Luise Gutmann. „Ich erinnere mich an ein Gespräch Mitte der 70er Jahre mit einer ehemaligen Freundin Elly Maldaques in einem Regensburger Altenheim", lässt Fred Karl 35 Jahre später wis-

---

184 GEW-Flugblatt o. J. (1976), S. 3, (GEW-Initiative „Verteidigt die Grundrechte),
Privatarchiv Gutmann.

sen. Vor allem aber gab es Ödön von Horváths Dramenfragment „Der Fall E.", die aktuelle Vorlage der Studentengruppe für die szenische Aufführung im Augustiner. Reinhard Hanausch aus München schrieb sich 1974 zum Studium der Pädagogik in Regensburg ein und schloss 1979 mit dem Diplom ab. „Fred Karl wurde deshalb zum Präzedenzfall, weil das Ministerium ein für alle Mal festlegen wollte, dass Marxismus nicht Bestandteil von Forschung und Lehre sein darf. Insofern war es eine Kampfansage an marxistische Wissenschaft," erinnert er sich.

So verstanden es auch die Studierenden der 70er Jahre, die sich in Regensburg in der überparteilichen GEW-Initiative „Verteidigt die Grundrechte" zusammengeschlossen hatten. Zu welchen Mitteln der Obrigkeitsstaat greift, wenn er wissen will, wie seine „Bediensteten" denken, erfuhren sie über 40 Jahre nach dem Tod Elly Maldaques von denjenigen, die Maldaque gekannt hatten. Die Parallele zum aktuellen Fall Fred Karl lag auf der Hand. Und trotzdem gab es gravierende Unterschiede. Davon zeugen eine Fülle von Flugblättern, die Verfahren vor den Gerichten und die phantasiereichen Aktionen auf dem Campus der jungen Universität. Im Gegensatz zum „Fall Elly Maldaque" kamen im Berufsverbotsfall Fred Karl die „vermeintlichen Beweise" wie Flugblätter, Wandzeitungen oder Aufrufe für Gremienwahlen öffentlich zur Sprache. Mit vollem Namen und Funktion wurde genannt, wer die Fäden zog.

## Der Spitzel vor Gericht

Großes Gelächter erfüllte an einem tristen Morgen während der „Hexenjagd gegen K." die Flure und den Campus der Uni Regensburg: DIN-A2 große Plakate mit Foto von Vizekanzler Jörg Wiesner klebten dutzendfach an den Wänden: „Ich trinke Jägermeister, weil ich der Demokraten Meisterjäger bin".

„Die hatten richtig viel zu tun, Foto und Spruch abzukratzen", erinnert sich Reinhard Hanausch an die Reinigungstage von 1975. Das frühe Graffiti war komplett mit einem Kleister überzogen, der sich mit dem Beton verbunden hatte.

Altburschenschaftler Wiesner focht das nicht an. In der Güteverhandlung des Klägers Fred Karl vor dem Arbeitsgericht Regensburg trat er als Klagevertreter des Freistaats Bayern und der Universität Regensburg auf. Nichts kam dabei heraus. Wiesner „eskaliert mit wüsten Verleumdungen gegenüber dem Kläger und dem ehemaligen Rektor Obermair", informiert ein Flugblatt der GEW. Die Anhörung des Rektorats inklusive Kanzler Zorgers mit dem Bewerber Karl sei eine „Farce" gewesen, so Wiesner, eine „Gefälligkeitsbefragung", da „zweifelnde Fragen tunlichst vermieden worden seien". Als das Arbeitsgericht ein Jahr später diese Anschuldigung klären und die Anhörungskommission befragen will, platzte der Termin. Den Professoren Obermair und Daheim war vom Kultusministerium die Aussagegenehmigung verweigert worden. Auch das produzierte bundesweit Schlagzeilen.

An der Spitze der Universität Regensburg hatte sich der Wind gedreht. Mit dem Rektoratswechsel, auf Obermair folgte Henrich, setzte sich die Meinung des Kultusministeriums durch. Vizekanzler Wiesner beherrschte die Szene. Und das hatte für viele Studenten böse Folgen. Dazu Auszüge aus einem GEW-Flugblatt von Ende 1976:

*„Kritiker sollen mundtot gemacht werden*

Im letzten Jahr wurden drei Strafverfahren gegen Studenten anhängig gemacht, die ihre Meinung zum Berufsverbot auf Flugblättern geäußert haben: Im Juni 75 wurde Uni-Vizekanzler Wiesner in einem Flugblatt aufgrund seiner Praktiken als der wirkliche ‚Verfassungsfeind' bezeichnet. Wiesner stellte Strafantrag gegen die presserechtlich Verantwortliche, Katharine Boulanger. Sie wurde per Strafbefehl zu einer Geldstrafe von DM 428,- verurteilt – wegen Beleidigung. Nach dem Einspruch der Betroffenen kam es am 3.11.76 zur Verhandlung, in der das Amtsgericht Regensburg K. Boulanger in erster Instanz der Beleidigung schuldig sprach und zu einer Geldstrafe von DM 170,- verurteilte. Staatsanwalt und Richter räumten in der Verhandlung ein, Wiesner habe sich im Fall Fred Karl weit über seine dienstlichen Verpflichtungen hinaus engagiert und der Zweifel an seiner Verfassungskonformität sei berechtigt, trotzdem sei der Vorwurf der Verfassungsfeindlichkeit in Anbetracht der hohen Stellung, die er bekleide, nicht tragbar. Im Urteil ist zu lesen: ‚Der in dem von der Angeklagten zu verantwortenden Flugblatt erhobene Vorwurf, der Zeuge Wiesner sei ein Verfassungsfeind, ist geeignet, die berufliche Ehre des Zeugen Wiesner herabzuwürdigen ...'."[185]

Gleichwohl bescheinigte das Gericht dem Zeugen Wiesner, „in Wahrnehmung seiner dienstlichen Pflichten" tätig geworden zu sein. Was sind „dienstliche Pflichten"? Wo verläuft die Grenze zum antikommunistischen Eiferer? Wann wird ein Aufpasser zum gefürchteten Überzeu-

---

185 GEW-Flugblatt o. J. (1976), S. 3, (GEW-Initiative „Verteidigt die Grundrechte), Privatarchiv Gutmann.

gungstäter, der zwanghaft seine Welt von Kommunisten säubern muss? Es muss schon eine Mission dahinterstecken, wenn einer nachts durch leere Büros, Seminarräume und nur notdürftig erhellte Flure der Uni streift. Das nächtliche Wachpersonal des Sicherheitsdienstes weiß es und berichtet. Mancher Professor sieht es und sagt es hinter vorgehaltener Hand. Es geht von Mund zu Mund: da ist einer, der sammelt Flugblätter und Wandzeitungen ein ...
Vizekanzler Wiesner erstattete Strafanzeige wegen Verleumdung, Beleidigung oder sonstigen strafrechtlichen Vergehen. Zum Beispiel gegen die Studentin Kuni Kling. Sie unterzeichnete ein Flugblatt, in dem eine Preisverleihung angekündigt wurde. Der Marxistische Studentenbund Spartakus wolle Vizekanzler Wiesner die „Goldene Schnüffelnase" verleihen. Bevor es zur Preisverleihung kam, hatte Kuni Kling mit einer Strafanzeige zu kämpfen.

## „Demokratenfänger Wiesner verursacht neuen Skandal"

Diese Aussage schrieb der Student Helmut Wanner als Spitzmarke über ein Flugblatt, das er presserechtlich verantwortete.[186] Inhaltlich ging es um die vermeintlichen „Beweise" im Fall Fred Karl. Richtigerweise stellte Wanner im Flugblatt die Frage, die das demokratische Regensburg auf Jahre hinaus noch beschäftigte: „Ist eigentlich ein Wahrheitsverdreher wie der Oberregierungsrat Wiesner tragbar als Vizekanzler dieser Uni?" Wiesners Antwort ließ nicht lange auf sich warten: Er erwirkte einen Strafbefehl über 1.040 DM. In der mündlichen Verhandlung vor dem Amtsgericht Regensburg ging es um den Wahrheitsgehalt der Bezeichnung „Demokratenfänger" und „Wahrheitsverdreher". „Ein als ‚Nicht-Wahrheitsverdreher' gerichtlich festgelegter Wiesner hätte im Prozess gegen Fred Karl eine durchaus andere Ausgangsposition gehabt", analysierte das GEW-Flugblatt „Verteidigt die Grundrechte". Dank des Einsatzes des Münchner Rechtsanwalts Schmitt-Lermann wurde die Verhandlung gegen den Studenten Helmut Wanner vertagt. Überraschenderweise beharrte Vizekanzler Wiesner nicht auf einer Fortsetzung der Verhandlung im „Wahrheitsverdreher-Prozess", sondern zog seine Klage gegen Helmut Wanner zurück.
Was war die Ursache für diesen Rückzug? Wahrscheinlich war sie praktischer Art: In der ersten Verhandlung gegen Katharina Boulanger

---

186 Flugblatt Wanner o. J., Privatarchiv Gutmann.

musste Wiesner drei quälende Stunden lang die ungemütlichen Fragen des Gerichts zu seiner Schnüffelpraxis ertragen und sich dem Gericht offenbaren. Dieses hatte ihm bereits ein Engagement „weit über seine dienstlichen Verpflichtungen hinaus" bescheinigt und seinen Widersachern eingeräumt, dass „Zweifel an seiner Verfassungskonformität berechtigt seien."

Oberregierungsrat Jörg Wiesner blieb bis zum Sommer 2008 der „ewige" Vizekanzler der Uni Regensburg. Er blieb der Gewährsmann des Kultusministeriums und darüber hinaus der offizielle Klagevertreter bei Berufsverbotsprozessen vor dem Arbeitsgericht. Mehr noch. Wiesner wurde für linke Studenten das leibhaftige Schreckgespenst, wenn es um die Anerkennung des erfolgreichen Studienabschlusses ging. Es ist das gleiche Vorgehen wie bei dem Diplomsoziologen Fred Karl, dessen Anhörung er als „Gefälligkeitsbefragung" in seinem Schriftsatz vor dem Arbeitsgericht abqualifiziert hatte.

Fünfzehn Jahre prozessierte der Diplomsoziologe Fred Karl gegen den Freistaat Bayern: Arbeitsgericht Regensburg, Landesarbeitsgericht München, Bundesarbeitsgericht Kassel und zurück. Ohne Erfolg. Fred Karl landete in der Arbeitslosigkeit, bewältigte eine EDV-Umschulung und schaffte erneut die Rückkehr zur Uni. Mit 35 Jahren begann er als wissenschaftliche Hilfskraft an der damaligen Gesamthochschule in Kassel. Nach zeitlich befristeter Anstellung legte er im Alter von 40 Jahren seine Dissertation vor. „Es war ein Kraftakt ohnegleichen", bewertet er in der Rückschau. Der Kasseler Hochschulbund ehrte ihn mit dem Georg-Forster-Preis. Fred Karl startete eine erfolgreiche Karriere an der Universität Kassel. Er wurde zum Leiter von Forschungsprojekten berufen und koordinierte einen berufsbegleitenden Aufbaustudiengang für Soziale Gerontologie. 1990 wurde er Akademischer Rat und habilitierte sich 1996. Das hessische Ministerium für Wissenschaft und Kunst berief ihn auf eine Professur an der Fachhochschule in Frankfurt, es folgten Lehrtätigkeiten an verschiedenen Universitäten. Zweimal übernahm er eine Gastprofessur an der Katholischen Universität Porto Alegre in Brasilien. Im Jahr 2000 kehrte Fred Karl an die Uni Kassel zurück. Sein Fachgebiet wurde die Soziale Gerontologie, in der er Pionierarbeit leistet. Neben der Universitätslehre und Gremienarbeit als Prodekan arbeitet er in Forschungsprojekten in Deutschland und Europa. Zahlreiche Veröffentlichungen weisen ihn als Kapazität in der sozialen Arbeit mit älteren Menschen aus. Seine Kompetenz wird unter anderem vom Bundesfamilienministerium genutzt.

Fazit: In Bayern von Gesinnungsschnüffelei gejagt, legte Fred Karl außerhalb des Freistaats eine internationale, akademische Karriere hin.

## „Bollwerk gegen Nihilismus und Atheismus"

Noch wichtiger als die vermeintlichen Verfassungsfeinde auszusondern, erwies sich die „Säuberung" von Lehrinhalten. Die Studentenbewegung von 1968 hatte den Staat aufgeschreckt. Nun galt es, den rebellischen Forderungen der jungen Generation in den Hochschulen eine religiös-restaurative Kraft entgegenzusetzen. In drei Etappen wurde der 1924 mit dem Vatikan geschlossene Konkordatsvertrag den neuen Gegebenheiten angepasst. Die Änderungen von 1968, 1974 und 1978 bedeuteten eine deutliche Ausweitung der Konkordatslehrstühle an den sieben bayerischen Universitäten. Der Konservatismus hielt Einzug in den Fächern, die durch die Studentenbewegung erhöhten Zulauf erfahren hatten: Soziologie, Politologie und Pädagogik. Zu den bestehenden Konkordatslehrstühlen für Katholische Theologie kamen 21 Konkordatslehrstühle hinzu. Die Uni Regensburg erhielt drei Konkordatslehrstühle, die in Philosophie, Politischer Philosophie und Ideengeschichte sowie in Pädagogik angesiedelt sind.

Wie das Fach Soziologie, das noch 1973 unter anderem „marxistische Soziologie" in der Lehre vertreten sollte, auf den konservativen Weg zurückgeführt wurde, dokumentierte im Juni 1975 die GEW-Hochschulgruppe in einer Broschüre zu den Berufsverbotsfällen an der Universität Regensburg. Mit bürokratischen Finessen und dem Zusammenspiel zwischen Kultusministerium und konservativen Ordinarien gelang es, das Fach Soziologie von Grund auf umzukrempeln. Es erfüllte sich, was Jahre zuvor der damalige CSU-Arbeitsminister Pirkl mit dem Regensburger Modell programmatisch angekündigt hatte: Die Universität Regensburg wird „ein Bollwerk gegen nihilistische und atheistische Kräfte".[187]

Joseph Alois Ratzinger, seit 2006 als Papst Benedikt XVI. Oberhaupt der katholischen Kirche, nahm 1969 den Ruf der Universität Regensburg an. Er kam aus Tübingen, wo er einen Lehrstuhl für Katholische Dogmatik hatte und unmittelbar von Studentenprotesten betroffen war. In Regens-

---

187 Die Errichtung eines Konkordatslehrstuhls im Fach Soziologie. In: GEW-Fachgruppe Hochschule: Dokumentation zu den Berufsverbotsfällen an der Universität Regensburg. (Regensburg, Juni 1975), S. 43ff., Privatarchiv Gutmann.

burg lehrte Ratzinger ungestört Dogmatik und Dogmengeschichte. 1976 wurde er Vizepräsident der Universität, ehe er 1977 zum Erzbischof von München und Freising ernannt wurde. Auch nach seiner Wahl zum Papst wird er weiterhin als Honorarprofessor in Regensburg geführt.

## Jürgen Schröders „unerhörter Fall"

Frohgemut und optimistisch, dass es ihm rasch gelingen werde, seinen Forschungsansatz zu verifizieren, nahm der Tübinger Literaturwissenschaftler im Oktober 1978 sein Regensburger Projekt in Angriff: Ödön von Horváths Dramenfragment über die „Lehrerin von Regensburg", dem ein authentischer Fall zugrundeliegt. Für Schröder war die Beweisführung wichtig, um Horváths Arbeitsweise als „Chronist" der Weimarer Republik zu dokumentieren.

Wie in Regensburg zwei Jahre zuvor, waren auch in Tübingen Studenten auf das Schicksal Elly Maldaques gestoßen. Auch sie stellten den aktuellen Bezug zur Praxis der Berufsverbote her. Der Tübinger Ordinarius Jürgen Schröder nahm den Anstoß auf: „Ein Opfer des ‚Radikalenerlasses' in der Weimarer Republik? – Ein unerhörter Fall, in vieler Beziehung," schreibt er später in das Vorwort zu dem Materialband „Horváths Lehrerin von Regensburg", den der Suhrkamp Verlag im Jahr 1982 veröffentlichte.

48 Jahre nach ihrem Tod, nahm Jürgen Schröder seine Spurensuche nach Elly Maldaque in Regensburg auf. Noch lebten in der Stadt viele ihrer ehemaligen Schülerinnen und Schüler. Da gab es vor allem Regine Höllerer, ihre Nachfolgerin als Lehrerin in der Von-der-Tann-Schule. Es lebte noch Konrad Fuß, der politische Gesprächspartner von einst. Sie alle könnten Auskunft geben, wie das damals war mit der Hetzjagd auf die beliebte Lehrerin.

Unmittelbar nach Faschismus und Krieg fragte niemand. Der Echoraum für Erinnerungen an die Opfer von Willkür und Verfolgung fehlte. Das gesellschaftliche Klima in den Jahren des Wiederaufbaus wird vom Kalten Krieg und einem fast hysterischen Antikommunismus dominiert. Im Bayern der 70er Jahre sagt die CSU von Franz Josef Strauß, was links und somit verfassungsfeindlich ist. Den Status quo in Regensburg beschreibt ein Redakteur der Regensburger *Woche*: „Dieser Provinzsumpf ist längst nicht mit dem Ende des NS-Terrors ausgetrocknet worden. Die Lust am Austreiben, am Bespitzeln, an der Jagd nach Andersdenkenden, nach dem nicht Angepassten geht weiter. Indizien dafür sind zahlreich: Das an einer Person festzumachende Denunziantentum an der Regensburger Universität zum Beispiel und die daraus resultierenden Berufsverbote. Schließlich ist es gar nicht so abwegig, auf dieser Linie das jüngst erfolgte Ausstellungsverbot der Bilder Helmut Newtons in der Ostdeutschen Galerie zu sehen."[188]

## „Die Integrität der Wissenschaft"

Seine Recherchen über Elly Maldaque begann Jürgen Schröder mit einer Serie von Anfragen.[189] In Archiven in Regensburg und Amberg, beim Standesamt, in der Staatlichen Bibliothek und beim Rektor der Von-der Tann-Schule in Regensburg. Spärlich flossen die Informationen. Erst das Staatsarchiv Amberg brachte den forschenden Literaturwissenschaftler auf die richtige Spur: die Registratur der Regierung der Oberpfalz am Emmeramsplatz 1 in Regensburg. Im Januar 1979 hatte Schröder angefragt, auf sein Tübinger Horváth-Seminar verwiesen und das Dramenfragment Die Lehrerin von Regensburg: „Da wir eine neue wissenschaftliche Ausgabe des Stücks mitsamt dem wichtigsten historischen Material planen, möchte ich bei Ihnen anfragen, ob Sie in Ihrem Archiv noch Akten und Material über den geschilderten Fall besitzen und ob Sie uns dieses Material durch Kopien freundlicherweise zugänglich machen können."
Die Regierung der Oberpfalz, vertreten durch Abteilungsdirektor Bauer, ließ kurz und bündig wissen: „ … leider muss ich Ihnen mitteilen, dass sich über die Lehrerin Elly Maldaque leider keine Unterlagen in der Registratur der Regierung der Oberpfalz befinden. Ich bedauere, Ihnen nicht helfen zu können." Das höfliche Bedauern war eine fromme Mär, denn selbstverständlich befand sich die umfangreiche Personalakte von 365 durchnummerierten Blättern im Gewahrsam am Emmeramsplatz.
Parallel zu Abteilungsdirektor Bauer beschäftigte sich im Januar 1979 in der Hauptverwaltung des Bezirks der Oberpfalz der Leitende Regierungsdirektor Megele mit dem „Akt" Maldaque. Er ließ das Nervenkrankenhaus in Regensburg wissen, wie es mit einem „Schreiben des Deutschen Seminars der Universität Tübingen" zur Einsicht in die Krankenge-

---

188 Raab in: Die Woche v. 16.09.1982.
189 Die folgende Darstellung beruht auf den Rechercheunterlagen Jürgen Schröders zum Fall Maldaque.

schichte von Elisabeth Maldaque umzugehen habe: „Ergibt sich, dass betroffene Angehörige nicht oder nicht mehr am Leben sind, so werden von hier aus keine Einwendungen erhoben, einem autorisierten Vertreter des Deutschen Seminars der Universität Tübingen Einsicht in die Krankengeschichte zu gewähren. Aus dem Haus sollten die Unterlagen nicht gegeben werden. Wir sind auch nicht damit einverstanden, Kopien zu fertigen und zur Verfügung zu stellen. Das Zurückgreifen auf den Sachverhalt erscheint in seinen Auswirkungen weniger nachhaltig zu sein als die Verweigerung der Einsichtnahme."
Schröder nahm Einsicht in die umfangreiche Krankenakte, las die Querverweise auf die Personalakte und bohrte weiter. Er setzte da an, wo es im CSU-Obrigkeitsstaat am besten funktioniert: Beim obersten Dienstherrn für Lehrerinnen und Lehrer in Bayern. Das war im Oktober 1979 Kultusminister Prof. Dr. Hans Maier. Es fügte sich, dass Schröder und Maier demselben Mentor aus Freiburger Studienzeiten verbunden waren. Ganz diskret zog der „die Fäden", so dass Jürgen Schröders ausführlicher Brief über seine Horváth-Forschungen bei Maier auf ein vorbereitetes Verständnis trafen. Es ging um literaturwissenschaftliche Wahrhaftigkeit, die es zu beweisen galt: „ … zum ersten Mal scheint es möglich, Horváths produktives Verhältnis zur historischen Wirklichkeit an einem exemplarischen Beispiel zu belegen und auszuwerten."
Auf der dritten Seite seines Schreibens kommt Schröder schließlich zum neuralgischen Punkt, der fast fünfzig Jahre nach dem Ereignis noch immer virulent ist. Eingedenk seiner Regensburger Erfahrungen wählt Schröder ein elegantes offensives Vorgehen, ohne die Parallele der „Berufsverbote" zu erwähnen:
*„Sehr verehrter Herr Minister, Sie werden meiner knappen Skizze bereits entnommen haben, dass dieser dramatische „Fall", obwohl er nun fast fünfzig Jahre zurückliegt, nicht ohne Aktualität ist, eine Aktualität, die „behördlicherseits" Irritationen auszulösen und meine Recherchen und Archivarbeiten möglicherweise zu erschweren vermag. Bei Ihnen hoffe ich Verständnis dafür zu finden, dass eine literaturgeschichtliche Arbeit durch solche Erwägungen, wie auch immer sie aussehen mögen, nicht beeinträchtigt werden sollte, und dass der Integrität der Wissenschaft und unserer Gesellschaft mehr damit gedient ist, wenn sie auch mit solchen schmerzlichen Geschichten der Vergangenheit ins Reine zu kommen versuchen, als wenn sie sie vergessen und verschüttet sein lassen."*
Drei Wochen später antwortet Professor Maier von Kollege zu Kollege: „Zu Ihrer Information teile ich Ihnen mit, dass die Personalakten von

Volksschullehrern, bei der Regensburger Lehrerin Elisabeth Maldaque dürfte es sich um eine Volksschullehrerin gehandelt haben, nicht im Ministerium, sondern bei der jeweils zuständigen Regierung geführt werden. In diesem Fall handelt es sich um die Regierung der Oberpfalz in Regensburg und ich darf Sie bitten, sich mit ihrem Anliegen an diese Stelle zu wenden."

Ende Mai 1980, eineinhalb Jahre nach seiner Anfrage, war es endlich soweit. Bei der Regierung der Oberpfalz am Emmeramsplatz wurde man fündig. Jürgen Schröder reiste erneut nach Regensburg und unter der Aufsicht von Abteilungsdirektor Bauer sichtete er drei Stunden lang die 365 Seiten starke Personalakte Elisabeth Maldaque. Als er aus Gründen der Arbeitsökonomie um eine größere Anzahl Fotokopien bat, war „der Ofen aus". Soweit ging die Offenheit nicht. Er möge ein „Gesuch" an die Regierung der Oberpfalz richten, was Schröder umgehend erledigte.

Sein Antrag auf Fotokopien nahm den „Dienstweg" nach München. Nun lag es erneut an Kultusminister Hans Maier zu entscheiden, ob er der „Integrität der Wissenschaft" dient oder aus tagespolitischen Erwägungen die Akte Maldaque verschwinden lässt. Monate vergingen mit Schweigen. Welche Brisanz eine 50 Jahre alte Akte entfalten kann, erfuhr Jürgen Schröder in Tübingen durch einen Anruf von Maier im Februar 1981. In einer „Aktennotiz", die Eingang in seinen Rechercheordner fand, hielt er fest:

„Anruf des Staatsministers Professor Maier, München, wegen meiner Bitte im Fall Maldaque: Die Personalakten der Regierung konnten mit Rücksicht auf noch lebende Verwandte und von den an der Sache Beteiligten (Polizeibeamte usw.) nicht zur weiteren Einsicht und zum Abfotokopieren, bzw. Veröffentlichung zur Verfügung gestellt werden. Man befürchte dadurch Scherereien und Prozesse usw. Das Innenministerium habe gründlich recherchiert, man habe sich die Sache schwer gemacht.

Dafür stünde mir aber das Tagebuch Elly Maldaques (Maier hat es offensichtlich selbst gelesen) und die Landtagsakten zur Verfügung.

Herr Maier lud mich nach München zu einem Gespräch und wohl auch zur Aushändigung des verwertbaren Materials ein. Termin muss noch ausgemacht werden."

Am 8. April 1981, zweieinhalb Jahre nach seiner ersten Anfrage zur Personalakte, erhielt Schröder in München die ministerielle Erlaubnis „tatsächlich nach den Quellen" arbeiten zu können. „Gegen den Rat seiner Ministerialbeamten war der Minister sehr verständnisvoll und hat mir die

Personalakten zu beliebigem Gebrauch überreicht." Eineinhalb Jahre später schickte er Maier das soeben im Suhrkamp-Verlag erschienene Buch und merkte in einem Begleitbrief an: „Wenn meine Darstellung auch nicht Ihre politische Billigung finden sollte, so hoffe ich doch auf Ihr wissenschaftliches und menschliches Verständnis."

## Spurensuche und Zeitzeugen

Seine Spurensuche in Regensburg ab Ende der 1970er Jahre verknüpfte Jürgen Schröder mit gezielten Ortserkundungen. Er nahm in Augenschein, wo Elly Maldaque damals wohnte, wo sie unterrichtete, wo sie starb und begraben wurde. Längst war aus seinem philologischen und literaturwissenschaftlichen Interesse mehr geworden. Ihn berührte emotional die „tragische Angelegenheit" der Regensburger Lehrerin, wie er Elly Maldaques Kollegin Regine Höllerer im Oktober 1979 schrieb. Über den damaligen Schulleiter der Von-der-Tann-Volksschule hatte er Kontakt zu Regine Höllerer geknüpft, der letzten Rektorin der protestantischen Bekenntnisschule. Im Zuge der Auflösung von Bekenntnisschulen war 1969 aus der Von-der-Tann-Volksschule eine Grundschule für alle Konfessionen geworden. Eine Schulchronik, Aufzeichnungen, Schriftstücke oder Fotos aus der Vergangenheit gab es nicht. Das Schularchiv ging 1945 verloren.

In der 1904 geborenen Regine Höllerer fand Schröder nicht nur eine engagierte Zeitzeugin, sondern auch eine unersetzliche Mitstreiterin. Sie brachte es fertig, Elly Maldaque ein Gesicht zu geben. In ihrem ersten Brief an den Professor in Tübingen im November 1979 schrieb sie: „Ich selbst war mit Elly Maldaque gemeinsam an der Von-der-Tann-Schule vom Frühjahr 1923 bis Herbst 1926 während meines Praktikums. Auch später stand ich mit ihr noch in loser Fühlung. Während der tragischen Ereignisse 1930 lebte ich nicht in Regensburg, ich war an einer Landschule angestellt. Im Herbst 1930 wurde ich E. Maldaques Nachfolgerin und die Kollegen berichteten mir ausführlich über die Vorgänge, die zu dem Schicksal dieser geschätzten Lehrerin geführt hatten."

Vom Tag des persönlichen Kennenlernens an stimmte die Chemie zwischen dem jungen Literaturprofessor und der pensionierten Lehrerin, die Lappersdorf zu ihrem Ruhesitz gewählt hatte. Voller Begeisterung bot sie ihm ihre Mitarbeit an: Um Kontakte herzustellen, nach Material in Regensburger Archiven und Bibliotheken zu suchen oder Menschen aufzu-

spüren, die in irgendeiner Beziehung zu Elly Maldaque gestanden hatten. Ihr Motiv? „Ich tue es auch in guter Erinnerung an meine Kollegin." Binnen kurzer Zeit fand sie heraus: „dass von dem damaligen Kollegium der Von-der-Tann-Schule nur noch eine 84-jährige Lehrerin in einem hiesigen Altenheim und ein etwa 70jähriger Lehrer in Weiden leben." Zu beiden nahm sie Fühlung auf und stellte fest: „Bei der ersten versagt das Gedächtnis, sie weiß nichts mehr über den Fall Maldaque. Der Weidener Kollege erinnert sich nur noch schleierhaft an eine Protestversammlung und an die Beerdigung."
Nachhaltiger war die Erinnerung ehemaliger Schülerinnen, die sorgsam die Klassenfotos mit ihrer Lehrerin Elly Maldaque bewahrt hatten. Höllerer berichtete: „Eine Frau, die im Schuljahr 1928/29 in der 8. Klasse ihre Schülerin war, besitzt noch ein Gruppenbild von einem Ausflug. (Da sie nach Schulabschluss längere Zeit in Plauen lebte, hat man mich erst jetzt auf ihre Fährte gebracht.) Gestern war ich gleich bei ihr und ich brachte das Bild sofort in ein Foto-Atelier. In 14 Tagen soll ich den vergrößerten Ausschnitt bekommen.
Frau Wagner hat diese Lehrerin tief verehrt und geliebt trotz ihrer gewissen Strenge. Sie war unbedingt gerecht und besaß ein einfühlendes Verständnis für ihre Mädchen. Bei den freiwilligen Sonntagswanderungen war sie immer in fröhlicher Stimmung. Von kommunistischen Ideen hatten sie nie etwas gehört."
Getreulich berichtete Regine Höllerer dem „liebwerten" Professor, was sie an „mündlichen Überlieferungen" in Regensburg erfuhr. Im Gegenzug machte Schröder sie mit Horváths Dramenfragment über den „Fall E." bekannt und informierte sie über den Stand seiner Bemühungen um die Personalakte. Höllerer stellte auch den Kontakt zu dem Regensburger Schriftsteller Josef Wolfgang Steinbeißer her. Ende der 60er Jahre hatte sie eine Veranstaltung von Regensburger Autoren besucht, bei der Steinbeißers Drama der „Lehrerin Elly" in verteilten Rollen gelesen worden war. Schröders Nachfrage bei Steinbeißer nach einer Abschrift seines Dramas, beantwortete der 85-Jährige wenige Monate vor seinem Tod. Nein, eine Abschrift seines Manuskripts gebe es nicht mehr. In seinem Besitz sei nur noch ein beschädigtes eigenes Exemplar. Alles sei aufgekauft und vernichtet. Wörtlich: „Die zuständigen Behörden der damaligen Zeit hatten viel Grund den Mord an der Lehrerin Elly Maldaque aus den Händen der Zeitgenossen zu entfernen."
Zu einer persönlichen Begegnung zwischen Schröder und Steinbeißer kam es nicht mehr; Steinbeißer starb 1980.

Im September 1982 erschien der umfangreiche Materialband über „Horváths Lehrerin von Regensburg". Autor Jürgen Schröder dankte seiner Mitstreiterin Regine Höllerer für die intensive Mitarbeit an seinem Buch: „Ohne Ihre Hilfe hätte es die Gestalt, in der es jetzt vorliegt, jedenfalls nicht erreicht. Lassen Sie mich noch einmal herzlich dafür danken."
Schröder spielte unter anderem auf die drei im Buch veröffentlichten Fotos an, die Regine Höllerer ihm verschafft hatte. Zu seinem großen Bedauern war das „schöne Foto" von Elly Maldaque nicht dabei, das der Fotograf Dallago erstellt hatte.
Der aus einer Meraner Industriellenfamilie stammende Porträtfotograf Franz Dallago hatte sich nach dem Ersten Weltkrieg in Regensburg niedergelassen. Im ersten Obergeschoss am Neupfarrplatz 14 richtete er sein Atelier ein. Wer auf sich hielt, ließ sich von Dallago porträtieren. Seine spezielle Art der Porträtfotografie hatte ihn überregional bekannt gemacht. Für seine kontrastreichen Nahporträts bezahlte das Publikum anstandslos höhere Preise. Zum Modefotografen Dallago zog es auch die junge Lehrerin Elly Maldaque. Das „schöne Foto" entstand wahrscheinlich im Sommer 1926 (vgl. Titelseite). Denn im April 1927 schrieb Elly Maldaque eine Widmung in das Poesiealbum ihrer Schülerin Charlotte Wunner, von der sie schwärmerisch verehrt wurde. Auf der linken Albumseite prangt das Foto und rechts verewigte sich Maldaque mit einem Vers aus Goethes „Hermann und Dorothea":
*„Aller Zustand ist gut, der natürlich ist und vernünftig.*
*Vieles wünscht sich der Mensch und doch bedarf es nur wenig.*
*Zur freundlichen Erinnerung an die 8. Klasse. April 1927 Elly Maldaque."*[190]
Das Bild zeigt eine elegante junge Frau in einem schmalen, langen Rock. Freundlich reserviert blickt sie unter einem breitkrempigen Hut in die Kamera. Sie steht seitlich, zum Weitergehen bereit, auf einem von mächtigen Laubbäumen gesäumten Parkweg. Es ist ein inszenierter Moment, so als ob sie sich auf Zuruf umgedreht und verharrt hätte.
„Das Porträt hing wochenlang im Atelier des Fotografen, wo ich es gesehen habe", erinnerte sich Regine Höllerer bei ihren Nachforschungen an das „schöne Bild". Doch ihre Spurensuche blieb zum damaligen Zeitpunkt vergebens.
An einem „schönen" Porträt von Elly Maldaque waren schon bald nach der Veröffentlichung des Buches die Theater in Bonn, Wien und das Deutsche Schauspielhaus in Hamburg interessiert. Sie wollten Ödön von

---
190 Privatarchiv Martina Wunner.

Horváths Dokumentarstück über den authentischen Fall auf die Bühne bringen. Natürlich machte da in der Vorankündigung das Bild einer attraktiven jungen „Heldin" entschieden mehr her, als die düstere Ausschnittvergrößerung aus einem Klassenfoto.

Beim Wettlauf um die Uraufführung des Horváth-Dramas hatte schließlich das Theater in Bonn im November 1983 „die Nase vorn". Darüber berichtete dann auch die Regensburger Heimatzeitung in einer Rezension. Die Chance, am authentischen Ort das Geschehen von einst kritisch zu reflektieren, wurde nicht genutzt.

Die Veröffentlichung von „Horváths Lehrerin von Regensburg" wurde im bundesdeutschen Literaturbetrieb wohlwollend aufgenommen. Was die Leitmedien vorgaben, entfaltete auch in Regensburg eine positive Wirkung. In ausführlichen Besprechungen wurde Schröder bescheinigt, dass er den wohl sicheren Beweis erbrachte habe, dass Horváth sein Stück am authentischen Fall konzipierte. Aber damit hatte es sich auch. Schröders Hoffnungen auf neue Denkanstöße in Regensburg erfüllen sich nicht. Die Lehrerin Elly Maldaque blieb eine literarische „Titelfigur". Die Möglichkeiten, die sich durch die veröffentlichten Dokumente bot, das Leben Maldaques neu zu bewerten, wurden nicht aufgegriffen.

Ganz konzentriert auf die literarische Dramenfigur schrieb die Heimatzeitung: „Elly Maldaque war als Mensch das vorprogrammierte Opfer seelenloser Bürokratie-Apparate, die in der Realität nicht selten Franz Kafkas literarische Alpträume übertreffen."

1988 entschlossen sich die Städtischen Bühnen Regensburg im Rahmen eines Theaterfrühschoppens das Fragment Horváths in szenischer Lesung vorzustellen. „Ein Stück unbewältigter Vergangenheit", hieß es treffend im Titel zur Besprechung: „Es ist der Literatur zu verdanken, dass die Regensburger Lehrerin nicht in Vergessenheit geraten ist wie viele Schicksalsgenossinnen und -genossen ihrer Zeit. Ödön von Horváths Dramen-Fragment „Die Lehrerin von Regensburg" hat die Erinnerung an Elly Maldaque bewahrt – als Zeugnis und Mahnung, aus der wir nichts gelernt haben."

## Eine bequeme Legendenbildung

Wie hartnäckig sich mündliche Überlieferungen über Generationen hinweg festsetzen, auch wenn diese nachweislich falsch sind, erfuhr im Frühjahr 1992 die mittlerweile 88 Jahre alte Zeitzeugin Regine Höllerer.

Mit freudigem Erstaunen hatte die nach einer Augenoperation fast Erblindete aus der wöchentlichen Hörkassette der Heimatzeitung erfahren, dass die amtierende Oberbürgermeisterin Christa Meier einen Platz oder eine Straße Elly Maldaque widmen möchte. Was die ehemalige Kollegin Maldaques jedoch erzürnte, war die Zuordnung der SPD-Oberbürgermeisterin, die von „Elly Maldaque als dem ersten Opfer des Nationalsozialismus in Regensburg" sprach.

Irritiert über so viel Geschichtsvergessenheit und Legendenbildung protestierte Regine Höllerer in einem Brief an Meier, „dass das Schicksal der Elly Maldaque unter diesem Gesichtspunkt nicht gesehen werden kann." Regine Höllerer erklärte sich zu einer persönlichen Aussprache bereit. Mit ihrem Protest wusste sie sich mit Jürgen Schröder einig, „dass es bequemer ist, sich bei den Nationalsozialisten die Begründung für das Schicksal von Elly Maldaque zu holen. Aber so einfach ist es ja nicht. Die Bayerische Volkspartei trägt ja ein gerüttelt Maß an Verantwortung, um nicht zu sagen, an Schuld."

Selbstverständlich lud Oberbürgermeisterin Meier die Weggefährtin Elly Maldaques in ihr Amtszimmer ins Rathaus ein. Bei dieser freundlichen Begegnung tauschten die beiden Frauen ihre Ansichten aus: Im Ergebnis ging es Meier um das legitime Anliegen, dass „auch Frauennamen in Regensburgs Straßen vertreten sind". Dagegen hatte Regine Höllerer natürlich nichts einzuwenden, denn ein ehrendes Gedenken an ihre ehemalige Kollegin lag ihr am Herzen.

In mehreren Anläufen versuchten Oberbürgermeisterin Christa Meier sowie engagierte Kommunalpolitikerinnen der Grünen und der FDP Anfang bis Mitte der 90er Jahre eine öffentliche Ehrung für Elly Maldaque in Regensburg durchzusetzen. Sämtliche Initiativen scheiterten. Ein Schlaglicht auf das halbherzige Unterfangen wirft die Diskussion im Schulausschuss, als Ingeborg Hubert so rat- wie hilflos fragte: „Warum fällt diese Frau immer wieder durch das Raster?" Ein Jahr zuvor hatten die Grünen in einem ersten Anlauf für eine „Elly-Maldaque-Straße" plädiert und waren abgebügelt worden. Jetzt ging es im Schulausschuss um den Antrag der FDP/FW-Fraktion auf Umbenennung der Von-der-Tann-Schule in Elly-Maldaque-Schule. Die Abstimmung fiel 8:3 für den General Ludwig von und zu Tann-Ratsamhausen aus.

Den Antrag zugunsten Maldaques hatten lediglich Elke Wollenschläger als FDP-Antragstellerin sowie Oberbürgermeisterin Christa Meier und Heiner Becher von der Bürgerfraktion unterstützt. Auch der Sozialdemokrat Norbert Hauner (SPD) fand, dass der Name des Generals für eine

Grundschule passt: „Die Von-der-Tann-Schule in der Von-der-Tann-Straße ist ein festgefügtes Konglomerat, das man nicht so ohne weiteres ändern sollte." Diese Argumentation machte sich die CSU zu Eigen und Klaus Schulz würdigte, wie siegreich der Kommandant des 1. Bayerischen Armeekorps im Krieg 1870/71 gegen den damaligen Erbfeind Frankreich zu Felde gezogen war. Ein solches Konglomerat solle bestehen bleiben. Dass die CSU jede Form des öffentlichen Gedenkens an Elly Maldaque ablehnt, zeigte sich beim Vorschlag von Elke Wollenschläger (FDP), wenigstens mit einer Gedenktafel an der Von-der- Tann-Schule an die Lehrerin zu erinnern. Gegen das Votum der CSU wurde der Vorschlag angenommen. Drei Jahre darauf, 1995, wurde eine Tafel zur Erinnerung an die Lehrerin, die zehn Jahre in diesem Haus gewirkt hatte, an der Von-der-Tann-Schule angebracht.

### Bürgermeister Herrmann bietet Kontinuität

Noch einmal beschäftigten sich auf Antrag der Grünen Regensburgs Kommunalpolitiker mit der „Vorlage Maldaque": 1994, die Sanierungsarbeiten an der Hans-Herrmann-Schule im Stadtnorden waren abgeschlossen, hielten die Grünen den Zeitpunkt für die überfällige Umbenennung für gekommen. Statt Hans Herrmann solle die Schule künftig den Namen Elly Maldaque tragen. Der neue Name biete ein besseres „Identifikationsmodell". Der Antrag wurde abgelehnt; mit ihrem Begehren standen die Grünen allein. Das wiederum ist nicht verwunderlich, denn Hans Herrmann verbürgte die Kontinuität des bayerischen Obrigkeitsstaates. Wer war Regensburgs CSU-Oberbürgermeister Hans Herrmann, der im August 1959 im Amt starb? In einem Beileidsschreiben trauerte der ehemalige Nazi-Oberbürgermeister Otto Schottenheim um „einen getreuen Freund": „In zwölf Jahren gemeinsamer und oft so schwieriger Arbeit war einer des anderen Stütze." Und schon kurz nach Herrmanns Tod wurde die gerade fertiggestellte Volksschule nach Hans Herrmann benannt.
Der 1889 in Regensburg geborene Hans Herrmann, studierte in München und Würzburg Jura und Volkswirtschaft. 1918 trat er der Bayerischen Volkspartei bei. Unmittelbar nach seiner Staatsprüfung arbeitete er als Stadtsyndikus bei der Regensburger Stadtverwaltung. Ende 1924 wählte der Stadtrat ihn zum Zweiten Bürgermeister.
Der Karriereknick blieb 1933 aus, weil der NSDAP-Oberbürgermeister Schottenheim Herrmanns immensen Fleiß und seine enorme Detailkennt-

nis schätzte. 1935, als die NSDAP sich nach zwei Jahren Aufnahmesperre wieder öffnete, wurde er Parteimitglied. Ab 1936 gehörte er als Fördermitglied der SS an. Hans Herrmann übernahm freiwillig noch andere Funktionen in der NSDAP. 1946 wurde er in erster Instanz von der Entnazifizierungsspruchkammer als „Belasteter" eingestuft und zu einem halben Jahr Arbeitslager verurteilt. Die Berufungskammer stufte ihn 1947 als Mitläufer um. Noch 1945 beteiligte sich der „Mitläufer" Herrmann an der Gründung der CSU in Regensburg, übernahm den Vorsitz des CSU-Bezirksverbandes Oberpfalz und fungierte als CSU-Fraktionsvorsitzender im Stadtrat. Von 1952 bis zu seinem Tod amtierte er als Oberbürgermeister und gehörte gleichzeitig von 1954 bis 1958 dem Bayerischen Landtag an. Für seinen Freund Schottenheim setzte er die gestrichene Pension durch und half mit „Persilscheinen", wann immer es nötig war. 1959 ehrte ihn die Stadt mit der Ehrenbürgerschaft.

Die Gefolgschaftstreue der CSU zu Hans Herrmann hielt über den Tod hinaus. Eisern hielt 1994 die große Mehrheit der Stadträte an ihrem Standpunkt fest: Die Forderung der Grünen nach Umbenennung sei „beschämend", Hans Herrmann habe sich „um das Wohl der damaligen Stadt verdient gemacht." Das honorierte die Mehrheit der Regensburger Stadträte in Dankbarkeit und widmete Hans Herrmann gleich zwei Schulen: die Hans-Herrmann-Grundschule und die Hans-Herrmann-Hauptschule im Stadtnorden, dazu noch den Hans-Herrmann-Park.

## Gedenken zum 100. Geburtstag

1993, im Jahr des 100. Geburtstags von Elly Maldaque, erinnerte sich Regensburg:
Die Heimatzeitung widmete der „Kommunistin des Herzens" eine komplette Seite. Das Studententheater Regensburg führte in Zusammenarbeit mit dem Arbeitskreis „Frauengeschichte in Regensburg" eine szenische Lesung im Leeren Beutel auf; der Bayerische Rundfunk erinnerte in seiner Sendung „Ostbayern heute" an Leben und Sterben von Elly Maldaque und Franz Hummels Kammeroper „An der schönen blauen Donau" wurde in Klagenfurt uraufgeführt.
Aber, wer erinnerte sich eigentlich? Es waren diejenigen, die Elly Maldaque wiederentdeckt hatten, als sie selbst von Gesinnungsschnüffelei und Berufsverbot betroffen waren. Es waren jene, die schon immer den Blick über den Tellerrand richteten und die das Bemühen einte,

Regensburgs Geschichte und ihre Darstellung nicht mit dem Mittelalter enden zu lassen.

Kurz, es waren diejenigen, jenseits von CSU und Heimatpflege, die alljährlich an den Leidensweg der KZ-Gefangenen des Collosseums erinnern und beharrlich fragen, warum die Stadt die Aufarbeitung von Faschismus und Krieg verweigere?

Das Gedenken zum 100. Geburtstag an Elly Maldaque war vielstimmig und wurde wie auch die Rezeptionsgeschichte, von Schriftstellern und Dramatikern geprägt. Es ist bedauerlich, dass auch zum 100. Geburtstag die politisch-ideologische Seite des „Falles Maldaque" konsequent ausgeblendet blieb. In einer Stellungnahme rechtfertigte 1930 Kultusminister Goldenberger die willkürliche Entlassung der Lehrerin Maldaque als „Opfer ihres eigenen pflichtwidrigen Verhaltens und im weiteren Sinne ein Opfer des Kommunismus und seiner Agitation." Mit dieser Behauptung wurde die verbindliche Lesart festgelegt, die bis heute wirkt.

Es ist bedauerlich, dass die Sozialdemokraten im Stadtrat bei der Diskussion im Schulausschuss um die Namensgebung der Von-der-Tann-Schule oder die Widmung einer Straße im Neubaugebiet nach Elly Maldaque klein beigaben. Und schade ist es auch, dass SPD-Oberbürgermeisterin Christa Meier, selbst eine Lehrerin, mit ihrem Anliegen, Elly Maldaque mit der Namensgebung öffentlich zu würdigen, keinen Rückhalt in ihrer Fraktion fand.

Die Auswirkungen dieser Versäumnisse sind für die politische Erinnerungskultur Regensburgs im „Fall Maldaque" fatal. Das ungebrochene Festhalten an der Legende vom ersten Naziopfer Maldaque entlastet die damals regierende Bayerische Volkspartei. Wie die BVP gleichwohl den Nazis programmtisch nahestand und zum Wegbereiter für die Machtübergabe wurde, ist in Regensburg nie aufgearbeitet worden. Obwohl die Stadt Hochburg und Gründungszentrum der Bayerischen Volkspartei war, ist dieses Kapitel der Stadtgeschichte in der Erinnerungskultur unbekanntes Terrain.

## „Hier gehört eine Tafel ans Haus"

Was zum Glücksfall für die Erinnerungskultur einer Stadt werden kann, wenn sich bürgerschaftliches Engagement und politisches Anliegen verbinden, zeigte sich 1996 vor der Orleansstraße 4. In diesem repräsentativen Bürgerhaus mietete Elly Maldaque im Mai 1929 im Erdgeschoss ihre erste und letzte eigene Wohnung. Vor diesem Haus stellten sich an einem kalten Februarnachmittag über hundert Menschen im Halbkreis auf. Sie waren gekommen, um gemeinsam das Anbringen einer Gedenktafel zu feiern und Maldaques zu gedenken.

In Eigenregie und mit Spenden hatten die privaten Eigentümer des Hauses das verwirklicht, was ihre gewählten Repräsentanten nie wollten: ein ehrendes wie sichtbares Zeichen des Gedenkens an die Regensburger Lehrerin. Eine Bronzetafel mit erhabenen Lettern zeigt die Inschrift: „Hier lebte 1929/30 Elly Maldaque, *1893 †1930".

Es ist kein Zufall, dass die Initiative zu dieser Ehrung von denselben Frauen ausging, die bereits 1977 aus der Betroffenheit über die Berufsverbote das Dramenfragment und Elly Maldaque entdeckt hatten. Ein Zufall war es jedoch, dass Luise Gutmann, Germanistin mit Staatsexamen für das Lehramt, eine Wohnung im Haus in der Orleansstraße 4 erworben hatte und 1983 eingezogen war. Aus der Lehramtsbewerberin von einst, die sich zwanzig Jahre zuvor der Gesinnungsprüfung in der Anhörung unterziehen musste, war trotz Referendariats und 2. Staatsexamens keine Lehrerin auf Dauer geworden. Nach befristeten Anstellungen im Schuldienst im Wechsel mit Arbeitslosigkeit hatte sie sich zur Köchin ausbilden lassen. Ihren Entschluss, in Regensburg zu bleiben und sich zu verwurzeln, dokumentiert der Erwerb der Wohnung im zweiten Stock der Orleansstr. 4. Eins kam nun zum anderen: Ulla Böhm, einst Verwalterin und Hausbewohnerin gab den Anstoß: „Eigentlich gehört eine Tafel ans Haus, denn hier wohnte 1929 auch Elly Maldaque." Das gerade erschienene Buch über die „Lehrerin von Regensburg" gab Aufschluss und Mitte der 1990er Jahre war sich die Hausversammlung der acht Eigentümer einig: Eine Gedenktafel soll ans Haus.

Der gerade eingezogene Kunsterzieher Thomas Thalhammer fertigte einen Entwurf an und ließ die Bronzetafel gießen. Vor dieser stand nun Luise Gutmann am späten Nachmittag des 29. Februar und hieß an erster Stelle Heinrich Black und Marie Schneider, zwei ehemalige Schüler Elly Maldaques, herzlich willkommen. Nie hatte der nun hochbetagte Heinrich Black seine Lehrerin aus frühen Kindheitstagen vergessen können. Vergeblich hatte sich sein Vater 1930 „um der Kinder willen", für den Verbleib der Lehrerin an der Von-der-Tann-Schule bei der Regierung der Oberpfalz eingesetzt. Als Ehrenpflicht betrachtete es sein Sohn, 66 Jahre nach dem Tod seiner Lehrerin, für die Anfertigung der Bronzetafel Tafel einen Beitrag zu leisten.

Gedenktafel an der Von-der-Tann-Schule

... und am Haus Nr. 4 in der Orleansstraße

Dass die Anbringung der Tafel zwar aus privatem Engagement entstanden, letztlich aber keine „Privatangelegenheit" war, sagte Luise Gutmann und wusste sich damit im Einklang mit denjenigen, die gekommen waren. Dazu gehörte auch Wilhelm Kick. Der promovierte Ingenieur war der erste Chronist, der über Widerstand und Verfolgung in Regensburg geforscht hatte. 1985 war sein Buch „Sag es unseren Kindern" erschienen. Ausführlich hatte der Nicht-Fachhistoriker Kick über das Unrecht an der „kommunistischen" Lehrerin Elly Maldaque informiert. Seine Aufzeichnungen, gestützt auf die Aussagen vieler Zeitzeugen, fanden keine Aufnahme in die Schriftenreihe zur Stadtgeschichte Regensburgs. „Man fand sie mit zu viel Emotionen geschrieben", schreibt Kick lakonisch in seinem Vorwort zur Absicht des Buches. Für Adalbert Rückerl, zum damaligen Zeitpunkt Leiter der „Zentralen Stelle der Landesjustizverwaltungen zur Aufklärung von nationalsozialistischen Verbrechen" in Ludwigsburg, liegt in der emotionalen Darstellungsform gerade der Wert des Buches, „das ein höheres Maß an Effektivität verspricht als manches bedeutende geschichtswissenschaftliche Werk."[191]
Als noch amtierende Oberbürgermeisterin war Christa Meier gekommen, die nun endlich sagen konnte, was sie an Elly Maldaque schätzte. Denn vergebens hatte sie sich für das öffentliche Gedenken durch die Namensgebung einer Schule oder Straße in Regensburg eingesetzt. Das sagte sie auch dem Bayerischen Hörfunk, der über die Initiative berichtete.
Die Kosten für das Gießen der Bronzetafel von tausend DM kamen durch Spenden locker zusammen. Was übrig blieb, ging als Spende an die Mädchensozialarbeit.

## Ein „Stoff" geht zu Herzen

Ein Gedenken an Elly Maldaque hat es in Regensburg seit ihrem Tod vor über 80 Jahren immer wieder gegeben. So wie der Dramatiker Ödön von Horváth, der sich als erster mit einer künstlerischen Darstellung ihres Schicksals beschäftigte und von dem historischen Material überwältigt wurde, gab es auch in der Region immer wieder Versuche von Literaten oder künstlerisch Ambitionierten wie etwa Josef Wolfgang Steinbeißer, Regensburger Schriftsteller oder Franz Hummel, dessen Kammeroper

---

191 Rückerl, Adalbert: Geleitwort. In: Kick 1985, S. 1.

„An der schönen blauen Donau" in Regensburg 1999 ihre Premiere erlebte: am passenden Ort, im Festsaal des Bezirksklinikums Karthaus-Prüll! Die Gymnasiallehrerin Evelin Rebentrost schrieb eine Bühnenfassung „Der Fall Elly Maldaque – Eine Zerstörung" für die Theatergruppe des Neutraublinger Gymnasiums. Bei den Theatertagen der bayerischen Gymnasien 1995 in Neu-Ulm brachte sie ihr Stück auf die Bühne. Diese Neutraublinger Eigenproduktion fand durchaus Anklang und die jungen Schauspieler des Gymnasiums ernteten positive Kritiken.

Eine ebenso originelle wie aktuelle Bearbeitung des Themas Elly Maldaque präsentierte 2008 der Regensburger Autor und Theatermacher Kurt Raster. Er schrieb das Jugendstück „Elly und Ingo" und brachte das Zweipersonenstück auf die Bühne. Mit teilweise authentischen Tagebuchtexten tritt seine Elly dem Neonazi Ingo entgegen: „Gebt den Menschen ihre Rechte, und sie werden alle gut sein." Das in der Sprache der Jugendlichen geschriebene und aufgeführte Drama begeisterte das junge Publikum in über hundert Aufführungen. Lehrer in ganz Bayern buchten das einstündige Stück, das im Rahmen des Bundesprogramms gegen Rechtsextremismus gefördert wurde.

Wie die aktuelle Auseinandersetzung des Autors Kurt Raster mit dem Gedenken an Elly Maldaque bis heute polarisiert, dokumentierte die Regensburger Uni. Raster startete 2007 eine Initiative zur Umbenennung des „Studententheaters" an der Uni in Elly-Maldaque-Theater. Es kam, wie es kommen musste: Raster lief auf. Das Studentenwerk wie auch der Kanzler der Uni lehnten eine Umbenennung ab. Bis 2010 unterschrieben mehr als tausend Befürworter der Namensgebung, Erstunterzeichner waren neben Repräsentanten der Stadtgesellschaft Kommunalpolitiker aller Parteien – außer der CSU, die den Oberbürgermeister stellt.

# Dokumentation

# Texte Elly Maldaques

Es sind vier verschiedene Textformen von Elly Maldaque überliefert: das Tagebuch, Briefe an die Freundin Irene Neubauer, ihre Stellungnahme zur Entlassung aus dem Schuldienst und schließlich Briefe an die vorgesetzten Dienstbehörden. Im Folgenden dokumentieren wir das Tagebuch erstmals vollständig, weiterhin die Briefe an Irene Neubauer sowie Maldaques Artikel zur Entlassung. Einige ihrer Briefe an die Behörden sind im Kapitel „Die Lehrerin Elly Maldaque" dokumentiert.

## Das Tagebuch

Elly Maldaque hat ihr Tagebuch im Zusammenhang mit ihrer Entlassung 1930 als Entlastungsmaterial eingereicht. Es wurde damit Teil ihrer Personalakte, die heute zum Bestand des Staatsarchivs Amberg gehört.
Elly Maldaque schrieb ihr Tagebuch in eine Kladde mit festem, schwarzem Umschlag, eingebunden in rosa und grau gestreiftes Papier. Die Seiten des Heftes haben je 18 Zeilen, 53 Blatt sind doppelseitig, ohne Rand und in einer individuell abgewandelten Deutschen Schrift beschrieben. Der erste Eintrag erfolgte am 27. März 1927, der letzte am 14. Juli 1929. Das Datum ist jeweils dem Eintrag angefügt, steht also am Ende des Textes. Der erste Eintrag beginnt zwei Tage nach dem Tod der Mutter, die am 25. März 1927 gestorben war. Der letzte Eintrag erfolgte nach dem Umzug Maldaques in Regensburg aus der elterlichen Wohnung in der Weißenburgstraße in eine eigene Wohnung in der Orleansstraße.
Das über etwas mehr als zwei Jahre geführte Tagebuch gibt Auskunft über die Veränderung in Maldaques weltanschaulicher Orientierung, über ihre Ablösung von der Religion und der protestantischen Kirche und ihre Hinwendung zu einem materialistischen Denken. Einen weiteren Schwerpunkt der Tagebucheinträge bilden die teilweise extremen Schwankungen in der psychischen Verfassung Maldaques, deren Entstehung sie in ihrer Kindheit sieht. Das Tagebuch gibt auch Auskunft über Maldaques Lektüre in dieser Zeit, ihre Kontakte zu verschiedenen Personen, ihre Besuche von Veranstaltungen und ihre Reiseaktivitäten innerhalb und außerhalb Deutschlands.
Zwischen dem Eintrag vom 24. Februar 1928 und dem 5. Juni 1928 gibt es einen Einschub mit der Datierung „März – April 1928". Dabei handelt es sich um Zitate aus dem Romanzyklus „Verzauberte Seele" (französi-

scher Titel „L'Âme enchantée) des französischen Schriftstellers Romain Rolland (1866–1944). Der Zyklus ist in den Jahren von 1922 bis 1933 entstanden und von dem österreichischen Schriftsteller und Übersetzer Paul Amann (1884–1958) ins Deutsche übersetzt worden. Die Bände 1 bis 3 erschienen in den Jahren 1923 bis 1927 im Kurt Wolff Verlag in München, die Bände 4 bis 6 in den Jahren 1935 und 1936 in der Schweiz, im Humanitas Verlag in Zürich. Im Glossar wird auf Romain Rolland und den Inhalt seines Romanzyklus näher eingegangen.

Die Zitate in Elly Maldaques Tagebuch stammen aus Band 2 „Sommer" (1924) und Band 3 „Mutter und Sohn" (1927). Die beiden Bände behandeln die Zeit um 1900 bis zum Ende des Ersten Weltkriegs. Maldaques Auszüge sind teilweise in der ihr eigenen Deutschen Schrift, teilweise in Gabelsberger Kurzschrift geschrieben.

Die Hauptfigur des mehrteiligen Romans ist Annette, eine Frau, die als ledige Mutter in der Pariser Gesellschaft um ihre Emanzipation kämpft: politisch und religiös. In Annette sieht Elly Maldaque wohl eine geistesverwandte Person.

Insgesamt handelt es sich, die Auszüge aus dem Romanzyklus Romain Rollands mitgezählt, um 14 Tagebucheinträge, wobei der Schwerpunkt im Jahr 1928 liegt:

[1]  27. März 1927
[2]  20. Mai 1927
[3]  13. September 1927

[4]  12. Februar 1928
[5]  22. Februar 1928
[6]  24. Februar 1928
[7]  März-April 1928: aus Romain Rollands „Verzauberte Seele"

[8]  05. Juni 1928
[9]  09. Oktober 1928
[10] 12. November 1928
[11] 16. November 1928

[12] 06. Januar 1929
[13] 05. März 1929
[14] 14. Juli 1929

In Jürgen Schröders Buch „Horváths Lehrerin von Regensburg" sind 10 Tagebucheinträge dokumentiert, diese allerdings nur in unterschiedlich langen Auszügen; Maldaques Auszug aus Romain Rollands Roman fehlt. (Die Abschrift der Tagebuchtexte erfolgte in der neuen Rechtschreibung; Abkürzungen und Ergänzungen sind ausgeschrieben. Dies wird durch eckige Klammern […] kenntlich gemacht, dabei ist die Abkürzung „u." immer ohne eckige Klammer ausgeschrieben. Das Datum des jeweiligen Tagebucheintrags steht, abweichend vom Original, über dem Text.)

## [1]
### 27. März 1927

Meine Mutter ist tot.[1] Der Ort ist leer, wo sie lange Wochen hindurch gelitten hat. Sie ist fort, unbarmherzig fort – sie kommet nie – nie mehr, so sehr wir auch alle Winkel prüfen – alles ist öde, verwaist. Mein liebstes bestes Mutterle, nun hast du mich doch verlassen – warum bist du so früh gegangen – schon immer war dir der Tod ein Freund und du lebtest doch nur immer noch um meinetwillen – nun bist du doch nach 11 J[ahren] schon deinem so bitter betrauerten Buben nachgefolgt.[2] Wenn ich dein Kinderbildnis ansehe mit der zähen Stirne, ob du da schon gewusst hast, dass du 56 J[ahre] auf dieser Erde pilgerst und Leid und Enttäuschung in so reichem Maße erdulden musst. Liebstes Mutterle, du bist nicht mehr – nie mehr kann ich deinen stillen Geist spüren – dein treues Walten – deine selbstlose Seele – nie mehr deinen klugen, immer richtigen Rat hören – es kann doch nicht sein, dass du mich verlassen hast. – Deine Stätte ist leer – ich kann dich nicht mehr pflegen und ich hätte es so gerne getan, wenn die Ferien gekommen wären – nun hat dich dein Leiden zu früh dahingerafft, nun kann ich dir nichts mehr bringen, dich nicht mehr fragen, wie es dir geht – nicht mehr deine Leidensgestalt sehen, die sich immer so qualvoll aufgerichtet [hat], um Linderung zu suchen. Nur 5 Min[uten] sollte ich's spüren, wie dir war – ach, wie schwer hast du geatmet, welche Mühe hat dich jede Handbewegung gekostet – und wie geduldig und anspruchslos warst du trotz alledem. Vorgestern noch hab ich mit dir gesprochen – ist's nicht eine Ewigkeit seitdem – ist's nicht, als ob du schon lange tot wärst? Da warst du noch lebendig – da waren deine Glieder noch nicht so entsetzlich starr, wie in diesen furchtbaren Stunden. – Aber ich konnte nicht mehr Abschied von dir nehmen – hätte ich nur geahnt, dass dies unser letztes Gespräch war, als ich am Donnerstagabend zu dir kam mit eignen Interessen. Es ergreift mich bittrer Schmerz, wenn ich denke, dass ich dein Leiden viele Wochen lang nicht so ernst genommen habe – zu denken, dass das der Anfang war vom Sterben – und deine letzten Atemzüge habe ich nicht mehr gehört – ganz mutterseelenallein bist du von uns gegangen.

---

1 Die Mutter Elly Maldaques starb am 25. März 1927.
2 Wilhelm Maldaque, der Bruder Elly Maldaques, fiel im Ersten Weltkrieg 1916, 21 Jahre alt, in Flandern.

Ich möchte mir's geloben – in deinem Geiste zu wirken – mein bestes Mütterlein, dann könnte ich wohl alles wieder gut machen. Hättest du mich doch länger in deine Leidensschule genommen – mein Liebstes – es wär mir so gesund gewesen – und ich wollte doch alles für dich tun – du hast es sofort erfühlt, dass es anders geworden war – ach könnte ich dich noch einmal in meinen Arm nehmen – mein Mutterle.

## [2]
## 20. Mai 1927

Heute werden es schon 8 Wochen, dass mein liebstes Mütterlein von uns gegangen. Die Zeit schreitet unentwegt dahin – über Freud und Leid, über all die großen Erschütterungen, die nur wenige Male ins Leben packen, wie über die tausenderlei Alltäglichkeiten, die das Dasein zusammensetzen – hinweg. So werden auch Jahre vorübergehen und ich werde nur noch wissen, dass ich eine gute Mutter gehabt habe. Dass sie nicht mehr um mein Leben wissen und fragen kann – ist unfasslich, dass sie nicht mehr erleben darf, wenn's mir noch einmal gut gehen sollte – ist bittrer Schmerz. Ich mache mir jetzt große Vorwürfe, dass ich ihr nicht mehr gedient, dass ich meinen Egoismus trotz allen Mitversorgens und Miterlebens so üppig ins Kraut schießen ließ. Diese[s] ewige, unselige nicht Mitsichselbstfertigwerden. Ach und wenn ich glaubte – es zu werden, dann schossen die Gedanken doch wieder in der Richtung der ureigensten Lebensbildung, dann will man sich geistig und persönlich bilden und so vieles nachholen – aber nichts tun im reineren Dienst an angehörenden Menschen, von denen man keine wesentliche Förderung erwartet und von denen man gewöhnt ist, dass sie für einen da sind. Verzicht auf eigenes, Opfer um eines anderen willen, der nicht im Brennpunkt des eigenen Lebens steht, das ist es, was ich nie gelernt und was man auch nie von mir gefordert. So war ich den grausamsten Entäußerungen dem andern gegenüber fähig. Der Verlust meiner teuren Mutter hat mir einige Selbstbesinnung gebracht. Ich wünschte, sie möchte elementarer sein.

Doch bin ich jetzt gezwungen, mich mehr um Häusliches zu kümmern und zu sorgen. Körperl[iche] Arbeit ist mir Erholung und Gesundung. Mit fanatischem Eifer stürzte ich mich in die Näherei in den Osterferien. In welcher Welt lebe ich denn noch immer? Ich kenne es nicht, was dem natürlichen Menschen selbstverständlich ist – sinnenfällige Daseinsform und Lebensgestaltung. Ich bin noch immer ein Fremdling unter meinen Kindern und im t[äglichen] Leben. Aber es wird besser – ich weiß es. Langsam und stetig werden die daseinsunberechtigten Zellen der alten Struktur durch neue, lebenskräftige ersetzt. Die Zeit macht keine Sprünge. Die furchtbare Last muss sich allmählich von der Seele lösen – und wenn inzwischen auch der Tod herankommt. Im ersten und zweiten Seminar damals – mit 18 – 19 J[ahren][3] – da war das erste furchtbare Krümmen der geknechteten Seele. All die Jahre vorher – das waren nur Schatten, die ins

Unterbewusstsein schlugen und die wehtaten, mit denen man aber als mit etwas Gegebenem rechnete.

Und so habe ich Hoffnung, dass es besser wird, wenn man auch das Leben darüber versäumt.

Vielleicht wird eine äußere Änderung jetzt zur Wirklichkeit, wenn auch noch alles in der Schwebe ist und ich m[einen] Vater aufgehoben wissen muss. Unsere neue Stütze aus Marienwerder[4] wird schwerlich diesen Opferdienst auf Lebensdauer übernehmen. Sie scheint Ähnlichkeiten mit mir zu haben in ihrem religiös-sittl[ichen] Egoismus.

Doch frage ich mich sehr, ob ich körperlich äußeren Veränderungen und Belastungen noch gewachsen bin. Meine Nächte sind wieder sehr unzuverlässig. Sitze schon seit ½ 5 [Uhr] am Schreibtisch wieder, nachdem ich seit 1 [Uhr] vergebens um den Schlaf kämpfe. Jetzt drängt sich die Sonne über die Wolken herauf, um von neuem die aufgetane Natur zu segnen. Vergangene Woche war mir all das Werden draußen auch einmal v[on] Herzen aufgetan – und damals in der gewaltigen Neunten.[5] Es ist doch wieder Grund zum danken.

Die Osterferien brachten mich diesmal zu den Gefilden meiner ersten Kindheit und Jugend. Doch ließ ich alles nur an mir vorübergleiten wie eine Silhouette.

Über Luise[6] kam ich diesmal zu starker Klärung. Ich wich oft mit Entsetzen zurück vor diesen Übertriebenheiten und Künsteleien und verschloss mich in mir selbst. Es ist kein Verstehen mehr und dieses Empfinden ist sicherlich gegenseitig. In 14 T[agen] kommen die Pfingsttage. Vielleicht bin ich wie vergangenes J[a]hr wieder mit Irene[7] zusammen.

---

3  Elly Maldaque besuchte vom Sept. 1911 bis Juli 1913 das Lehrerinnen-Seminar der Städtischen höheren weiblichen Bildungsanstalt Erlangen. Im Sept. 1911 wurde sie 18 Jahre alt.
4  Marienwerder, im damaligen Regierungsbezirk Westpreußen der Provinz Ostpreußen gelegen.
5  Maldaque meint hier wohl die Neunte Sinfonie Ludwig van Beethovens.
6  Hierbei handelt es sich wohl um Luise Walter aus Regensburg, die denselben Seminarkurs in Erlangen besuchte wie Elly.
7  Maldaque lernte Irene Neubauer während ihrer Lehrerinnen-Ausbildung in Erlangen kennen. Sie nahmen beide an demselben Kurs teil.

[3]
13. September 1927

Nun bin ich auf Monate in Augsburg zum hauswirtschaftl[ichen] Kurs[8] und ich grolle dem Schicksal, dass es mir den ersehnten Aufenthalt in München, den ich um ein Kleines hätte haben können, tückisch vereitelt hat.[9] Ich habe das Empfinden, dass München mir in dem jetzigen Lebenszeitpunkt hätte alles geben können und unsägliche Trauer erfüllt mein Herz, dass ich dafür in Augsburg, dem geraden Gegensatz von dem, was mir nottut, sein muss. Klösterliche Menschen im Kurs, von Herzen gut, aber von Gemütsbezeugungen, die ans Kindisch-Weibische gehen, eine unmoderne, langweilige Stadt, plumpe, schwunglose, engherzige Menschen. Ich suche das Verlorne einigermaßen zu erhaschen, dass ich über jeden Sonntag fortfahre. Tagesausflug nach Harburg und Mönchsdeggingen und Reise nach Dinkelsbühl und Nördlingen schon gemacht. Ich lebe immer noch in Reisestimmung von den Ferien her. Das Plänemachen, Fahrten zusammenstellen, alle möglichen Reiseumstände ausfindig machen, ist jetzt mein Element. Es zieht mich hin zum Modernen, Großstädtischen, Lebensrealen und -heiteren und doch bin ich im Herzen so namenlos leer und unbefriedigt. Das Leben scheint mir sinnlos, wenn kein Inhalt es füllt. Wo diesen suchen? Ich habe in den Sommermonaten eine vollständige innere Umstellung erfahren. Irene mit ihren umstürzlerischen Ideen hat mir Ungeheures gegeben und ich habe alte Formen zerbrochen. Meinen Glauben, meinen persönlichen Gott, den ich trotz meiner freien, außerkirchlichen Anschauungen doch immer zutiefst und heimlichst in mir getragen, habe ich von mir gegeben. Und ich habe es bewusst und mit voller Überzeugung getan, weil ich alle Schäden gesehen und erkannt habe, die der anerzogene Glaube mir unwiederbringlich geschlagen und es an Tausenden immer noch tut. Meine schönsten Jugendjahre, die ich in jenem Wahnwitz verloren, standen unter diesem Zeichen, die ganzen späteren kostbaren Lebensjahre versäumte man mit diesem Hoffen und Trauen auf die führende göttliche Hand, statt dass man der Wirklichkeit in die Augen geschaut und nach seinem natürlichen

---

8   Maldaque besuchte vom 1. September 1927 bis zum 31. Januar 1928 einen hauswirtschaftlichen Kurs in Augsburg.
9   Maldaque hatte am 3.08.1927 in einem Schreiben die Regierung der Oberpfalz gebeten, durch einen Tausch mit einer Teilnehmerin in München ihr die Teilnahme an dem Kurs dort statt in Augsburg zu ermöglichen, STA.

Gefühl gehandelt hätte. Immer dieses Rechnen und Operieren mit angenommenen Dingen, immer diese feige Flucht vor den Wirklichkeiten, dieses Sichvertrösten auf Besseres, wofür doch keine Gewähr ist. Und all die falschen Moral- und Gesellschaftsbegriffe, alles Alte habe ich in mir gestürzt. Die Ehe ist mir nicht mehr das Erstrebenswerte, die Familie ist mir mehr die Stätte des Egoismus und vieler Lebenshemmungen als die Quelle der Erholung und des Fortschritts. Ich fühlte mich frei und erleichtert, als ich all den alten Ballast von mir geworfen und ein ungeheurer innerer Aufschwung war die Folge (habe ich je schönere Tage verlebt als die ersten Tage meiner Dalmatienreise?)[10] Aber nun weiß ich nicht, wohin fassen, wohin mich halten – es fehlt mir noch der Ersatz für das Alte und ich sehe die gefährliche Klippe, an der wohl Tausende straucheln, die diese Wandlung durchmachen. Der Mensch ist die höchste Souveränität, die es gibt, aber den Weg zu seinem Ziele finden, das ist das ungeheure Problem.

Gut werden – das ist und bleibt das Einzige und Letzte – aber das Gute zur Erkenntnis bringen und tun – das ist es. Und wären sich alle in dem einen Willen einig, es gäbe doch stets ein Fluten und Stürmen gegeneinander, weil Täuschung und Irrung nie aufhören werden. Der Weisheit letzter Schluss ist die Milde und die unversiegbare Liebe.

## [4]
## 12. Februar 1928

Die Augsburger Zeit ist zu Ende. Heute, wo ich wieder in vielfältigster Arbeit hier stehe, denke ich oft sehnsüchtig an diese sorgenlosen, verantwortungsbest[e]n Monate zurück. Ich habe wenig Arbeit geleistet, es war ein Tändeln und sich Gehen lassen. Der Aufenthalt bei den guten, anständigen Weenerfrauen[11] zusammen mit Lisl Weidmann trug ein mir bislang ungewohntes Gepräge. Es war auf den leichten, unproblematischen, behaglichen Unterhaltungston gestimmt – man konnte sich fraglos wohl fühlen, ließ sich von dem leichten Wellenschlag tragen und war froh, an die stärkeren Stürme nicht denken zu brauchen. Auf diesem Bo-

---

10 Maldaque machte Anfang August 1927 eine Urlaubsreise an die dalmatinische Küste, u. a. auch nach Herceg Novi im damaligen Königreich der Serben, Kroaten und Slowenen.

11 Es könnte sich um Baptistinnen handeln, die aus Weener, einer Gemeinde in Ostfriesland, zugezogen waren.

den entstand meine Verbindung zu Alfred. Nach 2monatl[icher] Nichtachtung und Gleichgültigkeit wusste er durch seine schlichte, rührende Menschlichkeit, durch sein Ahnenlassen verborgenen Schwungs mein Gefühl zu wecken, von dem ich mich nun wieder skrupel- und gedankenlos wiegen ließ in gemächlichem Wohl- und Befriedigtsein. Zudem hatte mein liebehungriges Herz einen Gegenstand, der für jedes liebe Zeichen, für jedes liebe Wort der Güte und des Schenkens außerordentlich empfänglich und dankbar war. In den schönen Weihnachtstagen wuchs mein Gefühl sogar so stark an, dass ich Gedanken an Ehe hegte und gerade in dieser Wahl all meine quälende Unrast zu einem ruhigen Verklingen kommen spürte. In den letzten Februarwochen hatten wir erregte Aussprachen, veranlasst durch das Aufeinanderplatzen unserer krassen Wesensgegensätze. A[lfred] entwächst einer krass klein- und spießbürgerl[ichen] Atmosphäre, und hat es trotz geheimer Sehnsucht nach Besserem doch nie über sich gebracht über diesen Kreis sich emporzuheben, gelangte vielmehr durch einige kleine Enttäuschungen am Leben und an den Menschen nur noch tiefer hinein und war bereits auf dem besten Wege, ein idealer Bierphilister zu werden. Probleme schienen ihm zu schwer und lästig zu sein, um die Auseinandersetzung mit ihnen ernstlich anzupacken, geschweige sie zu Ende zu führen. Seine Gaben, die nicht zu den geringsten zählen, lässt er brach liegen oder wirtschaftet ziel- und planlos damit herum. So ist er ein lieber, guter Goldbub, dem das Leben trotz seiner 39 J[ahre] noch nicht die Zeichen zähen Manneskampfes ins Gesicht geprägt hat.

Doch stelle ich nicht die überlieferte Frage: was wird werden? Alles Geschehen geht seinen Weg und ich machte unterdessen weiter mit dem Leben nach bestem Wissen und Vermögen. Doch sind diese beiden letzten Dinge bei mir so winzige Flämmlein, dass ich oft fürchte, sie könnten erlöschen. All mein Wissen und Können scheint oft wie zugeschraubt und mit den entsetzlichsten Anstrengungen vermag ich doch nicht das Geringste. Unter diesen Umständen lastet mir die Schule zentnerschwer auf Geist und Gemüt und wenn ich mir Dutzend Mal sage, es ist doch so einfach, so kann ich mir doch nicht helfen. Es ist, als ob ich die menschliche Ohnmacht in ihren tiefsten Abgründen durchkosten sollte. Dann erkenne ich wieder die Notwendigkeit dieser Marterschule, denn immer noch brüstet sich der Moloch Ich in unverschämter Frechheit.

Und es soll doch alles menschliche Streben zu Liebe für das andere werden.

Gestern hatte ich ein tiefgehendes Gespräch mit W. Wir kamen von Religion u. Weltanschauung auf absolute und relative Wahrheiten zu sprechen. Der Extrakt des ganzen war: die Religion ist überlebt. Andere Inhalte sind heute an ihre Stelle getreten, der Amerikanismus einerseits, der russ[ische] Kommunismus andererseits. Amerika ist das Land, wo man nicht denkt, sondern erwirbt, der Kommunismus ist jene Kulturform, die sich im Gemeinwesen konzentriert. Früher opferte man sein Leben großen Menschheits- und religiösen Ideen, heute wirft man sein Leben im Erwerb oder im Sport in die Schanze, oder lässt sich für die neue Menschheitsidee nach Sibirien verbannen (Trotzki).[12]

Es ist ein ewiges Werden und Vergehen nach wunderbaren Naturgesetzen. Alte Formen zerbrechen, neue stehen auf, es geht nichts verloren und alles muss bezahlt werden. Freude und Schmerz ist in allen Wesen, ob Mensch, ob Tier, ob Blume, ob Stein, gleich groß. Je größer der Schmerz, desto größer wiederum die Freude.

Wozu bin ich auf der Welt?

Zur Selbsterfüllung.

## [5]
## 22. Februar 1928

Heute Nachmittag war Vikar Trillhaas[13] bei mir, um sich über Paris erzählen zu lassen. Es kostete ehrliche Anstrengung aus meiner geistigen Verstumpfung heraus nur langsam in Fluss zu kommen. Herrgott, wenn diese Knebelung lebenslang dauern soll! 34 Jahre alt, 15 Jugendjahre im Beruf und ohnmächtiger wie am ersten Tag! In Augsburg schlummerte diese Qual, da gingen die Tage nebendran vorbei und ich konnte eine Art Lebensleichtigkeit aufbringen, die mich in den Augen anderer als fröhlichen Menschen erscheinen machte. Physisch ging mir's darum gut.

Ich weiß nicht, wie ich mich retten soll. Vielleicht ist es besser als dieses leere, planlose Zuwarten, den mutigen Schritt zu tun und diese Ehe einzu-

---

12 Leo Trotzki (1879–1940), bedeutender Politiker und Theoretiker der Bolschewisten. Er wurde 1899 von der zaristischen Regierung in Russland nach Sibirien (Irkutsk) verbannt.
13 Wolfgang Trillhaas (1903–1995), systematischer Theologe, der von 1926 bis 1928 Stadtvikar im evangelischen Pfarrbezirk obere Stadt in Regensburg war. In den Erinnerungen von Trillhaas „Aufgehobene Vergangenheit" (1976) wird Elly Maldaque nicht erwähnt.

gehen, die ganz und gar abseits meiner Willensachtung liegt, nur mit der einen Gewähr, dass ich einen anständigen Menschen an meiner Seite habe. Und wenn ich dann den Mut und die Überwindung aufbrächte, diese Verbindung auch durchzuführen, dann wäre immerhin mehr geleistet als gar nichts wie es jetzt ist.

Es ist ja rührend, wie er sich rechtfertigt heute für den Sonntag – sein Stil in solchen Fällen hat künstlerischen Schwung – man könnte entzückt von dieser Art sein.

Doch das Beisammensein am Sonntag in Ingolstadt war wiederum unfasslich. Ich komme mir wie eine Fremde dabei vor.

Ich sehe, mein Gewissen muss zeitenweise geweckt werden wie heute, man fährt sich sonst in die starren Geleise hinein und verliert so alle Beweglichkeit. Tr[illhaas] schnitt mancherlei Themen an – ach, es hätte so schön sein können!

Konfessions- oder Simultanschule.

Wenn die kath[olische] Kirche die kath[olische] Schule durchdrückt, dann ist es für die prot[estantische] eine Art Selbstbehaupt[un]g, für die Konf[essions]schule einzutreten. Ist die Simultansch[ule] eine liberale Angelegenheit, dann muss sie im Sinne einer Befreiung von kath[olischer] Diktatur für die Sim[ultan]schule eintreten. Weltliche Schule ist das Gegebene, denn es wird ja Religion nur als <u>ein</u> Fach unter vielen weltlichen Fächern gegeben.

Vielleicht ist Konfessionsschule in dem Sinne das zu Befürwortende, weil sie ein Erziehungsziel vor Augen stellt im Rahmen einer festen Weltanschauung. Die Anthroposophie ist bewundernswert, weil sie bis jetzt die geschlossenste Weltanschauung ist. Die Auslese seiner Menschen in ihr muss auffallen. Die Erfolge der Waldorfschule sind frappant, in Nürnberg werden jetzt 2 Klassen errichtet, der Zudrang ist enorm.

Wir haben in unseren jetzigen Schulen keinen Erziehungsinhalt, kein Ziel mehr (s. neuer Lehrplan, ein Verlegenheitsprodukt). Unsere Lehrerschaft macht keinen guten Eindruck, sollte sich mehr auf sich besinnen, statt so viel Standesfragen und Angriffe und Standesdinge in den Vordergrund zu schieben.

Dann Philosophie. (Ich studierte 2 Sem[ester] Phil[osophie]) Jetzt fußt d[ie] Phil[osophie] nicht mehr so sehr auf Spekulation als auf Festlegung eines sinnfällig Wahrnehmbaren der Wesenserforschung des Dinges an sich (Phänomenalismus). Nur die Erscheinungen werden als wirklich betrachtet. Präfekt Kuhn (?) vom Alumneum schreibt eine Doktorarbeit über das Wesen der Verzweiflung. (Seit Jahren t[äglich] 4 Stunden)

Barth[14] von Göttingen war Tr[illhaas]'s Lehrer und ist sein Freund geworden. Lizenziat Jäckel von Erlangen wurde Konsistorialrat in Berlin (mit 35 J[ahren).] ~
Morgen sehe ich mir nach dem Vortrag Dr. Heidingsfelders[15] über Spanien die russische berühmte Tänzerin Pawlowa[16] an.

## [6]
## 24. Februar 1928

Heute ist es mir etwas leichter zumute. Ist es die beschwingte Muse, die den Druck auf Herz und Seele etwas gelockert? Der Tanzabend gestern war etwas Außerordentliches, edle, höchste Kunst im wahrsten Sinne d[e]s Wortes. Hier wirkt der Tanz überzeugend. Bewegung, Rhythmus, Ausdruck, Grazie, Vornehmheit – alles zusammen. Die Gestalten größtenteils von ebenmäßiger Schönheit, die Kostüme mit Pracht, Geist und höchstem Geschmack gewählt, der Ablauf des Tanzprogramms mit hinreißendem Schwung. Besonders beachtenswert waren die Chopiniade[17] mit dem Duft der weißen Tüllkostüme, der Zigeunertanz, Anitras Tanz,[18] chinesischer Tanz, die Gavotte (Pawlowa als Glühwürmchen entzückend gekleidet), sterbender Schwan mit den letzten Lebenszuckungen, spanischer Tanz, auf dem Ball.
Diese nunmehr 50j[ährige] Frau lebt im Tanz und damit adelt sie sich und alle, die sie sehen dürfen.
In dem Nachklang von so viel Schönheit vermochte das raue Intermezzo von heute Mittag (Vater machte mir eigenartige Vorwürfe) nichts zu zerstören.
Nun aber mit Ernst und Willen an die Arbeit – das Flämmchen nutzen, solange es durch das Dunkel seinen zitternden Weg sucht.

---

14 Karl Barth (1886–1968), Schweizer, evangelisch-reformierter Theologe.
15 Franz Heidingsfelder (1886–1968), Professor für Kirchen- und Kunstgeschichte an der Philosophisch-Theologischen Hochschule Regensburg, von 1937–1939 war er deren Direktor.
16 Anna Pawlowna Pawlowa (1881–1931), Russin, zählte zu den berühmtesten Tänzerinnen des klassischen Balletts ihrer Zeit.
17 Chopiniade, eine Hommage an den polnischen Komponisten und Pianisten Fréderic Chopin (1810–1849).
18 Anitras Tanz ist ein Stück aus der Peer-Gynt-Suite Nr. 1, Opus 46, des norwegischen Komponisten Edvard Grieg (1843–1907).

**[7]**
**März – April 1928**

Aus Romain Rolland: Verzauberte Seele
[2. Band „Sommer"][19]

„Es ist ganz natürlich", dachte Annette, „ein Mann – ein Mann, der unserer Liebe wert ist, wird uns nie so sehr lieben wie seine Ideen, seine Wissenschaft, seine Kunst, seine Politik. Naiver Egoismus, der sich für selbstlos hält, weil er sich in Gedanklichem verkörpert! Egoismus des Gehirns, verderblicher als der des Herzens. Wie viele Herzen hat er gebrochen!" [S. 502]
Sie fühlte sich gesättigt, gesättigt von ihrem Schmerze. Es ist mit dem Schmerze wie mit der Leidenschaft. Dass man seiner ledig werde, muss er sich restlos austoben können. Aber wenig Menschen haben den Mut dazu. Sie werfen dem hungrigen Untier, wie einem bissigen Hunde, nur die Brosamen zu, die bei Tische übrig bleiben. Nur die besiegen den Schmerz, die ihn in seiner äußersten Gewalt zu umfangen wagen, die ihm zurufen: „Ich nehme dich. Ich will dich befruchten." Wie ist es mächtig, schöpferisch, dieses seelische Umarmen, brutal und leben zeugend wie körperliches Besitzen. [S. 555]
Weshalb sich um Zukünftiges bekümmern? Es wird vorübergehen wie das, was schon gekommen ist. Wir wissen doch, dass wir durch alles, was uns zustößt, hindurch stoßen werden. [S. 556]
To strive, to seek, not to find, and not to yield. [S. 557][20]

------------------

Jetzt wusste sie, dass man nicht von seinen Nebenmenschen verlangen darf, sie sollen uns verstehen. [S. 561]

------------------

Sie war nun bald vierzig. Das Leben war vorübergeglitten, und man hatte es nicht gemerkt. Es begehrte dumpf in ihr auf. . . Dies ganze verlorene

---

19 Romain Rolland (1866–1944), französischer Schriftsteller; zum Romanzyklus „Verzauberte Seele" s. Vorwort sowie Glossar. Die Seitenangaben wurden von den Herausgebern hinzugefügt.
20 Die Verszeile stammt aus dem Gedicht „Ulysses" von Lord Alfred Tennyson (1809–1892) und lautet eigentlich: To strive, to seek, to find, and not to yield. Rolland hat diese Verszeile als Motto vor den Band „Der Sommer" gestellt und dabei den Vers abgewandelt in „not to find".

Leben, ohne Liebe, ohne Tat, ohne Glanz, ohne mächtige Freude... Und dabei war sie wie geschaffen, all das, was ihr das Leben vorenthalten hatte, in tiefen Zügen auszukosten! [S. 390]

--------------------

Wie im gesellschaftlichen Leben, so folgen auch im Einzeldasein Stilarten des Gefühlslebens, die recht verschieden sind. Sich nicht zu gleichen, ist sogar ihr erstes Gesetz. Während der Herrschaft eines bestimmten Lebensstils stellen sich alle Kräfte mit entschiedenstem Ernste in seinen Dienst und man sieht verächtlich auf die Lächerlichkeit veralteter Gefühlsmoden herab und ist fest überzeugt, die gegenwärtige sei die beste, werde es immer bleiben. ...
Aber wie auch der Schnitt des Kleides sein mag, das Wesen des Menschen bleibt sich immer gleich. [S. 388/389]


[3. Band „Mutter und Sohn"]

Alles habe ich begriffen, an nichts habe ich geglaubt. Überwucherndes Verstehen hat die Freude an der Tat in mir erstickt. [S. 567]

--------------------

Er war in jedem Augenblicke ganz aufrichtig. Schreckliche Aufrichtigkeit eines Wesens, bei dem jeder Augenblick, wie er kommt, schon wieder in Dunst zergeht! ... Dies Wesen selber leidet nicht darunter. [S. 448]
Er war so ganz von sich erfüllt und sein Egoismus so unbewusst, dass er, ohne die mindeste Absicht, Annettes Eifersucht zu reizen, ihr Fräulein von Wintergrüns Vorzüge aufzählte und in aller Unschuld die günstige Fügung pries, die ihn hierher geführt habe, damit er das Glück finde. [S. 449]
Eine grollende Geringschätzung empfand sie gegenüber jenen haltlosen Künstlernaturen, in denen jede Minute die frühere verjagt; wie bei einem Sieb fließen Leben und Tod hindurch... [S. 451]
Seine bildsame Natur ließ sich von jeder starken Hand umkneten. [S. 453]

--------------------

Die Last der letzten Monate wurde plötzlich unerträglich: dieses unablässige Gespanntsein, dazu am Ende jene Erschütterung mit der brennenden Erkenntnis unwiderrufl[ichen] Alterns und jenem wesenlosen Verlangen nach Liebe, nach restloser Liebe, die sie nie besessen hatte. [S. 459]

--------------------

[... indes Annette in kurzen Zügen] das Bild der vierzig Jahre des Hoffens und Wollens [entwarf, der vierzig Jahre] des Verzichtens, der Niederlage und des Neubeginnens, der vierzig Jahre Wirklichkeit und Traum [(alles ist Traum), die ihr Antlitz geprägt hatten.]. [S. 467]

------------------

Alles Schlimme kommt daher, dass niemand aufrichtig zu sein wagt innerhalb des Gebietes, auf dem es die eigenen Interessen und Leidenschaften gefährden würde. Sobald man an die Grenzen dieses Bereiches kommt, findet man einen Umweg, überlistet sich selbst. [S. 555]

------------------

Wenn aus dem Leben plötzlich alle Lüge verschwände, würde nicht auch das Leben schwinden? Ist es nicht die Lüge, welche die Große Illusion nährt? [S. 567]

## [8]
## 5. Juni 1928

Seit Monaten lebe ich ohne jegliche Empfindung. Die letzten Dinge dieses irdischen Lebens lasse ich über mich ergehen wie irgendeinen grauen Tag. Der Osteraufenthalt in Wien an Ostern mit A[lfred] zusammen war eine Pein. Die ganze Kern- und Saftlosigkeit seines Wesens fand dort ihren krassesten Ausdruck. Unsere Beziehungen hören damit von selbst auf. Auf der Spitzbergenreise am 17. Juli werden wir uns wieder sehen – aber vollständig unabhängig voneinander.

Die Pfingsttage im Donautal ließen mich auch so jammervoll resigniert. Ich nehme mir auch gar nicht mehr die Kraft, über all das nachzudenken und unglücklich zu sein wie früher.

Unterdessen war ich in Weiden bei Weidmanns und seitdem schreibt mir Lisls Bruder mit rührender Verehrung.

Nur manchmal weiß ich noch, dass ein Funke in mir lebt, der doch noch eines Tages zur verzehrenden Flamme werden könnte – wenn ich mit ernsten Menschen zusammen bin – als ich mit Riegel über Anthroposophie sprach oder mit Fr. Fischer von Schwaig[21] über das Suchen und Kämpfen des Lebens.

---

21 Schwaig, Ortschaft bei Nürnberg.

# [9]
# 9. Oktober 1928

Der Funke hat endlich gezündet. Eine neue Welt hat sich mir aufgetan. Endlich – endlich hab ich meinen Weg gefunden. Was ich Zeit meines Lebens gesucht und mit heißen Schmerzen ersehnt – endlich seh ich es vor mir. Wie ein Sturm ist die Erkenntnis in mich gefahren und nun wütet es in mir wie eine neue Gottheit. Ich bin voll Glück und Schmerz zugleich. Glücklich, weil ich nicht mehr die jammervolle Qual des halben Lebens in mir trage – voll Jammer, weil ich das unsägliche Elend der bedrückten Menschheit vor mir sehe und in mir leide. Ich sehe alle Tage dutzendmal, wie gut die Menschen sind, wie leicht und einfach das Leben – wie selbstverständlich alles – und zugleich sind diese armen Menschen so jammervoll verirrt, so grässlich irregeleitet. Gebt den Menschen ihre Rechte und sie werden alle gut sein. Nun fällt mir alles leicht und alles versteht sich von selbst und alle Kräfte stellen sich ein, seit ich den Urquell des Lebens erkannt habe und den Weg des Menschenrechts gehe.
Mit letzter Kraftauffraffung und dem letzten aufgebäumten Willensrest trat ich meine Ferienreise nach Spitzbergen an. Tag für Tag – Stunde um Stunde krampfte und bäumte es sich in mir und jede neue Niederlage machte ich durch meine Selbstbefreiung wett. Wie klein erscheint mir in der Erinnerung jetzt alles an Freude und Zerstreuung, die ich auf dem menschengefüllten Schiffe erlebte, gegenüber dem, was jetzt meine Seele bewegt. Ich werde wohl kaum mehr zu solchen kindl[ichen] Freuden, zu derartigen Oberflächlichkeiten fähig sein. Nie verzeihen kann ich's mir, dass ich den „Krassin"[22] nicht besser ausgenutzt habe. Heute würde ich jeden Menschen davon, jedes kleinste Ding zutiefst erfassen. Ach – und die Menschen alle – sie brüsteten sich alle nur mit der Sensation.[23]
Dann kamen die Kampf- und Erlebniswochen in Sylt, Flensburg, Kiel, Lübeck, Berlin, bei Irene. Nach ¾ J[ahr] außer Verbindung zog es mich zu I[rene] hin, innerlich mit allem Selbsttum gebrochen, bereit zur radikalsten Entscheidung. Und es wurden unvergleichlich wertvolle, ent-

---

22 Die „Krassin" ist ein russischer Eisbrecher, der 1917 gebaut und nach dem sowjetischen Politiker Leonid Borissowitsch Krassin (1870–1926) benannt wurde.
23 Hier ist die Spitzbergen-Fahrt des Passagierschiffes „Monte Cervantes" im Juli 1928 gemeint, an der Elly Maldaque teilnahm. Die Monte Cervantes schlug in einem Eisfeld vor Spitzbergen leck, konnte aber von dem zu Hilfe gerufenen Eisbrecher Krassin soweit wieder fahrtüchtig gemacht werden, dass sie nach Hamburg zurückkehren konnte.

scheidende Tage. Blitzartig strahlte Schritt um Schritt die Erkenntnis auf. Nun nach 5 Wochen neuer Wege, vor allen Dingen in der so bitter gekosteten Schule, kam sie auf 5 Tage zu mir und das Beisammensein wurde von höchster Tragweite. In den wenigen Tagen machte ich Riesenschritte. Die Wortgefechte vergangenen Samstag, die erhabene Naturfeier am Sonntag im Tiergarten, der Abend bei B. Kr. waren Höhepunkte innerer Klärung. Nun ist I[rene] fort und ich erlebe bei Tag und Nacht erschütternde Geburtswehen. Der Samstagabend im Kreis der Ärmsten, der Unterdrückten, war eine innere Befreiung. Ich freue mich wie ein Dürstender auf die schlechte Stube des kom[munistischen] Führers in der „Schönen Gelegenheit"[24]. Die Gesichter der beiden Männer, bes[onders] des einen, der mich von oben bis unten misstrauisch musterte, erschütterten mein Herz.

**[10]**
**12. November 1928**

Ein Monat später. Ich will nicht und ich darf nicht nachgeben. Wie ein Naturgesetz, wie ein Verhängnis ist dieser Ablauf in mir, dieser kurze, stürmende Höhepunkt und dann dieser permanente Tiefpunkt. Schon schleicht dieses Eingeständnis wieder zum Bewusstsein – aber nein – ich will diesmal nicht. Jeden Tag will ich mich neu aufraffen u. überwinden. Wenn ich nachgebe, bin ich verloren. Es ging doch auch in den Ferien, weil ich wollte – weil ich mir sagte, es muss diesmal was herauskommen. Und weil ich mir eine Waffe schmiedete, die half: denke nicht daran, was du nicht kannst, sondern tue das Gegenwärtige – ohne Scheu und wenn alles die Köpfe schüttelt.
Es war so wenig ermutigend vorgestern bei der Revolutionsfeier. Die niederste Stufe allen Menschentums präsentierte sich mir. Es gehören schon ein starker Glaube und die letzte Selbstentäußerung dazu. Aber das will ich ja. Es steigt manchmal das leidenschaftliche Verlangen auf, das Leben zu opfern, für die Sache zu sterben. Aber ich will doch auch was zuwege bringen, der Sache nutzen, nicht zwecklos die Kräfte vergeuden.
Jetzt sind viele Wochen keine Tränen mehr geflossen. Die Zeit her war wie ein einziger großer Hymnus des Aufschwungs und höchsten Lebensgefühls. Doch, ich habe erst vor 4 Wochen geweint, als ich daran dachte meine Mutter und meinen Bruder zu rächen für ein verbittertes Leben. Aber es waren andere Tränen – Tränen innerer Kraft – trotz allen Leids.

---

24 „Zur Schönen Gelegenheit" ist eine Gasse in der Regensburger Altstadt.

Ich muss das Durchhalten lernen. Warum soll ich es nicht können? Andere Menschen bringen es doch auch fertig – Irene, der k[ommunistische] Parteiführer, der Stadtratsvertreter. Sind das andere Menschen? Ich muss – ich muss.

**[11]**
**16. November 1928**

Es ging diese Tage wieder besser. Wenigstens ist die lähmende Depression, wo ich wie ein Fremdling, ein Ausgestoßener unter den Menschen einhergehe, nicht Herr geworden. Fort mit dieser egoistischen Verzagtheit, mit dieser unheilvollen Drehe um das wartende Ich.
Aber meine Geisteskraft ist längst nicht auf der Höhe. Bin wieder schwerfällig und langsam.
Berge von Literatur häufen sich um mich: Marxismus, Monismus, Psychoanalyse neben zahllosen Zeitungen und Zeitschriften. O – all ihr versäumten, nutzlos verbrachten Jahre meiner Jugend! Ich kann das stofflich in meiner wenigen freien Zeit nie mehr nachholen.
Am Montag hörte ich mir den seichten Vortrag von Hipp[25] über „Selbstverwaltung der Gemeinden" an und tauschte mich dann stundenlang mit dem Kom[munisten] Fuß aus. Er hat viel gelesen und arbeitet fleißig, meint es ehrlich und ernst – mehr aber konnte mir in einer kurzen Stunde am nächsten Abend in der Freidenkerversammlung] der Kom[munist] Fischer aus München geben, der einen für meinen Eindruck sehr tiefgründigen Vortrag hielt über „Braucht der Arbeiter Religion?" Er will mir auch diesen Vortrag schicken. Wir tauschten nachher noch einige Gedanken und in diesen Augenblicken erkannte ich aufs Neue, wie ich nach Austausch lechze. Er sagte, früher habe er gerne Schöngeisterei getrieben, jetzt sei das anders. Die große Aufgabe verzehrt alle Kraft und Zeit.
Karl schrieb mir in seiner trockenhumorvollen Art, aus der Sturm- und Drangzeit sei ich wohl trotz meines hohen Alters noch nicht herausgekommen. Ich glaube selbst, dass meine Begeisterungsausbrüche diesen Eindruck erwecken. Studer schrieb mir damals ähnlich von meinen Berliner Berichten 1919. Ja, ich muss immer erkennen, wie sehr ich noch im Anfang stehe. Ich habe diese Dinge nie durchgedacht, nie ein größ[eres] Werk durchgearbeitet, bin daher überhaupt nicht geschult. Es hat mich

---

25 Otto Hipp (1885–1952), promovierter Jurist, 1920 bis zu seiner Absetzung 1933 durch die Nazis Oberbürgermeister von Regensburg.

eben noch nie etwas intensiv interessiert – das wusste ich auch und darum war ich unglücklich. Unklar hat es mich immer wohin getrieben, aber ich konnte den Weg nicht finden.

**[12]**
**6. Januar 1929**

Inzwischen hatte ich Visitation[26], die trotz höchster anfänglicher Hoffnung nach altem Muster verlief. Anfang Dez[ember] war Luise bei mir – da fühlte ich die letzten inneren Stützen fallen, vor Weihn[achten] kam dann die wochenlang sehnsüchtig erwartete Irene. Mit ihr kann ich immer noch am meisten anfangen. Sie blieb jedoch nur einen Tag. Weihnachten war diesmal für mich ganz belanglos, sowohl in der Schule als [auch] zuhause. Die 8 Tage in Fieberbrunn[27] in dieser unerquicklichen Gesellschaft waren fast qualvoll – die Lektüre zuhause (Materialismus v[on] Bucharin[28]) hat mich wieder etwas gestählt – doch immer bleibt der Jahresbeginn grau in grau – Kopf hoch!

**[13]**
**5. März 1929**

Inzwischen ist nach außergewöhnlicher Kälte der Märzmonat mit vielem Schnee ins Land gegangen. Die Kampfeskraft ist noch mehr erlahmt. Fast wäre es wieder eine Krise geworden wie damals in Augsburg, wo mich Zweifel an allem erfasste. Es waren nur die Gegenäußerungen jener beiden Männer nötig (Steiner, …[29], Wernigerode), um die letzten Grundfesten zu erschüttern. Der Konflikt zwischen den beiden Anschauungen tat sich auf: Der Weisheit letzter Schluss ist die Liebe zu allen Menschen und Hass gegen die Menschen, damit du sie bekämpfen kannst. Aber es ist ein Unterschied. Ohne Hass und Gewalt lässt sich das Unterdrückersystem nicht beseitigen. Die Liebe zur Menschheit greift in diesem Falle zur

---

26 Die Visitation fand am 21.11.1928 statt (s. Dok. 23)
27 Gemeinde im Pillersee Tal, im nordöstlichen Teil Tirols, in den Kitzbühler Alpen.
28 Bucharin, Nikolai Iwanowitsch: Theorie des historischen Materialismus. Gemeinverständliches Lehrbuch der Marxistischen Soziologie. Hamburg: Verlag der Kommunistischen Internationale, 1922. Bucharin (1888–1938), kommunistischer Politiker und Theoretiker, wurde 1938 im dritten Moskauer Schauprozess als „rechter Abweichler" zum Tod verurteilt und erschossen, s. Glossar.
29 Der zweite Name konnte nicht entziffert werden.

Waffe, um den Weg zum Lieben können frei zu machen. Daneben kannst du dich persönlich ja immer zur Liebe erziehen. Freilich spüre ich vorerst, wie das andere Element in den Vordergrund tritt. Umso mehr wird die Masse die hässlichen Züge der Unduldsamkeit annehmen. Und das Gesicht der Kämpfer zeigt nicht den Frieden und die Abgeklärtheit, die jene von der anderen Seite bei großen Persönlichkeiten suchen. Warum sind auf dem Gesicht eines Lenin Misstrauen und Zynismus zu lesen? Weil er eben ein Kämpfer gegen das Falsche und Überlebte und Unwahre war.

Ich machte neulich das Geständnis, dass es schöner und trostvoller sei, die Metaphysik nicht zu negieren – es graut mir manchmal vor der krassen Nüchternheit des Materialismus. Irene, die 8 Tage bei mir war – ach, wäre sie doch früher gekommen und solange geblieben, antwortete, das sei nur der Fall in Zeiten der Schwäche, dass man so denke. Und damit hat sie recht.

Es ist die feige Flucht vor der Auseinandersetzung, wenn man sich in das unkontrollierbare Gebiet des Transzendenten begibt. Ich sprach ihr auch von dem Zustand meiner absoluten Ohnmacht. Sich selbst nicht zählen, das sei die Überwindung. Aber Bequemlichkeit, das Verbrechen der meisten Menschen, hindert auch mich daran.

Aber ich muss – ich muss wieder einmal hinüber über diesen Abgrund. Noch nie trotz allem habe ich mir gewünscht, ein anderer zu sein als der ich bin. – Neulich aber, als ich mit Irene und Luise in Nürnberg beisammen war, wünschte ich mir brennend mit einer von den beiden tauschen zu können.

Diese unsagbare Gleichgültigkeit in mir, dieses Abgetötetsein alles lebendigen Seins! Es ist wie ein geistiger Defekt. Nur mit ungeheuerster Willensanstrengung wäre dagegen anzukommen.

Sich selbst nicht zählen! Ich war doch schon soweit. Das brachte mich ja auch zum endgültigen Entschluss zum Kommunismus. Aber ich will ja immer noch etwas leisten. Das ist meine Ichsucht. Und das muss weg. Sich selbst nicht zählen.

Ende der Woche ist in Berlin große Tagung des Antifaschistenbundes.[30] Barbusse wird sprechen und wir werden alles mit sehen und hören. Auch

---

30 Vom 9. bis 10. März 1929 fand in Berlin ein Internationaler Antifaschisten-Kongress mit 314 Delegierten aus 23 Ländern statt. Der Kongress wurde von Henri Barbusse im Großen Saal des Berliner Gewerkschaftshauses eröffnet. Vgl. dazu: Faschismus. Bericht vom Internationalen Antifaschisten-Kongress, Berlin 9. bis 10. März 1929, hrsg. v. Internationalen Antifaschisten-Komitee. Berlin: Neuer Deutscher Verlag, o. J. (1930).

Richard, den kom[munistischen] Vetter will ich dabei aufsuchen. O, wollte ich doch mit ganzer Seele bei allem sein.

## [14]
## 14. Juli 1929

Es ist vieles anders geworden, seit nach zähem Kampf mit den Dämonen der Kälte die milden Tage ins Land zogen. Nun hat sich endlich – doch endlich das Eis gelöst. Die letzte Stufe war noch zu erklimmen – damals an Ostern zus[ammen] mit Irene in Frankreich.[31] Was hab ich diesem Menschenkind zu danken. Sie hat mich wirklich erlöst – von Anfang bis zum Ende.
Dieser phlegmatische Stumpfsinn – erbarmungslos und egoistisch – in den ich immer in Zeiten der Schwäche wie in einen unverrückbaren Pol versank – den hat sie erkannt, gerügt und unter ihm gelitten – und mich trotzdem weiter geliebt.
Es waren seltsame Tage in den kalten Märztagen in Aumont – dem Dichterasyl, so einsam umhegt von den Narzissenwäldern – so seltsam weh und traurig, so entsagend und voll Sehnsucht. Irene mit dem Märtyrerkranz ihrer dornenvollen Liebe, für mich ein ungewohntes Aufgeben meiner Instinkte, ein ungekanntes, zwangsvolles Aufgehen im andern. „Du musst den Sprung über den Abgrund wagen." Mit diesen Worten kehrte ich zurück und ich versuchte dann zum 1. Male in meinem Leben – das, was andere immer konnten – selbstlose Kleinarbeit zu tun – einfach sich zu geben in Geduld im Kleinen. Meine Schulkinder waren die Versuchskaninchen. Und dieses Überwinden seiner selbst – dieser Schnitt ins eigene Fleisch – wurde die Erlösung – eine andere Erlösung – als ich sie bisher immer geübt hatte. Auch darauf – auf diese <u>äußerliche</u> Art des Verfahrens – hatte mich Irene aufmerksam gemacht.
Seitdem bin ich frei – so herrlich frei – dass ich wie auf einem Gipfel unter mir das sonnige Land des Lebens erblicke.
Nun glaube ich endlich meine 5 Sinne beieinander zu haben. Endlich – endlich kann ich Mensch sein. Die geknebelte, seit Kinderjahren systematisch abgetötete Natur hat wieder Gestalt angenommen. Soeben las ich in Plättner: „Wo das Gemütsleben als Amboss benützt wird, da muss der

---

31 Elly Maldaque fuhr an Ostern 1929 zusammen mit ihrer Freundin Irene Neubauer nach Aumont-en-Halatte, dem Wohnort von Henri Barbusse, vgl. dazu den Brief v. 4.07.1929 und v. 1.12.1929.

Mensch zur Karikatur werden."[32] Und ich war dazu geworden – weil ich das Überlieferte und Anerzogene zu ernst nahm und mich darin verstrickte und nicht die nötige Leichtigkeit besaß wie die meisten anderen, die auf irgendeine Art noch ihre Seele daraus retten – mich darüber hinwegzuschwingen.

Aber nun bin ich auf Tod und Leben dem Kommunismus verschworen – er bedeutet die Glückseligkeitsform alles Menschlichen – er deckt alle dunklen Zusammenhänge auf – er gibt Antwort auf die bangste Frage – er ist der einzige Menschheitserlöser.

14. Juli 1929 in der neuen Wohnung, auch äußerlich frei von allen alten Ketten.

(Orleansstr. 4)

---

32 Das Zitat konnte nicht ermittelt werden. Zum Kommunisten Plättner s. Ullrich, Volker: Der ruhelose Rebell. Karl Plättner 1893–1945. Eine Biographie. München: Verlag Beck, 2000.

## Briefe Elly Maldaques an Irene Neubauer

In der Personalakte Elly Maldaques im Staatsarchiv Amberg befinden sich vier Briefe, die sie ihrer Freundin Irene Neubauer geschrieben hat. Die Briefe sind folgendermaßen datiert:
4. 7. 1929, 1./2. 12. 1929, 19. 2. 1930, 2. 3. 1930.
Die Briefe sind als Anlagen Nr. 8 bis 11 Bestandteil eines Berichts der Polizeidirektion Regensburg vom 25.03.1930 an das Präsidium der Regierung der Oberpfalz über „Kommunistische Umtriebe" in Regensburg (vgl. Dokument 41). Die beiden Briefe aus dem Jahr 1929 schrieb die Polizei mit der Schreibmaschine ab, die zwei Briefe von 1930 wurden dagegen fotokopiert. In der Abschrift der Polizei sind als Adressen angegeben:
    Irene Neubauer, Weimar, Nietzschestr. 6
    Elisabeth Maldaque, Regensburg, Orleansstr. 4
Anlass für den Polizeibericht war die Feststellung der Personalien von Irene Neubauer, der Freundin Elly Maldaques. Irene Neubauer wurde vor einer Gerichtsverhandlung gegen den Vorsitzenden der Regensburger KPD, Konrad Fuß, am 21. März 1930 im Gerichtsgebäude durch einen Kriminalbeamten kontrolliert und da sie sich nicht ausweisen konnte, wurde sie zur Kriminalpolizei in der Alten Waag am Haidplatz gebracht. Dort gab sie an, dass sie auf der Durchreise sei und ihren Koffer mit ihren Papieren bei ihrer Freundin Elly Maldaque untergestellt habe. Daraufhin musste Irene Neubauer in Begleitung zweier Kriminalbeamter die Wohnung von Elly Maldaque aufsuchen, ihr Koffer wurde durchsucht. Dabei beschlagnahmten die Kriminalbeamten neben anderen Papieren auch die vier Briefe, die sie mit in die Polizeidirektion nahmen.
(Die Rechtschreibung der Briefe ist der heutigen angepasst. Fehlende, sinnentstellende Wörter oder Buchstaben sind in Klammern [...] ergänzt oder ausgelassen worden, Abkürzungen sind ausgeschrieben und dies durch Klammern [...] kenntlich gemacht worden. Die Abkürzung u. ist als „und" ausgeschrieben worden und nicht gesondert kenntlich gemacht.)

## [15]
## Elly Maldaque an Irene Neubauer, 4. 7. 1929

Liebe Irene!
Ich hoffe, dass Dich diese Zeilen noch vor Deiner Abreise erreichen. Wegen Deines Referates bei den Freidenkern.[33] Ich begreife nicht, warum Du wegen dieser Vorgänge[34] hier nicht sprechen sollst. Genosse Fuß,[35] der im Wesentlichen orientiert ist über euch meint auch, dass Du sprechen kannst und sollst. Wenn Du offiziell nicht mehr zum Verband gehörst, kannst Du doch erst Recht sprechen, wenn die hiesige Ortsgruppe es so haben will. Diese sagt nämlich, sie macht es auf eigene Verantwortung. Da wird weiter niemand von oben her gefragt. Der Vorstand unserer Ortsgruppe Schmid spricht, – den Du kennst – ein Mittelding zwischen Reformist und Opposition, kennt keine oppositionelle Stellung und möchte unbedingt haben, dass Du sprichst. Es ist ihm daran gelegen, dass wir ein Referat bekommen und dass eben einmal zu den Frauen gesprochen wird. Von diesen Vorgängen soll vorher gar nichts laut werden. Und unsere Genossen meinen, wenn Du als Oppositionelle sprichst und Du hast Erfolg, dann ist die Sache für uns gewonnen. Unsere Ortsgruppe denkt vorläufig eben noch gar nicht daran, sich ernstlich zu streiten. Man erwartet also Deine Zusage. Wenn überhaupt möglich, so wird wohl nur Ende Juli oder später (von Weimar) in Betracht kommen. Die Reise hierher und zurück will man Dir vergüten. Ich weiß nun nicht, habe ich in Deinen Augen [eine] Dummheit gemacht oder nicht. Ja ärgern kann man sich, dass wegen eines solchen Drecks eine wesentliche Sache verpatzt werden soll. Wir sind doch dazu da, dass wir gegen die Reaktion und gegen den Aberglauben kämpfen und nicht uns selbst den Weg versperren.

---

33 Irene Neubauer gehörte den Weimarer Freidenkern an. Die sozialistische Freidenkerbewegung war in der Weimarer Republik durch die Gegensätze zwischen sozialdemokratischen und kommunistischen Freidenkern geprägt. Näheres siehe Glossar.

34 Die „Vorgänge" beziehen sich auf die politischen Auseinandersetzungen im Freidenkerverband, die 1929 zur Spaltung führten. Die Kommunisten gründeten einen eigenen Verband.

35 Konrad Fuß (1897–1983), 1920 Mitbegründer der KPD in Regensburg, 1928 bis 1929 Stadtrat der KPD in Regensburg, vgl. dazu den Artikel von Bierwirth/Gutmann.

Am 19. bis 20. Juli bin ich in Nürnberg bei dem großen Bundesfest der Arbeiter-Sportinternationale.[36] Vielleicht komme ich dann nach Frankfurt nach. Ist der Kongress dort vom 20. – 31. Juli?[37] Schreibe bitte baldigst. Es liegt mir daran mit Dir zusammen zu sein. Und auch sonst wird die Tagung natürlich von Gewinn sein. In Frankfurt bist Du nun allein. Ich glaube es ist besser, wenn Du allein dort bist. Mein Herz ist mit Dir, Liebe. Ich habe wieder einiges: „Schimmer im Abgrund"[38] gelesen. Allmählich geh[t] mir die überragende Größe von Henri[39] auf. Seine Worte sind leuchtende ewige Wahrheit, seine Bücher eine neue Bibel für die Menschheit. Ich glaube an ihn. Und es ist des höchsten Kampfes um ihn wert.

Herzlich Deine E[lly]

## [16]
## Elly Maldaque an Irene Neubauer, 1. 12. 1929

Meine liebe Irene!
Wie geht es Dir denn Liebe mit dem aufreibenden Hin und Her der Referate. Wenn Du Dich nur nicht zu sehr anstrengst und nicht wieder stockheiser wirst. Da tue ich mir halt leicht. Ich höre sie mir nur an. Die S.P.D. hier entwickelt eine unheimliche Propaganda. Um dem Ganzen die Krone aufzusetzen, zitieren sie für ihre öff[entliche] Wahlversammlung kommende Woche einen Nationalrat von Wien her, der darüber sprechen soll: „Was Sozialdemokraten leisten". Sie ziehen die letzten Register, die sie

---

36 Der seit 1919 so benannte Arbeiter-Turn- und Sport-Bund (ATSB), der SPD nahe stehend, veranstaltete vom 18. bis 21. Juli 1929 im Nürnberger Stadion am Dutzendteich sein zweites Arbeiter-Turn- und Bundesfest. Es fanden rund 3.000 Wettkämpfe mit 1.645 Athletinnen und Athleten statt. Im 100-Meter-Lauf z. B. siegte der Finne Etholén mit 10,7 Sekunden, im 100-Meter-Lauf der Frauen die Nürnbergerin Stibitz mit 13,1 Sekunden, s. Gerstenberg, Günther: Zweites Arbeiter- und Turnfest. In: Historisches Lexikon Bayerns, URL: http://www.historisches-lexikon-bayerns.de/artikel.
37 Kongress der 1927 in Brüssel gegründeten Liga gegen den Imperialismus und für nationale Unabhängigkeit (Antiimperialistische Liga). Der Kongress fand vom 21.–27. Juli 1929 in Frankfurt statt und wurde von dem französischen Schriftsteller und kommunistischen Intellektuellen Henri Barbusse (1873–1935) eröffnet, s. Piazza, Hans: Die Antiimperialistische Liga. Leipzig 1987, S. 6 ff.
38 Henri Barbusse: Der Schimmer im Abgrund. Ein Manifest an alle Lebenden. Deutsche Ausgabe von Iwan Goll. Basel/Leipzig 1920. Näheres zu Barbusse im Glossar.
39 Henri Barbusse.

noch zur Verfügung haben. Bei der letzten Versammlung haben sie keine
Diskussion zugelassen, als sich unsere Genossen zu Wort meldeten. Das
war das 1. Mal hier. Bei Euch soll es ja schon längst üblich sein.
Wir hatten in dem Stadtbezirk bis jetzt eine öff[entliche] Versammlung.
Sie war gut besucht und Reichstagsabgeordneter Ewert[40] hat den Hakenkreuzredner, der als Glanzstück seiner verzweifelten Eindrücke den lieben Herrgott zitierte, richtig blamiert.
Nach Schluss der Versammlung stiegen mir noch 3 Genossen auf die
Bude: sie blieben bis nachts 3 Uhr: Ewert, Fuß und Reichstagsabgeordneter Ende[41], der gerade auf der Durchfahrt war. Da freute ich mich natürlich sehr, wenn mich solche Größen besuchen – wenn sie auch zur Gruppe
der Versöhnler[42] gehören und gewissermaßen nach Bayern strafversetzt
wurden. – Vielleicht ist diese noch mal etwas los.[43] Heute war ich mit Fuß
in Nittenau bei einem komm[unistischen] Arzt, der schon seit seiner Studentenzeit auf der Seite der Arbeiter steht und bis heute trotz aller Schwierigkeiten seiner Gesinnung treu geblieben ist.[44] Er lebt in seiner Häuslichkeit primitiver als ein Proletarier. Sein Dienstbote schläft im Zimmer, er
selbst in der winzigen Küche, besitzt kaum die nötigsten Möbel, behandelt viele Arbeiter gänzlich umsonst. Kassenpraxis hat man ihm keine
gegeben. Er tritt in seinem Dorfe auch öffentlich auf.
Mein Freund[45] ist z. Zt. für einige Wochen in München und ich habe wieder mehr Zeit. Vor dem Abschied hätten wir uns fast zerkriegt, natürlich
wegen Politik. Andererseits aber komme ich nicht von ihm los. Ich bin in
einer Zwickmühle, das mich natürlich innerlich nicht fördert. Wenigstens
bin ich dafür 2 weiteren Organisationen beigetreten: dem Arbeiter-Abstinenten-Bund[46] und den Arbeiter-Turnern[47].

---

40 Arthur Ewert (1890–1959), er wurde 1928 für die KPD in den Reichstag gewählt.
41 Adolf Ende (1899–1951), Pseudonym Lex Ende oder Lex Breuer, von 1928 bis
   1930 Abgeordneter der KPD im Reichstag.
42 Die „Versöhnler" in der KPD hatten bis etwa 1928 starken Einfluss auf die Politik
   der Partei. Sie traten für eine Einheitsfront mit der SPD ein und lehnten die Sozialfaschismus-Politik der Ultralinken in der KPD ab, die sich 1929 durchsetzten.
43 Der Satz ist unverständlich, steht aber so in der Abschrift der Politischen Polizei.
44 Dr. August Kerscher, prakt. Arzt, seit 1920 Vorsitzender der KPD in Nittenau,
   s. Glossar.
45 Maldaque lernte ihren Freund Alfred während eines fünfmonatigen hauswirtschaftlichen Fortbildungskurses (Sept. 1927 bis Jan. 1928) in Augsburg kennen,
   vgl. Tagebucheintrag v. 12.02.1928 (Dokument 4).
46 Deutscher Arbeiter Abstinenten Bund e.V., die Vereinigung der sozialistischen
   Alkoholgegner. Maldaque erhielt am 18.12.1929 einen Mitgliedsausweis.

Die Anklage von Henri[48] erfuhr ich auch gleich, Liebe. Bald darauf teilte mir Fuß mit, dass die Anklage wieder fallen gelassen sei. H[enri] war vor dem Untersuchungsrichter, hat sich sehr unerschrocken benommen, hat die ganze Verantwortung auch der übrigen Angeklagten auf sich genommen. Daraufhin ließ man die Anklage fallen. Also Liebe, vorläufig brauchst Du Dir keine Sorge zu machen. Hab auch noch Dank dafür, was Du mir von ihm erzählt hast. Wann kommst Du zu mir? Jedenfalls wirst Du zuerst zu Hause sein. Vielleicht kommst Du einige Tage vor Schulbeginn zu mir auf der Rückreise. Aber bitte nicht zu wenige. Sei mir standhaft Deiner Mutter gegenüber.

Schindler – Straubing habe ich leider nicht mehr gesehen. Seine Adresse ist: Am Rain 20.

Freidenker Schmid hat jetzt einen bezahlten Posten bei der S.P.D. Er rührt die Trommel für ihr Presseorgan. In München wurde ja schon versucht zu spalten. Aber die Ortsgruppe blieb zum Glück in den Händen der Opposition. In 14 Tagen bin ich in Nürnberg. Luise[49] schreibt sehr wenig und etwas geheimnisvoll. Sie steht jetzt ziemlich in Fühlung mit den Genossen. Die Adresse für die russischen Lesebücher „Kniga" Buch- und Lehrmittelgesellschaft m.b.H., Berlin W. 62, Kurfürstenstr. 79.[50] Schreib, wenn Du kommst, Liebe und leb wohl bis dahin

Deine E[lly]

Was macht Deine Wohnung?

Montag, den 2. Dez.

Meine Liebe!

Eben, wie ich den Brief an Dich abschicken wollte, erhalte ich Deinen Brief und ich bin erschrocken über seinen Inhalt.[51] Teuerste, kürze ab und mach sofort Schluss. Bleibe keinen Tag länger mehr in dieser Hölle. Du kannst zu mir kommen und bei mir bleiben, solange bis ich etwas für Dich finde. Ich werde mich nur freuen, Dich bei mir zu haben und für

---

47 Arbeiter-Turn- und Sportbund. Maldaque war seit dem 20.12.1929 als Bundesmitglied registriert. Die örtliche Organisation war der Freie Turn- und Sportverein Regensburg (TUS).
48 Henri Barbusse.
49 Hierbei handelt es sich wohl um Luise Walter aus Regensburg, die denselben Seminarkurs in Erlangen besuchte wie Elly Maldaque.
50 Kniga, Verlag und Buchhandel des Ministerrats der UdSSR.
51 Es handelt sich dabei wohl um die Entlassung Irene Neubauers durch das thüringische Kultusministerium zum 1. Mai 1930.

Dich sorgen zu können. Es fragt sich nur, wie Du am besten wegkommst und ob Du nicht am besten erst Urlaub nimmst und dann gehst. Denn sie sind's nicht wert, dass man's ihnen so leicht macht. Nimm nur gleich Urlaub und warte nicht bis die Sache durchgekämpft ist, denn 3 Wochen bis Weihnachten kannst Du das nicht mehr aushalten.

Wenn erst einmal Schluss ist mit da oben, dann kannst Du erst aufatmen und wieder Mensch sein. Dann musst Du Dich erst erholen und Deine Kräfte wieder sammeln und dann werden wir schon etwas finden. Ängstlich brauchst Du nicht zu sein, denn Du hast Freunde, die Dich nicht im Stiche lassen. Lieber kein Geld, als solch eine unwürdige Quälerei wie bei diesen Menschen.

Also zögere nicht mehr länger, Liebe und wirf den Kram endlich hinter Dich.

In Liebe und Sorge D[eine] E[lly]

## [17]
## Elly Maldaque an Irene Neubauer, 19. 2. 1930

Liebe Irene,

Deinen Brief, dessen Inhalt nicht gerade überraschend für mich gekommen ist, habe ich mir jetzt 8 T[age] durch den Kopf gehen lassen und ich glaube nun in der Lage zu sein, darauf antworten zu können. Erschrick nicht, Liebe, eigentlich hätte ich's gleich gekonnt, aber so kleine widerstreitende Gefühle müssen doch erst in Ordnung gebracht werden. Eines vor allen Dingen: Deine augenblickliche Einstellung gegen mich verstehe ich voll und ganz, wenn es auch ein ziemlich deprimierendes Gefühl bei mir hinterlässt, Deinen persönl[ichen] Erwartungen so wenig zu genügen. Und dass unüberbrückbare Dinge vorhanden sind, das vermag mich tieftraurig zu machen. Was nützt da schließlich aller gute Wille, wenn sich der andere doch immer wieder an einem stößt? Doch ist in mir doch noch ein ziemlich Positives vorhanden: Ich habe nicht nur das Vertrauen zu Dir, dass Du nicht ungerecht gegen mich sein wirst, sondern auch ein Vertrauen zu mir selbst, dass ich fähig sein werde diese Unzulänglichkeiten zu überwinden. Ich gehöre wirklich zu den Menschen, die zwei Seelen in ihrer Brust haben und eben diese dunkle Seite veranlasst Dich, Liebe, nicht rückhaltlos gegen mich zu sein.

Solange ich noch im Besitz meiner Vernunft und meiner Kraft bin, werde ich doch nicht die dunkle Seite herausbilden, denn damit würde ich mich und alles aufgeben. U[nd] zu meinem besseren Ich gehörst Du, Liebe, das ist ganz unzweifelhaft. Wenn Du also weiter das Experiment mit der Zukunft machen willst – ich bin bereit dazu.

Doch denke auch an Dich. Bei Deinem Hiersein sagtest Du mir, Du musst achtgeben, dass Du selbst an Deinem Wesen keinen Schaden davonträgst. Darüber musst Du Dir ganz klar sein. Denn das kann ich nicht verantworten. Mit mir selbst werde ich allein fertig werden – ich hoffe es zuversichtlich – Dir aber darfst Du auf keinen Fall mehr zumuten als tragbar erscheint. Das wäre eine falsche Güte und ich weise sie entschieden zurück. Es wird trotzdem soweit kommen, Liebe, dass wir in unserem Wesen besser zusammenstimmen und dass trotz fundamentaler Verschiedenheiten eines des anderen Freude ist. Lass mich erst wieder fühlen den Atem des Lebens – dann soll es schon vorwärts gehen.

Wie ist es Dir sonst gegangen, Liebe, in München – die 14 T[age] her?[52] Das Wiederkommen richte ganz nach Deinem Belieben. Wenn Du da bist, freue ich mich und es gefällt Dir vielleicht schon ein bisschen besser, aber wenn Du noch etwas verzögern willst, so mache Dir keine Gedanken, ich zürne Dir deshalb nicht. Gen[osse] K. fragt zwar jedes Mal, wann Du wiederkommst und auch alle anderen, sogar beim Mittagtisch.

Der Freund macht mir keine rechte Freude mehr und ich suche nun doch den Weg, mich endgültig von ihm zu trennen. Floh schrieb Dir eine Karte vom Arlberg[53] und mich ließ er darauf gnädigst grüßen. Seine Beziehungen zu Fr[eidenkern] sind stark am Abkühlen. Diese Unbeständigkeit will mir nicht gefallen.

Die Generalvers[ammlung] von d[en] Fr[eidenkern] wird nächste Woche sein. Schmid hat bereits fest gearbeitet und gehetzt. Dir hat er auch verschiedenes anzuhängen gesucht, z. B. dass Du nicht aus der Kirche ausgetreten seist. An den Unterbezirk Nürnberg schrieb er, dass mit einer Opposition in R[egensburg] nicht zu rechnen sei. Dieses Biest!

Krager, der Nur-Geist, sprach mit Fuß über dich mit Begeisterung, Du seiest eine sehr fein gebildete Marxistin. Er hat anscheinend auch wieder vor sich der Partei zu nähern.

---

52 Irene Neubauer besuchte ihre verwitwete Mutter in München.
53 Arlberg, Passhöhe zwischen Vorarlberg und Tirol in Österreich.

Luise ist schwer krank – Gesichtsrose mit 41° Fieber – sie liegt im Krankenhaus in N[ürnberg].
Nun leb wohl, Liebe, und sei auch Du froh.

Deine E[lly]

H[enri] hat in der Linkskurve[54] geantwortet.

## [18]
## Elly Maldaque an Irene Neubauer, 2. 3. 1930

Liebste Irene.
Wie geht es Dir? Warum schreibst Du nicht? Wir warten alle auf Dein Wiederkommen. Komm doch wieder, Liebe und hab keine Scheu und keine Furcht. Es muss und es wird gut werden.
Nun einige [persönlich] wichtige Sachen. Es hat mich jetzt auch schon erwischt. Gestern wurde ich auf die Stadtschulbehörde bestellt und ich erhielt vom Oberstadtschulrat[55] eine Verwarnung wegen Teilnahme an d[er] P[artei]. Ich hätte sogar schon dort Klavier gespielt und er rät mit dringend, die Sache abzubrechen, es könnte mich meine Stelle kosten. U[nd] ich würde scharf beobachtet werden. Er rät mir als Freund u. s. f. Er war ja sehr anständig. Ich wollte rauskriegen, woher der Wind weht, natürlich gab er nichts raus. Ich gab lediglich mein Interesse im Allgemeinen an pol[itischen] Bewegungen zu und dass ich einmal Klav[ier] gespielt hätte. Auch die Reg[ierung] wüsste schon davon. Aus Lehrerkreisen hätte er nichts gehört, sagte er mir, aus Elternkreisen scheint auch nichts gekommen zu sein.

---

54 „Die Linkskurve", Monatszeitschrift des Bundes proletarisch-revolutionärer Schriftsteller, erschien vom August 1929 bis zum Dezember 1932 und wurde von Johannes R. Becher, Andor Gabor (bis Heft 4/1930), Kurt Kläber, Hans Marchwitza (ab Heft 5/1930), Ludwig Renn und Erich Weinert herausgegeben. 1929 polemisierte einer der Herausgeber, Andor Gabor, in einem Artikel der Linkskurve: „Die bunte Welt des Henri Barbusse", 1. Jg. (1929), S. 5–6, gegen die von Barbusse in Paris von 1928 bis 1935 herausgegebene Wochenzeitschrift „Monde", die Gabor als „Tanzboden … für alle Salonsozialisten der Welt" (S. 6) bezeichnete. Barbusse antwortete 1930 mit der Feststellung, dass „Monde" keine kommunistische oder parteipolitisch gebundene Zeitschrift sei, deshalb kämen unterschiedliche Positionen, so auch Sozialdemokraten und Kommunisten zu Wort. Siehe dazu: Henri Barbusse an die „Linkskurve", in: 2. Jg. (1930), S. 5–6.
55 Dr. Andreas Freudenberger (1870–1940), von 1910 bis 1934 Stadt- bzw. Oberstadtschulrat in Regensburg.

Also bleiben nur die eignen Reihen übrig. Das ist meine und F[uß'] feste Meinung. Wir müssen aber nun dafür sorgen, dass die beiden verdächtigen Elemente nichts mehr von mir erfahren können. Das Ausschlussverfahren gegen R. ist ja bereits eingeleitet. In der Vers[ammlung] des Gaugewerksbundes hat er sich nicht verantwortet.
Am Freitag war Gen[eralversammlung] von den Fr[eidenkern] mit dem Ergebnis, dass die Verwaltung genau wieder so gewählt wurde wie sie war. 3 Reformisten, 2 Opp[ositionelle]. S[chmid] erhielt 36 Stimmen, Baum 18, Danner als 1. Kassierer 32. Wenn Br. etwas bekannter gewesen und viell[eicht] etwas geschickter gearbeitet worden wäre, wär' es gelungen. Jede Debatte über Schm[id] wurde sofort diktatorisch von Esser abgeschnitten. Disputiert wurde außerdem über Verlegung des Lokals (Antrag d[er] Opp[osition]), Statutenänderung, Namensänderung des Verb[andes], die Delegierten nach München (Sch[mid] u[nd] Kaalb). Zu den Körperschaftsrechten kam man nicht mehr.
Am Schluss gab es noch eine wüste Beschimpfung der Opp[osition] durch einen Bonzen. Mehrere waren abgestoßen davon und äußerten, sie gingen nicht mehr hin. Im Ganzen aber sei die Vers[ammlung] ohne Zwischenfälle verlaufen. Die Opp[osition] ließ sich nicht provozieren.
Weißt Du zufällig, wie groß die Mitgl[iederzahl] der abgespaltenen Gruppen in Deutschl[and] ist?
Kaalb war gestern wieder bei mir mit seinem Filius, um zu zahlen und nicht wieder zu gehen. Ich bot ihm absichtlich keinen Kaffee an, aber trotzdem blieb er kleben wie eine Klette. Er berichtete mir in seiner Weise v[on] d[er] Gener[alversammlung] und verschwieg dabei die belastenden Momente. Ich bin natürlich nun auch vorsichtig und misstrauisch geworden und gebe überhaupt nichts mehr raus. Deine Bitte wegen des Wan[der]bundes hat er erfüllt. Die Antwort lege ich Dir bei. Er will nun noch mal nach Hamburg schreiben.
Die andere Karte kam gestern. Geld wird morgen kommen. Ich heb's Dir auf. Den Brief damals wirst Du erhalten haben.
Unser Russisch macht Fortschritte. Du musst bald wiederkommen, dass Du nachkommst. Ich habe ziemlich fest vor, im Sommer nach Rußl[and] zu gehen. Es werden von den „Freunden Sowj[et] Rußl[ands]"[56] 14täg[ige] Reisen veranstaltet für 220 M[ark] ab Berlin für alle Sympathisierenden.

---

56 Der Bund der Freunde der Sowjetunion wurde 1928 in Berlin gegründet, ein Arbeitsschwerpunkt war die Organisation von Studienreisen in die Sowjetunion, s. Glossar.

Wenn es auch nicht lange ist, aber besser wie gar nichts und wer weiß, ob nächstes Jahr noch e[ine] Möglichkeit ist. Hoffentlich können wir beide zus[ammen] gehen. Heute Morgen gehe ich mit Betty[57] und m[einem] Fr[eund] spazieren. Floh liest jetzt auch die …[58]

   Also auf baldiges Wiedersehen und alles Gute.

Herzlichst D[eine] E[lly]

---

57 Hier handelt es sich wohl um Betty Krebs, Handarbeitslehrerin an der Regensburger evangelischen Volksschule obere Stadt in der Engelburgergasse.
58 Der Titel konnte nicht entziffert werden.

## Elly Maldaque über ihre Entlassung

Elly Maldaque schrieb zu ihrer Entlassung eine Stellungnahme, wohl auf Veranlassung von Rupert Limmer, dem Redakteur des *Regensburger Echo*. Die Stellungnahme ist mit „Regensburg, den 1. Juli 1930" datiert. Sie erschien im *Regensburger Echo*, in der Nr. 30 vom 25. Juli 1930, fünf Tage nach dem Tod Maldaques, auf der Titelseite und wurde auf Seite 2 fortgesetzt. Der Artikel hat folgenden Vorspann: „Diesen Bericht hat Elli Maldaque am 1. Juli 1930, unmittelbar nach ihrer Entlassung abgefasst. Er ist mit großer Klarheit geschrieben und bildete in seiner leidenschaftslosen Sachlichkeit die vernichtendste Anklage gegen ihre feigen, hinterhältigen Gegner. Wer aber behauptet, dass sonst noch etwas gegen die Tote vorgelegen habe, der lügt."
Diese Nummer 30 ist Bestandteil der Personalakte. Wir haben den Artikel dokumentiert, wie er im *Regensburger Echo* erschien.
In der *Neuen Zeitung*, dem in Nürnberg herausgegebenen KPD-Organ, erschien der Artikel, etwas anders formatiert, am 23. Juli 1930, durch einen längeren Vorspann eingeleitet. Dieser setzt mehrere Akzente. Sie beginnen fettgedruckt und unterstrichen mit der Oberzeile: **Der Mord an der Lehrerin Elly Maldaque**. Darunter steht, größer und fett: **Die Anklageschrift einer Toten**, mit der kleiner gedruckten Unterzeile: **Herr Kultusminister Goldenberger, wer ist der Mörder? / Ein Originalschreiben der im Irrenhaus ‚gestorbenen' Lehrerin**. Es folgt weiter groß und fett: **Heraus zum Massensturm gegen den Kulturfaschismus in Bayern**. Die Neue Zeitung vom 23. Juli 1930 ist ebenfalls Bestandteil der Personalakte Maldaques.
(Der Bericht Maldaques wurde der neuen Rechtschreibung angeglichen.)

## [19]
## Was liegt überhaupt vor?
## Von Elly Maldaque

Es ist richtig, dass ich mich für die kommunistische Bewegung interessiere. Ich bin aber nicht Mitglied der Kommunistischen Partei, habe nie eine Funktion ausgeführt, habe nie öffentlich oder geheim, schriftlich oder mündlich für die Bewegung agitiert, ich habe nie ein Referat gehalten, habe mich nie an einer Diskussion beteiligt. Von einer Verletzung meiner schulischen Pflichten ist überhaupt keine Rede und ist auch nie eine Klage von irgendeiner Seite gekommen. Dass meine politische Richtung nur ein ganz privates, persönliches Interesse ist, geht schon daraus hervor, dass als meine Dienstentlassung bekannt wurde, die Kollegenschaft ganz und gar überrascht war. An meinem Schulhaus hörten die meisten Kollegen von meiner politischen Anschauung das erste Wort am Tag meiner Entlassung.

*Was liegt überhaupt vor?*
Seit etwa zwei Jahren interessiere ich mich intensiver als bisher für Politik. Die soziale Bewegung lag mir besonders am Herzen. Hatte mir doch gerade meine schon langjährige Tätigkeit und die Erfahrung von Kollegen, besonders in größeren Städten, einen tiefen Blick in die soziale Not unserer Zeit tun lassen. Ich besuchte politische Wahlversammlungen aller Richtungen, las die Presse von links nach rechts, vertiefte mich in politische Literatur, beobachtete die täglichen Vorgänge schärfer wie bisher: Allmählich erkannte ich klar die schreiende Ungerechtigkeit unserer Gesellschaftsordnung. Dann wollte ich die kommunistische Bewegung näher kennen lernen. Ich ging in mehrere kommunistische öffentliche Versammlungen, z. B. in eine Eugen Leviné-Gedächtnisfeier, in eine Erwerbslosenversammlung, in einen Vortrag über Russland, auch öffentliche Vorträge vom Deutschen Freidenkerverband hörte ich mir an. Die letzte derartige Gelegenheit war ein Vortrag von Prof. Dr. Mager, München über „Kulturbolschewismus", veranstaltet vom Freidenkerverband, wozu Gäste eingeladen waren. Ich versuchte auch in persönliche Fühlung mit den Leuten der kommunistischen Bewegung zu kommen, um sie näher kennen zu lernen und mir ein eigenes Urteil über diese landesüblich verfemte Klasse von Menschen bilden zu können. Um mir einen Einblick in die Ziele und Wege der Bewegung zu verschaffen, beteiligte ich mich an zwanglosen Zusammenkünften im Familienkreis, wo Fragen besprochen wurden wie: „Was wollen die Kommunisten?", „Die Frau und der Sozialismus", „Der Fünfjahresplan der Sowjetunion". Was mir am meisten zur Last gelegt wird, ist die Tatsache, dass ich einige Wochen hindurch (1929) an Singstunden von Parteimitgliedern und Sympathisierenden, wo Lieder geübt wurden wie: „Internationale" oder „Brüder zur Sonne, zur Freiheit", teilgenommen habe. Ich habe dabei des Öfteren Klavier gespielt und mitgesungen.
Die Polizei hatte anscheinend bald Kenntnis von meinen Besuchen solcher Veranstaltungen. Im März dieses Jahres wurde ich zu Herrn Oberstadtschulrat *Freudenberger* gerufen, der Kenntnis von der Sache bekommen hatte und der mich in freundschaftlicher, persönlicher Weise auf die

evtl. Folgen meiner Sympathie aufmerksam machte. Es ist aber zu betonen, dass jene kurze Unterredung in keiner Weise den Charakter einer amtlichen Verwarnung trug. Darauf schränkte ich meine Besuche ein.

Im März dieses Jahres bekam ich längeren Besuch von einer Freundin und Kollegin, die die gleiche Weltanschauung hat wie ich. Diese hatte das Schicksal der vielen unständigen Lehrerinnen in Thüringen, die durch die Sparmaßnahmen der dortigen Regierung abgebaut worden waren (jedoch mit drei Monaten Kündigungsfrist), und ich nahm sie darum vorübergehend in meiner Wohnung auf, weil sie mittellos ist. Meine Freundin erlaubte sich anlässlich einer Gerichtsverhandlung (Ende März) auf dem Flur des Gerichtsgebäudes bis zum Beginn der Verhandlung, der sie als Zuhörer beiwohnte, mit einem Kommunisten zu sprechen. Darauf wurde sie nach Schluss der Verhandlung von der Kriminalpolizei festgenommen zwecks Feststellung ihrer Personalien und Durchsuchung ihrer Koffer und Taschen, was zuhause in meiner Wohnung vorgenommen wurde. Anschließend wurde auch bei mir Haussuchung gehalten unter Vorwand der Suche nach Zersetzungsschriften.

Die Durchsuchung brachte aber nichts Belastendes zutage, weder bei mir noch bei meiner Freundin. Man stellte lediglich fest, dass ich marxistische Literatur und Zeitungen las, und dass ich Mitglied von mehreren linksgerichteten Organisationen bin, die aber nicht parteipolitisch eingestellt sind, wie Arbeiterabstinentenbund, Internationale der Bildungsarbeiter, Freier Turn- und Sportverein, Bund der Freunde der Sowjetunion. Vor 14 Tagen bat ich den Oberschulrat um eine Woche Urlaub vor den Ferien zum Besuch einer internationalen pädagogischen Ausstellung in Leningrad zusammen mit einer Gruppe norddeutscher Lehrer. (Urlaub war wegen der Feriendifferenz nötig.) Die Stadtschulbehörde verlor keinen Ton des Staunens, geschweige denn der Warnung, sondern verwies mich mit aller Freundschaft darauf, ein diesbezügliches Gesuch über die Regierung an das Ministerium zu richten. Statt der Antwort erhielt ich vergangenen Samstag, den 28. Juni, die Zustellung der fristlosen Entlassung.

Ich möchte noch darauf aufmerksam machen, dass ich in diesem laufenden Jahr in anderen Angelegenheiten des Öfteren auf der Stadtschulbehörde zu tun hatte, dass man aber nie einen Ton von der Gefährlichkeit meiner Lage hatte verlauten lassen, so dass ich die Meinung gewinnen musste, mein politisches Interesse sei unbeanstandet und ich wäre nur wegen der Teilnahme an den damaligen Singstunden, die schon lange zurücklagen, verwarnt worden. Ich weiß nicht, was die Akten, die die Regierung zusammen mit der Polizei über mich gesammelt hat, alles enthalten. Ich habe kein Recht, sie einzusehen.

Man hat vorher von keinen anderen Maßregelungen Gebrauch gemacht, von denen eine ganze Reihe, wie Ordnungs- und Amtsstrafen in dem Schulaufsichtsgesetz vom 1. 8. 22 angeführt sind.

Man lässt es vollständig unberücksichtigt, dass ich seit Seminaraustritt schon 17 Jahre im Dienst stehe, dass ich 4 Jahre Kriegsaushilfe auf dem Land geleistet habe, dass ich 10 Jahre an der 8. Klasse zur vollsten Zufriedenheit der Eltern und Behörden – ohne jegliche Beanstandung – auch in den letzten Jahren tätig war.

Am 1. September 1930 würde ich schulrechtlich in das unwiderrufliche Verhältnis eintreten. Eigentlich wäre ich ab 1. Jan. 1929 schon unwiderruflich, da ich im September den Staatskonkurs abgelegt habe. Ich hatte jedoch gerade 1919/20 eine private Stellung am Lohmanninstitut in Nürnberg inne und so wurde ich erst am 1. September 1920 in Regensburg ständig angestellt. Trotz dieser langjährigen einwandfreien Dienstleistung benützt man die zwei Monate bis zur Unwiderruflichkeit, um mich von einem Tag zum anderen auf die Straße zu werfen, ohne mir auch nur eine Spur von Möglichkeit zu lassen, mich nach einer neuen Existenz umzuschauen.

gez. *Elly Maldaque*

# Die Lehrerin Elly Maldaque

Die folgenden Dokumente geben über Elly Maldaque als Lehrerin Auskunft. Sie sind zum größten Teil Bestandteil der Personalakte Elly Maldaques im Staatsarchiv Amberg. Das Dokument [22/1], in dem Elly Maldaque erklärt, dass sie von ihrem Verfassungsrecht Gebrauch macht, keinen Religionsunterricht zu geben, ist in ihrem Personalakt im Stadtarchiv Regensburg enthalten (Bestand PA-p 5651); das Dokument [22/2] ist ein Schreiben des Schulleiters der Von-der-Tann-Schule an das evangelische Dekanat in Regensburg, in dem er mitteilt, dass Maldaque entsprechend ihrem Verfassungsrecht keinen Religionsunterricht gibt. Diese Mitteilung stammt aus dem Bestand des Landeskirchlichen Archivs der Evangelisch-Lutherischen Kirche in Bayern in Nürnberg (Dekanat Regensburg, Nr. 287, Dokument 102).
Im Personalakt Elly Maldaques im Regensburger Stadtarchiv befinden sich zwei Berichte der Bezirks- und Stadtschulräte Freudenberger (07.10.1926) und Betz (21.11.1928) über das Ergebnis ihrer Visitation des Unterrichts von Elly Maldaque. In der Bewertung unterscheiden sich die Berichte nicht. Wir haben den Schulratsbericht vom 22. November 1928 in die Dokumentation aufgenommen, da er differenzierter und ausführlicher gehalten ist (Dok. 23).
In der Personalakte Maldaque im Staatsarchiv Amberg befinden sich vier Schulhefte der Schülerin Erna Heeling, die Elly Maldaque im Schuljahr 1929/30 in der 8. Mädchenklasse der Von-der-Tann-Schule unterrichtete. Offenbar hat der Vater der Schülerin, Friedrich Heeling, Kaufmann von Beruf, die Hefte einem Schulrat gegeben. Anhand dieser Hefte versuchte die Regierung der Oberpfalz nach dem Tod Maldaques, die fristlose Entlassung durch Ermittlungen über das „Verhalten der Lehrerin" zu rechtfertigen und doch noch den Nachweis zu erbringen, dass Maldaque die Schülerinnen kommunistisch beeinflusst habe. Die vorhandenen Hefte reichten nach Auffassung der Regierung der Oberpfalz dafür nicht aus. Da die Regierung der Oberpfalz keine weiteren Hefte erhielt, wurde dieser Versuch im Oktober 1930 aufgegeben.[59]
Bei den Heften handelt es sich um ein Hausheft, zwei Aufsatzhefte und ein Kulturkundeheft. Aus den vier Heften sind einmal die Überschriften der darin enthaltenen Texte wiedergegeben, darüber hinaus zwei Aufsätze

---
59 Personalakte, STA.

sowie drei Merktexte aus dem Kulturkundeheft, die Einblick in die pädagogische Arbeit Maldaques geben.

In der Bayerischen Lehrerinnenzeitung erschien im August 1930 ein Artikel mit der Überschrift „Maldaque †". Er besteht aus drei Teilen: einer Meldung über Maldaques Entlassung und Tod und einer umfangreichen Dokumentation, geschrieben und zusammengestellt von der Schriftleiterin Franziska Ziegler. Beim dritten Teil handelt es sich um einen Nachruf der Regensburger Kreisvorsitzenden des Bayerischen Lehrerinnenvereins, Renate Widmann (Dok. 34).

(Die Dokumente wurden der neuen Rechtschreibung angeglichen.)

## [20]
## Das Abschlusszeugnis des Erlanger Lehrerinnenseminars

<u>Schlusszeugnis</u>

Elly Maldaque

Tochter eines Waffenmeisters in Regensburg, geb. am 5. Nov. 1893 zu Erlangen, prot. Konfession, hat sich der diesjährigen Seminar-Schlussprüfung zu Erlangen unterzogen u. ist nach dem Ergebnisse derselben für befähigt zum Unterricht in die Schulpraxis erklärt worden.

Ihre Kenntnisse u. Fertigkeiten lassen sich nach den bei der Schlussprüfung gegebenen Proben folgendermaßen bezeichnen:

| In der | Religionslehre | Note II | d. i. gut |
|---|---|---|---|
| „ „ | deutschen Sprache | „ II | „ „ gut |
| „ „ | Arithmetik u. Mathematik | „ II | „ „ gut |
| „ „ | Erdkunde | „ 1 | „ „ sehr gut |
| „ „ | Geschichte | „ 1 | „ „ sehr gut |
| „ „ | Chemie mit Mineralogie | „ 1 | „ „ sehr gut |
| „ „ | Physik | „ 1 | „ „ sehr gut |
| „ „ | Erziehungs- u. Unterrichtslehre: | | |
| a.) theoret. Teil Note 1½ d. i. fast sehr gut | | | |
| b.) prakt. Teil Note 2½ „ „ fast gut | | Hauptnote II | d. i. gut |
| im Zeichnen | | Note 2 | d. i. gut |

in der Musik:
a.) Gesang   Note 1   d. i. sehr gut
b.) Violine   „   1   „   „   sehr gut   Hauptnote I   d. i. sehr gut
im Turnen (Turnfertigkeit u. Lehrgeschicklichkeit) Note 2 d. i. gut
in den weibl. Handarbeiten   Note 1   d. i. sehr gut
Zwar geläufige, aber viel zu flüchtige, unregelmäßige Schrift.

                                      Erlangen, den 16. Juli 1913
                                      Der K. Regierungskommissär
                                              gez. Ruts

Für die Richtigkeit:
Regensburg, den 22.VI.1928
Stadtschulbehörde:
[Unterschrift] Dr. Freudenberger

## [21]
## Bewerbungsschreiben an die Regierung der Oberpfalz, 1920

                                                      Regensburg, den 6. April 1920
    An
die Regierung der Oberpfalz
und von Regensburg
Kammer des Innern

Betreffs
Bewerbung um die Lehrerinnenstelle
an der prot. 8. Mädchenklasse

Auf Grund meiner Zeugnisse, die der Regierung bekannt sind, erlaube ich mir, mich um die Lehrerinnenstelle an der neu zu errichtenden prot. 8. Mädchenklasse zu bewerben. Ich habe neben der Anstellungsprüfung 1917, bei welcher ich den 2. Platz erhielt, 1911 auch das französische Sprachexamen mit Note I abgelegt und kann ferner auch Stenografieunterricht erteilen. Leider ist es mir unmöglich, mich an dem Kochkurs, der in nächster Zeit hier abgehalten werden soll, zu beteiligen, da ich bis Mitte Juli 1920 am Lohmann-Institut in Nürnberg verpflichtet bin. Ich werde aber, sobald ich wieder in Nürnberg bin, eine Gelegenheit suchen, dortselbst einen derartigen Kurs mitzumachen und sodann der Regierung über den Erfolg meiner Bemühungen baldigst Bescheid geben.

Eine Anstellung in Regensburg würde für mich angesichts der heutigen Verhältnisse insofern eine ganz wesentliche Erleichterung sein, da ich hier bei meinen Eltern Wohnung und Verpflegung haben könnte. Darum möchte ich die Regierung nochmals um gütige Berücksichtigung bei der Besetzung obiger Stelle ersuchen

[Unterschrift] Elly Maldaque
Lehrerin in Nürnberg, Tuchergartenstr. 13/III.

**[22]**
**Ablehnung des Religionsunterrichts**

**[22/1]**

Regensburg, 8. April 1930

An
die Stadtschulbehörde
Regensburg

Betreff:
Erteilung des Religionsunterrichtes

Der Religionsunterricht in den Unterklassen der Volksschule wird in der Regel von dem jeweiligen Klassenlehrer erteilt. Doch gestatte ich mir hiermit von dem nach § 149 der Reichsverfassung[60] dem Lehrer zustehenden Recht Gebrauch zu machen und die Übernahme des Religionsunterrichtes in der mir zugeteilten 2. Klasse der Von der Tannschule abzulehnen.

[Unterschrift] Elly Maldaque
Lehrerin

Unter diesem Schreiben stehen die folgenden Vermerke
An die Leitung der prot. Schule
<u>unterer Stadt</u>

---

60 Artikel 149, Absatz 2 der Weimarer Verfassung von 1919:
Die Erteilung von Religionsunterricht und die Vornahme kirchlicher Verrichtungen bleibt der Willenserklärung der Lehrer, die Teilnahme an religiösen Unterrichtsfächern und an kirchlichen Feiern und Handlungen der Willenserklärung desjenigen überlassen, der über die religiöse Erziehung des Kindes zu bestimmen hat.

zur gefl. Kenntnis u. mit dem Auftrage, mit dem Dekanat ins Benehmen zu treten wegen Erteilung des Religionsunterrichts.
Regensburg, den 11. April 1930
Stadtschulbehörde:
[Unterschrift] Dr. Freudenberger

Kenntnis genommen und das Dekanat sofort verständigt.
Regensburg, den 14. April 1930
[Unterschrift] Hirschmann, Schulleiter

## [22/2]

Regensburg, den 14. April 1930
An das evangel. luth. Dekanat
Regensburg

Betreff: Erteilung des Religionsunterrichtes

In einer Zuschrift an die Stadtschulbehörde Regensburg vom 8. April 1930 hat die Lehrerin Elly Maldaque erklärt, von dem nach § 149 der Reichsverfassung dem Lehrer zustehenden Recht Gebrauch zu machen und die Erteilung des Religionsunterrichtes in der ihr zugeteilten II. Klasse der prot. Schule unterer Stadt abzulehnen.
Der Unterzeichnete setzt hiervon im Auftrage der Stadtschulbehörde das evangel.-luth. Dekanat Regensburg geziemend in Kenntnis.
[Unterschrift] Hirschmann, Schulleiter

## [23]
## Bericht über einen Unterrichtsbesuch

Bericht über die Schulbesichtigung
der von der Lehrerin Elly Maldaque geführten VIII. Schulklasse
in Regensburg, Von der Tannschule,
am 21. November 1928.

I. Äußere Schulverhältnisse
1. Schülerzahl: 8. Schülerjahrgang, zus. 15

II. Stand des Unterrichts und der Erziehung im Allgemeinen

Wohl zählt die VIII. Klasse der Lehrerin *Maldaque* nur 15 Schülerinnen. Von diesen zeigen aber nur ganz wenige eine über das Mittelmaß hinausgehende Begabung. Außerdem stammen sie aus zwei Klassen. Es ist keine leichte Aufgabe, diese verschieden unterrichteten Mädchen auf eine gemeinsame Linie zu bringen. Trotzdem ist es der energischen Lehrerin gelungen, die willige Mädchenschar zu recht anerkennenswerten Erfolgen zu führen.

Dieselben sind vor allem ihrem lobenswerten Fleiße und der täglichen Vorbereitung zu danken. Letztere ließ sich besonders in der Aufsatzstunde aus den schriftlichen Aufzeichnungen ersehen und zeigte sich auch in der Behandlung des Themas, die mit method. Geschick, mit energischem Lehrton und außerordentlich gründlich erfolgte. Besonders anerkennenswert ist das Bemühen der Lehrerin um Steigerung der Denk- und Urteilskraft der ihr anvertrauten Kinder.

Eine Folge dieses Bemühens ist die trotz minderer Begabung doch recht rege Anteilnahme am anregenden Unterrichte. Auch der Erziehungsstand der Klasse ist zu loben.

III. Beobachtungen und Ergebnisse in einzelnen Unterrichtsgegenständen

1. Sachunterricht:

In der Kulturkunde stehen folgende Themen zur Wiederholung.

a) Die Blütezeit der Vaterstadt.
b) Wodurch Regensburg groß wurde.
c) Die Auswirkung der Blütezeit in der Kunst.
d) Die verschiedenen Stilarten mit besonderer Berücksichtigung des romanischen Stils.
   Kennzeichen desselben. Beispiele in der Jakobskirche.
   Die Wiederholung ließ methodisch einwandfreie Behandlung dieser Themen erkennen.
   Dem Veranschaulichungsprinzip ist Rechnung getragen durch fleißige Benützung der Landkarte (siehe Handel) u. durch häufige Unterrichtsgänge (Hinweis auf Jakobskirche).
   Die Kinder zeigten sich gut unterrichtet. Es wurde nichts Eingelerntes, sondern Erarbeitetes geboten. Auch ein wiederholendes Unterrichtsgespräch aus der Gesundheitspflege über die Bedeutung der Haut und die Pflege derselben hatte gute Erfolge.

2. Sprachunterricht:
Das Unterrichtsgespräch über die Pflege der Haut zeitigte ein Aufsatzthema mit der Überschrift: „Wie pflege ich meine Haut?" Die Sammlung des Stoffes machte den Kindern keine Schwierigkeiten. Aufgabe der Lehrerin war es, die Gedanken zu ordnen. Die außerordentlich gut vorbereitete Lehrerin löste diese Aufgabe mit großer Ausführlichkeit u. Gründlichkeit u. mit viel Geschick. Nachdem die Schreibweise schwieriger Wörter festgelegt war, wurde der Aufsatz gefertigt. Die Fertigung des Aufsatzes konnte aber nur zum Teil erfolgen, da die Zeit nicht reichte. Die sofortige Durchsicht ergab in Berücksichtigung der Begabung zufriedenstellende Resultate, sowohl in stilistischer als auch in orthographischer Beziehung. Zur Feststellung der Lesefertigkeit diente der 3. Gesang aus „Hermann u. Dorothea". Es kann festgestellt werden, dass der Großteil der Schülerinnen fließend u. gut betont liest. Die Inhaltsangabe dieses Gesangs gelang dem begabteren Teil der Schülerinnen in zusammenhängender Weise, während der weniger begabte Teil auf gestellte Fragen Antwort gab. Das Aufsatzheft enthält 18 Einträge, deren Themen der Gesundheitslehre, der Lektüre und interessanten Erlebnissen entnommen sind. Schilderungen, Erzähl- u. Briefform wechseln. Die Einträge zeigen Selbständigkeit. Die Einträge im Beobachtungsheft sind sorgfältig, interessant und mit Zeichnungen versehen.

3. Rechnen:
Mündliche, zum Teil schwierige Wiederholungsaufgaben wurden von der zum Denken erzogenen Schülerinnenschar in zufriedenstellender Weise gelöst.
Eine schriftliche Proberechnung gelang dem größeren Teil der Schüler.

4. Mündliche Sprachpflege:
Auf mündliche Sprachpflege wird gesehen. Der freie Vortrag von Gedichten und wertvollen kurzen Lesestücken wird noch mehr Gewandtheit bringen.

5.a) Schönschreiben: Die Schriften sind im Allgemeinen gewandt, könnten aber noch gefälliger sein
  b) Singen: nach Noten wird gepflegt. Ein zweistimmiges Lied wurde klangschön und rein vorgetragen.
  c) Zeichnen: Auf schmückendes Zeichnen wird Wert gelegt. Die vorgelegten Zeichnungen sind größtenteils mit Sorgfalt gefertigt.
Ein eigenes Zeichenheft zeigt gefällige Umrandungen u. Schriftübungen.

6. Führung der Hefte: Die Hefte sind gewissenhaft durchgesehen u. verbessert.

### IV. Schriftwesen

Der wöchentliche Lehrnachweis wurde eingesehen und in Ordnung befunden.

Tägliche Vorbereitung ließ sich aus dem vorbereiteten Aufsatz erkennen. Schülerliste und Stundentafel sind in Ordnung.

Regensburg, den 22. November 1928          [Unterschrift] Fr. Betz
                                           Bezirksschulrat

## [24] – [31]
## Aus Heften der Schülerin Erna Heeling
## 8. Klasse/Schuljahr 1929/30

### [24]
### Hausheft

[Es folgen die Überschriften der Texte im Heft]

Diktat

Diktat

Von der Berufswahl

Das Ohr

Die Finnen und Trichinen

Wintersonnenwende (Gedicht, ohne Autorenangabe)

Weihnachtslied (Gedicht, ohne Autorenangabe)

Hermann und Dorothea[61]

Notizen aus dem Religionsunterricht[62]

Übung[63]

Der Fischer. Ballade von Goethe

Unsere Beheizung einst und jetzt

---

61 Johann Wolfgang von Goethe: Hermann und Dorothea. Im Heft werden Personen aus dem Epos kurz charakterisiert: Apotheker, Wirt und Wirtin.
62 Notizen über Simon, Josef und Maria.
63 Sätze bilden.

**[25]**
**Aufsätze**
[im 1. Heft]

| | |
|---|---|
| 1. Aufsatz am 24.04.1929: | Die Geschichte eines Mohnsamens |
| 2. Aufsatz am 08.05.1929: | Das Wasser unser Freund |
| 3. Aufsatz am 22.05.1929: | Ein Tag aus dem Leben der Urmenschen |
| 4. Aufsatz am 05.06.1929: | Die Erlebnisse unseres Ausflugs |
| 5. Aufsatz am 19.06.1929 | Lieber Onkel! (Ein Brief) |
| 6. Aufsatz am 29.06.1929 | Unsere letzte Haushaltchemiestunde[64] |
| 7. Aufsatz am (ohne Datum) | Was ein rotes Blutkörperchen erzählt |
| 8. Aufsatz am 11.09.1929 | Inhalt des ersten Gesangs von „Hermann und Dorothea" |
| 9. Aufsatz am (ohne Datum) | Unser Besuch im Schottenhof |
| 10. Aufsatz am 02.10.1929 | Unser Atmungswerkzeug |
| 11. Aufsatz am 09.10.1929 | Unser Verdauungsapparat |

**[26]**
**Aufsätze**
[im 2. Heft]

| | |
|---|---|
| 23. Aufsatz am 21.02.1930 | Der Alkohol, ein trügerischer Freund |
| 24. Aufsatz am 27.02.1930 | Bewerbung um eine Stelle |
| 25. Aufsatz am 11.03.1930 | Kleine Helfer im Haushalt |

**[27]**
**Der 9. Aufsatz, ohne Datum, im Wortlaut**

Unser Besuch im Schottenhof
Gestern machten wir mit dem Herrn Pfarrer einen Ausflug nach Kelheim u. von da aus ~~gingen wir~~ nach Schottenhof. Frühmorgens fuhren wir schon ~~um ¼ 5 Uhr~~ fort. Alle kamen ~~noch~~ frühzeitig zur Bahn. Im Zug war alles lustig und die Zeit der Fahrt verging sehr schnell. Als wir in Kelheim

---

64 Hier fehlt der Text, Leerseiten.

anlangten, marschierten wir nach der Ferienkolonie Schottenhof. Es war erst 7 Uhr als wir dort ankamen. Hier lag alles noch im tiefsten Schlaf. Aber wir weckten alle Mädchen mit dem Lied „Es steht ein Lind in jenem Tal". Jetzt erwachte alles und man sah wie alle die Mädchen hinter den Fensterläden umher flüsterten. Bald kamen auch unsere drei zum Vorschein. Sie waren dick und von der Sonne braungebrannt. Wir gingen auch in die große Speisehalle und rasteten ein wenig. Wir hielten uns aber nicht lange auf, denn wir wollten noch weiter. Wir hatten sehr schönes Wetter. Wir verabschiedeten uns freundlich und zogen wieder weiter.
Auch berichteten wir ihnen, dass die Karolina Stier fortgekommen ist. Darüber waren sie hocherfreut.
[Anmerkung von Elly Maldaque: Verb: Frühmorgens um ¾ 5 Uhr fuhren wir schon fort.]

## [28]
## Der 24. Aufsatz vom 27.02.1930

Bewerbung um eine Stellung

        Regensburg, den 27. Februar 1930
        Euer Hochwohlgeboren!
 An
 die Firma Neuburger, Regensburg!

Bezugnehmend auf Ihre werte Annonce im „Fränkischen Kurier" erlaube ich mir, mich um diese Stelle zu bewerben. Ich bin die Tochter des Kaufmanns Friedrich Heeling und bin geboren am 9. November 1914. Bei der ärztlichen Untersuchung konnte der Arzt keine Krankheiten feststellen. Ich trat 1922 in die 1. Klasse der Volksschule ein und verblieb hier bis zur 8. Klasse. Am 1. Mai 1930 trete ich in die kaufmännische Abteilung der Fortbildungsschule über. Mein beiliegendes Zeugnis zeigt Ihnen meine Benotung in den verschiedenen Fächern. Ich gehöre der evangelischen lutherischen Kirche an. Mein beiliegendes Lichtbild gibt Ihnen über mein Äußeres Aufschluss.
    Vielleicht fällt Ihre Wahl auf mich.

       Hochachtungsvoll
       Erna Heeling

**[29]**
**Kulturkunde-Heft**
[Kapitelüberschriften]

| | |
|---|---|
| Geschichte von Regensburg | Zwei Geißeln des dunklen Mittelalters |
| Die ältere Steinzeit | 1. Hexenprozesse |
| Die jüngere Steinzeit | 2. Der Schwarze Tod |
| Die Bronzezeit | Der Barock-Stil |
| Die Eisenzeit | Der Rokoko-Stil |
| Die Römische Zeit | Die Säkularisation 1803 |
| Die Völkerwanderung | Napoleon in Regensburg 1809 |
| Wie entstand Bayern? | Der Empire-Stil 19. Jh. |
| Bayern und die Karolinger | Regensburg im 19. Jahrhundert |
| Regensburg, die Hauptstadt des neuen deutschen Reiches | |
| Die Blütezeit Regensburgs | Die Entwicklung der Industrie |
| Der romanische Stil | Das Verkehrswesen des 19. Jahrhunderts |
| Der gotische Stil | |
| Die bedeutendsten Bauwerke der Blütezeit Regensburgs | Die Industrie Deutschlands |
| | Die Rohstoffe der Erde |
| – Die Steinerne Brücke | Vom Handel |
| – Der Dom | [Mehrseitige Lücke] |
| – Das Rathaus | 2. Die Entstehung der Arbeiterklasse |
| Regensburgs Niedergang | 3. Das 19. Jahrhundert und die Entstehung des Klassenkampfes |
| Die Reformation | |
| Die Renaissance | 4. Karl Marx |
| Der Renaissance-Stil | 5. Wie wollten Marx und Engels den Arbeitern helfen? |
| | 6. Geschichtliches des Sozialismus |

**[30]**
**Wortlaut des Textes „Die Reformation"**

Die vielen Kämpfe, die die Regensburger zu führen hatten, führten zu einer Judenverfolgung (1519). So entstand an Stelle der Judenstadt ein völlig freier Platz, der heutige Neupfarrplatz. In dessen Mitte wurde eine neue Kirche errichtet mit einem Muttergottesbild, die schöne Maria genannt (Wallfahrtskirche). In dieser Zeit spielten sich die Konflikte zwischen Luther und dem Papst ab.

Ein großer Teil Deutschlands folgte der neuen Lehre. Auch ein großer Teil der Regensburger Bürgerschaft hing der neuen Lehre an. Der erste lutherische Pfarrer war ein Benediktiner aus St. Emmeram. Die meisten Patrizier stellten ihre Privatkapellen der neuen Lehre als Betsäle zur Verfügung, Religionsgespräch zwischen Professor Eck und Melanchthon in der Neupfarrkirche im Jahre 1541. Mit der Zeit wurden fast alle Bürger und Kirchen protestantisch. Erst allmählich gelang es dem Bischof und den Klöstern die Bürger wieder zu der katholischen Religion zurückzuführen. Zuletzt blieben nur die drei zur Stadt gehörigen Kirchen evangelisch.

## [31]
**Wortlaut des Textes „Karl Marx"**

Geboren zu Trier 1818 als Sohn eines Rechtsanwaltes, besuchte das Gymnasium, studierte dann in Bonn und Berlin Rechtswissenschaft, daneben Philosophie, seine Lieblingswissenschaft. Er war dichterisch begabt und las ungeheuer viel. Er wollte Professor der Philosophie werden, hatte aber wegen seiner freiheitlichen Gesinnung keine Aussicht auf Anstellung. Deshalb wurde er freier Schriftsteller. Mit 25 J[ahren] heiratete er die Tochter des Barons von Westphalen. Er war zuerst Mitarbeiter der „deutschen" Jahrbücher, dann Chefredakteur der „Rheinischen Zeitung". Wegen seiner freiheitlichen Gesinnung wurde er überall verfolgt und musste seine Stellen immer wieder aufgeben. Er ging nun nach Paris, die geistige Hauptstadt, um dort auch den Sozialismus zu studieren, er lernte dort mehrere gleichgesinnte Männer kennen, vor allem seinen späteren, treuen Freund Friedrich Engels. Dieser wurde sein Mitstreiter und Mitarbeiter. Marx war der Größere von beiden. Marx war mehr Dichter und Denker, Engels mehr der praktische Schriftsteller. Beide arbeiteten bald gemeinsam für die Befreiung der Arbeiterklasse. Marx aus Paris ausgewiesen, arbeitete dann in Brüssel, studierte Nationalökonomie (Wirtschaftslehre), hielt Vorlesungen darüber im Arbeiterverein, schrieb mit Engels zusammen einen Aufruf an sämtliche Arbeiter aller Welt, das Kommunistische Manifest mit dem Schlusswort „Proletarier aller Länder vereinigt Euch!" 1848 brach in Deutschland die Revolution aus. Marx ging nach Deutschland zurück und schrieb revolutionäre Aufsätze in der neuen „Rheinischen" Zeitung, wurde bald deshalb angeklagt, aber freigesprochen. Vollständig verarmt ging er wieder nach Paris, wurde wieder ausgewiesen und ging nach London. Dort vollendete er seine Lebensaufgabe, sein großes sozialistisches Werk das „Kapital". 1883 starb er.

## [32]
## Das Entlassungsschreiben vom 27.06.1930[65]

Gemäß Art. 5 Abs. II des Volksschullehrergesetzes[66] mit § 46 der Formationsordnung vom 17. Dezember 1825[67] wird Ihr Dienstverhältnis als Volksschullehrerin mit Wirkung vom 1. Juli 1930 aufgelöst. Von dem gleichen Zeitpunkt ab verlieren Sie den Anspruch auf Ihr Diensteinkommen und die Standesbezeichnung sowie die Aussicht auf Ruhestandsversorgung. Die Regierung hat die Überzeugung gewonnen, dass Sie Ihrer geistigen Einstellung nach der Bewegung des Kommunismus und des Freidenkertums angehören und wirkendes Mitglied der Kommunistischen Partei Deutschlands sind. Diese bestimmte Haltung zu einer auf gewaltsamen Umsturz der bestehenden Staats- und Kulturordnung hinarbeitenden Bewegung ist mit der Stellung eines Beamten und Lehrers unvereinbar. Ihr widerrufliches Dienstverhältnis war daher zu lösen.

[Unterschrift] von Rücker[68]

---

65 Das Entlassungsschreiben bzw. die Regierungsentschließung ist im Entwurf in der Personalakte enthalten. Es wurde von dem KPD-Abgeordneten Herbert Müller am 30. Juli 1930 im Landtag verlesen und wurde u. a. in der Allgemeinen Deutschen Lehrerzeitung abgedruckt: Nr. 36 vom 04.09.1930, S. 670 u. im Regensburger Echo, Nr. 30: 25.07.1930, S. 2.
66 Der Artikel 5,2 des Bayerischen Volksschullehrergesetz vom 14. August 1919 lautet: Das Dienstverhältnis des widerruflichen Lehrers kann von der Anstellungsbehörde jederzeit gelöst werden.
67 Die Formationsordnung vom 17. Dezember 1825 bzw. „Verordnung vom 17. Dezember 1825, die Formation, den Wirkungskreis und den Geschäftsgang der obersten Verwaltungsstellen in den acht Kreisen betreffend", regelte die Arbeitsbereiche und Zuständigkeiten zwischen den Ministerien und Kreisregierungen und sollte damit die oberste Behörde von bürokratischer Detailarbeit entlasten. Im § 46 war festgehalten, dass die Kreisregierungen u. a. für die Anstellung und Entlassung der Lehrer an den Volksschulen zuständig waren.
68 Ludwig von Rücker war von 1927 bis August 1930 Regierungspräsident in Regensburg.

## [33]
### Elisabeth Maldaque an die Regierung der Oberpfalz

Regensburg, den 5. Juli 1930

An
die Regierung der Oberpfalz
u. v. Regensburg, Kammer des Innern

Betreff:
Belastungsmaterial in Angelegenheit der
fristlosen Dienstentlassung der ehemaligen
Lehrerin Elisabeth Maldaque

Die Unterzeichnete stellt das Ersuchen, beiliegendes Belastungsmaterial meiner fristlosen Dienstentlassung vom 27. Juni 1930 entgegennehmen zu wollen, bis ich meine mir zustehende Beschwerde an das Staatsministerium für Unterricht und Kultus eingereicht habe, die ich bisher nicht fertigzustellen in der Lage war, da ich vor einem Nervenzusammenbruch stehe.

[Unterschrift] Elisabeth Maldaque
Orleansstr. 4/0

[Dieses Schreiben ist folgendermaßen gestempelt: Regierung Oberpfalz. Kammer d. Innern. Eingelaufen: 5. Jul. 1930. Handschriftlich ist dem Stempel angefügt: – 1 Tagebuch –]

## [34]
### Ein Nachruf[69]

**Elly Maldaque †**

Aufs tiefste erschüttert standen die Mitglieder des Bayerischen Lehrerinnenvereins am 23. Juli am Grabe unseres lieben Mitgliedes, Elly Maldaque, Lehrerin in Regensburg.
Die unerwartete Nachricht ihrer sofortigen, fristlosen Entlassung riss sie mitten aus der Bahn und beschied ihr Tage schwerster seelischer Kämpfe,

---
[69] Bayerischen Lehrerinnenzeitung, Nr. 15/16: 1./16.08.1930, S. 177f.

qualvolle Leiden und bitteren, allzu frühen Tod. So zerbrach ein Menschenkind, dem Vorzüge der Natur, reiche Geistesgaben und günstige äußere Verhältnisse alle Gewähr boten für einen besonnten Lebenslauf. So schied eine wertvolle Persönlichkeit von uns, voll hoher – vielleicht allzu hoher – Ideale.

Recht und Wahrheit waren die Leitsterne ihres Strebens, aber auch die Motive ihrer Kämpfe, die sie stets mit offenem Visier führte. Wie schmerzlich empfand sie die soziale Not der Darbenden und Arbeitslosen! Wie viel Elend milderte sie durch stille, persönliche Opfer!

Ihr Verständnis für Vereinsgemeinschaft und Vereinsarbeit führte sie schon nach Seminaraustritt in unsere Reihen und löste sich aus in wahrer, hilfsbereiter Kollegialität.

Dass auch ihre Wirksamkeit als Lehrerin in weiten Kreisen hochgeschätzt wurde, beweist der ergreifende Schmerz der Schüler und Schülerinnen, bezeugt die evangelische Elternvereinigung, die die Rehabilitierung unserer Kollegin forderte – eine Tat, die uns Lehrerinnen mit Genugtuung und Dank erfüllt.

Auch der Bayer. Lehrerinnenverein, Kollegen und Freunde bemühten sich, die Behörden zu veranlassen, auf Grund veränderter Tatsachen den Fall erneut und wohlwollend zu prüfen. Und wir hatten Aussicht auf Erfolg. Ach, dass dieser Hoffnungsstrahl die Nacht des traurigen Wahnes der armen Kranken nicht mehr erhellen konnte! Darin liegt ein tiefes Weh.

Und doch ist's, als ob ein Hauch des Friedens herüberzöge aus besseren Gefilden, als hörte man den Chor der höheren Geister tröstend rufen: ‚Wer immer strebend sich bemüht, den können wir erlösen.'[70]

Du liebe Elly Maldaque! Du wolltest nur das Gute. Des wollen wir stets eingedenk sein. Ruhe sanft im ewigen Frieden!

*Regina Widmann*,
Kreisvorsitzende.

---

[70] Johann Wolfgang von Goethe: Faust, Zweiter Teil, 5. Akt, Bergschluchten, Engel schwebend, Fausts Unsterbliches tragend.

# Eltern nehmen Stellung

Eltern von Schülerinnen und Schülern Maldaques nahmen die Entlassung der Lehrerin zum Anlass, ihr das Vertrauen auszusprechen. Neun Briefe bzw. Stellungnahmen befinden sich in der Personalakte Maldaque im Staatsarchiv Amberg. Vier sind im Folgenden dokumentiert. Sie zeigen die unterschiedlichen Motive der Eltern. Hinzu kommt eine Entschließung, die in einer Elternversammlung am 7. Juli 1930 verabschiedet und an die Regierung der Oberpfalz geschickt wurde. An dieser Versammlung nahm Maldaque teil und beantwortete Fragen der Eltern. Die Entschließung ist von 37 Eltern unterschrieben, Ehepaare einzeln gerechnet. Es waren in der Mehrheit Eltern der 2. Klasse, die Maldaque im Schuljahr 1930/31 bis zu ihrer Entlassung im Juli 1930 unterrichtete. Hinzu kamen Eltern von Mädchen der 8. Klasse aus dem Schuljahr 1929/30, die Maldaque zuvor unterrichtet hatte. Die Entschließung der Eltern wurde fünf Tage nach dem Tod Maldaques u. a. im *Regensburger Echo*, Nr. 30 vom 25. Juli 1930, S. 2 mit den Unterschriften der Eltern veröffentlicht.
(Die Briefe und Stellungnahmen der Eltern werden in neuer Rechtschreibung, Hervorhebungen in den Texten in Kursivschrift wiedergegeben.)

## [35]
**Brief von Herrn Hammer,**
**Buchhalter der Firma**
**Edmund Jacobi Nachf. Regensburg**

An Frl. *Maldaque*,
Hochwohlgeboren
Regensburg, Orleansstraße

Von bekannter Seite ist mir Ihr Fall geschildert worden. Man hat mich auch ersucht, auf Grund meiner Erfahrungen hierzu Stellung zu nehmen. Ich komme diesem Ersuchen gerne nach und stelle es Ihnen anheim, meine Erklärung als Beweismaterial Ihrer vorgesetzten Stelle gegenüber zu verwerten, wie ich Ihnen in dieser Angelegenheit auch sonst meine Dienste gerne zur Verfügung stelle.

Ich zweifle nicht daran, dass die Sache in einem für Sie günstigen Sinne entschieden wird und begrüße Sie
hochachtungsvoll!
[Unterschrift] Hammer

Regensburg, 2. Juli 1930

Mein Sohn, *Karl Hammer*, besucht zurzeit die unter Leitung von Frl. Maldaque stehende 2. Klasse der evang. Volksschule, Von der Tann Straße, Regensburg.
Zu meiner großen Überraschung habe ich nun erfahren müssen, dass Fräulein Maldaque ab 1.7.30 angeblich wegen ihrer kommunistischen Einstellung fristlos aus dem Schuldienst entlassen worden ist. Ich bedaure diesen Umstand außerordentlich, und zwar nicht nur, weil für die Kinder nunmehr wieder ein Wechsel in der Lehrkraft bevorsteht und deshalb, weil mir infolge dieses neuerlichen Wechsels ein geregelter Unterricht der Kinder geradezu gefährdet erscheint, sondern ganz besonders, weil ich auf das Bestimmteste weiß, dass die Kinder mit großer Liebe ihrer Lehrerin zugetan waren.
Ohne die Gründe, die diese ungeheuerliche Maßnahme veranlassten, näher zu kennen, erkläre ich als Erziehungsberechtigter meines Kindes, dass ich mich um die Schulangelegenheit meines Buben von der ersten Schulstunde an persönlich angenommen habe. Ich erfahre von meinem Kind alles, was in der Schule vorgeht und es liegt mir persönlich sehr viel daran, genau darüber orientiert zu sein, wer meinen Buben in der Schule unterrichtet und erzieht. Ich habe aus dem Unterrichtsstoff, aus den Hausaufgaben und den sonstigen Eindrücken, die mein Kind zuhause von der Schule erzählt, die feste Überzeugung gewonnen, dass sich der Bub bei Frl. M. in guten Händen befindet.
Ich erkläre ferner, dass ich auf dem Boden christlicher Weltanschauung stehe, politisch rechts eingestellt und seit Jahren in Ausschüssen größerer hiesiger vaterländischer Verbände im vaterländischen Interesse tätig bin. Ich habe somit das größte Interesse daran, dass mein Kind ebenfalls in diesem Sinne erzogen wird. Ich würde es mir auch unter keinen Umständen bieten lassen, wenn mein Bub in der Schule irgendwelchen politischen Einflüssen oder gar linksradikalen Erziehungsmethoden ausgesetzt wäre.
Ich bin mit Frl. Maldaque weder bekannt noch verwandt noch an ihren Berufs- und Privatinteressen irgendwie interessiert, ich kenne das Fräulein nur, wie eben Eltern die Lehrer ihrer Kinder zu kennen pflegen.

Gerade auf Grund dieser Tatsachen erscheint es mir daher erforderlich, ausdrücklich zu bestätigen, dass ich an der Lehrmethode von Frl. M. <u>nicht das geringste auszusetzen habe und dass ich an meinem Kinde niemals etwas hatte wahrnehmen können, was darauf schließen ließe, dass das Kind in der Schule in kommunistischem Sinne aufgeklärt oder beeinflusst wird.</u>

Im Übrigen ist doch anzunehmen, dass der ungeheuerliche Fall von höherer Stelle aus eine Nachprüfung erfahren wird.

Ich zweifle nicht daran, dass bei dieser Gelegenheit die Haltlosigkeit der Verdächtigungen erwiesen wird und wir dann Frl. M. wieder als Klassenlehrerin unserer Kinder begrüßen können.

Ich wünsche dies nicht nur im Interesse der Kinder selbst, sondern ganz besonders auch im Interesse von Wahrheit und Gerechtigkeit.

[Unterschrift] Hammer
seit 25 Jahren Buchhalter der Firma
Edmund Jacobi Nachfolger Regensburg

## [36]
## Brief des Kaufmanns Georg Black

Zu meinem Befremden und Bedauern erfahre ich, dass Fräulein Elisabeth Maldaque, bisher Lehrerin an der evangel. Schule unterer Stadt in Regensburg vom Schuldienst fristlos entlassen wurde, weil sie in politischer Hinsicht eine kommunistische Einstellung hat.

Als Vater eines Schülers von Fräulein Maldaque gebe ich die Erklärung ab, dass ich nie die Wahrnehmung einer der christlichen Schule widersprechenden Erziehung und Unterrichtsmethode durch Fräulein Maldaque machen konnte.

Ich habe drei kleine Söhne in der evangel. Schule unterer Stadt, ich spreche mit meinen Kindern viel über die Vorgänge in der Schule, ich überwache die Aufgaben persönlich und helfe den Kindern, wenn es nötig erscheint, ich bin selbst in der Schulpflegschaft und halte es für meine Pflicht durch Nachfragen über meine Kinder den Kontakt mit der Schule aufrecht zu erhalten.

Ich habe die Erfahrung gemacht, dass mein Sohn Walter an Fräulein Maldaque eine vorzügliche Lehrerin hatte, die den Kindern gegenüber streng, gerecht und sehr liebevoll war. Die Fortschritte, die mein Kind bei Fräulein Maldaque machte, waren sehr gute. Ich hatte stets den Eindruck, dass Fräulein Maldaque, bei aller Güte, eine große Autorität den Kindern gegenüber besitzt, mein kleiner Sohn sprach immer mit Verehrung und Begeisterung von seinem Fräulein.

Ich halte es für ausgeschlossen, dass Fräulein Maldaque den Kindern gegenüber je Äußerungen gebraucht hat, die einer christlichen Schule widersprechen.

Mir sind die persönlichen, politischen Anschauungen Frl. M.'s bisher völlig unbekannt gewesen, da sie ja meines Wissens nach dieser Richtung hin in der Öffentlichkeit nicht hervorgetreten ist.

Ich bin persönlich politisch rechts eingestellt, stehe auf dem Boden christlicher Weltanschauung, gehörte einer Anzahl Jahre dem Kirchenvorstand der evangel. Kirche unterer Stadt an, bin seit nahezu 20 Jahren II. Vorsitzender des eingetragenen Evangel. Vereins der Gesamtgemeinde Regensburg und bin Mitbegründer und langjähriger 1. Vorsitzender des Evangel. Jugendvereins gewesen.

Ich stehe in keinerlei persönlicher oder freundschaftlicher Beziehung zu Fräulein Maldaque, ich kenne sie nur als Lehrerin meines Kindes; wenn ich diese Erklärung abgebe, so geschieht es lediglich aus Billigkeits- und Gerechtigkeitsgründen und weil ich es für die geistige Weiterentwicklung meines Kindes nicht für günstig halte, wenn das Kind einem steten Lehrerwechsel unterliegt und besonders in diesem Falle, wo Eltern und Kinder mit der Lehrkraft zufrieden waren.

     Regensburg, 3. Juli 1930
     [Unterschrift] Georg Black
     Kaufmann, Minoritenweg 12

[Das Folgende ist in Handschrift dem obigen Schreiben angefügt]


Mein Sohn Ernst ist Schüler der 2. Klasse bei Frl. Maldaque. Den vorstehenden Ausführungen d. Hr. Black schließe ich mich voll und ganz an.

     Re. 3. 7. 30
     [Unterschrift] Anton Burkel
     Arbeitsvermittler b. Arb. Amt Rgsbg.

## [37]
## Brief der Eltern Sophie und Josef Jobst

Regensburg, d. 3. 7. 1930

Erklärung

Heute hörte ich, Fräulein Maldaque sei in der Schule entlassen worden, weil sie politisch sehr links eingestellt sei. Ich muss sagen, dass ich bis heute keine Ahnung hatte, ob und für welche Partei das Fräulein Interesse hat. Ich schätze sie sehr, weil sie eine tüchtige Lehrkraft ist. Meine zwei ältesten Töchter hatten das Fräulein im 8. Kurs als Lehrerin, da war sie sehr streng, jetzt hat meine Jüngste sie als Lehrerin im 2. Kurs, ich habe die Beobachtung gemacht, dass sie jetzt viel freundlicher mit den Kindern ist als früher. Meine Jüngste sagte erst kürzlich zu mir, Mutti, ich hab Fräulein Maldaque sehr lieb.

Es würde mir sehr leid tun, wenn wir das Fräulein verlieren würden, denn sie ist wirklich eine tüchtige Lehrkraft.

Achtungsvoll

[Unterschriften]  Josef Jobst        Frau Sophie Jobst
                 Stationsgehilfe    Regensburg, Obermünsterstr. 13/II

## [38]
## Brief von Frau Lotte Nusser

Regensburg, 7. 7. 30

Sehr geehrtes Frl. Maldaque!

Mit großem Bedauern habe ich von dem entsetzlichen Schicksalsschlag, der Sie betroffen hat, vernommen.

Ich wünsche Ihnen von Herzen, dass sich die Behörden eines Bessern besinnen u. Sie voll u. ganz in Ihre alten Rechte einsetzen.

Ich wünsche dies umso mehr, da ich Sie als Lehrerin meines Sohnes sehr schätzen gelernt habe u. ich bald überzeugt war, dass Sie sehr bestrebt waren, ihre vollste Pflicht zu tun.

Von Ihrer poli. Einstellung habe ich nicht die leiseste Ahnung u. habe ich auch niemals etwas beobachtet, was einer christlichen Schule zuwider laufen würde.

Mit besten Wünschen für die Zukunft

ergebenst

Frau Lotte Nusser

## [39]
## Die Entschließung der Eltern

Regensburg, den 11. Juli 1930

An die
verehrliche *Kreisregierung*
der Oberpfalz und von Regensburg
Regensburg

Betreff:
Entschließung eines Elternabendes
zur Wiederherstellung der Rechte der
Volksschullehrerin Elisabeth Maldaque

In der Anlage gestatte ich mir, einer sehr verehrlichen Regierung im Auftrage der Eltern die Entschließung des Elternabendes der Schüler Fräulein E. *Maldaques* zu überreichen mit der höflichen Bitte, davon Kenntnis zu nehmen.
Es haben einige Eltern der Kinder aus dem verflossenen 8. Kurs, den Fräulein Maldaque geführt, gebeten, an der Aussprache teilnehmen zu dürfen und sich der Resolution anzuschließen. Aus diesem Grunde ist neben der Unterschrift die Klasse vermerkt, zu der die betreffenden Eltern Beziehung haben.

[Unterschrift] Georg Black
Kaufmann

*Entschließung.*
Mit Befremden und Bedauern haben die unterfertigten Eltern von der fristlosen Entlassung der an der 2. Klasse der „von der Tannschule" angestellten Volksschullehrerin Elli *Maldaque* Kenntnis genommen. Die unterfertigten Eltern sind nach heute Abend erfolgter gegenseitiger Aussprache zu der *einstimmigen* Überzeugung gekommen, dass Fräulein Maldaque sich in keiner Weise einer Unterrichtsart bedient hat, die einer christlichen Schule widersprechen würde. Die Eltern sprechen hiermit Fräulein Maldaque das volle Vertrauen aus und bedauern es im Interesse ihrer Kinder, dass diese tüchtige, streng gerechte Lehrkraft den Kindern genommen wurde.
Der häufige Wechsel der Lehrkraft, wie es bei diesem Kurs der Fall ist, schädigt unbedingt die Vorwärtsentwicklung der Kinder.

Außerdem halten wir die fristlose Entlassung ohne jede Entschädigung nach so vielen Dienstjahren für eine unbillige Härte, umso mehr als sich Fräulein Maldaque keine unehrenhafte Handlung und keine Berufsverletzung hat zuschulden kommen lassen. Da Fräulein Maldaque unsere Kinder stets mit größter Hingabe betreut und belehrt hat, betrachten wir es als unsere menschliche Pflicht, die Regierung der Oberpfalz zu ersuchen, den Fall erneut zu prüfen und Fräulein Maldaque in ihre bisherigen Rechte wieder einzusetzen. Die Elternschaft bittet um der Kinder willen, Fräulein Maldaque dem 2. Kurs der evangelischen Volksschule der unteren Stadt wieder zurückzugeben.

Regensburg, den 7. Juli 1930

[Es folgen die Unterschriften von 37 Eltern, Ehepaare einzeln gerechnet. Die meisten Unterschriften stammen von Eltern mit Kindern in der 2. Klasse (29), weitere 7 Unterschriften von Eltern mit Töchtern in der vorausgegangenen 8. Klasse und eine Unterschrift von einer Mutter mit einer Tochter in der 2. und einer Tochter in der vorausgegangenen 8. Klasse.]

# Berichte der Politischen Polizei über Elly Maldaque

Die Berichte der Polizeidirektion Regensburg über Elly Maldaque basierten auf den Ermittlungen der Politischen Polizei. Diese bildeten das Material für die Begründung der fristlosen Entlassung Elly Maldaques aus dem Volksschuldienst 1930.

Die Politische Polizei war in der Weimarer Republik eine Abteilung bzw. Unterabteilung der Kriminalpolizei, die zunächst zur städtischen Polizei gehörte. Sie unterstand allerdings einem Stadtkommissar, der von der Kreisregierung bestellt wurde, und war vor allem „als Organ des Staatsschutzes gedacht"[71].

Die Regensburger Kriminalpolizei beschäftigte 1925 in ihren 7 Unterabteilungen 22 Beamte, die in der Alten Waag am Haidplatz untergebracht waren. Die größte Unterabteilung stellte die Fahndungsabteilung mit 5 Beamten, die vor allem „Verbrecherschlupfwinkel und das gesamte Stadtgebiet im Auge zu behalten und von lichtscheuen Elementen zu säubern" hatte.[72] Die Politische Polizei war mit 2 Beamten besetzt. 1924/25 überwachten diese 82 Versammlungen und schrieben darüber Berichte, darüber hinaus „88 Geheimberichte" und beschlagnahmten 43 Postsachen.[73] Am 1. April 1929 wurde die Regensburger Polizei verstaatlicht und erhielt eine Polizeidirektion, deren erster Leiter Friedrich Bermutten war. Hintergrund der Tätigkeit der Politischen Polizei war eine Reihe von rechtlichen Vorschriften, ausgehend vom Staatsschutzauftrag im § 64 der Bayerischen Verfassung. Dort hieß es, dass das „Gesamtministerium ... über die Sicherheit des Staates" wache und zur Sicherung der „Ruhe und Ordnung im Innern" oder bei „Gefahr eines Angriffs von außen" die „verfassungsmäßigen Grundrechte ganz oder teilweise außer Kraft" setzen könne.[74] Eine Reihe daraus folgender Gesetze und Rechtsvorschriften belegen, dass sich in Bayern „die stramm obrigkeitsstaatliche Tradition weit ungebrochener erhalten hatte" als in den Gesetzen des Weimarer Staates.[75] Hinzu kommt,

---

71 Faatz 1995, S, 59.
72 Bericht 1924/25, S. 173, Staatsbibliothek Regensburg.
73 Bericht 1924/25, S. 176, Staatsbibliothek Regensburg.
74 Verfassung des Freistaates Bayern vom 14. August 1919, Stamsried 2002, S. 69.
75 Faatz, 1995, S. 102.

dass die im 19. Jahrhundert im Königreich Bayern entstandenen staatlichen Behörden, wie z. B. die Kreisregierungen, mit ihrer obrigkeitsstaatlichen Orientierung und ihren politisch-polizeilichen Aufgaben, „die Veränderung der Staatsform nach 1918 völlig unbeschadet überstanden" haben.[76]
Bei den hier dokumentierten Polizeiberichten lassen sich drei Komplexe unterscheiden:
Einmal sind es die Berichte vom 11.11.1929 und vom 03.03.1930. Diese belegen, dass ein Spitzel – „Vertrauensperson" heißt es im ersten Bericht – in der KPD Regensburg der Politischen Polizei Informationen über Elly Maldaque lieferte.
Ein weiterer Dokumententeil besteht aus einem Bericht vom 25.03.1930, dem in der Anlage 18 Schriftstücke unterschiedlicher Art beigefügt wurden. Anlass für diesen Bericht und die vielen Anlagen war eine Personenüberprüfung Irene Neubauers, der Freundin Elly Maldaques, im Amtsgericht Regensburg.
Einen dritten Teil bildet die Auswertung der vorliegenden Polizeiberichte durch die Regierung der Oberpfalz bzw. das Referat für politische Angelegenheiten in der Regierung der Oberpfalz. Die Beurteilung Elly Maldaques anhand des gesammelten Polizeimaterials erfolgte durch Julius Hahn, der seit 1917 das politische Referat der Kreisregierung leitete, ab 1929 in der Stellung eines Regierungsdirektors. Von 1932 bis zu seiner Pensionierung 1936 war er Stellvertretender Regierungspräsident. Julius Hahn lieferte 1930 mit seiner Zusammenfassung und Einschätzung des vorliegenden Polizei-Materials die Begründung für das staatliche Vorgehen gegen Elly Maldaque: die Entlassung aus dem Volksschuldienst.
(Die Dokumente wurden der neuen Rechtschreibung angeglichen.)

## [40]
## Bericht über die kommunistische Bewegung vom 11.11.1929

Polizeidirektion Regensburg        Regensburg, den 11. November 1929

I. Bericht über die kommunistische Bewegung hier.
Am 9. November 1929, abends 8 Uhr, veranstaltete die hiesige K.P.D.-Ortsgruppe in der Wirtschaft zum „Alten Ratskeller" hier eine Revolutionsfeier. Der Besuch entsprach nicht den Erwartungen; es hatten sich etwa 25 Personen eingefunden. Als Redner des Abends sollte Franz

---
76 Faatz, 1995, S. 32 ff., hier S. 36.

B i n d l – Regenstauf (Pers. Bek.) sprechen, er erschien jedoch nicht. An seiner Stelle sprach Stadtrat Konrad F u ß etwa ¾ Stunden über die allgemeine Lage. Zwei Jugendgenossen, Leni Rauscher u. Kondöfer jun., trugen einige Rezitationen vor. Den Schluss bildete die gemeinsam gesungene „Internationale".

Seit etwa 4 Wochen findet im Parteilokal ein Parteikurs statt. Der Reichstagsabg. M e y e r – Nürnberg veranstaltet jeden Mittwoch abends Vorträge über den Marxismus, die III. Internationale usw. Zweck der Kurse ist die Heranbildung von Parteifunktionären. Teilnehmerzahl 5 – 8. Anschließend an die Vorträge findet Diskussion statt.

In letzter Zeit regte Meyer verschiedentlich die Gründung einer antifaschistischen Arbeiterwehr an. Während hier durch die bisherige ablehnende Haltung von Fritz Enderlein, dem Führer der ehem. RFB.-Ortsgruppe, eine Gründung noch nicht zustande kam, wird die Entstehung einer solchen in Regenstauf in Bälde erwartet.

Für die Gemeindewahl sind für Regensburg folgende Kandidaten vorgeschlagen:

1. F u ß Konrad (Pers. Bek.),
2. B r e m Karl (Pers. Bek.),
3. D a n n e r Marte, geb. 8.8.78 (Pers. Bek.),
4. P o p p Franz Xaver (Pers. Bek.),
5. G r a d l Michael (Pers. Bek.),
6. L u f t Karl (Pers. Bek.),
7. K o r n d ö r f e r Johann (Pers. Bek.) .

Seit einigen Wochen betätigt sich bei der KPD.-Ortsgruppe eine Lehrerin von hier, die nach Angaben des Mitteilers einen französisch klingenden Namen besitzt, 36 Jahre alt u. an der hies. Von-der-Tann-Schule tätig ist. Nach sonstigen Anhaltspunkten noch zu schließen, kommt hier die ledige Volksschullehrerin Elisabeth M a l d a q u e, geb. 5.11.93 zu Erlangen, wohnhaft Orleansstrasse 4 b. Schmidt, in Frage. Sie beteiligt sich auch an den vom Reichstagsabg. Meyer veranstalteten Parteikursen und soll nach einer neuerlich vertraulichen Mitteilung auch an der Revolutionsfeier teilgenommen haben, bei der sie am Klavier spielte.

II. Vorgelegt: dem Staatsministerium des Innern, <u>dem Präsidium der Regierung der Oberpfalz</u>, der Polizeidirektion München.[77] (Das Bezirksamt

---

77 Die politische Abteilung der Polizeidirektion München war die „inoffizielle politisch-polizeiliche Zentrale für ganz Bayern", s. Faatz, Martin, 1995, S. 72 ff.

Regensburg und der Stadtrat Regensburg wurden durch Übersendung eines Auszuges verständigt.)

## [41]
## Streng vertrauliche Mitteilung vom 01.03.1930

Geheim !   Eilt!

(Mit 1 Beilage)
Vorgelegt
dem Präsidium der Regierung der Oberpfalz und von Regensburg
in Regensburg,
mit dem Bericht, dass irgendwelche Beobachtungen über eine kommunistische Betätigung der Lehrerin Maldaque nach außen hin bis jetzt nicht gemacht werden konnten. Nach streng vertraulicher Mitteilung ist sie Mitglied der K.P.D.; sie ist aber ängstlich darauf bedacht, diese Tatsache vor der Öffentlichkeit geheim zu halten.

Ohne erhebliche Gefährdung der Vertrauensperson ist ein Vorgehen gegen M. zurzeit nicht möglich; bei sich bietender Gelegenheit wird aber das Weitere veranlasst und sofort berichtet werden.

Regensburg, den 1. März 1930<br>Polizeidirektion

## [42]
## Bericht über kommunistische Tätigkeit vom 25.03.1930

Regensburg, den 25. März 1930.

**Polizeidirektion Regensburg**        Geheim

An
das Präsidium der Regierung der Oberpfalz u. v. Regensburg
in R e g e n s b u r g.

Betreff: Kommunistische Umtriebe.
        18 Beilagen

Gelegentlich der am 21. März hier stattgefundenen Verhandlung gegen den Kommunisten Konrad Fuß wegen Religionsvergehens wurde beobachtet, wie sich Fuß vor Beginn der Verhandlung in auffallender Weise mit einer Frauensperson unterhielt, die schon früher in seiner Begleitung gesehen wurde und hier auch als Freidenkerin aufgetreten war; sie schien den kommunistischen Führerkreisen anzugehören.

In einem geeigneten Augenblick wurde die Unbekannte von einem Kriminalbeamten unauffällig kontrolliert. Sie nannte sich Irene N e u b a u e r, Berufsschullehrerin, geb. 4. 12. 94 zu Bamberg und gab als Wohnsitz Weimar, Nietzschestrasse Nr. 6 an.

Nachdem sie sich an Ort und Stelle über ihre Person nicht genügend auszuweisen vermochte, wurde sie zur Polizeidirektion verbracht. Dort bequemte sie sich nach längerem Zögern zu der Angabe, dass sie sich auf der Durchreise befinde und ihr Gepäck mit ihren Papieren bei ihrer Freundin, der Volksschullehrerin Elisabeth M a l d a q u e, Orleansstrasse Nr. 4/0 hier, hinterstellt habe. Die von zwei Kriminalbeamten im Beisein der Neubauer durchgeführte Nachschau bestätigte diese Angaben. In einem Handkoffer führte die Neubauer eine Menge Papiere mit sich, aus denen u. a. ihre Tätigkeit einwandfrei hervorging und die sie auch als komm. Intellektuelle erscheinen lassen.

Da in der Wohnung der Maldaque eine Menge komm. Literatur gesichtet wurde – auch ein Bild Lenins hing an der Wand – war mit Rücksicht auf die in der letzten Zeit vertriebenen kommunistischen Zersetzungsschriften nahe liegend, das die N. vielleicht solche Schriften in die Wohnung der M. verbracht hatte, weshalb dann eine Durchsuchung nach verdächtigem Material vorgenommen, aber nichts gefunden wurde.

Die Korrespondenz der Beiden wurde sichergestellt und mit deren Einverständnis später im Büro der Polizeidirektion, wohin sie auch zur Vernehmung bestellt waren, gesichtet. Nachdem eine strafbare Handlung nicht nachgewiesen werden konnte, erfolgte Entlassung und Aushändigung der zurückbehaltenen Papiere.

Von einer Anzahl der von Neubauer mitgeführten Papiere wurde ohne deren Wissen Abschriften gefertigt; sie sind dem Bericht beigeschlossen. Neubauer war ferner im Besitz einer:

   a) Mitgliedskarte der „Vereinigung oppositioneller Freidenker e. V." mit dem Vermerk: Übertritt am 15.7.1929 und den Beitragsmarken für August, September und Oktober;

   b) Mitgliedskarte des „Bund der Freunde der Sowjet-Union (Deutsche Sektion)" Berlin NW 7, Dorotheenstrasse 19/III, ausgest. V. Otto Küfner;

   c) Mitgliedskarte Nr. 00098 der „Allgemeine freie Lehrergewerkschaft Deutschlands e. V.", ausgest. 1.4.29 mit Betragsmarke von Januar mit September 1929, unterzeichnet von Walter Jörns;

d) Mitgliedskarte der „Internationale der Bildungsarbeiter" Avenue Mathurin Moreau Paris XIX/Mitgliedskarte für einzelne Mitglieder (je eine Mitgliedskarte für Jahrg. 1928 u. 1929/Preis M 4,-);
e) Deutscher Reisepass Nr. 3509, ebenfalls auf ihren Namen lautend ausgestellt am 29.9.27 v. Stadtvorstand Apolda – gültig für Deutschland, Ausland u. besetztes Gebiet mit folgenden Sichtvermerken und Grenzübertrittsstempeln:
1) franz. Generalkonsulat Leipzig v. 29.3.28; Gr.Uebertr. 13.4.28;
2) Italien. Gen.Konsul M ü n c h e n v. 31.3.28: Gr.Uebertr. 2.4.28;
3) franz. Konsulat M ü n c h e n v. 22.3.29 für 15tägigen Aufenthalt; Gr.-Eintr. Strassbourg 8.4.29;
4) franz. Gen. Konsulat L e i p z i g v. 1.7.29;
5) franz. Konsulat M ü n c h e n 15.10.29 für 15tägigen Aufenthalt mit einem Ausreisevermerk der Sûreté Strasbourg;
6) mit den tschech. Grenzübertrittsvermerken der Grenzstelle Vojtanow v. 1.10.28, 17.3.29 u. d. Gr.-Stelle (vermutlich) Eger v. 20.9.29.

Ferner wurden einige an sie adressierte Briefe des französischen Schriftstellers Henri B a r b u s s e vorgefunden, davon einer v. 28.8.29 (Abs.: H. Barbusse/ Sylvie/Aumont Par Senlis (Oise) und ein weiterer v. 7.11.29 (Abs.: H. Barbusse/Vigilia/Miramar/Par Theoule Alpes Maritimes). Eine kurze Überprüfung der (franz. geschriebenen Briefe) ließ erkennen, dass Neubauer mit Barbusse in regem, politisch-freundschaftlichem Gedankenaustausch steht. In einem Brief wird Neubauer von Barbusse aufgefordert, ihre Tätigkeit einmal auch in Frankreich in kommunistischem Sinne auszuüben, ein anderer Brief handelte von einer Verabredung zu einer persönlichen Zusammenkunft beider. Neubauer war auch im Besitze von 2 Lichtbildern des Barbusse. Die bisherigen „Urlaubsfahrten" der N. dürfen wohl mit der Person Barbusse in Verbindung gebracht werden.
Wie aus ihrer Einvernahme hervorgeht, bekennt sich Neubauer als Mitglied der KPD. Die im Nachsatz (Montag, den 2. Dezember) des Briefes der Maldaque an Neubauer vom 1.12.29 (Beilage Nr. 9) erwähnte Angelegenheit, dürfte die Kündigung der Neubauer zum (glaublich) 1.5.30 durch das Thür. Min. f. Volksbildung betreffen. Neubauer führte dieses Kündigungsschreiben mit sich, doch war nur seine ganz flüchtige Durchsicht möglich.
Bei der M a l d a q u e wurde außer dem im anruhenden Verzeichnis aufgeführten Material noch ein Rundschreiben der oppositionellen KPD.-

Gruppe Nordbayerns vorgefunden, dem eine schriftliche Stellungnahme der hiesigen KPD:-Ortsgruppe (vermutlich von Konrad Fuß geschrieben) angefügt war. (Anlage Nr. 14). In der Anlage befindet sich sodann ein Auszug aus einem Tagebuch der Maldaque, der ohne ihr Wissen gefertigt wurde und bemerkenswerten Aufschluss über ihre politische Einstellung gibt. Nicht weniger wichtig erscheinen in dieser Hinsicht ihre an die Neubauer gerichteten Briefe (Anlage Nr. 8, 9, 10 u. 11). Bei ihrer Einvernahme stellte Maldaque in Abrede, Mitglied der KPD. zu sein. Sie will auch nicht dem Freidenkerverband angehören.

Bei dem im Brief der Maldaque an die Neubauer v. 1.12.29 (Anlage 9) genannten kommunistischen Arzt dürfte es sich um den prakt. Arzt Dr. August K e r s c h e r von Nittenau, B.A. Roding handeln, welcher hier am 14.4.19 wegen hochverräterischer Umtriebe festgenommen und 1920 als Ortsgruppenführer der KPD. Nittenau bekannt wurde.[78]

Auf die Reg.Randentschl.d.K.d. J. vom 25.2.30 Nr. 730 M 13 wird Bezug genommen.

[Unterschrift] Bermutten

[Dem Schreiben des Direktors der Polizeidirektion Regensburg ist das Folgende handschriftlich angefügt]
    I.  An Ref. 12 z. K.
    II.  An Ref. 10 z. K. u. weiteren Veranlassung hinsichtlich der Lehrerin Maldaque.

Regensburg, den 28.3.30
Regierung der Oberpfalz u. v. Regensburg
Kammer des Innern
Präsidium
v. Gürner

## [43]
[Anlage 12 zum Bericht über kommunistische Tätigkeit vom 25.03.1930]
**Bericht über die Durchsuchung der Wohnung von Elly Maldaque**

Bei der am 22. März 1930 in der Wohnung der Lehrerin Elly M a l d a q u e vorgenommenen Haussuchung wurden die nachstehenden Mitgliedskarten und Zeitschriften vorgefunden:

---

78 Vgl. dazu das Glossar über August Kerscher.

1.) Mitgliedskarte Nr. 40531 des „Deutschen Arbeiter Abstinenten Bund" eingetragener Verein, die Organisation der sozialistischen Alkoholgegner.
Der Eintritt bei diesem Bund erfolgte am 18. Dezember 1929. Nach den Satzungen kann nur derjenige Mitglied werden, der einer sozialistischen Organisation angehört, die auf dem Boden des Klassenkampfes steht.
2.) Mitgliedskarte des „Bund der Freunde der Sowjet Union", Deutsche Sektion, Berlin NW.7, Dorotheenstrasse 19/II.
Diese Karte trägt die Nummer 878 und ist unterzeichnet von Otto Kühne.
Die Ziele und Zwecke dieses Bundes sind: Die Zusammenfassung aller Kräfte, die den imperialistischen Krieg bekämpfen und bereit sind, die Sowjet Union zu verteidigen, sowie die weiteste Aufklärung über die wirklichen Verhältnisse in der Sowjet Union zu verbreiten. Dies soll geschehen durch:
a) Herausgabe von Zeitschriften
b) Öffentliche Propaganda mittels Licht- und Filmvorführungen sowie in Wort und Schrift
c) Veranstaltung von internationalen Antikriegstagen usw.
3.) Mitgliedskarte Nr. 108 der „Internationale der Bildungsarbeiter", Avenue Mathurin Moreau, Paris XIX.
4.) Mitgliedsbuch und Pass Nr. 652086 des Arbeiter-Turn- und Sportbundes.
Die Bundesmitgliedschaft wurde am 20.12.29 erworben. Der Pass war mit dem Stempel des Freien Sportvereins Regensburg versehen.
5.) 48 Klebemarken der K P D zu den Kommunalwahlen 1929 (Sonderbeitragsmarken) zum Preise von 10 Pfg. das Stück.
6.) Zeitschrift „Die Linkskurve" Nr. 2 und 3, 2. Jahrgang, Monate Februar und März 1930. Herausgeber: Johannes R. Becher, Andor Gabor, Kurt Kläber, Erich Weinert und Ludwig Renn.
7.) „Neue Zeitung" Nr. 64 vom 18. März 1930 (Kommunistisches Organ)
8.) Klassenkampf" Nr. 63 vom 15.3.30 (Kommunistisches Organ für den Bezirk Halle/Merseburg.)
9.) „Der Atheist" Nr. 8, Jahrg. 1930. (Organ für politische internationale Freidenker.)
10.) „Der drohende Krieg", Heft Nr. 2, 8. Und 9. Jahrgang 1929. (Politisches und wirtschaftliches Bulletin des Bundes der Freunde der Sowjet-Union.)

11.) „Der Freidenker" Nr. 7 vom Juli 1929 (Zentralorgan des Verbandes für Freidenkertum und Feuerbestattung)
12.) „Monde" Nr. 91 vom 1.3.30. (Redaktion Administration Publicite 50 r. Etienne Marcel Paris.) Es ist dies eine internationale, kommunistische Zeitung.
13.) „Proletarische Freidenker-Stimme", bisher „Der Gottlose" Nr. 3 für März 1930.
14.) „Die Lehrer-Internationale" Nr. 4, 5 und 10, letzte Nummer vom März 1930. (8. Avenue Maturin Moreau Paris XIX.)
15.) „Rot-Front-Liederbuch."
16.) „Das kommunistische Manifest."
17.) „Allgemeine Geschichte des Sozialismus und der sozialen Kämpfe" 5. Teil.[79]
18.) „Die internationale Pressekorrespondenz" Nr. 21 vom 28.2.30. (Zentralversand Berlin C 25 Bartelstrasse 1–5/III.)
19.) „Der Gottlose" Nr. 11 vom November 1929.
20.) „Flugzeug" Der Kreuzzug der Kirchen gegen die Sowjetunion.
21.) „Klassenkampf" Nr. 64 vom 17.3.30.
22.) „Nordbayerische Volkszeitung" Nr. 61 vom 15.3.30.
23.) „Trommel" Nr. 2, Februar 1930. Erscheinungsort Berlin, C 25 Kl. Alexanderstrasse 28.

**[44]**
[Anlage 17 zum Bericht über kommunistische Tätigkeit vom 25.03.1930]
**Über Irene Neubauer vom 21.03.1930**

Polizeidirektion Regensburg.  Regensburg, den 21. März 1930

Wegen Verdachts der Verbreitung kommunistischer Zersetzungsschriften wurde heute vorläufig festgenommen und zur Feststellung ihrer Person und zur Kontrolle ihrer Sachen zur Kriminalpolizei verbracht:

---

79 Beer, Max: Allgemeine Geschichte des Sozialismus und der sozialen Kämpfe, 5. Teil: Die neueste Zeit bis 1920. Berlin: Verlag für Sozialwissenschaft, 1923. Max (Moses) Beer wurde 1864 in Tarnobrzeg, in Galizien, das damals zu Österreich-Ungarn gehörte, geboren. 1934 emigrierte er nach London und starb dort 1943. Er war Historiker und Journalist, lebte u. a. längere Zeit als Korrespondent für sozialdemokratische Zeitungen in New York, von 1902 bis 1912 als Korrespondent des „Vorwärts" in London. Die fünfteilige Geschichte des Sozialismus und der sozialen Kämpfe, beginnend mit dem Altertum, ist sein Hauptwerk.

N e u b a u e r  Irene, led. Berufsschullehrerin, geb. 4.12.94 zu Bamberg, thüringsche Staatsangehörige, Eltern: Johann und Josephine Neubauer, letzt. Geb. Schonath, dissident, Weimar, Nietzeschestrasse 6 wohnhaft.
Auf Einvernahme gab sie folgendes an:
„Ich befinde mich auf der Durchreise und wohne vorübergehend bei meiner Freundin Fräulein Elisabeth  M a l d a q u e , Orleansstrasse 4/0. Ich bin am 19. März hier von München eingetroffen. In München habe ich mich zum Zwecke meiner Erholung bei meiner Mutter, Josephine Neubauer, Studienratswitwe, Bechsteinstrasse 7, aufgehalten. Laut der in meinem Besitze befindlichen Zeugnisse des Thüring. Berufsschulrat in Jena v. 17. 1. 30 und des Thür. Volksbildungsministeriums in Weimar v. 20. 2. 30 bin ich zur Wiederherstellung meiner Gesundheit vom 15. Januar bis 8. April 1930 beurlaubt. Seit 7 Jahren bin ich an der Berufsschule Apolda tätig. Ich kenne Frl. Maldaque seit meinem 17. Lebensjahr; wir beide besuchten rnitsammen das Lehrerinnenseminar. Bis heute haben wir die Bekanntschaft aufrechterhalten und ich habe Fr1. Maldaque schon öfters in Regensburg besucht. Das Referentenmaterial zum Intern. Frauentag am 8. März und zum Welterwerbslosentag am 6. 3. 30 wurde mir von der KPD-Bezirksleitung in  J e n a  zugesandt. Ich bin Mitglied der KPD und der Freidenkeropposition in Jena. Ich bestreite, dass ich eine Funktion bei der KPD bekleide. Ich habe mich auch noch nie mit der Verbreitung kommunistischer Zersetzungsschriften befasst. Der Verhandlung gegen Konrad Fuß wegen Religionsvergehens am hiesigen Amtsgericht habe ich heute lediglich aus persönlichem Interesse für Herrn Fuß beigewohnt, den ich außerordentlich schätze. Ich möchte ausdrücklich bemerkt wissen, dass ich die Versammlungen (Frauen …) der Freidenkeropposition in Bürgel, die zu halten ich von der Komm. B. L. in Jena aufgefordert wurde, nicht gehalten habe. Ich wollte heute nachmittags mit dem um 13 Uhr 43 hier nach Hof abgehenden Personenzug Regensburg verlassen."

      Für d. Richtigkeit:               V.g.u.u.:
      Stegerer, Kr.K.                  gez. Irene Neubauer

## [45]
## Julius Hahn[80], Leiter des Referats für politische Angelegenheiten bei der Regierung der Oberpfalz, über Elly Maldaque, 02.05.1930
[Der Text ist handschriftlich verfasst]

Aus der Vorlage der Polizeidirektion Rgbg vom 25. III. 30 geht mit Bestimmtheit hervor, dass die Volksschullehrerin Elisabeth Maldaque in Regensburg Angehörige der KPD und ~~Mitglied~~ Anhängerin der Freidenkerbewegung ist. Sie hat offensichtlich seit Jahr und Tag immer engeren Anschluss an die kommunistische Bewegung gesucht und gefunden. Bezeichnend ist hier der Tagebucheintrag vom 14. 7. 29 sowie die im Brief vom 2. 3. 30 kundgegebene Absicht einer Rußlandreise, deren Kosten zum Teil von den „Freunden Sowjet-Russlands" bestritten werden.

Sie betätigt sich ebenso eifrig als Kommunistin wie als Freidenkerin. Mit dem Führer der Regensburger Kommunisten Konrad Fuß steht sie offensichtlich in enger Fühlung. Als Intellektuelle spielt sie in den beiden oben genannten Bewegungen keineswegs eine untergeordnete Rolle. Es muss damit gerechnet werden, dass sie hier mit der Zeit eine Führerin wird.

Ob sie sich auch im Unterricht im Sinn des Kommunismus und des Freidenkertums betätigt, geht aus der Vorlage nicht hervor. Immerhin gibt der Tagebucheintrag vom 5. 3. 29 (?) – ~~Anl. 16 Bl. 2~~ – Anlass zum Nachdenken.[81]

Ob und inwieweit Maldaque auch durch häusliche Verhältnisse auf die abschüssige Bahn gebracht worden ist, könnte vielleicht noch untersucht werden. Sie wohnte ehedem bei ihrem Vater, dem Hausbesitzer und vorm. Waffenmeister M. in der Weißenburgstraße 27 neben mir. Ihre Mutter ist

---

80 Der Jurist Julius Hahn war seit 1917 in der Regierung der Oberpfalz tätig als Leiter des Referats für politische Angelegenheiten (Ref. 2), seit 1.09.1929 als Regierungsdirektor, von Mitte 1932 bis 1936 als stellvertretender Regierungspräsident.

81 Hahn bezieht sich auf die Anlage 16 zum Bericht über kommunistische Tätigkeit vom 25.03.1930. Dabei handelt es sich um kurze Auszüge aus dem Tagebuch Maldaques, die die Politische Polizei heimlich bei der Wohnungsdurchsuchung gemacht hat. Der Auszug, den Hahn meint, ist im Tagebuch Maldaques unter dem 14.7.1929 eingetragen und nicht unter dem 5.3.1929; s. auch Dok. 14.
Hahn unterstellte, dass Maldaque die Kinder zu „Versuchskaninchen" kommunistischer und freidenkerischer Beeinflussung macht.

vor einigen Jahren ziemlich rasch gestorben;[82] das Verhältnis zwischen Mutter und Tochter war anscheinend ein sehr gutes. Im Vorjahr hat der Vater, der schon in den 70er Jahren stehen dürfte,[83] wieder geheiratet. Die Folge war, dass die M. das Elternhaus verließ. Zwischen Vater und Tochter besteht, was die politischen und religiösen Anschauungen betrifft, ein geradezu krasser Gegensatz. Der Vater kann m. E. als religiöser Schwärmer bezeichnet werden und steht politisch anscheinend weit rechts. Vielleicht haben diese Verhältnisse auf die Entwicklung der politischen und religiösen Anschauungen der M. ihren Einfluss mit ausgeübt. Es drängt sich mir auch unwillkürlich die Frage auf, ob nicht die Tochter vom Vater den Schwarmgeist geerbt hat, der sich allerdings auf der ganz entgegengesetzten Richtung ausgewirkt hat. Die M. ist m. W. das einzige Kind, nachdem ein Bruder als Offizier im Krieg gefallen ist[84].

Regensburg, 2. Mai 1930.<br>Ref. 2<br>[Unterschrift] Hahn

## [46]
## Bericht der Polizeidirektion Regensburg vom 24.07.1930 über die politische Tätigkeit Elly Maldaques

**Polizeidirektion Regensburg**                Regensburg, den 24. Juli 1930

An
das Präsidium der Regierung der Oberpfalz
u. v. Regensburg, Kammer des Innern
in R e g e n s b u r g

Betreff: M a l d a q u e Elisabeth, deren politische Tätigkeit.

Beilagen:
2 Zeitungsausschnitte g. R.
1 Berichtsabdruck

---

82 Elly Maldaques Mutter starb am 25.03.1927 im Alter von 56 Jahren.
83 Der Vater Maldaques war im Mai 1930 genau 70 Jahre alt.
84 Maldaques Bruder ist im Ersten Weltkrieg, am 18.07.1916, gefallen.

Im Vollzug fernmündlichen Auftrags berichte ich Folgendes:
Die Polizeidirektion Regensburg erhielt anfangs November 1929 von der politischen Tätigkeit der Lehrerin Maldaque von hier Kenntnis.
Im Oktober 1929 wurde im Parteilokal der hiesigen Ortsgruppe der KPD, dem alten Ratskeller, durch den Reichstagsabg. M e y e r – Nürnberg, ein Parteikurs abgehalten. Die Vorträge über Marxismus, III. Internationale, Heranbildung von Parteifunktionären usw. fanden an den Mittwochabenden mit anschließender Diskussion statt, daran hat sich auch M. beteiligt. Bei der am 9. November 1929 von der KPD veranstalteten Revolutionsfeier im alten Ratskeller hatte sie durch ihre Klaviervorträge aktiven Anteil genommen. In dieser Zeit fanden auch in der Wohnung des Parteigenossen G r a f, St. Mangg. 34, Vorträge des Lenin-Zirkels (Bund zur Vertiefung des kommunistischen Programms) statt, wo sie selbst Vorlesungen hielt.
Am 12. April 1930 nahm sie an einer Mitgliederversammlung der KPD, bei der ein Lichtbildervortrag über internationale Arbeiterhilfe stattfand, teil, desgleichen an einer am 15. April stattgefundenen öffentl. Erwerbslosenversammlung, an einer am 21. April stattgefundenen kommunistischen Arbeitsgebietskonferenz und an einer am 11. Mai abgehaltenen Besprechung der oppositionellen Freidenkergruppe.
Wie sie bei ihrer Vernehmung am 21. März bei der Polizeidirektion selbst zugab, hat sie im Jahr 1929, vor Auflösung des RFB, etwa 10mal an die Genossen mit Klavierbegleitung Gesangsunterricht erteilt und im November 1929 bei der von der KPD-Ortsgruppe veranstalteten Leviné-Feier teilgenommen. An einer Anzahl von Diskussionsabenden, die in den Wohnungen verschiedener Genossen stattfanden hat sie regen Anteil genommen.
Wie anfangs 1930 bekannt wurde, stand M. bereits schon im Jahr 1928 in Verbindung mit den Kommunisten, insbes. deren Führer Konrad F u ß. Fuß hat sie damals schon wiederholt in der Wohnung ihres Vaters besucht und mit ihr politische Gespräche geführt, was zu einer Entzweiung zwischen ihr und ihrem Vater führte. Daraufhin zog sie von ihrem Vater weg und mietete sich am 15. 5. 29 Orleansstrasse 4 ein, wo sich die Besuche fortsetzten. Dort hatten sich auch am 28. November 1929 nach einer kommunistischen Versammlung die Reichstagsabgeordneten E w e r t und E n d e, sowie der damalige Stadtrat Fuß von hier eingefunden und bis früh 3 Uhr dort aufgehalten.
Bei der am 4. August 1929 von der KPD geplanten und von der Polizeidirektion verbotenen „Antikriegsdemonstration" hatte sie im Auftrag der KPD für dieselbe Spitzeldienste gegen die Polizei geleistet.

2 Zeitungsausschnitte aus der „Neuen Zeitung" Nr. 165 vom 22.7.30 und Nr. 166 v. 23.7.30, um deren seinerzeitige Rückgabe gebeten wird, liegen bei.

[Unterschrift] Bermutten

**[47]**
**Bericht der Politischen Abteilung der Polizeidirektion Regensburg vom 23. 07. 1930**
**Betreff: Beerdigung der Lehrerin Elly Maldaque**

Am 23. Juli 1930, nachmittags 3 Uhr, fand im hiesigen Zentralfriedhof die Beerdigung der am 20. 7. 30 in der Heil- und Pflegeanstalt hier verstorbenen Lehrerin

<u>Elly Maldaque</u>

statt.
Es hatten sich ca. 500 Personen eingefunden, von welchen der größte Teil als sensationslüsterne Neugierige anzusprechen ist.
Die Einsegnung nahm Pfarrer Baumann vor.
Es hatte sich auch der Freie Arbeiter Turn- u. Sportverein Regensburg unter Führung des Stadtrats Ludwig Ehrensperger eingefunden. 8 Mitglieder dieses Vereins waren in Turnerjacke und wollten die Verstorbene zu Grabe tragen. Die Friedhofsverwaltung – Herr Fritsche – hatte dies nicht gestattet. Zu einer Auseinandersetzung ist es deshalb nicht gekommen. Am Grabe sprach Pfarrer Baumann von den Suchern und Tastern und dem Irren und Wirren der Verstorbenen. Nach ihm sprach Oberlehrer M a y e r für die Kollegen der „Von-der-Tann-Schule". Er enthielt sich jeglicher Politik und sprach nur von dem tragischen Schicksal der Toten. Sodann sprach am Grabe die Vertreterin des Lehrerinnen-Vereins Regensburg. Sie schilderte die guten dienstlichen Fähigkeiten der Toten und betonte, dass sie in Erkenntnis der heutigen Notlage stets ein warmes Herz für die Arbeitslosen hatte. Für die Elternvereinigung sprach der Kaufmann Georg B l a c k von hier. Black sprach den Dank im Namen der Eltern der Schülerinnen der Verstorbenen aus. Er schilderte sie als eine vortreffliche Jugenderzieherin und betonte, dass sie stets von „tiefer Religion" durchdrungen war. Ihre Religion sei in der Tat gelegen. Stets habe sie sich hilfreich erwiesen.
Stadtrat Ehrensperger sprach für den Freien Turn- u. Sport-Verein Regensburg, der sich mit Fahne beteiligt hatte. Er führte folgendes aus: „Im

Auftrag des Arbeiter-Turn- u. Sportvereins (das Wort ‚Freien' hat er auffälliger Weise verschwiegen) lege ich diesen Kranz nieder. Auf ausdrücklichen Wunsch der Angehörigen werde ich mich längerer Ausführungen enthalten. Elly Maldaque bleibt für uns unvergesslich."
Zum Schluss legten noch einige Schulkinder Blumen und Kränze auf das Grab nieder.
Zu irgendwelchen politischen Vorkommnissen ist es nicht gekommen. Während der Beerdigung ist von keiner Seite ein Wort gesprochen worden, dass der Verstorbenen Unrecht widerfahren wäre.
Anwesend waren ca. 15 Kommunisten, darunter Fuß, Berr, Danner, Schollerer, Trimpl usw. Sie gingen im Leichenzug hinter der Fahne des Freien Arbeiter-Turn- u. Sportvereins.

Gez. Schmierdorfer
Krim. Hauptwachtmeister

[Elly Maldaque wurde im Grab ihrer Mutter beigesetzt; die Grabstätte ist längst aufgelöst.]

# Ein Fall für die Psychiatrie

Elly Maldaque wurde am 9. Juli 1930 um 18 Uhr in die Heil- und Pflegeanstalt Karthaus-Prüll in Regensburg eingeliefert. Anlass war ein Antrag des Vaters beim Verwaltungs- und Polizeisenat des Stadtrats von Regensburg. Dieser verfügte die sofortige Einweisung Maldaques nach einer amtsärztlichen Untersuchung. Der Amtsarzt bescheinigte umgehend, nach Augenschein Elly Maldaques und auf Mitteilungen hin, eine selbst- und gemeingefährliche Geisteskrankheit. Ein zumindest fragwürdiges Vorgehen, da keine eingehende Untersuchung stattfand.
Grundlage einer Einweisung in die „Irrenanstalt" war der Artikel 80 II des „Polizeistrafgesetzbuches für Bayern":
*„Hat eine Person einen Angriff gegen Personen oder fremdes Eigentum verübt oder die öffentliche Sittlichkeit verletzt und ist wegen Unzurechnungsfähigkeit des Beschuldigten entweder ein Strafverfahren gar nicht eingeleitet worden oder ein das Strafverfahren einstellendes Erkenntnis erfolgt oder ist die Gemeingefährlichkeit einer solchen Person in sonstiger Weise festgestellt, so ist die Polizeibehörde berechtigt, auf Grund bezirksärztlichen Gutachtens deren Unterbringung in einer Irrenanstalt oder deren sonstige genügende Verwahrung anzuordnen."*[85]
Die folgenden Texte sind bis auf das Schreiben des Innenministeriums Bestandteil der Krankenakte Elly Maldaques. Sie ist heute im Bezirksklinikum für die Forschung zugänglich. Die „Krankheitsgeschichte" Maldaques dokumentiert den Krankheitsverlauf sowie die ärztliche und pflegerische Behandlung von ihrer Einlieferung bis zu ihrem Tod am 20. Juli 1930.
Der Vater bittet in seinem Schreiben an das Kultusministerium vom 14. Juli 1930, die Entlassung seiner Tochter in eine Beurlaubung wegen Krankheit umzuwandeln. Er charakterisiert seine Tochter als geistig krank und gestört, um damit zunächst wohl eine Weiterzahlung ihrer Bezüge zu erreichen. Das Schreiben ist jeweils in einer Abschrift Bestandteil der Krankenakte wie der Personalakte.
Der stellvertretende Direktor der Heil- und Pflegeanstalt Karthaus-Prüll, Dr. Wilhelm Korte, stellt in seinem Bericht den „Geisteszustand und den Tod der ehemaligen Lehrerin Elisabeth Maldaque" ausführlich dar. Ihm standen dafür die Personalakte und das Tagebuch Maldaques zur Verfügung. Der Bericht ist insofern ungewöhnlich, weil Korte immer wieder

---
85 Polizeistrafgesetzbuch, München [8]1927, S. 111.

die ärztliche, professionelle Ebene verlässt. Er lehnt die Weltanschauung seiner „kommunistischen" Patienten entschieden ab und bringt seine konservativ-politische Meinung mehrmals ungeschminkt zum Ausdruck.

Das Innenministerium verlangt in einem Schreiben an die Regierung der Oberpfalz Aufschluss über die Behandlung Maldaques in der Anstalt Karthaus-Prüll und die Todesursache. Dieses Schreiben befindet sich in der Personalakte Maldaques im Staatsarchiv Amberg. Die Antwort auf diese Anfrage des Ministeriums erfolgte durch den Chefarzt und Leiter von Karthaus-Prüll, Dr. Karl Eisen.

(Die Dokumente wurden der neuen Rechtschreibung angeglichen.)

## [48]
## Heil- und Pflegeanstalt Regensburg
## Krankheitsgeschichte

Zu- und Vorname: Maldaque Elisabeth
zuletzt wohnhaft in: Regensburg
Beruf: Lehrerin  Konfession: protest.  Familienstand: led.
Adresse der nächsten Angehörigen: Maldaque Wilhelm, Regensburg, Weißenburgerstr. 27/0, Waffenmeister a. D. (Vater)
Zu- und Vorname, Wohnort des Ehemanns: --
Vorname und vorehelicher Name der Frau: --
Anzahl, Alter und Geschlecht de... Kranken: --
Zu- und Vorname, Stand des Vaters: s. o.
Wohn- bzw. Sterbeort des Vaters: s. o.
Vor- und vorehelicher Name der Mutter: M. Lina, geb. Ofenhitzer
Wohn- bzw. Sterbeort der Mutter: Regensburg
Geboren am: 5. XI. 93    zu: Erlangen
Unterstützungswohnsitz: --        Bezirksamt: --
Aufgenommen am: 9. Juli 1930, nachmittags 6 Uhr in die 3. Verpflegsklasse
Auf Antrag de... (Art. 80 P.St.Gb. -- § 81 S.P.O.)
Auf Kosten de... --
Diagnose: Psychogener Ausnahmezustand
Entlassen am: -- 19...   als genesen --   gebessert ungeheilt.
Gestorben am 20. VII. 1930. Mittags.

Verhalten bei der Aufnahme: Sehr unruhig.

10.7.30. War heute Nacht unruhig und laut, wollte aus dem Bett, sprach verwirrt von Kommunisten und Bolschewisten. Machte nachts und heute früh nass. Bei der Visite im Bett sitzend, fuchtelt mit den Händen in der Luft herum, blickt den Arzt starr an, reicht aber die Hand. Gibt auf Fragen nur halbe Antworten. „Ich heiße … ja ich heiße … das wissen Sie schon … wollen Sie mich umbringen … lassen Sie mich doch leben …" Wendet sich dazwischen ab, sperrt den Mund auf, runzelt die Stirn, weint, grimassiert weiter. Dann wieder einige Augenblicke ruhig, blickt den Arzt aufmerksam an, versteht sichtlich die Frage und antwortet ruhig: „Warum ich hier bin, das wissen Sie, das wissen alle Leute", fängt sofort wieder zu grimassieren an und wirft sich im Bett herum. Bei weiterer Exploration ist nicht mehr mit ihr in Kontakt zu kommen. Jammert in abgebrochenen Sätzen, fürchtet sich vor Spionen, zeigt die Zähne und verdreht die Augen.

11.7.30. Heute Nacht sehr laut, ging aus dem Bett, sprang über andere Betten und belästigte andere Kranke. Bei der Visite in großer Erregung, musste leicht angebunden werden. Gibt keinerlei sinngemäße Antworten, wälzt sich im Bett herum und schlägt mit den Füßen. Sehr theatralisches Benehmen. Blickt entsetzt in eine Ecke und wendet sich mit einem Aufschrei wieder weg, reißt den Mund auf und fährt sich mit den Händen in die Haare. Nimmt keine Nahrung zu sich.

12.7.30. Zustand unverändert, in dauernder motorischer Erregung, gibt keine Antwort, nimmt anscheinend von Arzt keinerlei Notiz. Musste heute mit der Sonde gefüttert werden, da die Atmungsluft sehr deutlich nach Aceton roch, sträubte sich dabei heftig. Da sie wegen ihrer dauernden Unruhe in den Beinen blaue Flecken bekommen hat, wird sie beschränkt und erhält eine Skopol.-Injektion.

14.7.30. Nahm gestern Abend etwas Nahrung zu sich, heute aber wieder nichts. Immer in Erregung und völlig verwirrt. Äußerte gestern Abend zu der Pflegerin, sie möchte endlich aus ihrem Dämmerzustand heraus. Spricht mit dem Arzt nichts, fängt sofort zu grimassieren an. Wegen ihrer Unruhe im Wickel.

Bekam heute Abend 39,8 Fieber, Untersuchung unmöglich, da die Kranke mit Aufbietung aller Kraft stößt und schlägt. Gänzlich verwirrt, schreit plötzlich auf und liegt mit weitaufgerissenen Augen da, um sofort wieder mit den Füßen zu stoßen und sich im Bett herumzuwälzen; bekommt eine Injektion.

16.7.30. F2.[86] Hatte auch gestern wieder vorübergehend sehr hohes Fieber und macht einen körperlich merklich geschwächten Eindruck; Puls mittelkräftig (bekommt Digalen[87]); ein krankhafter Organbefund ist nicht feststellbar [darüber steht: soweit Untersuchung möglich], wird mit der Sonde gefüttert; erbricht dabei ziemlich reichlich.
Hat im Laufe des Vormittags auf keine Anrede reagiert, dreht sich immer wieder unruhig herum; verzerrt das Gesicht krampfhaft. Bei der Nachmittagsvisite ruhiger; Temp. zurückgegangen; hat nachmittags Nahrung zu sich genommen; früher sei sie in der Kreisirrenanstalt gewesen; jetzt sei sie in einem Krankenhaus; „in die Tobsüchtigen hat man mich hingetan beim Rechtsanwalt W. bin ich so geworden, habe unterschreiben sollen – Widerstand gegen die Staatsgewalt – ich weiß nichts – ich kenn mich da nicht aus – wie das zusammenhängt – das wird mit dem Attest zusammenhängen – Dr. Eisen hat sich nie sehen lassen – bin ich überhaupt noch – unter einem falschen Namen bin ich hierher geschleppt worden statt ins Krankenhaus – was wird mit mir – was haben Sie alles aufgeschrieben – warum schreiben Sie alles auf – warum fragen Sie mich aus – ich habe doch nichts angestellt –"; lässt sich dazwischen immer wieder zur Seite fallen, gibt sich müd, somnolent und gähnt; fixiert aber immer wieder und stellt Fragen; zu dem Einweisungsbeschluss nimmt sie kaum Stellung.
17.7.30. F2. War bis Mitternacht unruhig wie fast den ganzen gestrigen Tag; schlägt um sich, lässt sich aus dem Bett fallen; beißt die Zähne zusammen, wenn man ihr Nahrung mit dem Löffel geben will; erbricht die Fütterung teilweise wieder; soweit eine Untersuchung möglich keine Dämpfung über den Lungen; freie Atmung; kein Hustenreiz; Leib weich; wird unrein mit Stuhl und Urin; trotz Rückgang der Temperatur hohe Pulszahlen (ca. 120); verminderte Füllung und Spannung; Digalen.
Merklicher Turgorverlust; Nachmittags psychisch freier; fragt nach Direktor Eisen; ob er noch Urlaub habe; ob sie heim dürfe, wenn sie esse; warum sie hereingekommen sei, da sie doch nichts gemacht habe; spricht eine bestimmte Pflegerin wiederholt als Frl. Rosenbauer an.
18.7.30. F2. Bleibt in der Temperatur herunten; Puls trotz Digalen rasch, aber besser gefüllt; leichte Besserung des Allgemeinzustands; hat 1 Stück Butterbrot, Suppe, Tee und 1 Liter Milch zu sich genommen und behalten; Nachmittags wieder unruhiger; schlägt mit den Beinen um sich zieht ihr

---

86 Offenbar war Maldaque in die Abteilung F2, die „unruhige Frauenwache" verlegt worden.
87 Digalen ist ein Herzmittel.

Hemd aus; wird wiederholt unrein mit Urin; klagt über Schmerzen im Kopf und in den Beinen.
19.7.30. C1.[88] Puls spricht auf Digalen (6 ccm per Injekt.) kaum an; wird zunehmend somnolent; kollabiert beim Aufrichten; reagiert auf Anruf; verlangt nach Milch; warum es so unruhig sei.
Abendtemperatur 38.8. ( siehe Kurve).
20.7.30. C1. Unter Zeichen zunehmender Herzinsuffizienz heute Mittag Exitus.
Sektion: 20.VII.30. Nachm. Todesursache: Zentrale Pneumonie Herz Herzinsuffizienz bei Hypoplasie
Herzgewicht 180 gr. !!

**[49]**
**Der Vater über die Tochter am 14. Juli 1930**
Abschrift
                                        Regensburg, den 14. Juli 1930
An das
Bayer. Staatsministerium für Unterricht und Kultus

Betreff:
Entlassung der Lehrerin Elisabeth
M a l d a q u e aus dem Schuldienst

Meine Tochter wurde durch Reg. Entschl. vom 27.6.30 mit Wirkung vom 1.7.30 aus dem Schuldienst entlassen. Als Hauptgrund war angeführt, dass sie wirkendes Mitglied der K.P.D. sei. Die Entlassung vernichtete die Existenzmöglichkeit meiner Tochter mit einem Schlage und traf sie so schwer, dass sie am 9. 7. wegen schwerer geistiger Störungen (Verfolgungswahn) in die Heil- und Pflegeanstalt Karthaus-Prüll gebracht werden musste.
Hierzu erlaube ich mir folgendes zu bemerken:
1. Zur Richtigstellung:
a) Meine Tochter war niemals Mitglied der K.P.D. hat nie für die Bewegung agitiert, nie ein Referat gehalten und sich nie an einer Diskussion beteiligt.

---

88 Elly Maldaque war in die Krankenabteilung, die Abteilung C1 der Heil- und Pflegeanstalt Karthaus-Prüll, verlegt worden.

b) Das Staatsministerium kann sich durch Einsichtnahme in das gelegentlich der Haussuchung bei meiner Tochter von der Kriminalpolizei beschlagnahmte Tagebuch selbst überzeugen, dass die meine Tochter so schwer belastenden Sätze (s. u.) aus dem Zusammenhang gerissen und aneinandergereiht wurden und so ein völlig falsches Bild ergeben. In dieser Zusammenstellung würden sie beweisen, dass meine Tochter die Schulkinder für kommun. Ideen gewinnen wollte, während in Wirklichkeit der 2. Satz zwei Seiten vor dem 1. steht und im Zusammenhang mit den vorausgehenden Sätzen einen ganz anderen, nicht auf den Kommunismus bez. Sinn hat.

Die Tagebuchstellen lauten dem Sinne nach:
1. Ich bin glücklich diese Weltanschauung gewonnen zu haben. Der Kommunismus ist mein Heiligtum, meine Religion.
2. Meine Kinder sollen meine Versuchskaninchen sein.

Die Ausführungen, an deren Schluss dieser 2. Satz gehört, lauten ungefähr: Ich habe bis jetzt geglaubt, die Dinge nur von hoher Warte sehen zu dürfen. Ich habe den Alltag gehasst und die Kleinarbeit. Ich muss mich nun dazu durchringen, auch die kleinsten und unangenehmsten Arbeiten mit Liebe und Verständnis zu tun. Meine Schulkinder sollen meine Versuchskaninchen sein. (Ob ich es können werde?) Die kommun. Einstellung meiner Tochter war theoretisch-ideologisch. Sie war ein ganz privates, persönliches Interessenehmen, von der die Öffentlichkeit nichts wusste.

2. Ich stelle auch fest, dass meiner Tochter keine amtliche Warnung zugegangen ist und dass sie, nachdem sie die in einer freundschaftl. gehaltenen Warnung durch Herrn Oberstadtschulrat Dr. *Freudenberger* gerügte Beteiligung an einigen Gesangsabenden unterlassen hatte, glauben musste, ihr Verhalten sei nun nicht mehr zu beanstanden.

3. Alle diese Dinge sind jedoch von untergeordneter Bedeutung; denn ich hoffe den Beweis dafür erbringen zu können, dass meine Tochter für ihr Verhalten nicht voll verantwortlich gemacht werden kann. Der nervöse Zusammenbruch, der in Verfolgungswahnvorstellungen endete und ihre Einschaffung in die Heilanstalt Karthaus-Prüll notwendig machte, ist nur das letzte Glied in einer langen Kette leichter und schwerer seelischer Störungen. Es handelt sich bei meiner Tochter offenbar schon seit langem um Störungen in der Sphäre des Gemütslebens sowohl als auch der Urteilsbildung (Nichterkennen einer großen Gefahr), vielleicht auch um eine krankhafte Unfreiheit der Willensbestimmung (hyster. Dämmerzustände).

Meine Tochter ist eine bis zur Ekstase schwärmerische, sehr leicht zu begeisternde und zu beeinflussende Natur, lässt sich mehr von Gefühlen (Gerechtigkeits-, Mitleidsgefühlen) leiten als von verstandesmäßigen Erwägungen, ist übertrieben ideal eingestellt, von einem fanatischem Drang nach Wahrheit beherrscht (Gottsucherin) – wie ich selbst –, von geringem Wirklichkeitssinn und gänzlichem Mangel für politische Möglichkeiten.
Um die Entwicklung ihrer seelischen Erkrankung noch klarer herauszustellen, möchte ich Folgendes erwähnen:
Meine Tochter war schon als Kind ein sonderbares Wesen. Mit zunehmendem Alter (bes. in den Entwicklungsjahren) fiel sie auf durch vollständiges Fehlen der in diesem Alter eigentümlichen Eigenschaften (Übermut, sorglose Heiterkeit). Ich erinnere mich nicht, sie jemals (auch in den späteren Jahren) für längere Zeit anders gesehen zu haben als mit melancholischen Hemmungen. Bezeichnend ist ein Ausspruch, den wir häufig von ihr hören konnten: „Ich möchte auch so gerne lustig sein und lachen können, aber es liegt beständig ein Druck auf mir."
Dazu litt meine Tochter schon in den Jahren ihrer Kriegsaushilfe in Krummennaab 1914 – 1918 (also im Alter von 21–25 Jahren) an nervösen Erschöpfungszuständen, die in der Hauptsache auf ihre andauernde Schlaflosigkeit – an der sie auch jetzt noch leidet – zurückzuführen waren. Im Jahre 1923 (oder 1924) musste sie infolge vollständigen Versagens ihrer Nerven Urlaub nehmen (v. Mai bis 15. Juli). Ständig hatte sie an schweren Anfällen von Niedergeschlagenheit zu leiden, die sich zeitweise bis zur Schwermut steigerten. Sie stand, ohne dass wir die ganze Schwere ihrer Lage begriffen, wohl schon oft vor dem seelischen Zusammenbruch. Selbstquälerische Zweifel an der eigenen Leistungsfähigkeit (Minderwertigkeitsgefühle) trotz guter Leistungen auf versch. Gebieten waren häufige Erscheinungen. Dabei war sie bemüht, diese schweren seelischen Depressionen vor der Außenwelt zu verbergen.
Zu ihrem Unheil begann sie sich schon vor einigen Jahren auch für Politik zu interessieren. Sie fiel dabei – wie es nach ihrer Veranlagung nicht anders sein konnte – von einem Extrem in das andere. Nachdem sie sich zuerst leidenschaftlich für die Deutsch-nationale Partei eingesetzt hatte, geriet sie in ihrem krankhaften Suchen nach der Wahrheit, durch intensives (für ihre geistigen und seelischen Kräfte viel zu schwieriges) Studium politischer und belletristischer russischer Literatur in eine ihr bis dahin gänzlich fremde Ideenwelt, zog sich immer mehr auf ihr eigenes Ich zurück, mied den Verkehr mit Kollegen und Kolleginnen, verrannte und verbiss sich immer mehr in den Wahn, sie sei nun auf dem Weg zur Rei-

nigung von den Schlacken des Eigennutzes, der Feigheit, der gesellschtl. Lüge, sie müsse nun alle ihre Kräfte den Armen und Elenden widmen usw. Dass das herrschende Elend von ihr als niederdrückend empfunden wurde und dass sie sich verantwortlich fühlte, so viel an ihr lag zu helfen, geht daraus hervor, dass sie in die Wohnungen der Armen ging und mit Rat und Tat beizustehen versuchte, wobei sie weit über die Grenzen ihrer Leistungsfähigkeit ging.

Ich verfolgte schon seit langem mit größter Sorge die geistige und seelische Entwicklung meiner Tochter und zweifelte, ob sie noch in vollem Besitz ihrer Geisteskräfte sei. Ein psychiatrisch gebildeter Arzt hätte zweifellos schon vor Jahren schwere Defekte an ihrem Seelenleben feststellen müssen. Als man noch nicht dran denken konnte, dass ein völliger Zusammenbruch eintreten werde, wurde schon von den Herren Sanitätsrat Dr. Gerster (Facharzt für nervöse und seelische Erkrankungen) und Sanitätsrat Dr. Strauß-Regensburg, betont: Der Fall ist nur psychiatrisch zu erklären. Auch Herr Obermedizinalrat Dr. Bökelmann-Regensburg, ist der Ansicht, dass weit zurückliegende seelische Erkrankung vorliegt. Inhalt und Form der Tagebuchaufzeichnungen in ihrer Exaltiertheit bestärken diese Meinung.

Als Zeugen für die Richtigkeit der Schilderung des seelischen Krankheitsbildes meiner Tochter kommen außer mir zahlreiche Freunde und Bekannte in Frage, die sich auf Wunsch gerne zur Verfügung stellen. Viele von ihnen haben Gelegenheit gehabt, meine Tochter in Zeiten tiefster seelischer Depression zu beobachten.

Endlich bitte ich dringend, von der Leitung der Heil- und Pflegeanstalt Karthaus-Prüll ein Gutachten einzufordern, das, wie ich zuversichtlich hoffen darf, die Glaubwürdigkeit meiner Angaben und der evtl. gewünschten Zeugenaussagen erweisen wird.

Ich erlaube mir, die Kernpunkte noch einmal herauszuheben:
a) Aus dem Vorstehenden steht einwandfrei fest, dass meine Tochter schon seit langem seelisch krank ist und für ihr Verhalten nicht voll verantwortlich gemacht werden kann, da die seelische Grundstimmung die Geistestätigkeit weitgehend beeinflusst hat.
b) Sie war nicht Mitglied der KPD, hat auch nicht für diese Partei agitiert oder sonst wie gearbeitet (ausgenommen die Beteiligung an einigen Gesangsabenden, die sie nach Warnung sofort unterlassen hat), sondern hat sich von dem theoretischen Gehalt, der Phraseologie und Ideologie der Bewegung blenden lassen.

c) Der schwerste Vorwurf (kommun. Beeinflussung der Schulkinder) hat sich als gänzlich hinfällig erwiesen. Die Kombination der Sätze muss von dritter Seite erfolgt sein.[89] Die anl. Zuschriften von Seite der Elternschaft beweisen die einwandfreie Schulführung meiner Tochter. Die vorstehenden Ausführungen berechtigen mich zu der Bitte, das Bayer. Staatsministerium für Unterricht und Kultus möge auf Grund dieser neuen zur Zeit der ersten Entschließung der Behörde nicht bekannten Tatsachen den Fall wohlwollend erneut prüfen, ihn als Dienstunfähigkeit infolge schwerer Erkrankung anerkennen und zunächst den in solchem Falle üblichen Krankenurlaub gewähren.

[Unterschrift] Wilhelm Maldaque, Waffenmeister a.D.

## [50]
### Der stellvertretende Direktor Obermedizinalrat Dr. Wilhelm Korte[90]

An die                                          Regensburg, den 25. Juli 1930
Regierung der Oberpfalz
Kammer des Innern
Regensburg

Betreff: Verhalten der Lehrerin Elisabeth Maldaque

Über den Geisteszustand und den Tod der ehemaligen Lehrerin Elisabeth Maldaque beehre ich mich zu berichten wie folgt:
Aus den Akten fallen auf die seelische Beschaffenheit der E. Maldaque einige bemerkenswerte Streiflichter. Ihr Schlussprüfungszeugnis des Seminar Erlangen vom 16.7.13 weist nur die Noten I u. II auf; ihre Qualifikation ist gut; ihr dienstliches und außerdienstliches Verhalten werden als tadellos bezeichnet; bei den Eltern ihrer Schützlinge hat sie sich anscheinend großer Beliebtheit erfreut.

---

89 Hier handelt es sich um die Abschrift von Tagebuchstellen durch die Kriminalpolizei.
90 Wilhelm Korte wurde ab 1. März 1929 Obermedizinalrat und 1. Oberarzt in der Heil- und Pflegeanstalt Karthaus-Prüll und damit stellvertretender Direktor. Während seiner Tätigkeit zuvor in der Anstalt Eglfing war er auch zeitweise Arzt des 1886 entmündigten bayerischen Königs Otto (1848–1916) und war bei dessen Tod 1916 anwesend, vgl. dazu Karthäuser Blätter, 2. Jg. (1930), Nr. 3, S. 1.

Im April 1918 ersuchte sie um Beurlaubung vom Schuldienst wegen heftiger Nervenerschütterungen. Im Mai 1922 fühlte sie sich gezwungen, die Schularbeit auf einige Zeit niederzulegen, da sie durch jahrelange, zeitweise oft vollständige Schlaflosigkeit in ihrer Nervenkraft geschwächt sei. Im Januar 1920 richtete sie an die Regierung ein Gesuch um eine Geldzuwendung, welche vom Referenten die Bezeichnung „mehr als unverfroren" erhielt. Für dreist halte ich auch ihre Eingabe an das Staatsministerium für Kultus vom 18.6.30, in welcher sie um Urlaub zum Zweck einer Reise nach Russland zur pädagogischen Ausstellung in Leningrad in Anbetracht der großen schulischen Bedeutung dieser Reise bat. War sie doch am 1.3.30 vom Oberschulrat wegen ihrer Teilnahme an der kommunistischen Partei verwarnt und ihr nahegelegt worden, die Sache abzubrechen, da sie ihr die Stellung kosten könnte (Reg.Akt II, Anlage 11, S. 1). Sie hatte sich schon im heurigen Frühjahr ziemlich fest vorgenommen, im Sommer Russland zu besuchen und beabsichtigte zunächst, eine von den „Freunden Sowjet-Russlands" veranstaltete Reise dorthin mitzumachen (Reg.Akt II, Anlage 11, S. 4). Nicht schulische Interessen waren offenbar die Triebfeder für ihre Absicht, sondern sie wollte die Brutstätte „der Glücklichkeitsform alles Menschlichen" kennen lernen. Denn sie „hatte sich auf Tod und Leben dem Kommunismus verschworen", der ihrer Meinung nach alle dunklen Zusammenhänge aufklären und Antwort auf bangste Fragen geben sollte; den sie für den einzigen Menschheitserlöser hielt (Tagebuch 3.3.29). Da sie wusste, dass ihre kommunistische Gesinnung den Behörden bekannt war und ihr Verhalten dort Anstoß erregt hatte, konnte sie dem Ministerium nicht wohl zumuten, dass es ihrer Motivierung Glauben schenken würde und auch nicht verlangen, dass man ihr über eine Woche Urlaub gewähren würde.

Das Tagebuch der Elisabeth Maldaque enthält zahlreiche Anhaltspunkte für die Beurteilung ihrer Geistesverfassung. Unverkennbar ist ihre Neigung zu Gemütsverstimmungen mit seelischer Hemmung. So schrieb sie am 12.2.28: „Wissen und Vermögen sind bei mir so winzige Flämmlein, dass ich oft fürchte, sie könnten erlöschen. All mein Wissen und Können scheint oft wie zugeschraubt und mit entsetzlichen Anstrengungen vermag ich doch nicht das Geringste. Unter diesen Umständen lastet mir die Schule zentnerschwer auf Geist und Gemüt ... Es ist als ob ich die menschliche Ohnmacht in ihren tiefsten Abgründen durchkosten sollte. Dann erkenne ich wieder die Notwendigkeit dieser Marterschule; denn immer noch brüstet sich der Moloch Ich in unverschämter Frechheit." 10 Tage später klagt sie über ihre geistige Verstumpfung, aus der sie bei einem Gespräch mit einem Geistlichen nur bei ehrlicher Anstrengung herauszukommen vermochte. „Herrgott, wenn diese Knebelung lebenslang dauern soll! ... Ohnmächtiger wie am 1. Tag. In Augsburg schlummerte diese Qual ... ich konnte eine Art Lebensleichtigkeit aufbringen, die mich in den Augen anderer als fröhlichen Menschen erscheinen machte." 24.2.28: „Heute ist es mir etwas leichter zumute. Ist es die beschwingte Muse (gemeint ist ein Tanzabend Pawlowa), die den Druck auf Herz und Seele etwas gelockert ... Nun aber mit Ernst und Willen an die Arbeit – das Flämmchen nützen, solange es durch das Dunkel seinen zitternden Weg sucht." März – April 1928: „Seit Monaten lebe ich ohne jegliche Empfindung. Die letzten Dinge dieses irdischen Lebens lasse ich über mich ergehen wie irgendeinen grauen Tag." 9.10.28: „Ich will nicht und ich darf nicht nachgeben. Wie ein Naturgesetz, wie ein Verhängnis ist dieser Ablauf in mir; dieser kurze, stürmische Höhepunkt und dann dieser permanente Tiefpunkt." 12.11.28: „... Die Kampfkraft ist noch mehr erlahmt. Fast wäre es wieder eine Krise geworden ... Diese unsagbare Gleichgültigkeit in mir, dieses Abgetötetsein alles lebendigen Seins! Es ist wie ein geistiger Defekt. Nur mit ungeheurer Willensanstrengung wäre dagegen anzukommen." Anscheinend ohne Datum: „Dieser phlegmatische Stumpfsinn – erbarmungslos und egoistisch – in den ich immer in Zeiten der Schwäche wie in einen unverrückbaren Pol versinke."

Diese bitter empfundenen und in lebhaften Farben geschilderten periodischen Verstimmungen weisen in der Richtung auf eine manisch-depressive Veranlagung. Demgemäß suchte ich im Tagebuch auch nach ihrem Gegenstück, der gehobenen Stimmungslage. Die Ausbeute war jedoch gering. Nur einmal sprach sie (unter dem 9.10.28) von einem großen Hymnus des Aufschwungs und höchsten Lebensgefühls.

Hinsichtlich ihres Charakters ergibt sich aus ihren Selbstbekenntnissen folgendes Bild: Elisabeth Maldaque war eine problematische Figur, die selber fühlte, dass sie anders war als andere Menschen. „Ich kenne es nicht, was dem natürlichen Menschen selbstverständlich ist – sinnfällige Daseinsform und Lebensgestaltung. Ich bin noch immer ein Fremdling unter meinen Kindern und im täglichen Leben." (20.5.27). Es zog sie fort von den plumpen, schwunglosen, engherzigen Menschen im unmodernen langweiligen Augsburg hin zum Modernen, Großstädtischen, Lebensrealen und -heiteren und doch war sie im Herzen so namenlos leer und unbefriedigt. Ihren Glauben, ihren persönlichen Gott gab sie auf (13.9.27) und wartete leer und planlos (12.2.28), worauf, das schien

sie selbst zunächst noch nicht zu wissen. Aber sie litt unter dieser Unerfülltheit so stark, dass sie mit dem Gedanken an eine Ehe spielte. Sie stand in Beziehung zu einem gewissen „Alfred", mit dem sie auch Reisen unternahm. Zwar war die Ehe nicht mehr erstrebenswert und in der Familie erblickte sie die Stätte des Egoismus und vieler Lebenshemmungen. Auch war sie mit Alfred wenig zufrieden, obwohl sie ihn einmal als „lieben, guten Goldbub" bezeichnete. Denn er war auf dem Weg zum Bierphilister zu werden und Probleme waren ihm zu schwer und zu lästig. So lag eine eheliche Verbindung mit diesem Mann ganz und gar abseits ihrer Willensrichtung und es wurde auch nichts daraus. Im Gegenteil war ihr ein Aufenthalt mit ihm an Ostern 28 in Wien eine Pein, da dort die ganze Kraft- und Saftlosigkeit seines Wesens sich ausdrückte. Sie erwartete, dass ihre Beziehungen zu ihm von selber aufhören würden. Ob das eintrat, steht nicht fest. In den Briefen, die sie an ihre kommunistische Freundin Irene Neubauer schrieb, ist mehrmals die Rede von ihrem „Freund", mit sie sich bei einer Gelegenheit fast überworfen hätte wegen politischer Meinungsverschiedenheiten, ohne aber von ihm loszukommen. (Reg.Akt II, Anlage 9, S. 1).
Unter dem 19.2.30 teilte sie ihrer Freundin mit, dass ihr der Freund keine rechte Freude mehr mache und sie nun doch den Weg suche, um sich endgültig von ihm zu trennen (Reg.Akt II, Anlage 11, S. 4). Es geht aber nicht hervor, ob dieser Freund mit jenem Alfred personengleich ist. Sie berichtete über ihren Entschluss, sich von dem Mann loszusagen, ganz nüchtern in wenigen Zeilen. Daraus wird zu schließen sein, dass ihr der Abschied keine seelische Wunde riss. Sie hatte ja auch vollen Ersatz für ein Liebesglück gefunden darin, dass sie sich nach schweren inneren Auseinandersetzungen dem Kommunismus in die Arme warf. Sie suchte einen Lebensinhalt und mit Hilfe ihrer Freundin, die ihr „mit ihren umstürzlerischen Ideen Ungeheureres gab" (Tagebuch 13.9.28), entdeckte sie ihn endlich in dieser Bewegung. Nie hatte sie etwas intensiv interessiert, darum war sie (nach ihrer Meinung) unglücklich. Unklar trieb es sie immer wohin, aber sie konnte den Weg nicht finden (Tagebuch 12.11.28). Jubelnd begrüßte sie daher im März-April 28 ihre neue Einsicht: „Endlich, endlich habe ich meinen Weg gefunden ... Wie ein Sturm ist die Erkenntnis in mich gefahren und nun wütet es in mir wie eine Gottheit. Ich bin voll Glück und Schmerz zugleich. Glücklich, weil ich nicht mehr die jammervolle Qual des halben (gemeint ist des halb ausgefüllten) Lebens in mir trage – voll Jammer, weil ich das unsägliche Elend der bedrückten Menschheit vor mir sehe und in mir leide". Und an

dieser Stelle offenbart sie auch, dass sie sich dem unheilvollen, aber unheilbaren psychologischen Grundirrtum aller derartiger Ideologien hingab, mit dem Satz: „Gebt den Menschen ihr Recht und sie werden gut sein". Damals erlebte sie „bei Tag und Nacht erschütternde Geburtswehen".

Aber es kamen Rückschläge. Bei einer Revolutionsfeier war es ihr wenig ermutigend. Die niedrigste Stufe alles Menschentums präsentierte sich ihr. Sie fand, dass ein starker Glaube und die letzte Selbstentäußerung dazu gehören. Aber das wollte sie ja. Manchmal stieg in ihr das leidenschaftliche Verlangen auf, das Leben zu opfern, für die Sache zu sterben (Tagebuch 9.10.28). Waren es bei dieser Gelegenheit mehr ästhetische Skrupel, die sie wieder wankend machten, so erfasste sie manchmal auch ein metaphysisches Grauen vor der krassen Nüchternheit des Materialismus. Doch ihre Freundin redet ihr diese Gedanken aus, die nur in Zeiten der Schwäche kämen. Auch an einem inneren Widerspruch des Kommunismus stieß sie sich: Der Weisheit letzter Schluss sei die Liebe zu allen Menschen und Hass gegen die Menschen, damit man sie bekämpfen könne. Aber ohne Hass und Gewalt lasse sich das Unterdrückersystem nicht beseitigen und die Liebe greife in diesem Fall zur Waffe, um den Weg zum Lieben frei zu machen. Sie spüre vorerst, wie der Hass in den Vordergrund trete (meint wohl in ihrem Innern). Umso mehr werde die Masse die hässlichen Züge der Unduldsamkeit annehmen. Das Gesicht der Kämpfer (meint auf der kommunistischen Seite) zeige nicht den Frieden und die Abgeklärtheit, die jene von der anderen Seite bei großen Persönlichkeiten suchen (Tagebuch 5.3.29).

So scheinen denn bei Elisabeth Maldaque verstiegene und überspannte Schwärmereien an der Wurzel ihres Gesinnungswechsels zu sitzen. Unbefriedigt vom Alltag und von mancherlei Annehmlichkeiten, die ihr das Leben bot, ohne tiefere Interessen, oftmals infolge ihrer endogenen Depressionen den Forderungen des Tages nur mit Mühe gewachsen, war sie getrieben von einer hysterischen Gier nach dem großen Erlebnis und von einer hysterischen Sucht, dem von ihr in ihrem Tagebuch beklagten Egoismus abzusagen und sich einer Sache zum Opfer zu bringen. Aber trotz des sicherlich für sie gefährlichen Einflusses ihrer Freundin musste sie sich erst in inneren Konflikten zum Kommunismus durchringen, dessen doppeltes Gesicht sie sehr wohl erkannte und dessen Absicht, durch Blut zur Liebe zu waten, sie anerkannte. Nicht nur das ihrer Meinung nach selbstlose und edle menschenbeglückende Ziel lockte sie aber, sondern sie wollte in dieser Bewegung auch eigenen privaten Hass stillen: „ ... Ich

habe erst vor vier Wochen geweint, als ich daran dachte, meine Mutter (warum diese?) und meinen Bruder (im Weltkrieg gefallen) zu rächen für ein verbittertes Leben" (Tagebuch 9.10.28). Sie war nach außen hin außerordentlich vorsichtig und so viel ich sehe, kam man nur durch einen Zufall auf ihre Umtriebe. Von ihren Vorgesetzten offenbar in wohlwollendster Weise zur Rede gestellt, gab sie „lediglich ihr Interesse an politischen Bewegungen zu und dass sie einmal (bei einer kommunistischen Zusammenkunft) Klavier spielte" (Reg. Akt II, Anlage 11, S. 1).
Meine Untersuchungen über die gewöhnliche Geistesbeschaffenheit der Elisabeth Maldaque haben also ergeben, dass sie eine nervös labile, zu endogenen Depressionen neigende Psychopathin mit hysterischen Zügen war. Es kann aber keine Rede davon sein, dass sie zur Zeit der Begehung der Verfehlungen, welche zu ihrer Entlassung aus dem Staatsdienst führten, geisteskrank oder geistesschwach (beides im juristischen Sinn verstanden) gewesen wäre. Sie rannte auch nicht blindlings in ihr Verderben, sondern überlegte sich die Sache; sie umgab sich mit einem Stapel von Literatur, die wohl sicher für sie zum größten Teil unverdaulich war (Psychoanalyse etc.), um aus ihr die verstandesmäßige Rechtfertigung für ihr mehr triebhaftes und gefühlsmäßiges Handeln zu schöpfen; sie war gewarnt und kannte die ihr drohende Gefahr. Ganz sachlich und kühl berichtete sie darüber ihrer Freundin.
Einige Tage nach dem Empfang der Mitteilung, dass sie aus dem Staatsdienst entlassen sei, kündete sie der Regierung ihren bevorstehenden Nervenzusammenbruch mit dürren Worten an (5.7.30). Am 9.7.30 wurde sie in völlig verwirrtem Zustand in unsere Anstalt eingeliefert. Ihr Vater, der sie im Sanitätsauto begleitet hatte, gab an, sie sei seit ihrer Entlassung aus dem Schuldienst geistig verändert, habe aufgeregte Reden geführt, über die Behörden geschimpft, sei in Ekstase gekommen. Seit 3 Tagen habe sie an jedem Fenster, in jeder Ecke, in jedem Auto einen Spitzel vermutet. Am 8.7. habe sie den Inhalt von Zeitungsartikeln auf sich bezogen. Am Aufnahmetag habe sie gelacht, das Gesicht verzerrt, geschnaubt, fortwährend gesprochen, sich eingebildet, ihre Freundin sei gestorben. Nach dem Bericht eines Polizeibeamten vom 10.7.30 kam El. Maldaque am Dienstag (gemeint ist jedenfalls der 8.7.) Abend gegen 6 Uhr in die Kanzlei des Rechtsanwalts Weiner, anscheinend um dort wegen ihrer Entlassung Auskunft oder Vertretung zu verlangen. Nach kurzer Aussprache mit dem Anwalt verfiel sie in einen Erregungsanfall. Sie zog – wie der Anwaltsbuchhalter dem Beamten sagte – in der Kanzlei die Fenstervorhänge zu, um nicht von den Spitzeln erwischt zu werden. Dabei zerriss sie einen Vor-

hang. Der Anwalt veranlasste, da sie völlig außer Sinnen war, ihre Verbringung in ein Krankenhaus, wo sie aber wegen ihres höchst unruhigen Benehmens nicht behalten werden konnte. Der Vater wurde veranlasst, sie abzuholen und brachte sie in seine Wohnung, wo sie die Nacht schlafend zugebracht haben soll. Da sich aber im Laufe des folgenden Tages ihr Befinden immer mehr verschlimmerte, beantragte ihr Vater die amtsärztliche Untersuchung. Auf Grund dieser wurde dann ihre Verbringung in die Anstalt angeordnet. Sie musste mit Gewalt transportiert werden, da sie die Amtspersonen für Mörder ihrer Freundin und eines anderen Kommunisten hielt, ständig um Hilfe schrie, die Zähne zusammenbiss, die Augen verdrehte „wie eine Wahnsinnige". Auch fürchtete sie, verschleppt und umgebracht zu werden.
Sie wurde nach Art. 80/II PSTGB in die Anstalt eingewiesen.
Bei uns war die Kranke vielfach sehr laut und motorisch heftig erregt. Sie fuchtelte mit den Händen in der Luft herum, blickte starr, grimassierte, gab unzureichende Antworten. Ihren verwirrten Äußerungen war zu entnehmen, dass sie Angst vor dem Umbringen hatte. Gelegentlich wurde sie vorübergehend besonnener, sie fiel aber alsbald wieder in den Zustand schwerer Bewusstseinstrübung zurück. Ihr Verhalten machte den Eindruck des Theatralischen. Sie blickte entsetzt in eine Ecke, wandte sich aufschreiend wieder weg, riss den Mund auf und fuhr sich mit den Händen in die Haare. Wegen Nahrungsverweigerung musste sie manchmal mit der Schlundsonde gefüttert werden. Am 14.7. äußerte sie zu einer Pflegerin, sie möchte endlich aus ihrem Dämmerzustand heraus. Am selben Tag wurde Temperaturerhöhung bei ihr festgestellt. Das Fieber nahm in den nächsten Tagen einen völlig unregelmäßigen Verlauf: es stieg bis 41.5; dazwischen wurden ganz normale Temperaturen gemessen. Die körperlichen Untersuchungen waren bei der Verwirrtheit und Unruhe der mit aller Kraft stoßenden, plötzlich aufschreienden, auf keine Anrede reagierenden Kranken sehr erschwert und nur beschränkt möglich; ein krankhafter Befund, der das Fieber erklärt hätte, wurde nicht erhoben. Wir dachten an eine zentrale Pneumonie oder an einen septischen Prozess. Der Puls war dauernd stark beschleunigt und obwohl Digalen gegeben wurde, ließ seine Spannung in den folgenden Tagen zusehends nach. In den letzten Lebenstagen der Kranken hellte sich ihr Bewusstsein öfter mehr auf; ihr Gedankengang war dann zwar abgerissen, doch gaben ihre Reden einigen Sinn. Sie sei beim Rechtsanwalt so geworden, habe unterschreiben sollen, Widerstand gegen die Staatsgewalt, sie wisse nicht, sie kenne sich da nicht aus wie das zusam-

menhänge; das werde mit dem Attest zusammenhängen; Dr. E. (beurlaubt!) habe sich nie sehen lassen; ob sie überhaupt noch sei; unter einem falschen Namen sei sie hierher geschleppt worden statt ins Krankenhaus. Was mit ihr werde; was der Arzt alles aufgeschrieben habe (das bezieht sich offenbar auf Notizen, die sich der Abteilungsarzt machte); warum er sie ausfrage, sie habe doch nichts angestellt. Zwischen diesen Redebruchstücken ließ sie sich immer wieder zur Seite fallen. Sie schien müde und schläfrig. Einer bestimmten Pflegerin gab sie wiederholt denselben falschen Namen. Am 18.7. besserte sich ihr körperliches Befinden vorübergehend; die Kranke wurde wieder unruhiger, schlug mit den Beinen um sich, zog ihr Hemd aus, klagte über Kopf- und Beinschmerzen. Am 20.7. Mittag trat unter den Zeichen zunehmenden Versagens der Herzkraft der Tod ein.

Wir stellten die klinische Diagnose: psychogener Dämmerzustand und zweifeln nicht an ihrer Richtigkeit. Demgemäß erwarteten wir in absehbarer Zeit eine Wiederherstellung des früheren Geisteszustandes. Die körperlichen Erscheinungen und den Tod erklärten wir auf Grund des Sektionsbefundes mit den Entzündungsherden in einem Lungenlappen, indem wir annahmen, dass das hypoplastische Herz der Kranken (es wog nur 180 gr) den Anforderungen des körperlichen Krankheitsvorganges nicht entsprechen konnte. Für die Veränderung in den Nieren, die wir als Parenchym-Degeneration deuteten, fanden wir keine Ursache. Wir dachten deshalb an Gift. In Betracht kamen Phosphor und allenfalls Quecksilber. Allein – abgesehen von örtlichen und zeitlichen Erwägungen – sprachen gegen eine Vergiftung mit einem dieser Stoffe schon durchaus die klinischen Erscheinungen. Beide Gifte hätten unbedingt vor dem Tode der Patientin körperliche Symptome erzeugen müssen, die auch bei einer erregten und verwirrten Kranken nicht hätten übersehen werden können. Solche Symptome fehlten in dem Krankheitsbild aber vollständig. Die Phosphorvergiftung ruft neben Verfettung in vielen Organen und einer Entzündung der Magen-Darmschleimhaut eine fettige Entartung des Lebergewebes ähnlich der akuten gelben Leberatrophie hervor. Von allen diesen Zeichen war an der Leiche kein einziges vorhanden, nur in den Nieren fand sich die Degeneration. Bei der Quecksilbervergiftung entstehen (neben der Nierenschädigung) im Darm, besonders im Dickdarm geschwürige Entzündungsprozesse genau wie bei der Ruhr. Im vorliegenden Fall war die Darmschleimhaut intakt. Aus diesen Gründen lehnten wir eine Vergiftung mit Bestimmtheit ab.

Von der Prosektur der Deutschen Forschungsanstalt für Psychiatrie[91] bei den oberbayerischen Heilanstalten, an welche wir zahlreiche Organteile zur Untersuchung sandten, erhielten wir am 25.7. folgenden Bescheid:
*Maldaque Elisabeth (E.185/30): Der histologische Befund entspricht in diesem Fall im Allgemeinen dem, was wir bei schweren psychischen, akut letal verlaufenden Erregungszuständen häufig zu sehen bekommen. Er ist im Großen und Ganzen wenig charakteristisch, wie ja in solchen Fällen meist das anatomische Bild keine nur halbwegs befriedigende Erklärung für die schweren klinischen Erscheinungen gibt. Im Vordergrund stehen Erscheinungen von Seiten des Kreislaufsystems, die wohl auf einer allgemeinen Vasomotorenschädigung beruhen. Die Herde in der Lunge sind vorwiegend einfache fleckenförmige Hämorrhagien, wie sie bei erregten Geisteskranken oft gefunden werden. Daneben kommen frische Thrombosen kleiner Gefäßäste zu Gesicht, ferner auch, aber nur vereinzelt, kleine lobulärpneumonische Herde, offenbar ganz frischen Entstehungsdatums und nur als Nebenbefund zu deuten.*
*In der Leber besteht äußerst starke capilläre Hyperämie.*
*Auch in der Niere tritt eine stärkere mehr fleckenförmige Hyperämie z. T. verknüpft mit kleinen Blutungen besonders im Mark zu Tage. Am Fettpräparat bemerkt man vielfach eine feintropfige Verfettung der Epithelien der gewundenen Kanälchen.*
*Der Herzmuskel zeigt keine Abweichungen von der Norm, doch fallen auch hier Hyperämie der kleinsten Gefäße und vereinzelte Diapedesisblutungen auf.*
*Die untersuchten Gehirnabschnitte lassen schwere organische Veränderungen älteren Datums nicht erkennen. Die Hirnsubstanz färbt sich sowohl in Rinde wie in Stammganglien sehr schön und klar. Hie und da begegnet man frischen degenerativen Zellveränderungen (Schwellungen, Verfettungen, Ab...lassungen). Eine Vasodilatation und Hyperämie kleiner Gefäße ist auch im Gehirn unverkennbar vorhanden. – (Das Fieber in diesem Falle würde ich für cerebral bedingt halten, in Übereinstimmung mit mehreren ähnlichen in diesem Jahre beobachteten Fällen.)*

---

91 Die Deutsche Forschungsanstalt für Psychiatrie, heute Max-Planck-Institut für Psychiatrie, wurde 1917 in München von König Ludwig III. als außeruniversitäre Forschungseinrichtung eröffnet und 1924 der Kaiser-Wilhelm-Gesellschaft zur Förderung der Wissenschaften angegliedert. Ihr Leiter wurde 1931 Ernst Rüdin, ein bedeutender Psychiater seiner Zeit, der in der NS-Zeit den offiziellen Kommentar zum „Gesetz zur Verhütung erbkranken Nachwuchses" verfasste.

Danach ist der Leiter dieses Institutes der Auffassung, dass der Tod der El. Maldaque durch Erscheinungen von Seite des Kreislauf-Systems wohl infolge einer allgemeinen Vasomotorenschädigung hervorgerufen wurde. Unsere psychiatrische Diagnose verpflichtete uns nach einer seelischen Ursache für den Ausbruch der Bewußtseinsdämmerung zu fahnden. Dass El. Maldaque für einen solchen Ausnahmezustand ihrer geistigen Beschaffenheit nach disponiert war, ist sicher. Wir werden, wie fast stets in solchen Fällen den Grund für ihre Flucht aus der Wirklichkeit in einer Gemütserschütterung zu suchen haben. Der Gedanke, sie habe sich über ihre Entlassung aus dem Staatsdienst übermäßig aufgeregt und deswegen die Herrschaft über ihr Seelenleben verloren, liegt nahe. Ein schlüssiger Beweis dafür ist aber nicht erbracht. Es könnten in den Tagen vor dem Ausbruch der akuten Psychose noch ganz andere, sie lebhaft erregende Vorfälle geschehen sein. Soviel ich mich erinnere (ich habe die Akten nicht mehr zur Hand), schrieb sie nach ihrer Verwarnung durch den Oberschulrat ihrer Freundin, dass unzuverlässige Elemente in der Partei sie verraten haben müssten. Es ließe sich gut vorstellen, dass in ihr nach dem wirklichen Eintritt des ihr damals nur angedrohten Ereignisses dieser Argwohn wieder auftauchte und dass sie aus namenloser Enttäuschung über Verrat in den eigenen Reihen in den wüsten Traum der Verwirrtheit geriet. Man ist als Staatsbeamter natürlich leicht geneigt, an diese Angelegenheit mit der seelischen Einstellung eines solchen heranzutreten. Von diesem Standpunkt aus betrachtet ist der Verlust von Beruf und Lebensstellung ein schwer zu verwindender Schlag; denn damit werden nicht bloß die materiellen, sondern auch die seelischen Grundlagen der Existenz gefährdet. Sie aber war eine überzeugte und begeisterte Kommunistin mit ~~geringem~~ mäßigem Interesse an ihrer Lehrtätigkeit und voll Abscheu vor der nicht kommunistischen Gesellschaft. Bestimmte Feststellungen über die Zusammenhänge werden sich nicht machen lassen, da El. Maldaque nicht mehr unter den Lebenden weilt. Soviel ist gewiss: El. Maldaque hat sich mit ihrer Betätigung im kommunistischen Sinn in ein Unternehmen eingelassen, dem sie seelisch nicht gewachsen war.

W.K.

## [51]
## Das Innenministerium erwartet Aufklärung[92]

Staatsministerium des Innern          München, 4. August 1930
An
die Regierung der Oberpfalz und
von Regensburg, Kammer des Innern

Betreff: Unterbringung der Lehrerin Maldaque in der
Heil- und Pflegeanstalt Regensburg

Die nebenstehende[93] Angelegenheit macht noch folgende Aufklärungen notwendig:

1. In dem Gutachten des stellvertretenden Amtsarztes vom 10.7.1930 ist zur Begründung der Selbst- und Gemeingefährlichkeit der Maldaque verwertet, dass sie bei Rechtsanwalt Weiner und im ev. Krankenhaus die Vorhänge herunterriss. Dies ist als Beweis ihrer <u>Gewalttätigkeit</u> angesehen worden. Nach den im Akt befindlichen Erhebungen des Sekretärs Brechleiter hat die Maldaque bei Rechtsanwalt Weiner die Vorhänge nicht „heruntergerissen", sondern nur aus den dort näher bezeichneten Gründen „zugezogen".
Hier besteht doch ein wesentlicher Unterschied.
2. Die Leitung der Anstalt hat ausreichende Gründe dafür nicht vorgebracht, dass sie das Ersuchen um Zuziehung des Landgerichtsarztes Dr. Bunz abgelehnt hat. Die Anstaltsleitung wolle veranlasst werden, hierzu nochmals Stellung zu nehmen.
3. Über die Todesursache ist eine ausreichende Klarheit nicht gewonnen worden. Auch hierüber sind noch die notwendigen abschließenden Feststellungen zu treffen.
4. Im Zusammenhang damit bedarf es noch der Aufklärung, mit welchen Mitteln dem psychischen und körperlichen Leiden der Maldaque begegnet wurde, ob insbesondere Einspritzungen und dgl. vorgenommen wurden und welche.

Hiernach hat die Regierung noch das weitere zu veranlassen und Abschluss der Erhebungen zu berichten.

I.A.
[Unterschrift unleserlich]

---
92 Das Schreiben des Innenministeriums ist in der Personalakte enthalten, STA.
93 Im Original steht der erste Textabsatz neben „Betreff".

## [52]
## Der Anstaltsleiter und Chefarzt Dr. Karl Eisen[94]

An die  
Regierung der Oberpfalz  
Kammer des Innern  
Regensburg

Regensburg, den 18.VIII.1930

Betreff: Unterbringung der Lehrerin Maldaque in der  
Heil- und Pflegeanstalt Regensburg

Die Anfrage vorgesetzter Stelle vom 14. ds. Mts. Nr. 330M30[95] beehre ich mich zu beantworten wie folgt:
Die meinerseits vorgenommene eingehende Untersuchung des Falles hat einwandfrei ergeben, dass auch nicht das Geringste unterlassen wurde, was fachwissenschaftlich und allgemein medizinisch zu veranlassen nötig war. Was den Fall Dr. Bunz betrifft, so hat der Vater nie den direkten Antrag gestellt, Herrn Bunz als Consiliarius zu rufen, sondern hat nur angefragt, ob es der seinerzeit leitende Arzt nicht für nötig erachte, den genannten Herrn beizuziehen. Herr Dr. Korte setzte dem Vater auseinander, dass die Untersuchung der verworrenen und sehr unruhigen Kranken an sich sehr schwierig sei, dass sie von vier anwesenden Ärzten der Anstalt wiederholt untersucht wurde und dass eine Ursache des Fiebers nicht habe festgestellt werden können. Herr Dr. Korte setzte noch hinzu, dass die hiesigen Ärzte auch allgemeinmedizinisch hervorragend vorgebildet seien und dass er es für ausgeschlossen halte, dass ein etwa hinzuzuziehender praktischer Arzt einen anderen Befund erheben könnte.
Hätte Herr Maldaque die Hinzuziehung des Herrn Dr. Bunz ausdrücklich gefordert oder hätte er nach der Erwiderung des Herrn Dr. Korte den Wunsch nach einer Hinzuziehung ausdrücklich geäußert, so hätten wir dagegen nicht das geringste einzuwenden gehabt, auch nicht aus etwaigen Prestigegründen, da wir Herrn Bunz sehr gut kennen und meine Herren mit ihm sehr viel forens-psychiatrisch zusammenarbeiten.

---

94 Karl Eisen (1873–1943) war von 1916 bis 1937 Leiter der Heil- und Pflegeanstalt Karthaus-Prüll.  
95 Dabei handelte es sich um ein Schreiben der Regierung der Oberpfalz, in dem der Text der Anfrage des Innenministeriums (Dok. 51) wiederholt wird mit der Aufforderung, Stellung zu nehmen.

Es wurde also ein Ersuchen niemals abgelehnt, sondern es wurde nur die persönliche Ansicht des vertretenden leitenden Arztes geäußert, der ich mich nachträglich anschließen kann.

Die Behandlung der Patientin erfolgte durchaus nach den maßgebenden Vorschriften unserer Wissenschaft. Da die Herkunft des intra vitam unaufgeklärt blieb – den Grund werde ich weiter unten darlegen – waren symptomatische Mittel angezeigt. Zunächst waren drei Momente ins Auge zu fassen: Die Bekämpfung der außerordentlichen und konsumierenden Unruhe, die Erhaltung des Kräftezustandes und die Erhaltung der Herzkraft, neben sorgsamer Pflege bei Tag und bei Nacht durch unser geschultes Pflegepersonal. Die Kranke war vor allem keinen Augenblick außer Beobachtung. Die Erregung wurde bekämpft durch Scopolamin-Injektionen, da eine Darreichung von Medikamenten per os bei der Verwirrtheit und dem Widerstreben der Kranken nicht möglich war. Die Erhaltung der Kräfte konnte leider nur auf dem Wege der künstlichen Ernährung durch die Magensonde durchgeführt werden, da die Kranke aus den mehrfach erwähnten psychischen Gründen Nahrung spontan nicht zu sich nahm, ihr auch Nahrung durch löffelweise Darreichung beizubringen nicht möglich war.

Das Herz machte von Anfang an den Eindruck geringer Widerstandsfähigkeit. Es wurde deshalb die Darreichung von Digalen, ein Mittel, das gerade in diesem Fall angezeigt erschien, durchgeführt. Zweimal gelang es, ihr je 25 Tropfen Digalen per os einzuflößen, 6-mal wurden ihr je 2 ccm intramuskulär durch die Spritze vermittelt.

Trotzdem konnte das allmähliche Sinken der Herzkraft nicht aufgehalten werden. Von Lobelin[96] wurde abgesehen, da die Atmung stets gut funktionierte.

Das körperlich hervorragendste Symptom, das Fieber, konnte ursächlich nicht geklärt werden. Die wiederholt vorgenommene Untersuchung der Lungen ergab keinen Befund.

Unsere Ärzte dachten von Anfang an an ein cerebral bedingtes Fieber, wie es bei ähnlichen deletär verlaufenden Fällen erfahrungsgemäß zuweilen beobachtet wird.

Eine allgemeine Vasomotorenschädigung zu diagnostizieren lag ebenfalls nahe. Eine annähernde Gewissheit verschaffte erst die Obduktion der Leiche, welche kleine zentral gelegene pneumonische Herde in der Lunge ergab. Dieselben konnten ihrer Art nach aber unmöglich intra vitam auskultatorisch oder perkulatorisch nachgewiesen werden. Es hätte also auch

---

96 Lobelin ist ein Anregungsmittel bei Lähmung des Atemzentrums.

ein zugezogener Arzt einen körperlichen Befund nicht erheben können. Das Herz erwies sich als schwach und hypoplastisch. Die Therapie war also eine richtige, wenn wir die Herzkraft mit dem geeigneten Mittel zu stärken bemüht waren. Befunde in der Niere und auch sonstige leichte Stauungserscheinungen wiesen auf allgemeine Gefäßschädigungen höchst wahrscheinlich nervöser Ätiologie hin.

Es wurde sachgemäß als Todesursache benannt: Pneumonie und Herzinsuffizienz (Lungenentzündung und Herzschwäche).

Die bayer. Anstalten haben die Einrichtung einer unter Leitung eines fachwissenschaftlich gebildeten Pathologen stehende Prosektur, welche interessante Fälle wissenschaftlich bearbeitet, um wertvolles Material wissenschaftlicher Erkenntnis nutzbar zu machen. Auch wir stehen mit dieser Prosektur im ständigen Verkehre, indem wir Organe zur mikroskopischen Verarbeitung und Herstellung mikroskopischer Präparate und zu fachwissenschaftlich-pathologischer Aufklärung einsenden. Die Prosektur hat im vorliegenden Falle dahin Aufschluss gegeben, dass die Pneumonie jüngeren Datums wäre und als Todesursache nicht in Frage käme. Sie hielt aber nach genauester Untersuchung verschiedener Organe und insbes. auch von Gehirnteilen die Auffassung für gegeben und begründet, dass im Vordergrunde des Krankheitsbildes Erscheinungen von Seiten des Kreislaufsystems stehen mussten auf Grund einer allgemein neurotisch bedingten Vasomotorenschädigung. Das Fieber wurde für cerebral bedingt erachtet in Übereinstimmung mit mehreren ähnlichen im laufenden Jahr von der Prosektur beobachteten Fällen.

Es handelte sich beim Falle Maldaque um eine von Haus aus neurotische Persönlichkeit (wiederholt beobachtete Nervenzusammenbrüche). Der Verwirrtheitszustand und die schwere motorische Erregung waren psychogen bedingt und von einer Intensität wie sie nur bei schweren Hysteroneurotikern im Anschluss an eine tiefgehende Gemütserschütterungen aufzutreten pflegt.

Als Todesursache kann nun erfahrungsgemäß mit Bestimmtheit angenommen werden: Erschöpfung vom Gehirn ausgehend bei einem furibunden Erregungszustand dem das hypoplastische Herz nicht gewachsen war. Die Befunde an den übrigen Organen und am Gehirne sprachen eindeutig für eine Vasomotorenschädigung, gegen welche es eine Bekämpfungsmöglichkeit leider nicht gibt.

Wenn ein Herr Abgeordneter sich zurückgesetzt fühlte, weil ihm ein Besuch zur Zeit des Höhepunktes der Erkrankung nicht gestattet wurde, so muss ich konstatieren:
1) Nach unseren Satzungen dürfen nur Angehörige oder mit Ausweis von Angehörigen versehene Bekannte der Kranken als Besuche zugelassen werden.
2) Der Besuch darf nicht gestattet werden, wenn das psychische Befinden einen Besuch kontraindiziert.

Ich hätte in diesem Falle die Zulassung des Besuches eines Fremden bei der Schwerkranken geradezu als einen fachärztlichen Fehler betrachtet.

[Unterschrift] Dr. Eisen

# Aus dem Bayerischen Landtag
# 88. Sitzung vom 31. Juli 1930

Im Rahmen der Haushaltsdebatte im Bayerischen Landtag am 30. und 31. Juli 1930 wurde beim Thema Schulen und Lehrer auch über den „Fall Maldaque" diskutiert. Drei Abgeordnete nahmen Stellung: Friedrich Burger von der Deutschnationalen Volkspartei/Bayerische Mittelpartei (DNVP/BMP), Herbert Müller von der Kommunistischen Partei Deutschlands (KPD) und Elisabeth Kaeser von der Sozialdemokratischen Partei Deutschlands (SPD).[97]
Friedrich Burger (1879–1939) fand das Vorgehen der Regierung aus einer verfassungsrechtlichen Perspektive fragwürdig. Burger war Schuldirektor und Stadtrat in Ludwigshafen am Rhein, das damals noch zu Bayern gehörte.
Herbert Müller (1900–1994) ging ausführlich auf den Umgang der Regierung mit Elly Maldaque ein. Er begründete damit zugleich einen Antrag der KPD, in dem die Entlassung der für die Maßregelung Elly Maldaques Verantwortlichen und eine objektive Untersuchung der Umstände ihres Todes verlangt wurden. Müller war Schriftsetzer, Mitglied des Stadtrats von Ludwigshafen am Rhein und Organisationsleiter des Bezirks Pfalz der KPD.
Elisabeth Kaeser (1882–1953) kritisierte das Vorgehen der oberpfälzischen Kreisregierung gegen Elly Maldaque als unverständlich und unangemessen und verglich die Entlassung Maldaques mit der nachsichtigen staatlichen Behandlung von Lehrern, die öffentlich für die NSDAP und die Zerstörung der Weimarer Demokratie agitierten. Gleichzeitig brachte sie einen Antrag der SPD-Fraktion ein mit der Forderung, die Umstände, die zur Entlassung und zum Tod Elly Maldaques geführt hatten, genauer zu untersuchen und gegebenenfalls die beteiligten Beamten disziplinarisch zu belangen. Kaeser war Volks- und Realschullehrerin und von 1920 bis 1924, dann wieder von 1928 bis 1932 Abgeordnete der SPD im Bayerischen Landtag. Sie war dort jeweils auch Mitglied im Ausschuss für Verfassungsfragen.
Der damalige Staatsminister für Unterricht und Kultus, Dr. Franz Goldenberger, antwortete ausführlich auf die Kritik, insbesondere auf die Rede

---
97 Vgl. dazu Lilla 2008, S. 318, S. 400 u. S. 440 f.

Kaesers, und wies jegliche Kritik am staatlichen Umgang mit der Lehrerin Maldaque als vollkommen unberechtigt zurück, ebenso alle Vorwürfe, die Staatsregierung behandle nationalsozialistische und kommunistische Lehrer unterschiedlich. Goldenbergers Argumentation zur Entlassung Elly Maldaques fußte auf dem Material der Regensburger Polizeidirektion, das in die Personalakte eingegangen war. Franz Goldenberger (1867–1948), Jurist und Mitglied der Bayerischen Volkspartei (BVP), war von 1926 bis 1933 Staatsminister für Unterricht und Kultus in der Bayerischen Regierung. Er betrieb in seiner Amtszeit auch das Verbot der sozialdemokratischen Organisation der Kinderfreunde.

Die Anträge der KPD und SPD wurden von der rechten Mehrheit im Landtag abgelehnt.

Die Landtagsprotokolle sind über das Internet zugänglich, deshalb haben wir uns bei der Dokumentation auf die Redebeiträge von Kaeser und Goldenberger konzentriert.[98]

(Die Dokumente wurden der neuen Rechtschreibung angeglichen.)

**[Stenographischer Bericht, S. 416–417]**

**[53]**
**Elisabeth Kaeser (SPD)**

...

Ich wende mich nun dem Falle M a l d a q u e zu. Der grausamen Rücksichtslosigkeit der Bürokratie ist ein Menschenleben zum Opfer gefallen und nach dem Zeugnisse vieler ein wertvolles Menschenleben. Es mag der Keim zur Krankheit in der körperlichen Disposition der Verstorbenen gelegen sein, ausgelöst wurde die Krankheit durch die Schuld der Regierung. Diese Schuld ist umso größer, als entgegen den Zusicherungen der Regierung die nationalsozialistisch tätigen Lehrer eine völlig andere Behandlung erfahren, als sie diese kommunistisch gesinnte Lehrerin erfahren hat.

(*Sehr richtig!* bei der Sozialdemokratischen Partei)

In der Oberpfalz ist z. B. ein nationalsozialistischer Lehrer, der in voller Öffentlichkeit die Hetze gegen den heutigen Staat betreibt, auf Veranlas-

---

98 Internet-Zugang über http://www.bayerische-landesbibliothek-online.de/landtag 1919–1933, Verhandlungen des bayerischen Landtags 1919–1933, Sitzungsperiode 1928–1928, Bd. 4: Stenographische Berichte zu den öffentlichen Sitzungen 1930, Nr. 78–96.

sung der katholischen Elternvereinigung wegen Überschreitung des Züchtigungsrechtes strafversetzt worden, aber strafversetzt in der Weise, dass er auf einen besseren Posten befördert worden ist, auf einen Posten, an dem er jetzt seine Hetze gegen den Staat genau so ungehindert weitertreiben kann wie vorher. In Aschaffenburg hat ein Trupp unreifer Jungen unter Führung eines nationalsozialistischen Lehrers dem Herrn Innenminister einen höhnischen Empfang bereitet dadurch, dass sie sich vor ihm aufstellten mit den Braunhemden in der Hand, sprechchorartig sich für das Uniformverbot bedankten und in den Zwischenräumen immer wieder „Heil Hitler!" riefen. Der Herr Innenminister soll über diesen Empfang recht wenig erbaut gewesen sein.
(Zuruf von der Sozialdemokratischen Partei: *Geschieht ihm aber recht!*)
Ich habe selbst das Beispiel eines nationalsozialistischen Professors, auch in Aschaffenburg angeführt, der die Pfalzfeier zu einer Hetze gegen den Staat benutzte. Wir könnten noch ein halbes Dutzend solcher Lehrer anführen; z. B. fällt mir jemand aus dem Oberland ein. Diese Lehrer werden durchaus nicht gehindert, ihre Hetze, die auch auf eine gewaltsame Umstürzung des heutigen Staatswesens hinausgeht, zu betreiben.
Von diesen Dingen weiß, scheint es, der Herr Unterrichtsminister nichts. Von der Lehrerin Maldaque aber, von deren kommunistischer Gesinnung geschweige denn Betätigung weder Schülereltern noch Kollegen noch Schulleiter etwas wussten, davon weiß der Herr Kultusminister etwas und sagt, dass sie kommunistisch gewirkt hat. Ich gehe zuerst auf den Hauptpunkt der Anklage ein und dann auf die Behandlung des Falles durch die Regierung.
Der Lehrerin Maldaque wurde vorgeworfen: kommunistische Gesinnung und Betätigung und Zugehörigkeit zum Freidenkerbund. Als sie, nachdem sie ihre fristlose Entlassung erhalten hatte, sich auf der Regierung der Oberpfalz beschweren wollte, wurde ihr von einem Assessor – der Referent war gerade nicht da – erklärt, eine Beschwerde sei überflüssig. Es wurde ihr damals gesagt, ihr Tagebuch sei das Belastendste für sie gewesen,
    (*Hört, hört!* bei der Sozialdemokratischen Partei)
und zwar zwei Stellen aus dem Tagebuche, die von der Polizei fotografiert worden sind. Die erste Stelle lautete:
  „Ich bin glücklich, diese Weltanschauung gewonnen zu haben. Der
  Kommunismus ist mein Heiligtum und meine Religion."
Die zweite Stelle lautete:
  „Die Kinder sollen meine Versuchskaninchen sein."

Die Lehrerin Maldaque behauptet in einem Brief und ihr Vater behauptet in einer Eingabe an das Ministerium, dass die beiden Stellen willkürlich aneinandergereiht worden seien. Übrigens glaube ich, dass man das aus dem Tagebuch leicht feststellen könnte. Sie behaupten, dass tatsächlich die zweite Stelle zwei Seiten vor der ersten und im folgenden Zusammenhang gestanden hätte:

„Ich habe bisher geglaubt, die Dinge nur von einer höheren Warte sehen zu dürfen. Ich habe den Alltag gehasst und die Kleinarbeit. Ich muss mich nun dazu durchringen, auch die kleinsten und unangenehmsten Arbeiten mit Liebe und Verständnis zu tun. Meine Schulkinder sollen meine Versuchskaninchen sein. (Ob ich es wohl können werde?)" [99]

Abgesehen davon, dass der Ausgangspunkt für die Hauptanklage ein Tagebuch ist, also ein nicht für die Öffentlichkeit bestimmtes Dokument und schon deshalb dieser Ausgangspunkt bedenklich erscheint, bedenklicher muss uns noch erscheinen eine Beweisführung, die versucht – wenn sich das bestätigen sollte –, Stellen willkürlich aneinander zu reihen, um einen entsprechenden Sinn herauszubekommen. Aber ich glaube, selbst wenn diese Stellen so niedergelegt wären, wie es behauptet wird, dann fehlt doch noch immer der Beweis, dass sich die Lehrerin in diesem Sinn auch wirklich betätigt hat. Man schreibt ja viel in ein Tagebuch, was man nachher doch nicht unternimmt. Nebenbei bemerkt, dürfte es in einer zweiten Klasse, bei siebenjährigen Kindern überhaupt

---

[99] Kaeser bezieht sich bei den Zitaten auf den Tagebucheintrag Maldaques vom 14.07.1929 (s. Dok. 14): Der Auszug der Politischen Polizei hierzu aus Maldaques Tagebuch lautet:
„5.3.29. … Irene mit dem Märtyrerkranz ihrer dornenvollen Liebe, für mich ein ungewohntes Aufgeben meiner Instinkte, ein ungekanntes, zwangsvolles Aufgehen im andern. „Du musst den Sprung über den Abgrund wagen." Mit diesen Worten kehrte ich zurück und ich versuchte dann zum 1. Male in meinem Leben – das, was andere immer konnten – selbstlose Kleinarbeit zu tun – einfach sich zu geben in Geduld im Kleinen. Meine Schulkinder waren die Versuchskaninchen. Und dieses Überwinden seiner selbst – dieser Schnitt ins eigene Fleisch – wurde die Erlösung – eine andere Erlösung – als ich sie bisher immer geübt hatte. …
14.7.29. … Aber nun bin ich auf Tod und Leben dem Kommunismus verschworen – er bedeutet die Glückseligkeitsform alles Menschlichen – er deckt alle dunklen Zusammenhänge auf – er gibt Antwort auf die bangste Frage – er ist der einzige Menschheitserlöser." (Personalakte Maldaque)
Die Datumsangabe „5.3.29" ist falsch. Beide Eintragungen erfolgten am 14.07.1929, s. Dok. 14.

fast unmöglich sein, einen politischen oder gar einen parteipolitischen Einfluss auszuüben.
(Zuruf von der Sozialdemokratischen Partei:
*Sie hat niemals daran gedacht.*)
Die Lehrerin soll ferner Freidenkerin gewesen sein. Ich möchte die Regierung fragen, ob sie erstens einmal für die kommunistische Betätigung und zweitens für die Betätigung als Freidenkerin Beweise hat, denn das kann kein Beweis sein, dass sie einmal einen Vortrag im Freidenkerbund angehört hat.
Nun die Behandlung durch die Regierung! Zuerst eine Frage! Gibt es eine Verfügung oder Gepflogenheit des Ministeriums, dass Kreisregierungen, wenn es sich um eine schwierige Sache handelt, wie es eine Entlassung ist, die Angelegenheit dem Kultusministerium vorzulegen haben, oder entscheiden die Kreisregierungen selbständig? Hat in diesem Fall die oberpfälzische Kreisregierung selbständig entschieden oder hat sich das Ministerium vorher geäußert? Das letztere erscheint höchst wahrscheinlich; denn der Herr Kultusminister hat ja im Ausschuss gesagt, es sei nicht richtig, dass die Lehrerin nur wegen kommunistischer Gesinnung entlassen worden sei. Wenn er sich schon eine Meinung gebildet hat, wird er als Jurist es wahrscheinlich nicht tun, ohne den Fall vorher gekannt zu haben. Er hat übrigens selbst den Beweis dafür erbracht, dass er den Fall besser gekannt hat, als er im Ausschuss das zum Ausdruck bringen wollte, denn da war ein Satz, den er im stenografischen Bericht dann wieder ausgestrichen hat. Der Satz lautet „Er müsse aber vorher erst den Akt von der oberpfälzischen Kreisregierung einsehen können." Warum hat der Herr Kultusminister diesen Satz im stenografischen Bericht wieder ausgestrichen? Das ist übrigens die zweite Korrektur des Herrn Kultusministers im stenografischen Bericht dieses Ausschusses. Eine andere, die den Sinn nicht unwesentlich verändert hat, ist auch vorgenommen worden. Nach dem wird man wohl annehmen dürfen, dass die Behandlung des Falles durch das Ministerium, wenn nicht veranlasst, so mindestens mit seiner Zustimmung erledigt worden ist. Ich möchte daher den Herrn Kultusminister fragen: Hat er veranlasst oder gebilligt, dass diese Lehrerin, die sich nie etwas zuschulden hat kommen lassen, die vier Jahre lang Kriegsaushilfe geleistet hat und zehn Jahre lang eine achte Klasse zur vollen Zufriedenheit geführt hat, zwei Tage vor dem Wirksamwerden der Entscheidung ihre Entlassung zugestellt bekommen hat? Hat der Herr Kultusminister veranlasst oder gebilligt, dass die Lehrerin, die 17 Jahre im Schuldienst war, ohne dass die Schulleitung, die Eltern, die Kollegen und vor allem ohne dass sie selbst

auch nur ein einziges Mal amtlich vernommen worden wäre, entlassen worden ist? Es ist das ein so ungewöhnliches Vorgehen, dass man wirklich sagen muss, es werde sich kaum wiederholen dürfen. Wenn auch die materielle Grundlage der Art. 5 des Volksschullehrergesetzes ist und wenn auch die Lehrerin noch unständig verwendet war – sie hat, trotzdem sie bereits Anspruch auf Unwiderruflichkeit hatte, es versäumt, diesen Anspruch geltend zu machen –, so wäre doch einer Vernehmung dieser Lehrerin nichts im Wege gestanden. Wenn dann jemand, ohne auch nur einmal vernommen worden zu sein – denn der Schulrat hat ihr einmal einen freundschaftlichen, aber nicht amtlichen Wink gegeben, das war alles – entlassen wird, so müssen schon ganz ungeheure Dinge vorliegen, wenn sich das überhaupt einigermaßen rechtfertigen ließe. Die Schulbehörde von Regensburg ist bei dieser Angelegenheit überhaupt ausgeschaltet gewesen; die Sache ist nur von der Polizei und von der Regierung behandelt worden. Noch dazu hatte man die Beschwerde der Lehrerin gegen die Entlassung überhaupt abgewiesen und sie als überflüssig erklärt.

Meine letzte Frage ist die: Was wird die Regierung jetzt tun? Soll der Fall erledigt sein, weil die Tote nicht mehr sprechen kann? Ich glaube, es liegt nicht nur im Interesse der Beteiligten, dass unser Antrag auf Beil. 1184, der lautet:

> Der Landtag wolle beschließen:
> Die Staatsregierung wird ersucht, die Ursachen, die zur fristlosen Entlassung und zum Tod der Lehrerin Maldaque von Regensburg geführt haben, zu untersuchen und gegebenenfalls gegen die beteiligten Beamten ein Disziplinarverfahren einzuleiten,

angenommen wird, sondern auch im Interesse der Gerechtigkeit. Die Öffentlichkeit hat ein Recht auf Klarstellung. Diese Klarstellung muss auch erfolgen in Bezug auf die Behandlung, die die Kranke in der Anstalt erfahren haben soll, eine Sache, mit der das Kultusministerium nicht befasst ist. Wenn man die Wahrheit liebt, wird man unserem Antrag zustimmen müssen. Den kommunistischen Antrag, der in manchen Punkten von unrichtigen Voraussetzungen ausgeht, lehnen wir ab.

Herr Kultusminister! In Regensburg sitzt der Mörder Tetzner, der einen Handwerksburschen im Automobil angezündet und verbrannt hat, um einen Versicherungsbetrug herbeizuführen. Dieser Mann wird monatelang befragt und untersucht, er wird auf seinen Geisteszustand untersucht, er hat einen Anwalt zugeteilt erhalten, er kann in öffentlicher Verhandlung sich gegen das ihm zur Last Gelegte noch einmal verteidigen. Und hier haben wir eine Frau, die ohne jegliche Möglichkeit, sich zu verteidigen, einfach fristlos entlassen wird.

(*Hört, hört!* bei der Sozialdemokratischen Partei)

Der Fall hat in Regensburg bis tief hinein in Kreise völlig autoritätsgläubiger Leute das allergrößte Aufsehen erregt und eine tiefgehende Erregung hervorgerufen. Wir werfen dem Herrn Kultusminister vor, dass er die Taten rechtsgerichteter viel milder beurteilt als die Gesinnung einer linksgerichteten Lehrerin.

(*Sehr richtig!* bei der Sozialdemokratischen Partei)

Wir möchten dem Herrn Kultusminister nur sagen: Viel Vertrauen hat er nicht mehr zu gewinnen, aber den letzten Rest kann er noch verlieren! (Lebhafter Beifall bei der Sozialdemokratischen Partei)

**[Stenographischer Bericht, S. 435–439]**

**[54]**
**Kultusminister Dr. Franz Goldenberger (BVP)**

...

Damit komme ich dann zu dem Fall der Lehrerin *Maldaque* in Regensburg. Die Auffassung, dass das Unterrichtsministerium Lehrer, die einer anderen politischen Richtung angehören und sich, wie behauptet wird, in politischer Beziehung zu weit hervorgetan haben, anders behandle wie diesen Fall, diese Auffassung lehne ich ab. Ein Beweis dafür kann nicht erbracht werden. Wenn das Unterrichtsministerium die notwendigen Grundlagen und das nötige Tatsachenmaterial hat, so wird es gegen alle diejenigen, die tatsächlich sich disziplinär verfehlt haben, in gleich objektiver Weise vorgehen. Nun hat das Mitglied des Landtags, das den Antrag der Sozialdemokratischen Partei vertreten hat, als erste Frage gestellt, ob das Unterrichtsministerium von dem Fall bereits Kenntnis erhalten habe, bevor die Regierung selbst instanziell Stellung genommen hat. Ich habe nicht den geringsten Anlass, hier irgendetwas zurückzuhalten; der Fall findet seine vollständige Aufklärung. Dem Unterrichtsministerium ist von der politischen Betätigung einer Lehrkraft in Regensburg von anderer Seite Mitteilung gemacht worden. Das Unterrichtsministerium hat darauf einen Bericht von der Regierung eingefordert, hat die Akten, die die Regierung vorgelegt hat, vorläufig durchgesehen und die Akten zurückgegeben an die Regierung mit einer Entschließung vom 21. Juni mit dem Wortlaut:

„Gegen die sofortige Lösung des Dienstverhältnisses der widerruflichen Lehrerin Elly Maldaque in Regensburg nach Art. 5 Abs. II und III des Volksschullehrergesetzes besteht vorbehaltlich der instanziellen Würdigung ihrer etwaigen Beschwerde keine Erinnerung.
Abdruck der ergehenden Entschließung ist vorzulegen."
(*Hört, hört!* bei der Sozialdemokratischen Partei)

Nun komme ich zu dem Fall selbst. Ich darf daran erinnern, dass die Regierung der Oberpfalz mit Entschließung vom 27. Juni dieses Jahres unter Bezugnahme auf den eben angeführten Art. 5 Abs. II „das Dienstverhältnis der widerruflichen Lehrerin Elise Maldaque in Regensburg gelöst hat mit Wirkung vom 1. Juli 1930. Zur Begründung ihrer Maßnahme hat die Regierung darauf hingewiesen, dass die Lehrerin Maldaque ihrer geistigen Einstellung nach der Bewegung des Kommunismus und des Freidenkertums zugehöre und auch wirkendes Mitglied der Kommunistischen Partei Deutschlands sei. Diese bestimmte Haltung gegenüber einer auf den gewaltsamen Umsturz der bestehenden Staats- und Kulturordnung hinarbeitende Bewegung sei mit der Stellung eines Beamten und Lehrers unvereinbar."

Soweit die Regierungsentschließung. Das Staatsministerium hat sich die Akten der Regierung vorlegen lassen und hat sie nachgeprüft, und zwar nach der Richtung, ob gegen die Lehrerin Maldaque mit Recht der Vorwurf der kommunistischen *Betätigung* erhoben worden ist; denn nicht die Gesinnung wäre ausschlaggebend, sondern allein die Betätigung, die kommunistische, ob eine Mitgliedschaft damit verbunden ist oder nicht. Nur dies wäre ausschlaggebend für die rechtliche Zulässigkeit der Lösung des Dienstverhältnisses.

Das Fräulein Maldaque ist im zeitlichen Anschluss an ihre Entlassung erkrankt, war vorübergehend in einem Krankenhaus untergebracht und ist dann in der Zeit vom 9. zum 10. Juli in die Heil- und Pflegeanstalt in Regensburg verbracht worden. Ich darf bemerken, dass nach den aktenmäßigen Feststellungen der Vater des Fräulein Maldaque sowie eine frühere Kollegin den Erkrankungszustand bezeugt haben. Am 20. dieses Monats ist dann Fräulein Maldaque in der Anstalt gestorben. Die Wendung, die die ganze Angelegenheit durch den Tod von Fräulein Maldaque erfahren hat, ist bedauernswert und betrüblich und niemand wird der Verstorbenen, die eine gute Prüfung aufzuweisen hatte und gegen deren Lehrtätigkeit keine Beanstandung vorlag,

(Zuruf links)

und ihren überlebenden Eltern das Mitgefühl versagen. Aber die nüchterne rechtliche Beurteilung des Verfahrens der vorgesetzten Dienstbehörde hat mit der Erkrankung der Entlassenen und mit ihrer Einschaffung in die Heil- und Pflegeanstalt sowie mit dem unglücklichen Ausgang gar nichts zu tun,
(Widerspruch links)
ich wiederhole – gar nichts zu tun. Die Dinge lagen voran und nach der damaligen Zeit und Sachlage war die Entscheidung der Regierung zu treffen. Die maßlosen Angriffe, die von parteipolitischer Seite, von kommunistischer und heute von sozialdemokratischer Seite, wegen der Entlassung des Fräulein Maldaque gegen die Regierung erhoben worden sind,
(Zuruf von der Sozialdemokratischen Partei: *mit Recht!*)
– das warten Sie einmal ein bisschen ab! – nötigen das Ministerium, hier die Verhandlungen auch in etwas breiterer Form dazulegen, als es sonst mit Rücksicht darauf, dass es sich um eine Personalfrage handelt, geschehen wäre.
Nach den Feststellungen der Polizeidirektion Regensburg ist die Lehrerin Maldaque bereits seit dem Jahr 1928 in enger Verbindung mit der kommunistischen Ortsgruppe Regensburg gewesen, besonders mit deren Führer Konrad Fuß. Dieser hat sie auch wiederholt in der Wohnung ihres Vaters besucht und mit ihr politische Angelegenheiten erörtert. Das hat zu einer Entzweiung zwischen dem Vater und der Tochter und weiter dazu geführt, dass Fräulein Maldaque sich eine eigene Wohnung gemietet hat, wo sich dann diese Besuche fortsetzten.[100] In verschiedenen Briefen und Tagebuchstellen bezeichnet die Lehrerin Maldaque den genannten Kommunistenführer Fuß ausdrücklich als den „Genossen Fuß", spricht von „unserer Ortsgruppe Regensburg", deren Führer ja Konrad Fuß war. Auch der Führer Konrad Fuß bezeichnet die Lehrerin Maldaque z. B. in einem Brief vom 16. Juli 1929 ausdrücklich als „liebe Genossin" und unterzeichnet den Brief mit den Worten: „Dein Genosse Konrad". Die Lehrerin Maldaque war Mitglied der oppositionellen kommunistischen Gruppe

---

100 Die Ausführungen Goldenbergers hier und im Folgenden stützen sich ausschließlich auf internes, „geheimes" Material der Politischen Polizei. Dabei stellt er mit seinen Interpretationen teilweise willkürliche Verbindungen her, die den „Kommunismus" Maldaques in besonders gesteigerter Form erscheinen lassen. Ein Beispiel ist die Interpretation des Umzugs von Maldaque in eine eigene Wohnung. Tatsache ist, dass Elly Maldaque 1929 in eine eigene Wohnung zog, da ihr 70jähriger Vater wieder heiratete und somit ihre Hilfe in seinem Haushalt nicht mehr brauchte.

des Regensburger Freidenkerverbandes. Am 6. Juli 1929 hat sie versucht, dieser Ortsgruppe einen Vortrag der in Thüringen aus dem Schuldienst entlassenen kommunistischen Berufsschullehrerin Neubauer zu vermitteln. In einem einschlägigen Brief hat sie erklärt:
„Wir sind doch dazu da, dass wir gegen die Reaktion und den Aberglauben kämpfen."
Schon während des Jahres 1929 hat die Lehrerin Maldaque in dem später polizeilich aufgelösten radikalen kommunistischen Roten Frontkämpferbund etwa zehnmal mit Genossen kommunistische Lieder geübt und bei der am 4. August 1929 von der KPD geplanten, jedoch polizeilich verbotenen Anti-Kriegsdemonstration hat die Lehrerin Maldaque nach den Feststellungen der Polizeidirektion Regensburg im Auftrag der Partei Spitzeldienste gegen die Polizei geleistet. Im Oktober 1929 wurde im Parteilokal der kommunistischen Ortsgruppe Regensburg, im alten Ratskeller, durch den kommunistischen Reichstagsabgeordneten Meyer-Nürnberg ein Parteikurs abgehalten. Die Vorträge über Marxismus, Dritte Internationale, Heranbildung von Parteifunktionären waren jeweils an den Mittwochabenden. Die Lehrerin Maldaque hat sich an diesen Vorträgen und an den anschließenden Diskussionen beteiligt.

(Zuruf von den Kommunisten: *Wer hat Ihnen das alles mitgeteilt?*)
Die maßgebende Tatsache ist, dass es mitgeteilt ist. Die Lehrerin Maldaque hat an einer am 9. November 1929 von derselben Parteiortsgruppe Regensburg zum Gedächtnis des bekannten Räteführers Leviné veranstalteten Revolutionsfeier teilgenommen und bei dieser Feier ist sie mit Klaviervorträgen hervorgetreten. Im November haben in der Wohnung des Regensburger Kommunisten Graf Vorträge des Lenin-Zirkels, Bund zur Vertiefung des kommunistischen Programms, stattgefunden. Dabei hat die Lehrerin Maldaque selbst Vorlesungen gehalten. Am 1. Dezember 1929 hat Fräulein Maldaque ihrer Freundin, der bereits vorerwähnten entlassenen kommunistischen Lehrerin Neubauer folgendes mitgeteilt:
„Wir – also die Kommunistische Ortsgruppe Regensburg – hatten im Stadtbezirk bis jetzt eine öffentliche Versammlung. Reichstagsabgeordneter Ewert hat die Hakenkreuzler richtig blamiert. Nach Schluss der Versammlung stiegen mir noch drei Genossen auf die Bude, der Reichstagsabgeordnete Ewert, Ende und Konrad Fuß. Da freute ich mich natürlich sehr, wenn mich solche Größen besuchen."
Am 1. Dezember hat sodann dieselbe Lehrerin gemeinsam mit dem Kommunisten noch einem amtsbekannten kommunistischen Arzt in Nittenau einen Besuch abgestattet. Das ist derselbe Arzt, der im Jahr 1919 in Re-

gensburg wegen hochverräterischer Umtriebe festgenommen und bereits 1920 als kommunistischer örtlicher Führer bekannt geworden war.

Am 1. März dieses Jahres hat sodann der Oberstadtschulrat von Regensburg die Lehrerin Maldaque in sein Geschäftszimmer rufen lassen und hat ihr vorgehalten, dass sie kommunistische Versammlungen besuche, dass sie dort auf dem Klavier kommunistische Lieder begleite. Er hat sie darauf aufmerksam gemacht, dass sie ihre Stellung riskiere, und hat sie ausdrücklich darauf hingewiesen, dass die Kommunistische Partei den Umsturz des bestehenden Staates, wenn nötig mit Gewalt, anstrebe und dass der Staat doch seine Beamten nicht dafür bezahlen könne, dass sie mithelfen, ihm sein Grab zu schaufeln.

(*Sehr richtig!* rechts)

(Zurufe von den Kommunisten)

Die Lehrerin Maldaque hat darüber am 2. März 1930 ihrer kommunistischen Freundin Neubauer folgenden Brief geschrieben:

„Nun hat es mich auch schon erwischt. Gestern erhielt ich vom Oberstadtschulrat eine Verwarnung wegen Teilnahme an der Partei. Er riet mit dringend, die Sache abzubrechen, es könnte mich meine Stelle kosten, ich würde scharf beobachtet. Ich wollte herausbringen, woher der Wind weht. Natürlich gab er nichts heraus. Ich gab lediglich mein Interesse im Allgemeinen zu und dass ich einmal Klavier gespielt hätte. Aus Lehrerkreisen hätte er nichts gehört, sagte er mir; aus Elternkreisen scheint es auch nicht gekommen zu sein. Also bleiben nur die eigenen Reihen übrig, wir müssen aber dafür sorgen, dass die beiden verdächtigen Elemente nichts mehr von mir erfahren können; das Ausschlussverfahren gegen – dann ist ein Buchstabe genannt – ist ja bereits eingeleitet."[101]

(*Hört, hört!* rechts)

Gelegentlich einer am 21. März 1930 in Regensburg stattgefundenen gerichtlichen Verhandlung gegen den mehrfach genannten Kommunisten Konrad Fuß wegen Religionsvergehens ist von Kriminalbeamten beobachtet worden, wie sich der Angeklagte Fuß vor Beginn der Verhandlungen in auffälliger Weise mit einer weiblichen Person unterhalten hat, die schon wiederholt in seiner Begleitung gesehen worden war und die den

---

101   Es handelt sich um den Brief Elly Maldaques an Irene Neubauer vom 2.03.1930, (Dok. 18). Goldenberger gibt den Text nicht genau wieder. Seine Auslassungen legen nahe, wie an anderen Stellen seiner Rede, Maldaque als Mitglied der KPD erscheinen zu lassen.

kommunistischen Führerkreisen anzugehören schien. Die betreffende Persönlichkeit wurde dann polizeilich ermittelt als die jetzt schon mehrfach erwähnte kommunistische frühere Lehrerin Neubauer. Aus Anlass ihrer Angabe, dass sie ihr Gepäck mit ihren Papieren bei ihrer Freundin Maldaque hinterstellt habe, ist sodann in der Wohnung der Maldaque Nachschau gehalten und in dieser Wohnung eine Menge kommunistischer Literatur gefunden worden. Mit Rücksicht auf die in der letzten Zeit in Regensburg vertriebenen kommunistischen Zersetzungsschriften lag der Verdacht nahe, dass die genannte Neubauer etwa solche Schriften in die Wohnung Maldaques mitgebracht habe. Eine Durchsuchung der Wohnung nach verdächtigem Material ist daher vorgenommen worden. Dabei sind unter anderem gefunden worden eine Unmenge kommunistischer Literatur, darunter auch „Die Trommel", das bekannte kommunistische Schülerhetzblatt, und das Rotfrontliederbuch, dann eine auf Maldaque ausgestellte Mitgliederkarte des Bundes der Freunde der Sowjetunion, dessen Ziel die Zusammenfassung aller Kräfte ist, die die Sowjetunion zu verteidigen und in den weitesten Kreisen Aufklärung über die wirklichen Verhältnisse der Sowjetunion zu verbreiten gewillt sind, dann Rundschreiben der Oppositionellen KPD-Gruppe Nordbayern und eine schriftliche Stellungnahme der Regensburger KPD-Gruppe als Beilage, auch Klebmarken der Partei und solche zu den Kommunalwahlen 1929.

Man hätte nun denken können, dass dieser polizeiliche Besuch und sein Ergebnis das Fräulein Maldaque hätten warnen und erneut an die vorausgegangene dienstaufsichtliche Warnung des Oberstadtschulrates erinnern sollen. Aber das Fräulein Maldaque hat wenig später, am 12. April, sich wiederum an einer Mitgliederversammlung der Kommunistischen Partei Deutschlands, Ortsgruppe Regensburg, beteiligt, am 21. April an einer kommunistischen Arbeitsgebietskonferenz und am 11. Mai an einer Besprechung der Oppositionellen Kommunistischen Freidenkergruppe in Regensburg.

Am 18. Juni hat sie Urlaub für eine Dienstreise zu einer pädagogischen Ausstellung in Leningrad erbeten. In einem Brief am 1. März dieses Jahres an ihre kommunistische Freundin Neubauer hatte sie über diese beabsichtigte Reise folgendes geschrieben:

> „Unser Russisch macht Fortschritte. Ich habe ziemlich fest vor, im Sommer nach Russland zu gehen. Es werden von den Freunden Sowjetrusslands – das ist der Bund, dessen Mitglied sie war – 14tägige Reisen veranstaltet für alle Sympathisierenden."[102]

---

102  Zitat aus dem Brief Maldaques an Neubauer vom 2.03.1930, (Dok. 18).

Den sowjetistischen Einschlag dieser Studienreise hat die Lehrerin Maldaque in ihrem Gesuch um Bewilligung eines Urlaubs natürlich nicht erwähnt, hingegen hat sie betont, dass an der Ausstellung auch England, Amerika und der Leipziger Lehrerverein beteiligt seien.
Heute ist noch von einem weiteren Beweismoment für die kommunistische Gesinnung, und zwar für die Betätigung in der Volksschule, gesprochen worden. Das ist die Wendung aus dem Tagebuch vom „Versuchskaninchen". Diese Wendung ist mir auch bekannt gewesen, ich habe sie aber in meine Vormerkung nicht aufgenommen, weil ich nicht mehr beweisen will, als ich beweisen kann. Ich verwerte sie auch jetzt nicht zu Schlussfolgerungen.[103]
Das Fräulein Maldaque hat am 14. Juli vorigen Jahres in ihr Tagebuch folgendes Bekenntnis eingetragen:
> „Nun bin ich auf Tod und Leben dem Kommunismus verschworen. Er bedeutet die Glücksszene alles Menschlichen, er ist der einzige Menschheitserlöser."[104]

Die deutschen Disziplinargerichte haben wiederholt ausgesprochen, und zwar bei Verfahren gegenüber unwiderruflichen Beamten, die doch im Besitze wohlerworbener Rechte sind, dass die kommunistische Betätigung der Beamten im Dienst wie auch außerhalb des Dienstes im Hinblick auf die notorischen Ziele des Kommunismus, die bestehende verfassungsmäßige Ordnung mit Gewalt zu ändern, als ein schweres und regelmäßig mit Dienstentlassung zu ahndendes Dienstvergehen zu erachten sei.
Das Fräulein Maldaque war erwiesenermaßen nicht nur dem Bekenntnisse nach überzeugte Kommunistin und hat sich auf die Theorie nicht beschränkt, sondern auch ihre Gesinnung betätigt. Sie hat aktiv den Anschluss an führende Kommunisten gesucht und gefunden und sich im Rahmen der kommunistischen Ortsgruppe Regensburg auch praktisch eingefühlt. Die Lehrerin Maldaque hat gewusst, dass sie noch in einem widerruflichen Dienstverhältnis war, das ohne Wahrung einer Form oder Frist jederzeit hat gelöst werden können. Sie hat gewusst, wie die Dinge

---

103 Ein derartiger Zusammenhang besteht nicht, wie der Tagebucheintrag zeigt (s. Dok. 14).
104 In Elly Maldaques Tagebuch heißt es am 14. Juli 1929: „Aber nun bin ich auf Tod und Leben dem Kommunismus verschworen – er bedeutet die Glückseligkeitsform alles Menschlichen – er deckt alle dunklen Zusammenhänge auf – er gibt Antwort auf die bangste Frage – er ist der einzige Menschheitserlöser." (Dok. 14).

dienstaufsichtlich und disziplinarrechtlich zur Beurteilung kommen; denn der zuständige Oberstadtschulrat hat sie darauf ausdrücklich hingewiesen. Sie hat sich trotz dieser Warnung und selbst durch die als zweite Warnung doch mindestens für sie bedeutungsvolle polizeiliche Haussuchung von ihrer bisherigen Betätigung nicht abhalten lassen, ist vielmehr aktiv fortgesetzt noch tätig geblieben.

Ich kann bei diesem Tatsachenmaterial angesichts des widerruflichen Charakters der Lehrerin, angesichts dessen, dass sie wusste, wie viel Hunderte von Lehramtsbewerbern mit einwandfreier Führung auf Anstellung warten und dass sie dessen ungeachtet ihre Stellung bewusst gefährdet hat, einen anderen Standpunkt nicht einnehmen als den, dass die Entlassung, wie sie von der der Regierung, Kammer des Innern, der Oberpfalz verfügt worden ist, ebenso rechtlich zulässig als nach den Umständen des Falles gegenüber einer widerruflichen Lehrkraft geboten war.

(*Sehr richtig!* bei der Bayerischen Volkspartei)

Der Umstand, dass ihr solche kommunistische Betätigungen bisher im Verhältnis zu den ihr anvertrauten Schulkindern nicht nachgewiesen sind, vielmehr nur eine Betätigung außerhalb der Schule, ist für die Lösung des Dienstverhältnisses ohne Belang.

Eine andere Frage, deren Beantwortung offen bleiben kann, ist die, ob, wenn sie am Leben wäre, dieser Umstand für eine spätere Zeit nicht vielleicht, wenn inzwischen ein Wandel zu einer staatserhaltenden Gesinnung eingetreten wäre, Anlass hätte geben können, sie, wenn auch zunächst probeweise, wieder aufzunehmen.

Was die Regierung ausgesprochen hat: Verlust des Diensteinkommens, der Standesbezeichnung und der Aussicht auf Ruhestandsversorgung, sind gesetzlich vorgesehene Folgen.

Das Fräulein Maldaque ist auch belehrt worden, dass sie gegen diese Entschließung die Aufsicht des Ministeriums anrufen kann. In den Einlauf des Ministeriums des Innern ist eine solche Beschwerde bisher nicht gekommen. Dagegen ist bezeichnenderweise die kommunistische „Neue Zeitung" in der Lage, in ihrer Nummer 165 ein Schreiben vom 1. Juli der Lehrerin Maldaque zu veröffentlichen, in dem Fräulein Maldaque ihr Verhalten als harmlos hinzustellen versucht hat. Auch das, was das Fräulein Maldaque selbst in diesem Schreiben an kommunistischer Betätigung zugibt – Leitung von Singstunden im kommunistischen Rotfrontkämpferbund, Beteiligung an öffentlichen kommunistischen Versammlungen, besonders an der Levine-Feier, Teilnahme an Besprechungen des Lenin-Bundes –, hätte genügt, um das Dienstverhältnis mit einer noch widerruflichen Lehrpersönlichkeit unter den bestehenden Verhältnissen zu lösen.

Eine mildere dienstaufsichtliche Beurteilung der Angelegenheit wäre nur dann gerechtfertigt gewesen, wenn Fräulein Maldaque infolge erwiesener anormaler geistiger Veranlagung für ihre kommunistische Betätigung nicht oder nicht voll verantwortlich gewesen sein würde. Die Heil- und Pflegeanstalt Regensburg hat sich zu dieser Frage in einem Bericht vom 24. dieses Monats dahin geäußert, dass eine Geisteskrankheit oder Geistesschwäche, welche die Verantwortlichkeit der Lehrerin Maldaque ausschließen würde, bei ihr vor dem Ausbruch der als akut bezeichneten Störung im Juli 1930 nicht bestanden habe, dass sie jedoch der verbotenen und für sie sehr gewagten kommunistischen Betätigung ihrer ganzen psychischen Struktur nach nicht gewachsen gewesen sei.

Es ist von sachverständiger Seite vertreten worden, dass ohne das Dazwischentreten einer Lungenentzündung nach dem Gutachten der Heil- und Pflegeanstalt – von dieser ist das Gutachten erstattet worden – die völlige Wiederherstellung des Fräulein Maldaque zu erwarten gewesen wäre. Ich bedauere, dass der Tod des Fräulein Maldaque eingetreten ist. Ich habe schon gesagt, dass von irgendeinem Verschulden seitens der Regierung nicht gesprochen werden kann. Ich spreche jetzt zunächst vom Standpunkt der obersten Schulaufsicht. Gegenüber der geradezu frivolen Hetze, mit der politische Kreise den traurigen Fall propagandistisch zu verwerten suchen, muss mit aller Entschiedenheit betont werden, dass die unglückliche Lehrerin Maldaque ein Opfer ihres eigenen pflichtwidrigen Verhaltens und im weiteren Sinn ein Opfer des Kommunismus und seiner Agitation geworden ist,

(*Sehr richtig!* rechts und in der Mitte)

Ich komme nun auf ein zweites Gebiet – ich bitte noch um etwas Geduld –, der Einfachheit halber übernehme ich auch gleich die Vertretung des Staatsministeriums des Innern, sowie es sich um *das Verfahren nach Art. 80 des Polizeistrafgesetzbuches* handelt. Ich darf feststellen: Das Fräulein Maldaque ist über seine Entlassung natürlich in große Aufregung gekommen und nach einwandfreien Zeugen sind Erscheinungen von Verfolgungswahn aufgetreten. Das Fräulein Maldaque scheint in der damaligen Zeit wieder nach Hause zurückgekehrt zu sein. Der Vater selbst hat sich um Hilfe an die Stadtbehörde gewendet. Es ist dann vorsorglich, weil eine weitere Hilfeleistung im Hause nicht mehr möglich war, ihre Überführung in die Heil- und Pflegeanstalt veranlasst worden. Innerhalb 24 Stunden ist vorschriftsgemäß das aufgrund persönlicher Untersuchung durch

den Amtsarzt zu erstattende Zeugnis abgegeben und bereits am 11. desselben Monats ist der Einschaffungsbeschluss des Verwaltungs- und Polizeisenats der Stadt Regensburg ausgesprochen worden. Dieser Beschluss ist ordnungsgemäß den Eltern zugestellt worden – anwesend war bei der Zustellung die Mutter –; dem erkrankten Fräulein Maldaque selbst hat er nicht direkt zugestellt werden können, weil mit ihr damals eine Verständigung nicht möglich war. Der Art. 80 Abs. II des Polizeistrafgesetzbuches gibt der Polizeibehörde das Recht, eine unzurechnungsfähige Persönlichkeit, deren Gemeingefährlichkeit, d. h. bei der ein gemeingefährlicher Grad der Erkrankung festgestellt ist, in einer Heil- und Pflegeanstalt unterzubringen. Die Unterbringung darf jedoch nur vollzogen werden aufgrund eines nach persönlicher Untersuchung des Kranken erstatteten bezirksärztlichen Gutachtens. Diese persönliche Untersuchung der Maldaque hat am 10. Juli stattgefunden. Das Gutachten des Amtsarztes lautete im wesentlichen dahin, dass die Maldaque sich bei der Untersuchung hochgradig erregt und gleichzeitig verwirrt gezeigt hat, dass sie zeitlich und örtlich nicht ganz orientiert war, namentlich dauernd Verfolgungsideen geäußert hat, so dass zu befürchten war, sie würde versuchen, sich selbst ein Leid anzutun, und sie würde in ihrem Verfolgungswahn unter Umständen auch ihre Umgebung schädigen. Sie sei sohin als selbst- und gemeingefährliche Geisteskranke zu erachten und es sei ihre zwangsweise Unterbringung in einer Anstalt dringend notwendig. Aufgrund dieses amtsärztlichen Gutachtens ist dann die Überführung verfügt worden. Das Vorgehen ist nach Anschauung des Staatsministeriums des Innern nach keiner Richtung zu beanstanden. In der Anstalt selbst ist Fräulein Maldaque erkrankt. Sie wurde wiederholt von zwei erfahrenen Ärzten der Anstalt untersucht. Die Zuziehung des gewünschten dritten Arztes erschien umso weniger notwendig, als sich beängstigende Erscheinungen bei der Kranken nicht gezeigt haben. In der Nichtzuziehung eines dritten Arztes von außerhalb der Anstalt ist nach Ansicht des Staatsministeriums des Innern irgendeine Pflichtverletzung der Anstaltsleitung nicht zu erblicken. Ich bitte hiernach die beiden Anträge abzulehnen.
Ich darf nur noch auf ein jüngstes Urteil eines Disziplinargerichts verweisen, dessen Ausführungen auch für die Beurteilung hierher nicht ohne Bedeutung sind. In diesem auch wegen kommunistischer Treibereien ergangenen Urteil vertritt die Disziplinarinstanz die Auffassung, die kommunistische Partei betreibe heute eifriger und offener denn je den gewaltsamen Umsturz der Reichsverfassung, die Proklamierung der Diktatur des Proletariats und die Errichtung des Sowjetstaats nach russischem

Muster. Die unmittelbare revolutionäre Situation, aus der heraus die kommunistischen Ziele verwirklicht werden sollen, kann nach kommunistischer Auffassung jeden Augenblick eintreten. Der revolutionäre Kampf soll mit allen zu Gebote stehenden Mitteln geführt werden. Dementsprechend hat die kommunistische Partei einen umfangreichen Zersetzungsdienst eingerichtet, mit dem besonders geschickte und eifrige Genossen betraut werden.

Ich komme damit dann zum letzten Punkt. Das ist die K i n d e r -
f r e u n d e o r g a n i s a t i o n.

(Zuruf von der Sozialdemokratischen Partei: *Wo bleibt der Vergleich mit nationalistisch tätigen Lehrern?*)

Sie haben den Eingang meiner Rede offenbar überhört. Ich habe zurückgewiesen, was von Ihnen selbst gesagt worden ist, dass das Ministerium ungleich verfahre. Nennen Sie mir Namen und bringen Sie mir Tatsachen!

(Lebhafte Zurufe von der Sozialdemokratischen Partei)

Beweise und Tatsachen! Was nicht in den Akten ist, ist nicht geeignet zur weiteren Behandlung.

(Zurufe von der Sozialdemokratischen Partei: *Warten Sie nur, bis sie Ihnen wieder auf der Nase herumtanzen!*)

Ich glaube, Sie sind nicht ganz unterrichtet.

(Lebhafte Zurufe von der Sozialdemokratischen Partei)
(Glocke des Präsidenten)

I. Vizepräsident: Der Herr S t a a t s m i n i s t e r hat das Wort.

(Zuruf von der Sozialdemokratischen Partei: *Erkundigen Sie sich in der Oberpfalz, wo sich ein Rolf Peters, ein gemaßregelter Lehrer aus Preußen, in den Schulhäusern herumtreibt!*)

Wo?

(Zuruf von der Sozialdemokratischen Partei: *Lehrer von Fischbach!*)

Ich danke für die Mitteilung.

# Die Presse über Elly Maldaque

Die Entlassung und der Tod der Lehrerin Elly Maldaque fanden republikweit eine breite öffentliche Beachtung. Jürgen Schröder verweist in seinem Buch „Horváths Lehrerin von Regensburg" auf „über neunzig größere und kleinere Zeitungsartikel, die in den Monaten Juli, August und September 1930 erschienen" sind, von München bis Berlin.[105] Rechnet man die Artikel in den verschiedenen Verbandszeitschriften der Lehrer hinzu, dann sind es wohl noch mehr Zeitungs- und Zeitschriftenartikel, die sich mit dem Fall Maldaque befassen. Auf die Verbandszeitschriften geht Klaus Himmelstein in seinem Beitrag ein.
Wir haben uns im Folgenden auf die Dokumentation von Presseartikeln, die in Regensburger Tageszeitungen erschienen sind, konzentriert und deren jeweilige parteipolitische Zuordnung benannt. Waltraud Bierwirth stellte in ihrem Beitrag die Regensburger Presse und ihre Berichterstattung über den „Fall Maldaque" ausführlich vor.
Aus dem *Regensburger Echo*, haben wir zwei Artikel abgedruckt: [56/1] und [56/2]. Diese Zeitung berichtete am häufigsten und ausführlichsten über die Entlassung und den Tod Maldaques. Die *Neue Zeitung* berichtete ebenfalls mehrmals und ausführlich über Elly Maldaque. Wir stellen daraus einen Artikel über die Beerdigung Elly Maldaques vor.
Die Presseartikel sind als Quelle der historischen Tatsachen nur bedingt zu gebrauchen, enthalten sie doch, neben sachlichen Darstellungen, eine Vielzahl von Fehlern oder Vermutungen. Sie sind aber ein wichtiges Material für die unterschiedlichen Interessenslagen, Ausdrucksformen und Frontstellungen in der Weimarer Zeit.
Auch im *Klerusblatt*, dem Organ der Diözesan-Priestervereine Bayerns, die etwa 6.000 Priester organisierten, wird auf dem Umweg über eine scharfe Kritik an der Berichterstattung der Bayerischen Lehrerzeitung gleichsam nebenbei auf den Fall Maldaque verwiesen: In einem Artikel „Aus der Redaktionsstube der ‚Bayerischen Lehrerzeitung'" wird deren Berichterstattung über die Kinderfreundebewegung verurteilt. Dazu beruft sich der Autor zustimmend auf die Position des NSDAP-Abgeordneten im Bayerischen Landtag, Hans Schemm, der „die Betätigung der Arbeitsgemeinschaft der Kinderfreunde als parteipolitische, sozialistische, ja bol-

---
105  Schröder 1982, S. 13

schewistische Betätigung"[106] bezeichnet hat. Im Fall der Berichterstattung über die Regensburger Lehrerin Maldaque wird die Kritik an ihrer Entlassung zurückgewiesen. Es gelte aktuell als „heiligste Aufgabe aller, vorab der Lehrer und Erzieher unserer Jugend, die deutsche Jugend zu schützen und zu bewahren vor den bolschewistischen Erziehungsmethoden, und sie freizuhalten von verderblichen politischen Einflüssen; denn es gilt die Erhaltung der deutschen Kultur, den Schutz heiligster christlicher Erbgüter, die Rettung des deutschen Volkes vor dem Untergang."[107] In dem Artikel aus dem *Klerusblatt*, der hier abgedruckt ist, kommt das Thema Maldaque nicht vor. Uns geht es darum, mit diesem Beispiel die scharfe, polemische Frontstellung des Katholizismus gegenüber dem sozialistischen Denken vorzustellen. Die Unvereinbarkeit der ideologischen Positionen von Katholizismus und Marxismus bzw. Sozialismus ist ständiges Thema im Klerusblatt der Weimarer Zeit. Darüber hinaus geht es, „um den Primat des christlichen Geistes" und die aktive Abwehr des Einflusses der „nichtasiatischen Kommunisten" und der sozialistischen Freidenker, die „an der Errichtung eines Gottlosenreiches" beteiligt seien.

Die Zeitungsartikel Dok. [55], Dok. [56] und Dok. [58] sind Bestandteil der Personalakte Maldaques im Staatsarchiv Amberg; die Dok. [54] und [57] sind im Bestand des Stadtarchivs Regensburg. Das Dok. [59] ist im Leihverkehr der Bibliotheken zugänglich.

(Die Artikel sind der neuen Rechtschreibung angeglichen.)

### [55]
### Regensburger Anzeiger, Nr. 210: 01. 08. 1930
[Tageszeitung der Bayerischen Volkspartei]

**Der Fall der Lehrerin Maldaque**
München, 31. Juli. (Eig. Drahtber.)
Gegenüber den *sozialdemokratischen* und *kommunistischen* Angriffen gegen die *Regensburger Schulbehörden* und gegen das *Kultusministerium* stellte heute vormittags
Kultusminister *Goldenberger*
im Landtag auf Grund des amtlichen Untersuchungsergebnisses folgendes über die einwandfrei festgestellte kommunistische Betätigung der verstorbenen Lehrerin *Maldaque* fest. Auch daraus geht hervor, dass die

---
106 Klerusblatt, Nr. 38: 17.09.1930, S. 523.
107 Ebd., S. 524.

Maldaque vor ihrer Enthebung vom Dienst *verschiedentlich von ihrer vorgesetzten Stelle verwarnt und auf die Folgen ihrer unerlaubten politischen Betätigung aufmerksam gemacht worden war.*
In den in der Aussprache wiederholt angeführten Fällen stellt der Minister u. a. fest: Das Dienstverhältnis der Lehrerin wurde mit Wirkung vom 1. Juli 1930 mit der Begründung gelöst, dass die Lehrerin ihrer geistigen Einstellung nach der Bewegung des Kommunismus und Freidenkertums angehöre und auch *Mitglied der Kommunistischen Partei Deutschlands* sei. Diese Haltung gegenüber einer auf gewaltsamen Sturz des Staates hinarbeitenden Bewegung ist mit der Stellung eines Beamten und Lehrers unvereinbar. Das Kultusministerium hat sich die Akten der Regierung vorlegen lassen und sie daraufhin nachgeprüft, ob gegen die Lehrerin *Maldaque* mit Recht der Vorwurf kommunistischer Betätigung erhoben worden ist. Denn nicht die Gesinnung wäre ausschlaggebend, sondern allein die Betätigung. **Nach Feststellung der Polizeidirektion Regensburg ist die Lehrerin Maldaque bereits seit 1928 in einer Verbindung mit der kommunistischen Ortsgruppe Regensburg gestanden.** In verschiedenen Briefen und Tagebuchstellen hat sie den Führer der kommunistischen Ortsgruppe als Genossen bezeichnet und dieser spricht in einem Briefe ausdrücklich von der Genossin Maldaque. **Sie war ferner Mitglied der oppositionellen kommunistischen Gruppe des Regensburger Freidenkerverbandes. Bei verschiedenen Veranstaltungen der Kommunisten begleitete sie die Liedvorträge auf dem Klavier. In einem kommunistischen Zirkel hielt sie Vorlesungen und beteiligte sich an der Exkursion. Sie wurde durch den Oberstadtschulrat darauf aufmerksam gemacht, dass sie ihre Stelle verlieren werde, wenn sie sich weiterhin an der kommunistischen Bewegung beteilige**, weil der Staat seine Beamten nicht dafür bezahlen könne, dass sie mithelfen, sein Grab zu schaufeln. In einem Briefe an eine Freundin, eine entlassene kommunistische Lehrerin, macht sie Mitteilung über diese Verwarnung und sprach den Verdacht aus, dass sie aus den Reihen der eigenen Genossen verraten worden sei.
Gelegentlich einer Haussuchung in der Wohnung von Fräulein Maldaque wurde eine Menge kommunistischer Literatur gefunden, darunter auch das kommunistische **Schülerhetzblatt** und das kommunistische Liederbuch sowie eine **Mitgliedskarte des Bundes der Freunde der Sowjetunion** sowie ein **Rundschreiben der oppositionellen Freidenkergruppe Nordbayerns**. Man hätte denken können, dass dieser polizeiliche Besuch und sein Ergebnis Fräulein Maldaque *erneut gewarnt* hätte.

Trotzdem hat sie auch weiter an kommunistischen Parteiveranstaltungen teilgenommen und sogar **um einen Urlaub zu einer Studienreise nach Leningrad und den Besuche der dortigen pädagogischen Ausstellung nachgesucht.**

Die *Disziplinargerichte* haben wiederholt ausgesprochen, und zwar auch bei Verfahren gegenüber unwiderruflichen Beamten im Dienst oder außerhalb des Dienstes im Hinblick auf das notorische Ziel des Kommunismus, die bestehende verfassungsmäßige Staatsordnung mit Gewalt zu ändern, als schweres und regelmäßig *mit Dienstentlassung zu ahndendes Dienstvergehen* zu erachten ist. Fräulein Maldaque ist nicht nur dem Bekenntnis nach Kommunistin, sondern hat sich auch in dieser Gesinnung *beteiligt*. Sie wusste, dass sie in einem widerruflichen Dienstverhältnis steht, dass ohne Wahrung einer Form oder Frist jederzeit gelöst werden könne; sie wusste, dass die Lage dienstaufsichtlich und disziplinarrechtlich zu beurteilen war. Sie hat sich trotz der *Warnung des Stadtschulrats* und trotz der *polizeilichen Haussuchung* nicht abhalten lassen, ihre bisherige Tätigkeit aktiv fortzusetzen.

Eine andere Frage ist, ob, wenn ferner Fräulein Maldaque am Leben geblieben wäre, der Umstand, dass vielleicht ein Wandel zu einer staatserhaltenden Gesinnung bei ihr eingetreten wäre, nicht Anlass gegeben hätte, sie, wenn auch nur probeweise wieder aufzunehmen.

Gegenüber der frivolen Hetze, mit der parteipolitische Kreise den traurigen Fall propagandistisch zu verwerten suchen, muss mit aller Entschiedenheit betont werden, dass die unglückliche Lehrerin Maldaque ein Opfer ihres eigenen pflichtwidrigen Verhaltens und in einem weiteren Sinne ein Opfer des Kommunismus und seiner Agitation selbst geworden ist.

Es folgen zwei Artikel aus dem *Regensburger Echo*. Der erste [56/1] erschien auf der Titelseite und schließt mit einem Foto Elly Maldaques, umgeben von Schülerinnen, und der Bildunterschrift „So verbrachte Elly Maldaque ihre Sonntage: mit Schülerinnen, die sie über alles liebten, auf Wanderungen in der freien Natur." Nach dem Bild folgt ein Artikel von Elly Maldaque selbst, betitelt: „Was liegt überhaupt vor?", der das Datum 1. Juli 1930 trägt. Wir haben ihn bei den Texten Maldaques dokumentiert, s. Dokument [19]. Maldaques Artikel erschien erst fünf Tage nach ihrem Tod.

Auf der Seite 2 der Nr. 30 des Regensburger Echos folgt ein weiterer Artikel [56/2], in dem auch zwei Texte, das Entlassungsschreiben sowie

die Entschließung der Eltern, abgedruckt sind. Beide Texte haben wir dokumentiert, s. Dokument [32] und [39]. In dem zweiten Artikel beschreibt der Journalist Rupert Limmer die Tage vor der Einlieferung Elly Maldaques in die Heil- und Pflegeanstalt Karthaus-Prüll.
Zum Regensburger Echo und deren Redakteur Rupert Limmer s. den Beitrag von Waltraud Bierwirth über die Regensburger Presse.

## Regensburger Echo, Nr. 30: 25. 07. 1930
[Wochenzeitung der Republikanischen Partei]

### [56/1]: Titelseite

**Elly Maldaque tot!**
**Das Volk sei ihre Rächerin!**
Wir alle, die wir vom Grabe der Lehrerin Elli Maldaque kommen und ihr im Leben etwas näher standen, werden wohl eines nie voll begreifen können: was es heißt und wie es überhaupt menschenmöglich ist, von einer gerechten Sache so vollkommen erfüllt zu sein, dass der Geist am Feuer des Kampfes um die Wahrheit verbrennt, ja dass er sogar den Körper flieht, ohne den, die Waffe, das Gift oder Wasser, ohne dazu die banalsten Mittel eines Durchschnittsheroismus von Verzweifelten zu gebrauchen.
Dieses Mysterium fand seinen Aktschluss in tiefer Einsamkeit, in rettungsloser Verlassenheit. Und gerade das ist es, was uns Eingeweihte in dieser Stunde am meisten schmerzt: Ihr dies nicht erspart zu haben.
Es hat den Untergang der großen Sucherin Elli Maldaque besiegelt, dass ihr in der entscheidenden Stunde der schwersten Geistesprobe, an jenem Mittwoch, den 9. Juli, an dem man sie in die Heilanstalt einlieferte und der damit ihr eigentlicher Todestag geworden ist, kein ebenbürtiger Mensch zur Seite stand. Spekulation auf der einen, Hilflosigkeit auf der anderen Seite ließen sie gehen. Ich spreche es offen aus: wir wenigen, die wir zugegen waren, *hätten es nicht zulassen dürfen,* dass man sie mit Gewalt fortbrachte, sie, deren gespenstische Furcht vor der vermeintlichen Allgegenwart der Polizei, die sie mit ihrer Haussuchung auf das Tiefste beleidigt hat, nur mit mitkämpferischer Kameradschaft, nur mit ernstem Verstehen ihres inneren Leids zu vertreiben gewesen wäre. Was mit ihr geschah, musste ihren Wahn ja ins Unerträgliche steigern, musste sie vernichten.

Doch damit ist es jetzt zu spät.

Andere Fragen müssen uns beschäftigen, sie werden nicht allen angenehm sein.

Die erste: **wer ist nun eigentlich der Verantwortliche für den brutalen Akt der Dienstentlassung der Verstorbenen.** Wer ist der Bürokrat, der so empörend verantwortungslos handelte, dass er, ganz allein auf das Material der Polizei gestützt, (dazu auf eines, das an entscheidenden Stellen schwerste Bedenken erwecken muss) ohne den Schulvorstand zu befragen, ohne die Eltern zu Rate zu ziehen, ohne sich also nur im geringsten darum zu kümmern, ob das, was ihm die Polizei unterbreitete, auch wirklich alles der Wahrheit entsprach, einer hervorragenden Dienerin der bayerischen Schule einen Schlag versetzte, von dem sie sich nicht mehr erholen konnte? Es ist eine *Kulturschande*: dreiviertel Jahre lang darf der Mörder Tetzner schon die Geduld der Gerichte in Anspruch nehmen, um seine Verteidigung wirksam zu gestalten, die Lehrerin Maldaque hat man nicht einmal gefragt, was sie auf die vorgebrachten Klagen zu erwidern hat.

Wer ist dieser Bürokrat, der mit diesem seinem tödlich verlaufenen Vorgehen die gesamte Lehrerschaft aufs schwerste beleidigt hat. Man jage ihn, wenn der erste Satz der Verfassung noch Geltung haben soll, dass alle Gewalt vom Volke ausgeht, zum Teufel.

Die zweite Frage: wer hat jemand beauftragt, der Regierung gegenüber zu behaupten, Frl. Maldaque sei für eine Geistestrübung *veranlagt* gewesen, die sie letzten Endes auch nicht für ihre Weltanschauung verantwortlich sein lässt. Man lese, was die also Verdächtigte noch am 1. Juli über die Frage „Was liegt nun eigentlich vor?" geschrieben hat. So deutlich und klar wünschten wir, dass jeder Oberlehrer schreibt. Es gibt für uns gar keinen Zweifel, dass Frl. Maldaque, wenn sie wieder die Kraft gehabt hätte, Entscheidungen zu treffen, den Wisch zerrissen, die Landtagsreden widerrufen hätte, die den „Taktikern" so klug erschienen, als sie in Wirklichkeit unzutreffend und für die Gemaßregelte geradezu entehrend waren. *Für Maldaque sprach das Recht!* Was brauchte sie da noch eine faule Ausrede, die doch nur dazu dienen sollte, den Schuldigen den Rückzug zu erlauben.

War *dies* vielleicht der Grund, ihre Einlieferung nach Karthaus zu verfügen? Man hätte der Armen damit einen geradezu fürchterlichen Dienst erwiesen.

Eines ist uns klar, wenn wir nicht, wenn die nächstbeteiligte Öffentlichkeit nicht darüber wacht, dass die Schuldigen an der Tragödie Maldaque auch zur *Verantwortung gezogen werden,* wird auch dieses Opfer umsonst gewesen sein.

Lässt es sich das Volk wirklich gefallen, dass seine besten Kräfte auf Grund einer mehr als hundert Jahre alten Verfügung von Bürokraten, die alles sich erlauben zu können glauben, einfach auf die Straße getrieben und in den Tod gehetzt werden, wo bleibt da seine Macht und sein Gerechtigkeitssinn. Ein Mann, der sich in solch schwerer Weise vergriffen hat, wie der Verantwortliche im Falle Maldaque, ist gemeingefährlich für die Allgemeinheit geworden und gehört abgesetzt.

R.L.[108]

## [56/2], Seite 2

**Von der Entlassung bis zum Grabe**
Am 1. Juli 1930, unmittelbar vor dem Gang zum Unterrichte, erhielt die Lehrerin *Elly Maldaque* der evangelischen „Von der Tannschule" in Regensburg folgenden, vom Präsidenten der Regierung der Oberpfalz und von Regensburg unterschiebenen Ukas zugestellt:
[Es folgt der Text des Entlassungsschreibens, Dokument 32]
Niemand außer natürlich die Betroffene selbst war von dieser Regierungsentschließung mehr überrascht als ihre an der gleichen Stätte wirkenden Kolleginnen und Kollegen, nicht zuletzt aber auch die Eltern der Schulkinder, die alle zusammen *nicht das geringste* von einer Klage wegen der Weltanschauung der allgemein hochgeschätzten Pädagogin, geschweige denn von einer Untersuchung polizeilicher und disziplinärer Art gegen dieselbe wussten. Es wurde sogleich eine Gegenaktion eingeleitet, auf der einen Seite vom Bayerischen Lehrer- bzw. Lehrerinnenverein, auf der anderen von der Elternschaft. Die letztere versammelte sich sehr zahlreich am 4. Juli zu einer gemeinsamen Aussprache, im Verlauf deren sich Frl. Maldaque so glänzend rechtfertigen konnte, dass folgende einstimmige Entschließung gefasst wurde :
[Es folgt der Text der Entschließung der Eltern, Dokument 39]
Gleichzeitig mit dieser Aktion liefen persönliche Sympathieerklärungen von Eltern verschiedenster Parteirichtungen bei der Gemaßregelten ein. Am gleichen Tage, an dem die Elternversammlung stattgefunden hat, fand sich Frl. Maldaque auch in *unserer Redaktion* ein, wozu ihr ein Arti-

---

108 Kürzel von Rupert Limmer.

kel Veranlassung bot, den wir am Freitag vorher über ihren Fall veröffentlichten. Sie war davon erst durch Lesen in der Zeitung unterrichtet worden und kam, um uns für die ihrer gerechten Sache geliehene Unterstützung zu danken. In der gepflogenen Aussprache wurden wir uns darüber einig, zusammen mit Herrn Rechtsanwalt *Weiner* eine Beschwerdeschrift an die Regierung auszuarbeiten.

Am nächsten Tage, als dies im Büro genannten Rechtsanwalts geschehen sollte, erlitt Frl. Maldaque einen Nervenzusammenbruch, der ihre Einlieferung ins Krankenhaus notwendig machte. Dies war gegen 8 Uhr abends. Nachts um 11 Uhr hatte sie sich bereits wieder soweit beruhigt, dass sie von ihrem Vater abgeholt und nach Hause geführt werden konnte.

Am nächsten Tage, Mittwoch, den 9. Juli ließ Frl. Maldaque uns wissen, dass sie unseren Schriftleiter zu sprechen wünsche. Dieser begab sich darauf in ihre Wohnung, die zugleich die Wohnung ihrer Eltern ist. Ihr Zustand war erregter wie am Tag vorher, sie irrte auch manchmal vom Gespräch ab, im Allgemeinen aber war ihr Befinden das eines Menschen, der seine Vernunft noch gut gebrauchen konnte. Anscheinend aber fühlte sich Frl. Maldaque etwas fiebrig; denn sie forderte mehrmals dazu auf, ihren Puls zu fühlen. Der Vater fand ihn normal. **Ein merkwürdiger aber bezeichnender Umstand steigerte ihre Erregung**. Sie sah unwillkürlich, dass ihr Kleid etwas zerrissen war, erinnerte sich dabei der Ursache, nämlich der am Abend vorher mit Gewaltanwendung der herbeigerufenen Sanitäter vollzogenen Überführung ins Krankenhaus und damit war es um ihre Ruhe vollends geschehen. Man muss dabei wissen, dass sie in einer ständigen Angst vor Verfolgern lebte, dass sie oft selbst guten Bekannten misstraute, alles eine Frucht jener Haussuchung, die die Polizei in ihrer früheren Wohnung veranstaltet hatte und die den Ausgangspunkt der Tragödie bildet. (Siehe Elly Maldaques Abfassung über die Schuldfrage.)[109] Die Situation war nun so, dass ein Arzt zugezogen werden musste. Dabei erinnerte ich mich, dass schon *vorher* ein Arzt erwartet worden war, und zwar der Bezirksarzt, was nicht ohne Bedeutung ist. Feststeht auch, dass in diesem Augenblick schon, also *bevor* noch eine ärztliche Untersuchung stattgefunden hatte, der Vater Maldaque, in seiner Weltanschauung absoluter Gegner seiner Tochter, von einer Einlieferung in die Heilanstalt sprach. Ich ging nun aus der Wohnung und als ich gegen 6 Uhr wiederum Nachschau hielt, stand bereits ein Sanitätswagen vor der Tür, der die heftig Widerstrebende schließlich nach Karthaus Prüll

---

109  Vgl. Dokument [19].

brachte. Ich hatte dann noch Gelegenheit, einen von Rechtsrat Dr. *Reuß* unterzeichneten Schein zu lesen, der die Einlieferung von Frl. M. „wegen Gemeingefährlichkeit" verfügte. Nachträglich wurde dies in geheimer Sitzung des städtischen Polizeisenats genehmigt.

Was sich darauf in Karthaus abspielte, entzieht sich meiner persönlichen Kenntnis. Da der Vater nunmehr das alleinige Verfügungsrecht inne hatte, konnte nur er die Erlaubnis zu einem Besuche seiner Tochter erteilen und diese ist meines Wissens niemand gegeben worden. Andererseits aber steht fest, dass Frl. Maldaque nach Bekannten verlangt hat. **Außerordentlich bedauerlich ist, dass die Anstaltsleitung, nachdem sie sich nicht im Stande erklärte, ein körperliches Leiden an der Eingelieferten bei 41 Grad Fieber festzustellen, das Angebot ausschlug, Herrn Landgerichtsrat Dr. Bunz zur Behandlung beizuziehen.**

Bei Anwesenheit der Eltern und des Pastors ist Frl. Maldaque dann am Sonntagmittag verstorben. Die Sektion soll eine Lungenentzündung ergeben haben.

Erschütternd und erhebend zugleich war das Begräbnis am vergangenen Mittwoch. Der Pastor – – doch nein, lasst darüber uns schweigen. Der Vorstand der Schule, Herr Oberlehrer *Hirschmann*, die Vertreterin des Bayer. Lehrerinnenvereins, Frl. Hauptlehrer *Witmann* und der wegen seines persönlichen Einsatzes für die Verstorbene hochzuachtende Herr Kaufmann *Black* als Vertreter der Eltern, sie alle wussten in sichtlicher Ergriffenheit nur eines festzustellen: **eine glänzende Pädagogin fand einen allzu frühen Tod!** Und die Kinder weinten herzzerreißend.

Dies ist der nackte Tatbestand des letzten Teils der Tragödie, die uns allen so nahe geht. Ihn festzulegen, war nicht nebensächlich.

R.L.[110]

Nach diesem Artikel folgt unter dem Titel „Kritische Rundschau" eine kommentierende Betrachtung verschiedener Ereignisse: von der Reichstagsauflösung bis zu Regensburger Vorkommnissen. Autor ist „Argus", was sich auf den hundertäugigen Riesen und Wächter aus der griechischen Mythologie bezieht. Argus, also Limmer, schreibt hier im Anschluss an seine Betrachtung des Verhältnisses von Adolf Hitler und Julius Streicher: „Um in diesem Zusammenhang auch gleich von der Betriebsamkeit der Hakenkreuzler in *Regensburg* zu sprechen, sie haben sich wieder einmal besonders ausgezeichnet. Zwei von ihnen, die ihr Domizil in der

---

110 Kürzel von Rupert Limmer.

*Orleansstraße* haben, haben sich zu **Denunzianten gegen die Oberlehrerin Maldaque** erniedrigt und können sich nun mit den anderen Verantwortlichen an dieser Tragödie in den Ruhm teilen, einen selten großen Menschen zur Strecke gebracht zu haben.

Hätten nicht gerade die Herren Nationalsozialisten allen Grund, sich der Polizei gegenüber nicht als die Wahrer von Beamtenpflichten aufzuspielen. Wenn ein hiesiger nationalsozialistischer Lehrer kürzlich erklärt hat, dass keiner seiner Schüler die Klasse verlasse, ohne dazu gebracht worden zu sein, später das Braunhemd anzuziehen, so übertrifft das weit das, was man Frl. Maldaque zur Last legen konnte."

## [57]
## Regensburger Neueste Nachrichten, Nr. 152: 05. 07. 1930
[Tageszeitung der rechtsliberalen Deutschen Demokratischen Partei]

### Der Fall Maldaque[111]

Großes Aufsehen erregt die *Entlassung einer Regensburger Lehrerin aus politischen Gründen.* Fräulein *Maldaque* ist auf dem Wege der Lektüre mit kommunistischen Ideen bekannt geworden und hat sich dafür begeistert, dass sie sich in der Förderung des Kommunismus betätigte, nicht in unziemender Form, auch nicht fanatisch oder sonst ihres Berufes unwürdig. Eine Haussuchung, die im Zusammenhange mit einem Prozesse des früheren Stadtrates Fuß erfolgte, lieferte Material für die Anklage. Eine Untersuchung kam in Gang, die Beklagte gab alles in ehrlicher Weise zu, was man von ihr zu bestätigen verlangte. Leider hörte die Gemaßregelte nicht auf gutgemeinte Warnungen; in ihrem Wahrheits- und Gerechtigkeitsdrange hielt sie das Äußerste für unmöglich, zu spät muss sie nun erkennen, dass persönliche Existenzfragen wichtiger sind als politische. *Frl. M. soll nicht einmal der KPD angehören!* Ihre Bestrafung ist anscheinend rein *grundsätzlicher Art.* Der Kommunismus richtet sich gegen den bestehenden Staat – also – Punktum! Und doch erscheint diese Verurteilung als zu streng, sie ist vielleicht auch formell anfechtbar. (Disziplinargericht?) *Tatsächlich begegnet das Missgeschick Frl. Maldaques in weiten Kreisen aufrichtigem Mitgefühl,* zumal es sich um eine sehr *tüchtige Lehrerin* handelt, die von ihrer Aufgabe erfüllt war und Kinder vortreff-

---

111 Der Artikel ist nicht gekennzeichnet. Er stammt vermutlich von Felix Stieler (1869–1950), der von 1919 bis 1933 Redakteur und Schriftleiter der Regensburger Neuesten Nachrichten war, vgl. dazu Jobst 2002, S. 297 und S. 171 ff.

lich zu behandeln wusste. Vielleicht lässt sich dieser Angelegenheit im Laufe der Zeit doch noch ein *milderndes Gepräge* geben! Eine vollständige Existenzschädigung steht nicht im richtigen Verhältnis zu den z. T. aus den Zeitverhältnissen erklärlichen Ursachen, sie steht auch im Widerspruche mit dem allgemeinen Gewährenlassen sonstiger politischer Umtriebe und agitatorischer Ungeheuerlichkeiten. Der heutige Nationalsozialismus ist ebenso revolutionär und richtet sich ebenso sehr gegen den bestehenden Staat und seine Verfassung. Und der übertriebene Nationalismus ist nicht viel besser. Dem heutigen Staat geschieht von gar vielen Seiten Unrecht. Soll mithin ein strenger Maßstab angelegt werden wie im Falle Maldaque, so muss *Konsequenz nach allen Seiten* geübt werden, schon aus Gerechtigkeitsgründen. Anlässe zu persönlichen und öffentlichen Warnungen und weiterhin zu entschiedenem gegen übermütige Erscheinungen und Betätigungen, die sich mitunter in geradezu frevelhaft ungehöriger Form gegen Staat und Verfassung richten, gibt es wahrhaftig genug. In Regensburg z. B. gehört vor allem der komödienhafte Unfug abgestellt, der seit Jahr und Tag von einem Nutznießer der Republik, der zugleich Doppelverdiener und *Mitglied des obersten Schulrates*, also Erzieher in höchster Potenz ist, inszeniert und geduldet wird! Vielleicht könnten auch zahlreiche *Plakate*, die mehr als das für Versammlungen Nötige enthalten, auf ihren politischen Inhalt geprüft werden. Die Schulbehörde im Besonderen dürfte veranlasst sein, auf Klagen zu reagieren, welche mit dem Besuch politischer Versammlungen durch *Schulpflichtige* zusammenhängen. Und dergleichen mehr.

**[58]**
**Volkswacht für Oberpfalz und Niederbayern,**
**Nr. 165: 22. 07. 1930, Beilage**
[Tageszeitung der Sozialdemokratischen Partei Deutschlands (SPD)]

**Regensburger Chronik**
**Anklage für Elli Maldaque**
**Wir haben gestern bereits berichtet, dass die Lehrerin Elli Maldaque, die auf ihre Entlassung hin schwere Nervenzusammenbrüche erlitten hat, vorgestern Mittag in Karthaus-Prüll an einer Herzschwäche gestorben ist.** – J.R.[112] – Am Sonntagmittag, während die Straßen der Stadt von dem Festlärm ihrer siebentausend Gäste widerhallten, die Häuser ge-

---

112 Kürzel von Josef Rothammer.

schmückt waren, als würde in jedem eine Hochzeit gefeiert und die Sonne nach vielen trüben Wochen endlich wieder ihr goldenes Lichtspiel mit grauen Zinnen und gotischen Türmen trieb, erlosch in der Pflegestätte trübster Krankheiten, in Karthaus-Prüll, eine Flamme, die, einmal eine Fackel, seit Tagen nur mehr kümmerliches Flämmchen war.
*Elli Maldaque* ist gestorben. Wir erheben im Namen aller Gutgesinnten Anklage.

\*

Die Lehrerin Elli Maldaque, die von ihren Schützlingen in der Von der Tann-Schule geliebt, von ihren Freunden bewundert, von den Kollegen und den Eltern, der ihr anvertrauten Kinder geachtet wurde wie selten eine Erzieherin, hat am 28. Juni 1930 auf Veranlassung der Kreisschulbehörde die Mitteilung erhalten, sie würde ihres Amtes enthoben und fristlos entlassen. Obwohl eine Verordnung aus dem Jahre 1825 die Behörde berechtigt, widerruflich angestellte Beamte ohne Angabe von Gründen zu maßregeln, war sie gnädig genug, die Lehrerin wissen zu lassen, ihre Einstellung zu den sozialen Problemen dieser Zeit ließe sie erziehungsungeeignet erscheinen, der Lehrerin zu bedeuten, dass ihr Bekenntnis zum Kommunismus sich mit dem Beruf einer Pädagogin nicht vereinbaren könne. Die Behörde hat mit dieser Begründung nicht nur formal ungerecht gehandelt, sondern auch in ideologischer Beziehung der Wahrheit nicht die Ehre gegeben. Wenn eine Behörde eine Persönlichkeit sein könnte, so wäre diese Behörde der Gegenpol der Persönlichkeit Elli Maldaques gewesen, denn Elli Maldaque hat die Wahrheit mehr als sich selbst geliebt und ist an der Härte der Anschuldigungen zugrunde gegangen.

\*

Die Lehrerin Elli Maldaque hat sich nicht jenem Kommunismus zugewandt, der eine zweifelhafte Abart der sozialen Erkenntnisse der letzten fünfzig Jahre ist und sich zu einer Partei verdichtete, sondern sie war ein empfindender, empfindlicher Mensch, den die Not seines Nächsten mehr als die eigene bedrückte. Vor einigen Jahren noch glaubte Elli Maldaque in der Wiedererstehung des wilhelminischen Deutschlands den Weg aus dem Elend breiter Volksschichten zu wissen und setzte sich mit dem Temperament einer blutvollen Frau für nationale und nationalistische Bestrebungen ein, bis ihr die Erkenntnis wurde, dass der Sozialismus, im menschlichsten Sinn des Wortes, die Erlösung dieser trüben Welt voll Armer und Reicher, voll Hungriger und Prasser bringen wird. Und weil sie die Wahrheit liebte, trat sie mit mehr Gefühl als Überlegung für ihre Erkenntnis ein und mit den Menschen in Verbindung, von denen sie sich eine Förderung ihres ehrlichen Wollens versprach. Sie kam zu den Kommunisten als Wissbegierige und zu ihnen, um die praktische Anwendung sozialer, sozialistischer Theorien durchsetzen zu können. Ihre gefühlsmäßige Einstellung ließ sie auch jetzt noch nicht ihre Irrtümer erkennen, durch die jede Bewegung läuternd schreiten muss, aber dieses selbe Gefühl hielt sie auch davon ab, Mitglied einer Partei und so in den Tageskampf gezogen zu werden. Ihr Kommunismus bestand darin, dass sie in die Wohnungen der Elenden ging und weit über ihre materiellen Verhältnisse half, dass sie sich mit sozialistischer und sowjetischer Literatur beschäftigte und schließlich an Gesangsabenden der kommunistischen Vereinigung teilnahm. Der Oberstadtschulrat Freudenberger hat sie deswegen einmal freundschaftlich angesprochen, sodass sie auf die „parteipolitische Tätigkeit", auf die Teilnahme an den Gesangsabenden verzichtete. Die paar Worte des Oberstadtschulrates waren die Warnung, auf die gestützt sich der Kultusminister Goldenberger im Landtag vor einigen Tagen für das Vorgehen der Kreisschulbehörde entschuldigen wollte, und die fristlose Entlassung wirkte für Elli Maldaque daher wie ein Blitz aus heiterem Himmel, der sie buchstäblich zu Boden schlug und der sie tötete. Dass dieser Blitz von der Regensburger Kriminalpolizei dirigiert wurde, ist das hässlichste Kapitel dieses tragischen Romans.

Die politische Abteilung der Regensburger Kriminalpolizei verhaftete bei einer Gerichtsverhandlung gegen den ehemaligen kommunistischen Stadtrat Fuß mitten aus dem Zuhörerraum die thüringische Lehrerin Irene Neubauer, die als Kommunistin den Abbaumethoden des Herrn Frick natürlich zuerst zum Opfer gefallen ist, unterzog sie einem Verhör und hielt schließlich Haussuchung in der Wohnung der Elli Maldaque, deren Freundin die Neubauer war. Wir sind der Auffassung, dass die Kriminalpolizei damit ungesetzlich gehandelt hat, ohne das fest behaupten zu wollen, aber dass sie Tagebücher der Regensburger Lehrerin beschlagnahmte und aus ihnen in empörender Weise sinnentstellende Auszüge gemacht wurden, ist die reine Wahrheit. *Und erst diese zweifelhafte Verwertung des gefundenen Materials gab die Möglichkeit zur fristlosen Entlassung.*

*

Die Eltern, die die Lehrerin ihrer Kinder genug schätzten, um ihr nach dem Bekanntwerden der Disziplinierung in einer Versammlung ein hundertprozentiges Vertrauensvotum auszustellen, hat sich damit für die Rehabilitierung der Elli Maldaque so überzeugend ausgesprochen, wie es der Bayerische Lehrerverein, obwohl er rechtlich dazu nicht befugt ist, getan hat. Und mit diesen Nächstbeteiligten stellte sich auch die

Regensburger Bevölkerung ohne Unterschied der Partei auf die Seite der gemaßregelten Lehrerin, deren Schicksal sich traurig und tragisch erfüllt hat. Sie starb als Opfer bürokratischer Einsichtslosigkeit. Wenn behauptet wird, Elli Maldaque wäre an sich geistig krank gewesen, ist das eine Verleumdung. Sie war, es ist schon gesagt worden, ein empfindlicher Mensch, dessen nicht geringe Geistesgaben durch leidenschaftliches Gefühl überwuchert wurden, ein Mensch, der zweifellos an der Grenze des Herkömmlichen stand und die Welt im Ganzen nach der und jener Seite verzerrt sah, ein Mensch, der schonender Behandlung bedurfte, um nicht aus dem Gleis des Normalen geworfen zu werden. Die Behörde aber hat diesen Mensch rücksichtslos behandelt und damit Wirkungen ausgelöst, deren Keime in uns allen mehr oder weniger verborgen liegen. Wir sind uns mit den Sachverständigen, mit Ärzten und Psychiatern darüber einig, dass der Tod der Elli Maldaque eine Folge der rücksichtslosen Behandlung war.

## [59]
## Neue Zeitung (Nürnberg), Nr. 169: 26. 07. 1930
[Zeitung der Kommunistischen Partei]

**3000 protestieren auf dem Friedhof**
**Die Beerdigung der Lehrerin Elly Maldaque**
**Regensburg.** Die Leiche der verstorbenen Lehrerin Elly Maldaque wurde am Montag im Laufe des Nachmittags von der Irrenanstalt Karthaus-Prüll in die Leichenhalle des protestantischen Friedhofs überführt. Im „Regensburger Anzeiger", dem katholischen Blatt, welches über den ganzen Fall nicht eine Silbe verloren hatte, erschien die Todesanzeige mit der Bemerkung: **Die Beerdigung findet in aller Stille statt.**[113]
Feige wie man an der Verstorbenen im Leben gehandelt hat, ebenso feige wollte man der Toten die letzte Ehre verweigern von ihren Freunden. Denn, dass die Elly Maldaque Freunde hatte in allen Schichten der Bevölkerung, konnte man bei dem Besuch im Friedhof sehen. **Schon Dienstag**

---

113 Die Todesanzeige erschien nur im Regensburger Anzeiger, Nr. 200: 22.07.1930, S. 12. Sie hat folgenden Wortlaut: „Todesanzeige. In Gottes heiligem Willen war es gelegen, meine liebe Tochter und Nichte, Fräulein Elly Maldaque, Lehrerin, gestern unerwartet, im Alter von 36½ Jahren aus diesem Welttal abzurufen. Regensburg, den 21. Juli 1930. Die trauernd Hinterbliebenen. Die Beerdigung findet in aller Stille statt".

früh pilgerten Tausende dahin, um sie noch einmal zu sehen, später kam das Gerücht, die Beerdigung solle nachmittags 1½ Uhr stattfinden und da kamen Unzählige, um daran teilzunehmen. Bis zum Schluss harrten die meisten aus, glaubte die Menge doch, man würde die Beerdigung ohne Beisein irgendjemandes vornehmen. Wurde doch jede Auskunft von Seiten der Behörden sowohl als von Seiten des Vaters strikt verweigert. Endlich konnte man erfahren, dass die Beisetzung Mittwochnachmittag um 3 Uhr stattfindet. Schon mittags begann die Wanderung zum Friedhof, so dass bis zum festgesetzten Zeitpunkt ein **paar Tausend versammelt** waren. Am Leichenzug beteiligten sich außer den Verwandten fast die gesamte Lehrerschaft von Regensburg sowie die Schülerinnen des zweiten Kurses und die ehemaligen Schülerinnen des achten Kurses soweit sie anwesend waren. Letztere stellten auch den Grabgesang; ebenfalls legten die Schülerinnen prächtige Kränze nieder mit der Versicherung, ihre gute Lehrerin nicht zu vergessen. Weitere Kränze mit Widmungen wurden niedergelegt von einer Lehrerin im Namen ihrer Kolleginnen und von einem Lehrer der „Von-der-Tann-Schule". Dieser beklagte den Verlust auf das tiefste und betonte wiederholt, **dass die Lehrerin Maldaque eine der besten Kräfte der Stadt gewesen sei.** Erschütternd war es, als der greise Lehrer schilderte, dass Elly Maldaque gerade für die Kinder, welche besonders begabt waren, und für die Kinder der Arbeiter ein besonders gutes Herz gehabt habe und ihnen all ihre Sorgfalt gewidmet habe. Kein Auge blieb trocken bei diesen Worten, nur ihr eigener Vater hatte keine Träne für sein Kind; unerschüttert wie der zu Stein gewordene Egoismus stand er da, die Lieblosigkeit, die er seiner Tochter gewidmet im Leben und bei ihrem schauerlichen Tod, sie reichte noch über das Grab hinaus. Dem **Freien Turn- und Sportverein**, der ihr ebenfalls einen Kranz widmete und welcher auch den Sarg tragen wollte, wurde dies vom Vater untersagt, er verbot sogar, bei der Kranzniederlegung einen Nachruf zu halten. Wahrscheinlich dürfte er von der feindseligen Stimmung, die unter allen Anwesenden gegen ihn herrschte gehört haben, denn warum hätte man sonst gleich **drei Schutzleute in Uniform** zu der Beerdigung abgeordnet, die sich am Grab ganz in seiner Nähe hielten. Die Beteiligung am Begräbnis hat gezeigt, dass die gesamte Bevölkerung überzeugt ist von dem großen Unrecht, das an der Lehrerin Maldaque verübt wurde, wurde doch das Wort *„Justizmord"* offen von ganz bürgerlich eingestellten Leuten ausgesprochen.
Ob die Leiche seziert wurde und mit welchem Befund, wurde nicht bekannt. Unsere Parteimitglieder waren fast ausnahmslos vertreten.

**Die Beerdigung der gemordeten Lehrerin Maldaque gestaltete sich zu einer mächtigen Demonstration gegen den bayerischen Kulturfaschismus.** Sie zeigte die tiefe Verbundenheit breiter Regensburger Bevölkerungsschichten und der Lehrerschaft mit Elly Maldaque und die offene Stellungnahme gegen die Mörder. Das starke Polizeiaufgebot und die Schikanen gegenüber Arbeiterorganisationen, das Verhalten des Vaters ist nur der Beweis für das Schuldbewusstsein der Behörden und die krampfhaften Bemühungen, den Fall Maldaque „in aller Stille" zu erledigen. **Die Regensburger und mit ihr die gesamte deutsche Arbeiterbevölkerung wird ihren Protest und ihren Kampf gegen die mordende Kulturreaktion nun erst recht vervielfachen!**

**[60]**
**Klerusblatt, 11. Jahr, Nr. 35: 27.08.1930, S. 482-483**
[Zeitschrift der Diözesan-Priestervereine Bayerns]

**Es geht um den Primat des christlichen Geistes!**
Immer, wenn wir die unendlich traurigen Nachrichten aus Räterussland lesen, die über Schand- und Gräueltaten der herrschenden Bolschewiki-Kaste berichten, entgleitet unseren Lippen der Ruf: „Gottlob, so etwas kann bei uns nun doch nicht geschehen! ..." oder gar: „Das sieht den asiatischen Vandalen ähnlich ..." – Gewiss, all die ungezählten und täglichen Christenverfolgungen in Räterussland, die widerrechtliche Einkerkerung von Priestern und Laien – nur weil sie ihren Gottesglauben nicht aufgeben wollen; die grauenvollen Priestermorde und Hinrichtungen gläubiger Christen – weil sie mit ihren Fäusten die Heiligtümer ihrer Religion vor den gottlosen Vernichtern christlicher Kultur verteidigten; die Verordnung, die junge Mütter nichtproletarischer Herkunft zwingt, Muttermilch für kommunistische ‚Staatskinder' herzugeben, und ferner die Gebote des ‚Kommunistischen Jugendverbandes', denen zufolge die weiblichen Mitglieder des Verbandes den ‚Wünschen' der Genossen nicht widerstehen dürfen, – gewiss, das alles sieht den asiatischen Vandalen ähnlich! Ist aber so etwas *nur* in Räterussland möglich, und sind wir berechtigt zum Ausruf: „Gottlob, so etwas kann bei uns nun doch nicht geschehen!" ...?
Wenden wir uns den jüngsten Ereignissen im eigenen Lande zu, und deutlich enrollt sich vor unseren Augen ein Bild, das dem bolschewikisch-asiatischen bestimmt nicht nachstehen dürfte. Allerdings in einer „humaneren" Form beglückte man uns mit den ‚Kulturgütern' der Asiato-

Bolschewisten. ... Ich erinnere nur an Berlin! Ist nicht dort am 14. Mai die Christuskirche in der Stresemannstraße von ruchlosen Kommunistenhänden besudelt worden? Warfen nicht gottlose Kommunisten einen Beutel roter Farbe nach dem Transparent ‚Lasset uns anbeten' Waren es nicht lokale Kommunisten, die die Sonntagsmesse in vielen Kirchen Berlins, Sachsens und anderer Provinzen störten und danach trachteten, die Abendandachten während der Pfingsttage unmöglich zu machen? Ist es nicht der deutsche ‚Kommunistische Jugendbund', der allsonntäglich durch deutsche Lande zieht und Priester und gläubige Kirchgänger belästigt? Hat nicht die kommunistische Bezirksleitung Ruhrgebiet 6000 antireligiöse Flugblätter an Kirchentüren verteilt und schickte nicht dieselbe Bezirksleitung ihre Funktionäre in katholische Kirchen mit der Weisung, den Gottesdienst lächerlich zu machen? Und die Priesterschmähungen auf der IFA? Das Christus- und Papsttransparent? Ferner die Kirchenschändungen in Österreich und den übrigen deutschen Bundesstaaten und die öffentlichen Angriffe auf Sitte und Moral! Sie alle fallen auf das Konto nicht-asiatischer Kommunisten, die sich ein festes Nest unter uns gebaut haben und mit allen erdenklichen Mitteln danach trachten, die 2000jährige Kultur siegreichen Christentums zu untergraben. Ist man denn tatsächlich so kurzsichtig geworden, dass selbst unsere Intellektuellen nicht mehr erkennen, wo das hinauswill? Oder sind gar unsere führenden Schichten tatsächlich so überkultiviert, dass selbst sie an die ‚unvergängliche, siegreiche Kraft' deutscher Humanitätsduselei glauben? ...
Schauen wir tiefer hinein in das Land, wo ‚so etwas gottlob nicht geschehen kann' und wenden wir uns jener Bewegung zu, die heute zum Problem für den deutschen Katholizismus geworden ist. Ich meine die Bewegung der ‚Deutschen Gottlosen'.
Der deutsche sozialistische Freidenkerverband, der eine Filiale des räterussischen Verbandes ‚Der Gottlose' ist, besitzt zurzeit in Deutschland 1700 Ortsgruppen mit einer Mitgliederzahl von nahezu 700 000. Überall hat er seine Vertreter sitzen, die das Leben der Kirche und ihrer Diener einer systematischen Kontrolle unterziehen, um sie bei der nächsten Gelegenheit zu schmähen. Ihr Presseorgan „Der Freidenker" und sonstige Blätter des Freidenkerverbandes sind dem räterussischen Kampforgan der Gottlosen nachgebildet und verspotten in geradezu unerhörter Weise Kirche, Priester, Religion und Kultur. Jede passende Gelegenheit wird vom Verband sozialistischer Freidenker ausgenutzt, um das Gift der Gottlosigkeit in die Herzen der Menschen zu streuen, sei es vermittels Radio, öffentlichen schauspielerischen Darbietungen oder Vorträgen, die ver-

schleiert werden unter der Maske „Kunst und Wissenschaft" oder gar unter der Flagge caritativer Veranstaltungen segeln. Besondere Bedeutung muss der Wühlarbeit dieses Verbandes unter der schulpflichtigen und werktätigen Jugend beigemessen werden. Bereits 150 000 Schulkinder im Alter von 6 – 14 Jahren sind der „Kinderfreundebewegung" des deutschen Gottlosenverbandes angeschlossen! Und diese Zahl steigt täglich! Hier wächst unter unseren Augen eine gott- und religionslose Generation heran! Auch sie wird einst Kinder zeugen, die religionslos sein werden. Darüber muss ernstlich nachgedacht werden. Aber auch von nicht-kommunistischer Seite werden Religion und christliche Sitte untergraben. Fordert nicht der „Tannenbergbund" Ludendorffs von seinen Mitgliedern den Austritt aus der Kirche? Wird nicht den Mitgliedern des Bundes folgende Erklärung zur Unterschrift gereicht: „Ich gehöre keiner Religions- noch sonstigen Glaubensgemeinschaft an. ... Meine Kinder sind nicht getauft und werden nicht getauft; sollten sie schon getauft sein, so nehmen sie ebenfalls nicht am Religionsunterricht teil ..."!? Und die vielen liberalen Vereinigungen, die ebenfalls die Religion bekämpfen, schießen sie nicht wie Pilze aus der Erde? Propagieren nicht die „Freien Sportverbände" eine Moral der Ungebundenheit? Ein Blick in die Turnhallen und Schwimmanstalten genügt, um sich davon zu überzeugen, dass Keuschheit, Moral und Anstand dort als „Ammenmärchen" gelten. Besteht unter den deutschen Nacktsportlern und -sportlerinnen ein Unterschied von dem sowjetrussischen „Kommunistischen Jugendverband"? Beide propagieren sexuelle Ungebundenheit und beide erklären ein „Liebäugeln mit der Religion und der christlichen Sittenlehre als Verrat am Naturell des Menschen"! Man muss sich darüber klar sein, dass eine Jugend, die von Führern dieser Organisationen herangebildet wird, eine Gefahr für die gesamte christliche Kulturwelt bedeutet und darauf hinarbeitet, unser Volk in den Abgrund zu stürzen. Das Wort des alten Freimaurers Weishaupt „Macht die Völker unsittlich und die Revolution kommt von selber" ist auch heute noch der Leitgedanke der sozialistischen Freidenker! Unwillkürlich drängt sich nun die Frage auf: Sind wir denn wirklich so weit entfernt von jenen asiato-bolschewistischen Zuständen, die im Räterußland Selbstverständlichkeit sind? Und sind wir angesichts der Verseuchung im eigenen Lande noch berechtigt auszurufen: „So etwas kann bei uns nun doch nicht geschehen ...", wie viele in blinder Vertrauensduselei tatsächlich glauben?
Das oben geschilderte Bild ist nur in großen Zügen umrissen, ohne auf Einzelheiten einzugehen. In Wirklichkeit aber sieht es bei uns viel schlim-

mer aus! Wer mit wachen Ohren und offenen Augen durch die deutschen Lande zieht, für den enthüllt sich so manches, was der Masse behäbiger und mit Blindheit geschlagener Katholiken verborgen bleibt. Tief, ungeheuer tief hat das Gift des Bolschewismus seine Wurzeln in die Seelen selbst der Besten unseres Volkes gesenkt, und heute schon tragen die Blüten der Gottlosigkeit sichtbare Früchte. Wann wird der Ruf religiöser Ernüchterung die schlaftrunkenen Hirne unseres Volkes wecken und aus jener Lethargie reißen, die die bolschewikische Giftwolke über sie gelagert hat? Hat doch diese Giftwolke es fertig gebracht, dass allein in Berlin 10 790 Christen in der Zeit vom 1. Februar bis zum 24. März 1930 aus der Kirche ausgetreten sind! Man täusche sich nicht darüber hinweg, dies sei in Berlin gewesen, in einer überwiegend protestantischen Stadt! Auch Katholiken waren darunter und in erheblicher Anzahl! Am Rhein und in Westfalen wächst die Zahl der Kirchenaustritte von Monat zu Monat, und Sünde wäre es, diese Tatsachen zu verheimlichen. Weiter! Der Kampf um den Abtreibungsparagraphen nimmt akute Formen an und wehe, wenn er durchgesetzt wird! In einigen Dezennien steht Deutschland vor leeren Wiegen und nicht etwa, weil Land und Menschen verarmt sind, nein, weil man die christliche Moral und den christlichen Begriff von Mutterschaft und Sinn der Ehe zu Grabe getragen hat … Die Zahl der konfessionslosen Schulen wächst jährlich und die Bewegung „Los von Gott" ist heute ein bitter ernstes Problem geworden. Das soll sich jeder überlegen, der heute den Satz ausspricht: „Gottlob, so etwas kann bei uns nun doch nicht geschehen …"

Ungeheure Mächte sind auch bei uns in Deutschland an der Errichtung eines Gottlosenreiches beteiligt und es hat keinen Sinn, dies zu verschweigen. Die Abkehr von Gott hat weiteste Volksschichten ergriffen, angefangen bei den Arbeitern – bis zu den Akademikern, und Aufgabe der katholischen Christenheit ist es, katholische Wahrheit und Überzeugung unter unser Volk zu tragen, damit wir wieder zu einem Aufbau des Gottesreiches kommen. Dies soll für Klerus und Volk eine ernste Mahnung sein, alles Kleinliche beiseite zu lassen und sich zu sammeln zur Abwehr des vor den Toren stehenden Bolschewismus, denn es geht um den Vorrang des christlichen Geistes, um unsere heiligsten Güter!

K.K.

# Die Evangelische Kirche nimmt Stellung

Die evangelische Kirche in Regensburg nahm im August 1930 öffentlich in zwei Artikeln im *Evangelischen Gemeindeblatt* des evangelischen Kirchenbezirks Regensburg Stellung zur Entlassung Elly Maldaques. Beide Artikel sind im Folgenden abgedruckt.
Das „Evangelisches Gemeindeblatt für den Donaugau. Organ für den evangelischen Kirchbezirk Regensburg" wurde von dem Pfarrer und Religionslehrer Karl Büchele gemeinsam mit den Geistlichen des Kirchenbezirks Regensburg herausgegeben. „Wachet! + Stehet im Glauben! + Seid männlich und stark!" war das Motto des Gemeindeblatts. Es erschien von 1927 bis 1941 und befindet sich im Bestand des Evangelisch-Lutherischen Pfarrarchivs Regensburg.
Der erste Artikel im Gemeindeblatt über den „Fall Maldaque in Regensburg" erschien ohne Autorenangabe, er stellte somit die offizielle Position der evangelischen Geistlichen des Kirchenbezirks Regensburg dar. Den zweiten Artikel „Menschliches zum Fall Maldaque" schrieb der Herausgeber, Karl Büchele (Kürzel „Bch."). Ihn beschäftigte, abseits der politischen und juristischen Seite des Falles, die „menschliche Seite der sehr tüchtigen Lehrerin" und „Edelkommunistin" Elly Maldaque aus einer christlichen Sicht.
Die beiden Artikel werden im Folgenden ergänzt durch einen Eintrag in der „Chronik des evangelisch-lutherischen Pfarramtes untere Stadt" in Regensburg. Hier wird insbesondere die Entschließung der Eltern (s. Dokument 39) kritisiert. Die Chronik gehört ebenfalls zum Bestand des Evangelisch-Lutherischen Pfarrarchivs Regensburg, Nr. 330.
Zu ergänzen bleibt, dass das *Evangelische Gemeindeblatt* im August 1930 unter der Rubrik „Regensburger Familiennachrichten, Pfarrei untere Stadt" meldete: „Beerdigt: Am 23. Juli: Frl. Elli *Maldaque*, Lehrerin a. D. dahier, 36 Jahre 8½ Monate alt."[114]
(Die Dokumente wurden der neuen Rechtschreibung angeglichen.)

---

114 Evangelisches Gemeindeblatt, Nr. 31: 3.08.1930, S, 7.

## [61]
## Chronik des evangelisch-lutherischen Pfarramts untere Stadt
## (begonnen 1929)

### Entlassung der Volksschullehrerin Elly Maldaque wegen kommunistischer Umtriebe 1.7.1930

Die evangelische Volksschullehrerin Frl. Elly Maldaque an der Von der Tannschule wurde ab 1.7.1930 wegen kommunistischer Umtriebe fristlos entlassen. Ihre Dienstentlassung veranlasste eine maßlose Agitation in radikalen Kreisen, die sich zunächst gegen die Schulbehörde richtete u. zu einer Interpellation im Landtag führte. Der Kultusminister antwortete darauf, dass sich die Genannte kommunistisch betätigt habe und mehrfach verwarnt worden sei. Dass sie zuletzt um einen Urlaub zu einer Studienreise nach Leningrad (Russland) bat, scheint dem Fass den Boden ausgeschlagen zu haben. Sie erlitt, wohl aus Erregung hierüber, einen Nervenzusammenbruch und starb schon am 20.7.1930 in der Heil- u. Pflege-Anstalt Karthaus.

Die Urteilslosigkeit weiter Kreise der Gemeinde zeigte sich bei dieser Gelegenheit wieder einmal. Die Elternschaft der Kinder, welche Frl. Maldaque unterrichtet hatte, versammelte sich u. wandte sich gegen das Urteil des Ministeriums. In d[iese]r Erklärung vom 4.7.30 kommt der Satz vor: „Die Elternschaft bittet um der Kinder willen, Fräulein Maldaque dem 2. Kurs der ev. Volksschule d. u. St. wieder zurückzugeben."

## [62]
## Evangelisches Gemeindeblatt für den Donaugau – Organ für den evangelischen Kirchenbezirk Regensburg, 4. Jg., Nr. 32: 10.08.1930, S. 2–3

### Der Fall Maldaque in Regensburg

Unser Gemeindeblatt kann an ihm nicht stillschweigend vorübergehen. Hat doch Frl. *Maldaque* der evang. Volkshauptschule unterer Stadt, „v. d. Tannschule" genannt, jahrelang als Lehrerin angehört; bis zum Beginn des laufenden Schuljahres war ihr die achte Mädchenklasse anvertraut, in welcher vorschriftsgemäß der Religionsunterricht ausschließlich durch einen geistlichen Katecheten erteilt wird. Erst heuer wurde ihr eine untere Klasse zugewiesen; organisatorische Änderungen waren hierfür maßgebend. Nun erklärte sie, keinen Religionsunterricht an ihre Schüler erteilen zu wollen. Sie machte dabei von einem Recht Gebrauch, das dem Volksschullehrerstand durch die Revolution gewährt worden ist. Ihre zum 1. Juli ds. Js. von der Kreisregierung verfügte Dienstentlassung sowie ihr kurz darauf erfolgtes Ableben haben eine maßlose Agitation in radikalen Kreisen hervorgerufen, die sich zunächst gegen die Schulbehörde richtete und eine Interpellation im Landtag veranlasste, auf welche der Kultusminister an der Hand des amtlichen Untersuchungsergebnisses am 31. Juli in der Weise erwiderte, dass sich die Genannte *kommunistisch* betätigt hat. Da die Wellen der Bewegung in erster Linie in die evang. Gemeinde hineingeschlagen haben, erscheint es dringend geboten, den Sachverhalt frei von jeder Leidenschaft festzustellen. Frl. Maldaque war verschiedentlich, wie der Minister, gestützt auf die Akten, darlegte, von ihrer vorgesetzten Behörde verwarnt und auf die Folgen ihrer unerlaubten politischen Betätigung aufmerksam gemacht worden. Sie gehörte ihrer geistigen Einstellung nach der Bewegung des *Kommunismus* und des *Freidenkertums* an und war auch *Mitglied der kommunistischen Partei Deutschlands*. Diese Haltung gegenüber einer auf gewaltsamen Sturz des Staates hinarbeitenden Bewegung sei mit der Stellung eines Beamten und Lehrers unvereinbar. Das Kultusministerium hat aktenmäßig nachgeprüft, ob gegen die Lehrerin M. mit Recht der Vorwurf *kommunistischer Betätigung* erhoben worden ist. Denn nicht die Gesinnung ist ausschlaggebend, sondern die Betätigung. Nach Feststellung der Polizeidirektion Regensburg ist sie bereits *seit 1928 in einer Verbindung mit der kommunistischen Ortsgruppe Regensburg* gestanden. In verschiedenen Briefen und Tagebuchstellen hat sie den Führer der kommunistischen Ortsgruppe als *Genossen* bezeichnet, und dieser spricht in einem Brief ausdrücklich von der *Genossin* M. Sie war ferner *Mitglied der oppositionellen kommunistischen Gruppe des Regensburger Freidenkerverbandes*. Bei verschiedenen Veranstaltungen der Kommunisten begleitete sie die Liedervorträge auf dem Klavier. In einem kommunistischen Zirkel hielt sie Vorlesungen und beteiligte sich an einer Exkursion. Herr Oberstadtschulrat Dr. Freudenberger machte sie freundschaftlich, doch amtlich, darauf aufmerksam, dass sie ihre Stelle verlieren werde, wenn sie sich weiterhin an der kommunistischen Bewegung beteilige. Der Staat könne seine Beamten nicht dafür bezahlen, dass sie mithelfen, sein Grab zu schaufeln. In einem Brief an eine Freundin, eine gleichfalls entlassene kommunistische Lehrerin, machte sie Mitteilung über diese Verwarnung und sprach den Verdacht aus, dass sie *aus den Reihen der eigenen Genossen verraten* worden sei. ...

Bei einer Haussuchung in ihrer Wohnung wurde eine Menge *kommunistischer Literatur* gefunden, darunter auch das *kommunistische Schülerhetzblatt* und das *kommunistische Liederbuch*, sowie eine *Mitgliederkarte des Bundes der Freunde der Sowjetunion*, sowie ein *Rundschreiben der oppositionellen Freidenkergruppe Nordbayerns*. Trotz neuerlicher Verwarnung hat sie auch weiter an kommunistischen Veranstaltungen teilgenommen und sogar um einen *Urlaub zu einer Studienreise nach Leningrad* (Sowjetrussland) und zum Besuch der dortigen „pädagogischen Ausstellung" nachgesucht. (Dies Letzte nun scheint dem Fass den Boden ausgeschlagen zu haben!).

Die Disziplinargerichte haben wiederholt auch bei Verfahren gegenüber unwiderruflichen Beamten ausgesprochen, dass die kommunistische Beteiligung eines Beamten im Dienst oder außerhalb des Dienstes im Hinblick auf das *notorische Ziel des Kommunismus die bestehende verfassungsmäßige Staatsordnung mit Gewalt zu ändern*, als schweres und regelmäßig mit Dienstentlassung zu ahndendes Dienstvergehen zu erachten ist. *Frl. M. war nicht nur dem Bekenntnis nach Kommunistin, sondern hat sich auch in dieser Gesinnung betätigt.* Sie wusste, dass sie in einem widerruflichen Dienstverhältnis stand, das jederzeit gelöst werden konnte; sie wusste, dass ihre Lage dienstaufsichtlich und disziplinarrechtlich zu verurteilen war. Sie hat sich trotz der Verwarnung ihres unmittelbaren Vorgesetzten und trotz der polizeilichen Haussuchung nicht abhalten lassen, ihre seitherige Tätigkeit aktiv fortzusetzen.

Abschließend erklärte der Kultusminister: Gegenüber der frivolen Hetze, mit welcher parteipolitische Kreise den traurigen Fall propagandistisch zu verwerten suchen, muss mit aller Entschiedenheit betont werden, dass die unglückliche Lehrerin M. (sie musste nach ihrer Dienstentlassung infolge Nervenzusammenbruchs auf das Verlangen ihres Vaters in die Heil- und Pflegeanstalt Karthaus verbracht werden, woselbst sie am 21. Juli verstarb) ein Opfer ihres eigenen pflichtwidrigen Verhaltens und im weiteren Sinne ein Opfer des Kommunismus und seiner Agitation selbst geworden ist.

[An den Artikel über Elly Maldaque schließt unmittelbar ein Artikel über „Kindermord in Russland" an.]

## [63]
### 4. Jg., Nr. 34: 24.08.1930, S. 3-4

**Menschliches zum Fall Maldaque.**

Wenn unser Gemeindeblatt noch einmal auf die schmerzliche Sache zu sprechen kommt, dann soll das von einem anderen Gesichtspunkt aus geschehen, als das bisher in der Öffentlichkeit in teils sachlicher, teils hetzerischer Weise gemacht wird.

Uns kümmert hier wenig die juristische Seite der Angelegenheit, – hier scheint noch nicht alles geklärt zu sein, namentlich die Frage, wieweit man von einer Zugehörigkeit der „Genossin Maldaque" zur Kommunistischen Partei reden konnte –, auch nicht die standespolitische Bedeutung der Sache; – der Lehrer unterliegt denselben Bestimmungen wie jeder andere Staatsbeamte, ein widerruflich angestellter erst recht. Und wenn einer formell oder praktisch einer Bewegung angehört, die auf den gewaltsamen (!) Umsturz nicht nur der Staats*verfassung*, sondern des Staates überhaupt ausgeht, dann kann man es diesem Staat auch nicht verargen, wenn er sich dagegen wehrt.

Noch weniger geht uns hier die parteipolitische Seite der Sache an; – zu agitatorischen Zwecken ist sie reichlich ausgeschlachtet worden.

Wovon hier die Rede sein soll, das ist die menschliche Seite des Falles. Es handelte sich um eine sehr tüchtige Lehrerin, die bei ihren einstigen Schülerinnen große Hochachtung genoss. Was sie besonders auszeichnete, war, dass sie ein Herz hatte für die Not anderer Menschen, namentlich für die sozialen Nöte des sogen. Proletariats. Das soll ihr nicht vergessen sein. Und aus dem Drang, diese Nöte zu bekämpfen, ist sie zur Gesinnungsgenossin des Kommunismus geworden.

Da dürfen wir nicht übersehen, dass auch der Geist Christi auf einen Kommunismus hindrängt. Man sehe nur Apgesch. 2, 44 f.[115]. und Gal. 6, 2[116] und denke darüber nach! Es steckt in jedem Kommunismus ein christlicher Gedanke; und was einer solchen sozialen Bewegung ihre Stoßkraft gibt, das ist das Verlangen nach Gerechtigkeit und Brüderlichkeit dort, wo es an Gerechtigkeit und Brüderlichkeit fehlt. Hier liegen noch ungeheure

---

115 Apostelgeschichte 2, 44: Alle aber, die gläubig waren geworden, waren beieinander und hielten alle Dinge gemein. 2, 45. Ihre Güter und Habe verkauften sie und teilten sie aus unter alle, nach dem jedermann not war.

116 Galater 6, 2: Einer trage des anderen Last, so werdet ihr das Gesetz Christi erfüllen.

Aufgaben für jedes lebendige Christentum. Elli Maldaque ist auf diesem Weg Kommunistin geworden, zur Kommunistin aus Idealismus. „Edelkommunisten" hat man solche schon genannt.
Der praktische Kommunismus ist leider etwas ganz anderes als der aus dem Christusgeist geborene. Dieser sagt: Wir sind Brüder, Erlöste Christi; darum was mein ist, ist auch dein, und ich bin nur Haushalter darüber. Was uns heute als Kommunismus begegnet, vertritt den Standpunkt: Wir sind alle gleich; also was dein ist, ist mein, und was mein ist, geht dich nichts an, und wenn du mir das Deine nicht gibst, nimmt man es dir mit Gewalt. Dort Kommunismus aus Glaube und Liebe, hier Kommunismus aus Habgier, gestützt auf rohe Gewalt. Der eine stammt vom Himmel, der andere ist allzu irdisch. Aber wenn Christen mehr christlichen Kommunismus hätten, hätte der irdische nicht so viel Lebenskraft.
Der Kommunismus der Gewalt hat in Russland ein riesenhaftes Experiment gemacht an einem ganz großen Volk. Der Bolschewismus wollte das Idealreich der Gerechtigkeit schaffen und Gleichheit schaffen, aber ohne Gott. An Gottes Stelle tritt die Materie. So will man den Kollektivmensch heranzüchten; aber siehe, aus dem Menschen wird eine Nummer; seine Seele ist ausgeschaltet, nur der Bauch bleibt übrig; aus dem froh auf seiner Scholle arbeitenden Bauer wird ein Taglöhner, aus der Persönlichkeit das Massenvieh; aus Kirchen werden Kasernen, aus Religion Opium, und Gott wird das Überflüssigste der Welt. So mordet der Bolschewismus die Seele und wird damit zur Kultur der Kulturlosigkeit. Aus der gepriesenen Freiheit wird die barbarischste Verfolgung Andersdenkender nicht bloß des Kapitalismus, nicht bloß der bisher herrschenden orthodoxen Kirche; sondern jede Religion gilt, weil sie Religion ist und noch andere als irdische Werte kennt, als Gefahr für den Staat und den bolschewistischen Menschen. An den Berichten über die brutalen Taten in Russland kann leider nicht gezweifelt werden. „Heute ist leider nicht die Zeit, den Menschen die Köpfe zu streicheln; heute fallen die Hände nieder um die Schädel zu spalten, erbarmungslos zu spalten, obwohl der Kampf gegen jede Gewalt unser letztes Ideal ist. Das ist eine höllisch schwere Aufgabe", so sagte Lenin, und seine Nachfolger handeln danach. Wie jemand aus idealer Gesinnung dem Kommunismus zuneigen kann, mag verständlich sein; aber wie ein Gebildeter, ein Deutscher, ein Christ, ein Seelenbildner an jener „höllisch schweren Aufgabe" mitarbeiten und einem „Bund der Freunde Sowjetrusslands" angehören kann, ist unfassbar.
Elli Maldaque war eine suchende Seele. Darin lagen ihr Vorzug und ihre Tragik zugleich. Ein ehrlich suchender Mensch steht unserem Gott meist

näher als ein gedankenloser Gewohnheitschrist, der im selbstgerechten Bewusstsein seines Christentums sich genug sein lässt, der wohl die Sprache Kanaans spricht, aber die Kraft seines Glaubens vermissen lässt. Christen haben die hohe Aufgabe, solchen Suchenden das Ideal vorzuleben und ihnen zum Gotteserleben zu verhelfen. Bei allem Suchen, auch beim ehrlichen Suchen kann man sich aber allzu leicht verirren. Und das geschieht fast immer dann, wenn man das Suchen zum Selbstzweck macht. Dann führt es zur Kritiksucht, zur Verneinung, zur Haltosigkeit, zur Verblendung. Man verschließt sich gegen den treugemeinten Rat anderer erfahrener Menschen und will lieber in gewaltsamer Einseitigkeit es zum Konflikt kommen lassen und eine Märtyrerrolle spielen. Darin liegt die tiefe Tragik der Lehrerin Maldaque; denn an Warnungen offiziöser und freundschaftlich privater Natur hat es ihr wahrlich nicht gefehlt.

Ins Innerste des Herzens schaut nur Einer. Uns allen aber ist nichts Menschliches fremd; und wer sich lässet dünken, er stehe höher, mag wohl zusehen, dass er nicht falle.  Bch.

# Zeittafel

| | |
|---|---|
| 10.09.1893 | Die Eltern Elly Maldaques ziehen nach Erlangen. Vater: Wilhelm August Maldaque, geb. 25.12.1859 in Labes, Pommern; gest. 25.06.1943 in Regensburg. Beruf: Büchsenmacher und Waffenmeister beim 3. Bataillon des 19. Infanterieregiments der Bayerischen Armee. Mutter: Karoline Maldaque, geb. Ofenhitzer, geb. 25.07.1870 in Neu-Ulm; gest. 25.03.1927 in Regensburg. |
| 05.11.1893 | Elly (Elisabeth Karoline) Maldaque in Erlangen geboren. |
| 04.05.1895 | Geburt von Wilhelm Maldaque, Bruder von EM. |
| 10.08.1896 | Umzug der Familie Maldaque in den Wohnbezirk der Neuen Kaserne in der Luitpoldstraße 80 in Erlangen. |
| 1903–1910 | EM besucht ab der Klasse IV (6. Jg. der Volksschule) die Städtische höhere weibliche Bildungsanstalt in Erlangen. |
| 13.09.1909 | Die Eltern von EM ziehen nach Regensburg in die Landshuterstr. 74 in eine Dienstwohnung im Kavallerie-Kasernement. Der Vater wechselt als Waffenmeister zu dem ab 1909 in Regensburg stationierten Königlichen 2. Chevaulegers-Regiment „Taxis" der bayerischen Armee. |
| 18.09.1911 | EM wird in die I. Seminar-Klasse der Städtischen höheren weiblichen Bildungsanstalt Erlangen aufgenommen. Hier lernt sie ihre spätere Freundin Irene Neubauer kennen. |
| September 1912 | Die Eltern von EM ziehen in Regensburg in die Weißenburgstraße 27. Der Vater hat das Haus gekauft. |
| 17.–20.06.1913 u. 07.–16.07.1913 | Seminar-Schlussprüfung: EM erhält gute und sehr gute Noten. |
| August 1913 | EM wird auf Antrag in den oberpfälzischen Schulverband aufgenommen: Dienstort Regensburg. Sie wird Mitglied im Oberpfälzischen Kreisverein des Bayerischen Lehrerinnenvereins. |
| Febr. 1914– 2. März 1915 | Der Vater EMs nimmt als Waffenmeister beim Stab des Chevaulegers-Regiments am 1. Weltkrieg teil. |
| 01.09.1914– 31.03.1915 | EM arbeitet als Unterlehrerin in Magstadt bei Böblingen. |
| 01.02.–18.05.1915 | EM ist Aushilfslehrerin (Kriegsaushilfe) an der protestantischen Volksschule in Waldsassen/Opf. |
| 18.05.1915– 15.01.1919 | EM ist Aushilfslehrerin (Kriegsaushilfe) an der einklassigen protestantischen Volksschule in Krummennaab/Opf. |
| 01.01.1916– 31.12.1918 | Der Vater EMs leistet wegen Krankheit seinen Kriegsdienst in Regensburg. |
| 18.07.1916 | Der Bruder EMs fällt in Flandern, der Ort ist unbekannt. |

| | |
|---|---|
| Sept. 1917 | Staatliche Dienstprüfung EMs für die Volksschule. Sie erreicht den 2. Platz. |
| 04.04.–21.04.1918 | Beurlaubung EMs wegen „Blutarmut" und „reizbarer Schwäche des Nervensystems". |
| 1919 | Der Vater EMs wird nach der Auflösung der bayerischen Armee in die Reichswehr übernommen. |
| 01.03.–15.07.1919 | Beurlaubung EMs für eine Privatstelle in Traunstein. |
| 10.01.1919–15.07.1920 | EM beurlaubt für eine Lehrerinnenstelle am Lohmann-Institut in Nürnberg, einer privaten Höheren Töchterschule mit angeschlossenem Seminar. |
| Ab 01.09.1920 | Unständige Lehrerin an der 8. Mädchen-Klasse der protestantischen Volksschule untere Stadt, der Von-der-Tann-Schule in Regensburg. EM ist die erste protestantische Volksschullehrerin in Regensburg. |
| Ab Jan. 1921 | EM unterrichtet zusätzlich, auf Widerruf, 4 Wochenstunden an der Hauswirtschaftlichen Abteilung der Fachfortbildungsschule in Regensburg. |
| 01.01.1921 | Der Vater EMs wird in den einstweiligen Ruhestand versetzt, 1925 pensioniert. |
| 01.06.–14.07.1922 | Beurlaubung EMs wegen häufiger „vollständiger Schlaflosigkeit" und „nervöser Überreizung", Erholung in einer Kurklinik in Elmau. |
| 09.10.1926 | Dienstliche Beurteilung EMs durch den Regensburger Bezirks- und Stadtschulrat Alfred Freudenberger: Das dienstliche und außerdienstliche Verhalten EMs werden mit „tadellos" beurteilt, ihre Gesundheit mit „gut". |
| 25.03.1927 | Tod der Mutter. |
| Sommer 1927 | Religiöse und weltanschauliche Krise EMs, Orientierung hin zum Kommunismus. |
| August 1927 | EM macht Urlaub an der dalmatinischen und montenegrinischen Küste. |
| 01.09.1927–31.01.1928 | EM besucht einen hauswirtschaftlichen Kurs in Augsburg. Sie lernt dort ihren Freund Alfred kennen. |
| Ab 17.07.1928 | EM macht eine Schiffsreise mit der „Monte Cervantes" nach Spitzbergen. Nach der Rückkehr reist EM weiter von Hamburg nach Sylt, Flensburg, Kiel, Lübeck, Berlin und zu ihrer Freundin Irene Neubauer nach Weimar. |
| 21.11.1928 | Erneute dienstliche Beurteilung EMs durch den Bezirks- und Stadtschulrat Friedrich Betz: Das dienstliche und außerdienstliche Verhalten werden mit „tadellos" beurteilt, ihre Gesundheit mit „gut". |
| Ostern 1929 (Ende März) | EM und Irene Neubauer in Aumont-en-Halatte, dem Wohnort von Henri Barbusse. Beide verehren ihn. |
| 15.05.1929 | EM zieht in eine eigene Wohnung in der Orleansstraße 4 in |

| | |
|---|---|
| | Regensburg. Anlass ist die bevorstehende Wiederverheiratung des 70-jährigen Vaters. |
| 11.11.1929 | Bericht der Polizeidirektion Regensburg über die „kommunistische Bewegung" in der Stadt, darin ein Abschnitt über Kontakte von EM zur KPD-Ortsgruppe. |
| Dezember 1929 | EM ist: Mitglied im Arbeiter-Abstinentenbund; Mitglied im Arbeiter-Turn und Sportbund, Freier Arbeiter Turn- und Sportverein Regensburg (TuS Regensburg); Mitglied in der Internationale der Bildungsarbeiter und im Bund der Freunde der Sowjetunion. |
| 01.03.1930 | Als „geheim" eingestufte Mitteilung der Polizeidirektion Regensburg an die Regierung der Oberpfalz. Ein Spitzel behauptet, EM sei Mitglied der KPD. |
| 01.03.1930 | EM hat ein Gespräch mit dem Stadtschulrat Alfred Freudenberger, in dem dieser sie „freundschaftlich" warnt wegen ihrer Kontakte zur KPD. |
| 21.03.1930 | Verhandlung gegen den KPD-Vorsitzenden Konrad Fuß im Amtsgericht Regensburg wegen Religionsvergehens. |
| 22.03.1930 | Durchsuchung der Wohnung von EM durch die Regensburger Kriminalpolizei. Ohne ihr Wissen werden Stellen aus ihrem Tagebuch abgeschrieben. |
| 27.06.1930 | Zustellung der Regierungsentschließung über die fristlose Entlassung EMs zum 1. Juli 1930. |
| 30.06.1930 | EM legt Widerspruch gegen ihre Entlassung ein und kündigt eine ausführliche Beschwerde an das Staatsministerium für Unterricht und Kultus an. |
| 01.07.1930 | Wirksamwerden der fristlosen Entlassung. |
| 05.07.1930 | EM stellt der Kammer des Innern der Regierung der Opf. ihr Tagebuch als Entlastungsmaterial zur Verfügung. |
| 07.07.1930 | Versammlung und Entschließung von Eltern der „Von-der-Tannschule" gegen die Entlassung EMs. |
| 09.07.1930 | EM wird „wegen gemeingefährlicher Geisteskrankheit" in die Regensburger Heil- und Pflegeanstalt Karthaus-Prüll eingewiesen. |
| 20.07.1930 | Tod der EM in der Anstalt Karthaus-Prüll. |
| 23.07.1930 | Beerdigung Elly Maldaques auf dem Regensburger Evangelischen Zentralfriedhof. |
| 25.08.1930 | Das Staatsministerium für Unterricht und Kultus bekräftigt die fristlose Entlassung EMs in einer Verfügung an die Regierung der Oberpfalz. |
| 30. und 31.08.1930 | Im Bayerischen Landtag nehmen Abgeordnete Stellung zum „Fall Maldaque". KPD und SPD beantragen disziplinarische Konsequenzen für die Verantwortlichen der Entlassung EMs. Kultusminister Franz Goldenberger begründet die Entlassung Maldaques als politisch dringend geboten. |

# Glossar

## *Henri Barbusse (1873–1935)*

Den französischen Dichter, internationalen Pazifisten und bekennenden Kommunisten Henri Barbusse, mit dem Elly Maldaques Freundin Irene Neubauer nicht nur korrespondierte sondern auch persönlich eng befreundet war, lernte Maldaque vermutlich Anfang März 1929 bei einem Vortrag kennen. (Dok. 13) Kurz darauf, in den Osterferien 1929, besuchte sie zusammen mit Irene Neubauer den Dichter in seiner nordfranzösischen Heimat Aumont-en-Halatte in der Picardie. Eine sehr folgenreiche Reise, über die Maldaques Tagebuch Auskunft gibt. (Dok. 14)

Seinem Selbstverständnis nach war der studierte Literaturwissenschaftler Henri Barbusse ein Lyriker. Dementsprechend beginnt sein Werk vor dem Ersten Weltkrieg mit einer Gedichtsammlung („Pleureuses", 1898); es folgen zwei Romane („Les suppliants", 1903 und „L'enfer", 1908) sowie eine Novellensammlung („Nous autres ...", 1914). Seine Prosa ist von lyrischer Kontemplation erfüllt und gleicht einer melancholischen Wortmusik, die sich in nobler Blässe und gedämpfter Todessehnsucht gefällt, aber es „führt eine kontinuierliche Linie von diesen Gedichten des Einundzwanzigjährigen zu den Kriegsromanen des Mannes." (Spitzer, S. 3) Schrittweise weicht der verträumte, lyrische Tonfall einem kraftvollen, radikalen Realismus. Die gleichbleibende Konstante in diesen Werken ist der Tod. Mit Todesgedanken tragen sich viele seiner Figuren und das Sterben als eine Form des eigenen Sich-Fremdwerdens hat Barbusse schon vor dem Krieg durchdekliniert. Mit seinem Kriegstagebuch „Das Feuer" („Le Feu") 1918 u. 1922, abgeschlossen im Dezember 1915, schrieb er ein Manifest des Pazifismus, das in Deutschland nach dem Ersten Weltkrieg „als die bedeutendste literarische Schöpfung [...], die der Krieg hervorgebracht hat", gerühmt wurde. (Küchler 1919, S. 44) Weitergeführt wurde dieses Friedenswerk mit dem 1918 abgeschlossenen Roman „Klarheit" („Clarté"), in dem der Dichter am Beispiel einer französischen Provinzstadt das Bild der geistig absurden Verfassung einer Gesellschaft gibt, aus der heraus die Unabwendbarkeit des Krieges verständlich wird. Zusammen mit Romain Rolland (vgl. Glossarbeitrag) gründete Barbusse 1919 die Gruppe Clarté, eine internationale Friedensbewegung mit gleichnamiger Zeitschrift, der sich u. a. Heinrich Mann anschloss.

Ein sehr reizvoller Punkt in den Schriften von Barbusse dürfte für Elly Maldaque in der Tatsache gelegen haben, dass bei ihm nicht Gott und die Kirche den „Wahrheitssuchern" die Erlösung bringen: sie ruht nach Barbusse im Menschen selbst – er erschaffe sich einen Gott, sei daher selbst göttlich. Schon in den frühen Werken preist Barbusse die Göttlichkeit des Menschen. In seinen Kriegsromanen wendet er sich offen gegen die christliche Vorstellung vom „guten Vater im Himmel". Aufrichtigkeit und Mitleid sind die Triebfedern des politischen und sozialen Wirkens dieses „Dichters im Kriege". Für Elly Maldaque wurde er dadurch zu einer positiven Vaterfigur. Im Kern verweist ihr Lebensweg auf den ihres Vorbildes: Auf christliche Erziehung und patriotische Begeisterung folgt die geistige Ernüchterung durch die grässliche Fratze des Krieges. Am Ende dieser Entwicklung steht die Wendung hin zum Kommunismus als einer Art Ersatzreligion, die neue Werte und Halt verspricht.

Barbusse meldete sich wie Elly Maldaques Bruder freiwillig zum Kriegsdienst – freilich auf französischer Seite – und war von Kriegsbeginn bis August 1916 Soldat, davon elf Monate an der Front. 1917 wurde er Mitbegründer des sozialistischen Kriegsveteranenbundes ARAC (Association Républicaine des Anciens Combattants) und gab die sozialistische Zeitschrift „Le Monde" heraus, um den Krieg und seine Ursachen zu bekämpfen. Nach den Revolutionen in Russland und Deutschland setzte er sich intensiv mit der kommunistischen Idee auseinander, trat schließlich 1923 in die Kommunistische Partei Frankreichs ein und erklärte 1927 in dem selbstverfassten Evangelium mit dem Titel „Jésus" (Barbusse 1928, S. 230) den Religionsgründer aus Nazareth zum Stifter des Kommunismus. Dieses „Evangelium" liest sich anders als die vier herkömmlichen: Der gekreuzigte Jesus, „dessen Leib eine rote Fahne ist", besiegelt mit seinem Blut ein neues Bündnis „gegen alle Fürsten der Erde" und mit seinen letzten Worten: „Auf, ihr Verdammten der Erde!" ruft er zur proletarischen Weltrevolution im Zeichen des Kreuzes. (Ebd., S. 244 f. u. Barbusse 1929, S. 227–237) Dieser religiös getönte Kommunismus korrespondiert mit den Tagebucheintragungen Elly Maldaques und ihrem „Bekenntnis zum neuen kommunistischen Heiland". (Schröder1982, S. 82 u. Dok. 14)

Welche Schriften und Werke ihres geistigen „Ersatz-Vaters" der „Lehrerin von Regensburg" bekannt waren, lässt sich nach bisherigem Forschungsstand nicht zweifelsfrei belegen. Nachweislich gelesen hat sie das „Manifest an alle Denkenden" mit dem Titel „Der Schimmer im Abgrund" in der deutschen Ausgabe von Iwan Goll, (Barbusse 1920) wie aus einem Brief Maldaques an Irene Neubauer hervorgeht. (Dok. 15) Der

Grundton dieses Werks ist durchwegs antikapitalistisch gehalten. In den kriegführenden Regierungen sieht Barbusse die „vollziehende Gewalt des kapitalistischen Systems" und eine „Herrschaft des Betrugs."
Gerade wegen seiner klaren, deutlichen und leicht verständlichen Sprache wurde Barbusse weit über die Grenzen Europas hinaus geschätzt, wie Übersetzungen in mehr als 50 Sprachen beweisen. Nicht zuletzt deshalb entbehr auch jener Vorwurf, der von der Regensburger Irrenklinik und dem religiös verwirrten Vater nach Elly Maldaques Tod erhoben wurde, sie habe die Schriften, mit denen sie sich umgab, zum Großteil nicht verstehen können, jeder ernsthaften Grundlage. (Dok. 48 u. Dok. 49) Die „Lehrerin von Regensburg" mit dem frankophonen Namen hat den französischen Dichter Barbusse nur zu gut verstanden und vor allem die Losungsworte, die er in „Der Schimmer im Abgrund" ausgegeben hatte, wurden ihre eigenen Maximen: „Vernunft, nicht Glaube" und „Gleichheit ist alles", so lauteten sie. (Barbusse 1920, S. 44 u. 49)
Den Tod ihres „Ersatz-Vaters" erlebte Elly Maldaque nicht mehr. Henri Barbusse verstarb am 30. August 1935 in Moskau während einer Vortragsreise durch die Sowjetunion. Eine Reise durch das damals verheißungsvolle Land des Kommunismus, wie sie fünf Jahre vor ihm schon Elly Maldaque geplant hatte, die zum Stein des Anstoßes wurde und zu ihrem Untergang führte.

Erwin Petzi

## *Nikolai Iwanowitsch Bucharin (1888–1938)*

Schon als Schüler schloss sich Bucharin 1906 in Moskau der Mehrheitsfraktion in der Sozialdemokratischen Arbeiterpartei Russlands (SDAPR) – den sogenannten Bolschewiki – an. Aus der im Zarenreich illegalen Partei ging nach der Oktoberrevolution von 1917 die Kommunistische Partei Russlands hervor, die sich 1925 in Kommunistische Partei der Sowjetunion (KPdSU) umbenannte.

Nach hervorragendem Abschluss des Gymnasiums studierte Bucharin an der Moskauer Universität Wirtschaftswissenschaften. Wegen seiner politischen Aktivitäten wurde aber die russische Geheimpolizei des Zarenregimes auf ihn aufmerksam. Um nach einem kurzen Gefängnisaufenthalt 1911 weiteren zaristischen Verfolgungen zu entgehen, floh Bucharin in den Westen und lebte unter anderem in Deutschland, Österreich, Schweden und den USA und setzte seine Studien (Wirtschaft, Philosophie und Soziologie) fort. In Wien arbeitete er an einer Kritik der Wiener Schule der Nationalökonomie; lernte dort 1913 Josef Stalin kennen und entwi-

ckelte seine wegweisende Imperialismus-Theorie, die er erst nach seiner Rückkehr nach Moskau unter dem Titel „Imperialismus und Weltwirtschaft" 1917 veröffentlichen konnte. Von 1917 bis 1929 war Bucharin als Redakteur der „Prawda" (dt.: „Wahrheit"), der Parteizeitung der KPdSU, tätig und Mitglied des Politbüros sowie seit 1926 Präsident des Exekutivkomitees der Kommunistischen Internationale (Komintern).
Nach der Oktoberrevolution 1917 führte Bucharin die linksradikale Opposition innerhalb der Bolschewiki an und wurde zum wichtigsten Vordenker der Theorie zum Aufbau des „Sozialismus in einem Land". Im innerparteilichen Machtkampf nach Lenins Tod 1924 unterstützte er Stalin gegen die „Linken" Trotzki, Sinowjew und Kamenew. Als Bucharin vier Jahre später gegen Stalins Maßnahmen zur Kollektivierung der Landwirtschaft opponierte, wurde er aus dem Politbüro entfernt und als Direktor des Instituts für industrieökonomische Forschungen kaltgestellt. 1934 gab Bucharin seinen Widerstand auf, woraufhin Stalin ihn rehabilitierte. Er arbeitete am Entwurf der russischen Verfassung mit und gab die Tageszeitung „Iswestija" (dt.: „Nachrichten") heraus. Im Februar 1937 verhaftet, wurde Bucharin das prominenteste Opfer im letzten der drei berüchtigten Moskauer Schauprozesse. In diesen Prozessen, der „Großen Säuberung" unter Stalin, wurden die vermeintlichen und tatsächlichen Gegner der KPdSU zum Tod oder zu Lagerhaft und Zwangsarbeit verurteilt. Fehlende Geständnisse der Angeklagten wurden dabei unter Folter erpresst. Bucharin bestritt zwar die konstruierten Anklagepunkte, aber das schon vorher feststehende Todesurteil fiel auch gegen den einstigen „Liebling der Partei", wie Lenin ihn einmal nannte. Es wurde am 15. März 1938 vollstreckt.
50 Jahre nach seinem Tod wurde Bucharin 1988 im Zuge von Gorbatschows Perestroika-Politik juristisch und politisch rehabilitiert. Sein Wirtschaftsmodell („Die Neue Ökonomische Politik", nach 1922 entwickelt) galt als historische Alternative und sollte die ideologische Grundlage für die Liberalisierung der russischen Wirtschaft in den 1980er-Jahren liefern.
Elly Maldaques Lektüre von Nikolai Bucharins „Theorie des historischen Materialismus. Gemeinverständliches Lehrbuch der marxistischen Soziologie", die 1922 im Verlag der Kommunistischen Internationale in Hamburg erschienen ist, belegt ihre intensive Auseinandersetzung mit den zeitgenössischen intellektuellen Fragestellungen. Das Lehrwerk wurde nach seinem Erscheinen in Deutschland vor allem in Freidenker-Kreisen zur Pflichtlektüre. Von den linken Freidenkern als „Gesellschaftslehre des Proletariats" und „marxistische Ethik" verstanden, versprach das Lehr-

werk nicht nur gültige Antworten auf die aktuellen Probleme der Arbeiterbewegung zu geben, sondern auch die Frage nach dem Sinn des Lebens zu beantworten. (Lindemann 1981, S. 31 f.)
Georg Lukács merkte in seiner zeitgenössischen Rezension an, das neue Werk Bucharins stelle die längst erwünschte systematische Zusammenfassung des historischen Materialismus vom marxistischen Standpunkt aus dar und musste anerkennen, „dass es Bucharin gelungen ist, alle wichtigen Fragen des Marxismus in einheitlich-systematischen Zusammenhang zu bringen, ... ferner dass die Darstellung überall klar und leicht verständlich ist, so dass das Buch seine Bestimmung: ein Lehrbuch zu sein, gut zu erfüllen geeignet erscheint." (Lukács 1968, S. 598)
Demzufolge ist nach Lukács zumindest für Bucharins Werk die anmaßende Bemerkung, Elisabeth Maldaque habe sich „mit einem Stapel von Literatur" umgeben, „die wohl sicher für sie zum größten Teil unverdaulich war," die der für Maldaques Behandlung und damit auch für ihren Tod maßgeblich mitverantwortliche Dr. Korte in seinem politisch gefärbten Bericht äußerte, (vgl. Dok. 53) hinreichend widerlegt.

Erwin Petzi

## Ludwig Freiherr von und zu der Tann-Ramtsamhausen (1815–1881)

„Hurrah, hurrah, von der Tann ist da!", beginnt das Schleswig-Holstein-Lied des Schriftstellers Theodor Fontane. (Fontane 1964, S. 231) Er schrieb es aus Anlass des verlustreichen Krieges von Preußen und Österreich 1864 gegen Dänemark, in dem es um den Besitz des Herzogtums Schleswig-Holstein ging. Fontanes Held ist Freiherr Ludwig von und zu der Tann, den er persönlich kannte.
Ludwig von der Tann wurde 1815 in Darmstadt geboren, „Taufzeuge" war der Kronprinz und spätere König Ludwig I. von Bayern. Der Vater, Heinrich Friedrich Freiherr von und zu der Tann war ein Studienkollege des Kronprinzen und wurde, nachdem dieser 1825 König von Bayern geworden war, dessen Kammerherr und „Vertrauensmann". (Gollwitzer 1997, S. 99 und 199f.) Die Mutter, Sophie Freiin von Ramtsamhausen, stammte aus einer Elsässer Adelsfamilie.
Ludwig von der Tann wurde 1827 in die Königliche Pagerie in München aufgenommen. Sie war eine Erziehungsinstitution für junge Adelige, wo die „Pagen" des Königs für den Hof-, Staats- oder Militärdienst vorbereitet wurden. Einem Besucher der Pagerie erzählte der damalige Institutsdirektor, dass er einen Zögling habe, „der wird einmal wahrscheinlich ein

berühmter Militär. ... Auf einzelnen Spaziergängen ... mache ihn derselbe auf jeden Punkt aufmerksam, wo eine Festung gut angelegt, oder wo mit Erfolg angegriffen werden könne ..." Auf die Frage des Besuchers, wer dieser kleine Held sei, hieß es: „das ist der junge *von der Tann*." (Zernin 1884, S. 10) Ludwig von der Tann wählte frühzeitig als Berufsfeld das Militär, machte schnell Karriere in der bayerischen Armee, bis er im März 1848 Adjutant des Königs Maximilian II. wurde. Nach seinem Einsatz an verschiedenen Kriegsschauplätzen, u. a. 1864 in Schleswig und 1866 im „Deutschen Krieg" Preußen gegen Österreich und Bayern, wurde er General des 1. Armeecorps der bayerischen Armee. 1870 nahm er am Krieg gegen Frankreich teil. Nach dem Sieg über Frankreich und der Gründung des deutschen Kaiserreichs 1871 wurde er als Held gefeiert und erhielt in Preußen und Bayern höchste Auszeichnungen und Orden. Ludwig von der Tann starb 1881 in Meran.

Ein Chronist von der Tanns meinte: „Freiherr Ludwig von der Tann-Ramtsamhausen gehörte zu den glänzendsten Heldengestalten des Deutschen Vaterlandes aller Zeiten." Und: „ Er war ein treuer Bayer", deshalb sollten wir ihm „dankbare Verehrung über das Grab hinaus" weihen. (Zernin 1884, S. 52) 1901 ist die einstige Schule Elly Maldaques in Regensburg dieser Empfehlung gefolgt und trägt seitdem, so auch die heutige Grundschule, den Namen des Generals. Sie ist damit die einzige Schule in Deutschland, die nach ihm benannt ist.

Kann ein General mitsamt der Helden- und Kriegskultur des 19. Jahrhunderts heute Erziehungsvorbild für Grundschüler sein – ein General, der mitverantwortlich war für die äußerst blutigen Kriege in Mitteleuropa im 19. Jahrhundert, die schließlich in den 1. Weltkrieg mündeten? Folgt man den erinnerungspolitischen Debatten der letzten Jahre in Regensburg, dann ist es für die konservative Mehrheit der Stadtgesellschaft selbstverständlich, dass ein einmal symbolisch Geehrter und sei es ein Militarist und Monarchist auch in einer demokratischen, europäisch orientierten Gesellschaft Vorbild für Schüler und Namensgeber für eine Grundschule bleibt.

Klaus Himmelstein

## *August Kerscher (1869–1954)*

August Kerscher wurde am 18. 07. 1869 in Kleinaigen geboren und starb 85 Jahre alt am 16. 10. 1954 in Nittenau-Bergham. August Kerscher war katholisch, blieb unverheiratet und praktizierte nach seinem Medizinstudium in München seit 1918 als Arzt in Nittenau. Er fuhr damals schon ein Kleinmotorrad und galt als guter Arzt.

Elly Maldaque besuchte August Kerscher am 1. Dezember 1929 gemeinsam mit dem Regensburger Kommunisten Konrad Fuß (Dok. 16). Der bayerische Kultusminister Franz Goldenberger sah in diesem Besuch einen Beweis für ihre kommunistischen Aktivitäten. Über den „amtsbekannten kommunistischen Arzt in Nittenau" führte Goldenberger am 31. Juli 1930 im bayerischen Landtag aus: „Das ist derselbe Arzt, der im Jahre 1919 in Regensburg wegen hochverräterischer Umtriebe festgenommen und bereits 1920 als kommunistischer örtlicher Führer bekannt geworden war." Goldenberger stützt sich hier auf einen Bericht der Polizeidirektion Regensburg an das Präsidium der Regierung der Oberpfalz vom 25. März 1930, in dem festgestellt wird, dass August Kerscher am 14. April 1919 „wegen hochverräterischer Umtriebe festgenommen und 1920 als Ortsgruppenführer der KPD Nittenau bekannt wurde" (Dok. 53). 13 Jahre später, am 25. April 1933 wurde August Kerscher als politischer Häftling der Nazi-Regierung in das Regensburger Gefängnis eingeliefert. Im Gefangenenbuch der Justizvollzugsanstalt Regensburg ist als Haftgrund die sogenannte Reichstagsbrandverordnung, die Verordnung des Reichspräsidenten „Zum Schutz von Volk und Staat" vom 28.02.1933 angegeben. (Justizvollzugsanstalt, Gefangenenb., STA) Diese Verordnung setzte die Grundrechte der Weimarer Verfassung außer Kraft und ermöglichte die „Schutzhaft" ohne gerichtliche Kontrolle. 1933 setzten Massenverhaftungen von Kommunisten, Sozialdemokraten und anderen von den Nazis als politisch gefährlich eingestuften Personen ein.

Auf Verlangen der Politischen Polizei in München wurde August Kerscher am 25. 09 1933 nach München an den Verwaltungsgerichtshof „überstellt". Offenbar kam es aber nicht zur Anklage, so dass er am 4. 10. 1933 wieder ins Regensburger Gefängnis zurückverlegt wurde. Am 24. 12. 1933 wurde er auf eine Mitteilung des Bezirksamtes Roding hin aus der Haft beurlaubt.

Nach dem Ende der Nazi-Herrschaft war August Kerscher wieder für die Kommunistische Partei aktiv. Bei der Kreistagswahl im Landkreis Roding am 25. April 1948 kandidierte er für die KPD auf Platz zwei der Liste, die im Ergebnis 3,3 Prozent und damit einen Sitz erreichte. Kerscher blieb deshalb Ersatzmann. (Amtsblatt Roding, S. 44 u. S. 53)

Klaus Himmelstein

## *Romain Rolland (1866–1944)*

Der im burgundischen Clamecy geborene französische Schriftsteller und Musikwissenschaftler Romain Rolland wuchs als Sohn eines Notars in

gutbürgerlichen Verhältnissen auf. Er studierte an der Pariser Eliteschule École Normale Supérieure Literatur und Geschichte für das Lehramt an Gymnasien und ging anschließend als Stipendiat für einige Jahre nach Rom, um Material für eine Doktorarbeit über die Geschichte der Oper zu sammeln. Nach erfolgreicher Promotion unterrichtete Rolland ab 1895 als Dozent für Kunstgeschichte und lehrte ab 1904 als Professor für Musikgeschichte an der Sorbonne. Im selben Jahr erschien auch der erste Band des zehnbändigen Romanwerks „Jean-Christoph", das Rolland nach zuvor weniger erfolgreichen Theaterstücken als Romancier bekannt machte und dessen letzter Band 1912 erschienen ist. Dieser Bildungs- und Entwicklungsroman (dt. Titel: „Johann Christof") ist vom Gedanken der deutsch-französischen Völkerverständigung getragen und erzählt die Geschichte des fiktiven deutschen Komponisten Johann Christof Krafft, der in seiner Jugend Frankreich kennen und lieben lernt und in seiner Musik das Kraftvolle mit dem Geistigen verbindet und so eine deutsch-französische Vereinigung herstellt, die dem zeitgenössischen Gerede von der ewigen Erbfeindschaft der Nachbarländer widerspricht.
In den Jahren vor dem Ersten Weltkrieg unternahm Rolland längere Bildungsreisen durch Europa und verfasste Biografien über Beethoven, Michelangelo, Händel und Tolstoi, sowie Essays und musik- und kunsthistorische Schriften. Nach dem Romanerfolg fasste er 1912 den Entschluss, seine Professur aufzugeben und als freier Schriftsteller zu leben.
Mit Ausbruch des Ersten Weltkriegs blieb Rolland in der Schweiz, wo er unzensiert publizieren konnte, und setzte sich für die Friedensbewegung ein. Er unterstützte die Arbeit des Roten Kreuzes und veröffentlichte im „Journal de Genève" pazifistische Zeitungsartikel, in denen er die kriegführenden Parteien scharf attackierte. Nachdem seine Artikelserie 1915 in Paris als Buch erschienen war, fand sie größere Verbreitung und wurde in mehrere europäische Sprachen übersetzt (dt.: „Der freie Geist"). Sie hatte großen Anteil daran, dass Rolland 1916 nachträglich den Literaturnobelpreis für das Jahr 1915 erhielt. Rolland stiftete das Preisgeld dem Roten Kreuz und wurde im weiteren Verlauf des Krieges zum Sprachrohr und zur Symbolfigur des europäischen Pazifismus und der internationalen Arbeiterbewegung. (Klepsch 2000)
Nach Kriegsende gründete Rolland zusammen mit Henri Barbusse die Gruppe „Clarté", eine Friedensbewegung linker Intellektueller mit gleichnamiger Zeitschrift, und veröffentlichte 1920 den pazifistischen Roman „Clérambault" und die traurig-schöne Erzählung „Pierre et Luce" (dt., zuletzt 2010: „Pierre und Luce"). Wenige Jahre später war Rolland Mitgrün-

der der Zeitschrift „Europe", die sich insbesondere für die Völkerverständigung zwischen Frankreich und Deutschland einsetzte. Auch in den folgenden Jahren engagierte sich Rolland gegen den Faschismus, den aufkommenden Nationalsozialismus und den damit verbundenen drohenden Krieg. Da er schon seit der russischen Oktoberrevolution 1917 mit dem Kommunismus sympathisierte, wurde Rolland zum Weggefährten der 1920 gegründeten Parti communiste français. Die Hinwendung zu kommunistischen Positionen spiegelt sich im mehrbändigen Romanzyklus „L'Âme enchantée" (dt. „Verzauberte Seele") wider, der von 1922 bis 1933 entstand. Von Paul Amann ins Deutsche übertragen, erschienen von 1923 bis 1927 im Kurt Wolff Verlag in München die ersten drei von sechs Bänden der „Verzauberten Seele" (Bd. 1: Annette und Sylvia, Bd. 2: Sommer, Bd. 3: Mutter und Sohn), die bei Elly Maldaque großes Interesse fanden. Sie übertrug Textstellen aus den Romanen in ihr Tagebuch. (Dok. 7) Die weiteren Bände (Bd. 4: Die Verkünderin, Bd. 5: Die Geburt, Bd. 6: Via Sacra) waren nach 1933 in Hitler-Deutschland nicht erwünscht und sind 1935/36 im Züricher Humanitas Verlag erschienen.

Die Romanhandlung erstreckt sich ungefähr von 1890 bis 1930 und schildert den Lebensweg einer Frau, die sich gegen bürgerliche Konventionen stellt und bewusst dafür entscheidet, ledige Mutter zu sein. So emanzipiert sie sich zunächst gesellschaftlich, wenig später politisch durch ein linksgerichtetes aktives Engagement und zuletzt in einer mystischen Spiritualität auch religiös. Diese geistige Entwicklung ähnelt in groben Zügen der des Autors, der sich nach dem Ersten Weltkrieg als prokommunistischer Intellektueller engagierte und sich daneben mit Indien und dessen geistigen und religiösen Traditionen beschäftigte, woraus 1923 eine Artikelserie über Mahatma Gandhi entstand, die auch als Buch (dt. „Mahatma Gandhi") erschienen ist.

Ende der 1920er Jahre wandte sich Rolland wieder der Musikwissenschaft zu und begann eine auf fünf Bände angelegte Beethoven-Monografie, die in Teilen 1928, 1930, 1937 und posthum 1945 erschien, aber unvollendet geblieben ist. 1934 heiratete Rolland Maria Kudaschewa, die russische Übersetzerin seiner Werke und reiste im folgenden Jahr auf Einladung von Maxim Gorki nach Moskau, wo er von Stalin als Repräsentant der französischen Intellektuellen empfangen wurde, aber wiederum ein Jahr später, während der Moskauer Schauprozesse, ging Rolland entschieden auf Distanz zum sowjetischen Kommunismus und brach 1939 sogar völlig mit der Sowjetunion, als Stalin den Nichtangriffspakt mit Hitler schloss. Seine letzten Lebensjahre verbrachte Rolland seit 1937 zurückgezogen im burgundischen Wallfahrtsort Vézelay. Ende 1944 besuchte er kurz vor seinem Tod noch einmal das befreite Paris. (Motyleva ²1984, Zweig 1921)

Erwin Petzi

## Die Bewegung der Kinderfreunde

Als sich am 13. November 1923 in Berlin die „Reichsarbeitsgemeinschaft der Kinderfreunde Deutschlands" konstituierte, gab es so gut wie in allen Großstädten der Weimarer Republik bereits intakte Ortsgruppen. In einem rasanten Tempo hatte sich aus einer Fürsorgebewegung gegen das Elend der Großstadtkinder in der Nachkriegszeit eine bedeutende Kultur- und Erziehungsbewegung für den Sozialismus entwickelt.

Der Ursprung der sozialistischen Kinderfreundebewegung liegt in Österreich. Der Sozialist und Redakteur Anton Afritsch, dem die Not der Proletarierkinder zu Herzen ging, initiierte im Februar 1908 in Graz die Gründung des „Arbeiterverein Kinderfreunde für die Alpenländer". Binnen eines Jahres war die Mitgliederzahl auf 1.000 gestiegen. Treibende Kraft der deutschen Kinderfreundebewegung war der Sozialist, Bildungspolitiker und SPD-Reichtagsabgeordnete Kurt Löwenstein aus Berlin. Mit Gleichgesinnten gründete der amtierende Oberschulrat von Groß-Berlin 1921 die „Vereinigung proletarischer Kinderfreunde". Viele Großstädte folgten dem Berliner Beispiel, so dass bei der Gründung der „Reichsarbeitsgemeinschaft" 1923 bereits ein funktionierendes Netz existierte.

Bei der ersten Reichskonferenz der Kinderfreunde 1924 in Leipzig wurde ein satzungsmäßiger, organisatorischer Rahmen geschaffen, der die deutsche Kinderfreundebewegung in die „Sozialdemokratischen Familie" fest integrierte.

Ab 1926 diskutierte die auf mittlerweile 208 Ortsgruppen angewachsene Bewegung, die Ideen und Formen der Roten Falken aus Österreich zu übernehmen und altersgerechte Falkengruppen zu bilden. Im Jahr darauf, bei der 4. Reichskonferenz in Dresden, wurde der Beschluss verabschiedet: Jung-Falken 10 bis 12 Jahre, Rote Falken 12 bis 14 Jahre. Die zum ersten Mal organisierte „Kinderrepublik" in Seekamp bei Kiel mit 2.300 Kindern aus Deutschland, Österreich, Dänemark und der Tschechoslowakei, gab der Kinderfreundebewegung einen kräftigen Schub.

Das breite, koedukative Angebot der Kinderfreunde, wie Zeltlager in den Ferien, Wandertage, Mittagsspeisungen, Spielenachmittage oder Marionettentheater in eigenen Kinderhäusern, fand durch Hilfen für die proletarischen Eltern, wie Erziehungsberatungsstellen, eine wichtige Ergänzung. Daneben stand das öffentliche Auftreten von Roten Falken in Wahlkampfzeiten und bei SPD-Parteitagen. Die Roten Falken leisteten Helferdienste, Pfeifer- und Trommelkorps zogen auf, offizielle Grußworte wurden gehalten.

Bei der 6. Reichskonferenz im Oktober 1929 in Gera heißt die organisatorische Erfolgsbilanz der Kinderfreunde: 512 Ortsgruppen mit 130.000 Kindern, 6.000 Helfern und 150.000 Mitgliedern in Eltern-Erziehungsvereinen (Eppe 2000). Der ungebrochene Zustrom wie auch die in der Öffentlichkeit vielbeachteten Kinderrepubliken alarmierten den politischen Gegner. Bayern rüstete sich:

Als im Juli/August 1928 die vierwöchige „Kinderrepublik Franken" mit rund 1.000 Kindern in Pegnitz stattfand, erregte das Aufsehen in Bayern: „… rote Fahnen tauchten am Marktplatz auf, Kinder in Badeanzügen (nach damaliger Anschauung also so gut wie nackt) waren zu sehen und in Flüsterkunde verbreitete sich, dass die Kinder und Jugendlichen in den Zelten und der zusätzlichen Schlafhalle ohne Trennung der Geschlechter nächtigten." (Spehr 1991, S. 21) Für die katholische Kirche war das Maß voll.

Der bayerische Gesandte beim Päpstlichen Stuhl berichtete nach München, dass man sich im Vatikan ernste Sorgen mache, dass die Kinderfreundebewegung die Kinder außerhalb der Schule zu Vergnügungen heranziehe, „um sie dem Einflusse der Eltern und der Kirche zu entziehen, sie der christlichen Weltanschauung zu entfremden und für die sozialdemokratische Weltanschauung zu gewinnen". (Spehr 1991, S. 26)

Knapp drei Wochen nach der „Kinderrepublik Franken" meldeten sich Kardinal Faulhaber und das gesamte bayerische Episkopat bei Kultusminister Goldenberger in München. „Offensichtlich hatte es intensive Diskussionen zwischen Vatikan und bayerischem Episkopat gegeben, Bayern zur Speerspitze eines Verbots der Kinderfreunde zu machen." (Spehr 1991, S. 27) Obwohl es keine konkreten Konflikte zwischen den bayerischen Kinderfreunden und dem Vatikan und dem Episkopat gab, bot sich Bayern für die Durchsetzung eines Verbots an: hier hatte noch die Konfessionsschule Vorrang und dem katholischen Glauben war die Regierungs- und Staatspartei BVP (Bayerische Volkspartei) verpflichtet. Als die bayerische Landesregierung nicht schnell genug handelte, wurde der Druck verstärkt: Der „Osservatore Romano" forderte im Oktober 1929 Maßnahmen gegen die „Rote Kinderfreundebewegung" in Bayern, der Apostolische Nuntius wurde beim Ministerpräsidenten vorstellig und mahnte zum Einschreiten. Am 31. Dezember 1929 veröffentlichte Papst Pius XI. seine Enzyklika „Über die christliche Erziehung der Jugend" (Divini Illius Magistri).

Mit Blick auf die Kinderfreundebewegung formulierte der Papst: „Es gibt sogar ein Land, in dem die Kinder dem Schoße der Familie entrissen werden, um sie den extrem sozialistischen Theorien entsprechend in Vereinen und Schulen zum Unglauben und zum Hasse heranzubilden (oder besser gesagt, zu verbilden und zu verderben). Fürwahr ein neuer und noch viel entsetzlicherer Mord unschuldiger Kinder." (Zitiert nach Spehr 1991, S. 28)

1m April 1930 verabschiedete der bayerische Landtag ein Gesetz nach dem bis 150 Reichsmark Strafe oder Haft bestraft werden kann, wer Schulpflichtige gegen die Schule oder gegen Lehrer aufhetzt. Dieses Gesetz nutzte Kultusminister Goldenberger als Grundlage, um gegen die Kinderfreunde vorzugehen. Parallel dazu eröffneten die BVP-Zeitungen und die Publikationen der Kirche eine wüste Kampagne gegen die Kinderfreunde. Am 28. Juli 1930, erfolgte die Bekanntmachung des bayerischen Kultusministeriums über das Verbot der Teilnahme von Schülern an Veranstaltungen der Kinderfreunde. Nach dem Verbot der Kinderfreunde durch die Nazi-Regierung 1933 gingen führende Funktionäre ins Exil. Ab 1946 wurden ehemalige Kinderfreunde wieder aktiv. Zusammen mit Ehemaligen der Sozialistischen Arbeiter-Jugend gründeten sie den gemeinsamen Verband „Sozialistische Jugend Deutschlands – Die Falken".

Waltraud Bierwirth

## *Bund der Freunde der Sowjetunion (BdFSU)*

Die deutsche Sektion des „Bundes der Freunde der Sowjet-Union" (BdFSU) wurde im September 1928 in Berlin-Köpenick auf Anregung des im Jahr zuvor in Moskau stattgefundenen „Weltkongresses der Freunde der Sowjetunion" gegründet und versuchte, über Vorträge, Ausstellungen und Reisen in die Sowjetunion ein unverfälschtes Bild über den dortigen Aufbau in allen Schichten der Bevölkerung zu vermitteln. Zu den ca. 40.000 Mitgliedern, die sich bis zum Verbot des Bundes 1933 in 308 Ortsgruppen organisiert hatten, gehörten neben Mitgliedern von KPD, SPD und anderen Parteien auch Gewerkschafter und Parteilose. (Vgl. Koch u. a., S. 9 ff.; Schönknecht, S. 734; Remer) Die Arbeit des Bundes war maßgeblich von der KPD geprägt. Den Vorsitz übte zuerst Georg Kronberg und später der Sexualpädagoge Max Hodann aus. Auf russischer Seite wurde der Verein von der „Kommission für auswärtige Verbindungen" des Zentralrates der Gewerkschaften der UdSSR betreut. Diese Kommission organisierte die Delegationsreisen durch Russland und hielt den Kontakt mit dem BdFSU. 1929 veröffentlichten die „Freunde der Sowjet-Union" eine Dokumenten-

sammlung mit dem Titel „Der Kampf der Sowjet-Union um den Frieden", enthaltend die Friedens- und Abrüstungsvorschläge der Sowjetregierung an die Regierungen der Länder Europas, Amerikas und Asiens im Zeitraum von 1917 bis 1929 (Bund d. Freunde). Die Einleitung zu diesem Sammelband schrieb der damals bekannteste Streiter für den Frieden: Henri Barbusse.
Maldaques Interesse für die Sowjetunion war durchaus zeittypisch bedingt und nicht nur unter politischen Vorzeichen zu sehen. Mit dem Einsetzen der Weltwirtschaftskrise zog die KPD für ihre politische Propaganda immer stärker das Vorbild der Sowjetunion heran, die 1928 mit der Durchführung des ersten Fünfjahresplans begonnen hatte und zur selben Zeit, als die Wirtschaft der westlichen Welt am Boden lag, enorme Fortschritte in der allgemeinen Technisierung des Landes machte. In parteilich gefärbten Darstellungen wurden der Aufbauwille, der Kollektivgeist und der Brigadecharakter der sozialistischen Arbeit hervorgehoben. Dort gab es keine Wirtschaftskrise und auch keine Arbeitslosen. Jeder erfülle, so der allgemeine Tenor, eine volkswirtschaftlich sinnvolle Aufgabe und sei daher für den Rest des Lebens ökonomisch abgesichert.
Der Umstand, dass Elly Maldaques Mitgliedschaft beim „Bund der Freunde der Sowjetunion" vom bayerischen Kultusminister Goldenberger als „kommunistische Betätigung" angesehen wurde, sorgte im Rest der Republik für Verwunderung und Kopfschütteln. Die Berliner „Vossische Zeitung" nahm dazu am 1. August 1930 eindeutig Stellung: „Der ‚Bund der Freunde der Sowjet-Union' kann nicht ohne weiteres als kommunistisch bezeichnet werden. Er ist eine Vereinigung, die durch unbefangenes Studium der russischen Verhältnisse dazu beitragen will, die kulturellen und wirtschaftlichen Beziehungen der beiden Länder zu erleichtern. Zu den Mitgliedern gehören Professor Einstein, Hellmuth von Gerlach, Graf Arco und Dr. Max Osborn, die wohl niemand kommunistischer Umtriebe bezichtigen wird." (Schröder 1982, S. 317)
Anfang der 1930er Jahre gehörte eine Russland-Reise für Intellektuelle ohnehin „zum guten Ton" einer umfassenden Bildung. So reiste beispielsweise der Philosoph Ludwig Wittgenstein noch 1935 in die Sowjetunion und spielte sogar mit dem Gedanken, sich dort niederzulassen, weil er viel Sympathie für die Lebensform empfand, für die die neue russische Regierung seiner Meinung nach stand. Da beim BdFSU neben der Friedensarbeit die Propaganda für ein Gesellschaftsmodell nach sowjetischem Vorbild zunehmend in den Mittelpunkt der Arbeit rückte, verschärften sich ab 1932 die staatlichen Repressionen, die sich auf Veranstaltungsverbote und Unterbindung von Reisen in die Sowjetunion ausdehnten. Schon 1930

wurde der BdFSU von der deutschen (Geheim-)Polizei in einer Aufstellung der Hilfs- und Nebenorganisationen, über welche die KPD verfügte, an achter Stelle aufgeführt. (Dralle 1993, S. 60; Kuhn 2002, S. 45 ff.) Nach Hitlers Machtantritt wird der „Bund der Freunde der Sowjetunion" zerschlagen. Georg Kronberg wurde im Dezember 1933 für einige Monate ins KZ-Oranienburg verschleppt und 1936 mit einer zweijährigen Haftstrafe belegt. Max Hodann emigrierte zunächst nach England und mit Kriegsbeginn nach Schweden. Peter Weiss hat ihm in seiner „Ästhetik des Widerstands" ein literarisches Denkmal gesetzt.
(Vgl. auch Bund der Freunde 1929, Koch 1978, Remer 1966)

Erwin Petzi

## *Deutschnationale Volkspartei/Bayerische Mittelpartei (DNVP/BMP)*

Die Deutschnationale Volkspartei war nach dem Ersten Weltkrieg auf Seite der politischen Rechten als neues konservatives Partei-Sammelbecken entstanden. Den Grundstock bildeten Mitglieder aus den konservativen Vorläufern namens Deutschkonservative Partei und Reichspartei. Hinzu kamen weite Teile der kirchlich gebundenen evangelischen Arbeiterschaft sowie antisemitische Vertreter des Mittelstandes (wie beispielsweise der Alldeutsche Verband oder der Deutschnationale Handlungsgehilfenverband) und der schwerindustrielle Flügel der alten Nationalliberalen Partei.
In Bayern wurde 1918 eine deutschnationale Regionalpartei, die Bayerische Mittelpartei (BMP) gegründet. Sie schloss sich 1920 der Deutschnationalen Volkspartei an und nannte sich weiterhin Mittelpartei mit dem Zusatz Deutschnationale Volkspartei in Bayern. (Kiskinen 2005)
Die grundsätzliche Ausrichtung der DNVP war entschieden antidemokratisch. Die Parteiführung bekannte sich offen zur monarchischen Staatsform und den gesellschaftlichen Grundlagen und Wertvorstellungen des im Weltkrieg untergegangenen wilhelminischen Deutschland. Ihrem Selbstverständnis nach war die DNVP eine nationalistische, antiparlamentarische und antisemitische Gesinnungspartei, die von einer massiven Interessenbindung an Industrie und Landwirtschaft gekennzeichnet war. – „Der Feind steht rechts!", rief Reichskanzler Wirth 1922 im Reichstag der DNVP-Fraktion zu und brachte damit zum Ausdruck, dass die extrem konservative Rechte durch ihre hemmungslose Hetze gegen die junge Republik für die Verrohung der politischen Auseinandersetzung mitverantwortlich war. Die DNVP zeigte sich davon in der Folge unbeeindruckt. Sie stimmte gegen den Dawes-Plan, der eine Regelung der Reparations-

frage vorsah, und stellte sich gegen Gustav Stresemanns Locarno-Politik, mit der Deutschland seine moralische und politische Isolierung während der ersten Nachkriegsjahre überwinden konnte.

In Bayern war die BMP/DNVP von 1920 mit kurzer Unterbrechung bis 1932 der wichtigste Koalitionspartner der Bayerischen Volkspartei (BVP) und stellte die Justizminister, zuletzt den Regensburger Franz Gürtner. Dieser wurde 1932 Reichsjustizminister in der Regierung Papen und blieb dies auch in der Nazi-Regierung bis zu seinem Tod 1941.

1928 übernahm der Medien- und Rüstungsunternehmer Alfred Hugenberg den Parteivorsitz in der DNVP, drängte die Gemäßigten aus der Partei und begann mit der NSDAP zu kooperieren, so u. a. beim Volksbegehren gegen den Young-Plan, der in Deutschland im Mittelpunkt der außen- und innenpolitischen Auseinandersetzungen des Jahres 1929 stand, oder mit der Bildung der „Harzburger Front" im Oktober 1931 im Verbund mit der NSDAP und der paramilitärischen Organisation Stahlhelm. Anfang 1933 malte die DNVP „die Gefahr eines Bolschewismus auf dem flachen Lande" an die Wand und beteiligte sich an der Vorbereitung der Kanzlerschaft Adolf Hitlers. Als Hindenburg am 30. Januar 1933 das Hitler-Kabinett vereidigte, in dem drei Nationalsozialisten von neun Konservativen „eingerahmt" wurden, bekam Hugenberg, der mit seinem Medienkonzern die Hälfte der deutschen Presse kontrollierte und mit antisemitischer Propaganda Hitler den Weg bereitet hatte, den Posten des Wirtschafts- und Landwirtschaftsministers. Im Juni 1933 löste sich die DNVP selbst auf und ihre Reichstagsabgeordneten schlossen sich widerspruchslos den Nationalsozialisten an. Für Elly Maldaques politische Sozialisation spielte die DNVP eine wichtige Rolle. Nach Aussage ihres Vaters hat Elly sich „zuerst leidenschaftlich für die Deutsch-Nationale Partei eingesetzt," sie sei aber, weil sie wie er eine „Gottsucherin" mit „fanatischen Drang nach Wahrheit" gewesen sei, aufgrund einer seelischen Erkrankung auf den falschen Weg – sprich: zum Kommunismus geraten. (Dok. 48) Blendet man die väterliche Vulgärdiagnose einer Erkrankung der Tochter aus, so bleibt im Kern die Aussage bestehen, dass Elly Maldaques politische Entwicklung von den Deutschnationalen zu den Kommunisten hin verlaufen ist. Der Redakteur Josef Rothammer berichtete am 22. Juli 1930 in der sozialdemokratischen Regensburger „Volkswacht für Oberpfalz und Niederbayern": „Vor einigen Jahren noch glaubte Elly Maldaque in der Wiedererstehung des wilhelminischen Deutschlands den Weg aus dem Elend breiter Volksschichten zu wissen und setzte sich mit dem Temperament einer blutvollen Frau für nationale und nationalistische Bestrebungen ein,

bis ihr die Erkenntnis wurde, dass der Sozialismus, im menschlichsten Sinn des Wortes, die Erlösung dieser trüben Welt voll Armer und Reicher, voll Hungriger und Prasser bringen wird." (Dok. 57)
Die DNVP entsprach Elly Maldaques sozialer Herkunft; sie passte zum Herkommen der Eltern, dem Waffenmeister im Dienst der bayerischen Armee Wilhelm Maldaque und seiner Ehefrau Karoline, die beide evangelischer Konfession waren. Ein Nachbar der Maldaques in der Weißenburger Straße im Stadtosten, der Leiter des Referats für politische Angelegenheiten bei der Oberpfälzer Bezirksregierung, der Regierungsdirektor Julius Hahn, schreibt 1930 in einem Bericht über den Vater Elly Maldaques, dass dieser als „religiöser Schwärmer" bezeichnet werden könne und „politisch anscheinend weit rechts" stehe. (Dok. 38) Elly Maldaque stand, das belegt ihr Tagebuch, der DNVP spätestens seit dem Sommer 1927, vermutlich schon einige Zeit früher, politisch nicht mehr nahe. „Ich habe", schreibt sie am 13. September 1927 in ihrem Tagebuch, „in den Sommermonaten eine vollständige innere Umstellung erfahren." (Dok. 4)

Erwin Petzi

## *Die proletarische Freidenker-Bewegung*

Die Abkehr vom Christentum vollzog sich in der neuzeitlichen Geschichte nicht nur als „geistige" Auseinandersetzung einer intellektuellen Minderheit, sondern auch als soziale Massenbewegung „von unten". Viele Darstellungen aus Sicht der sozialistischen Freidenker neigen zu einer ideologiegeschichtlichen Überzeichnung der „geistigen Linie": Französische Enzyklopädisten – Feuerbach – Marx/Engels – Lenin, oder auch zur Überbetonung der parteilichen Organisationen. Beides, die Werke der Intellektuellen und die politischen Organisationsversuche, waren aber nur Teilaspekte des Prozesses einer atheistischen und antireligiösen Bewegung aus dem „einfachen Volk".
Zum Hauptfaktor der Freidenkerbewegung wurden zu Beginn des 20. Jahrhunderts die sozialistischen Massenorganisationen. Den Anfang machten der „Verein der Freidenker für Feuerbestattung" (Berlin 1905) und der „Zentralverband proletarischer Freidenker Deutschlands" (Eisenach 1908). Als Presseorgan des Zentralverbands diente die „Illustrierte Wochenschrift für Volksaufklärung" mit dem Titel „Der Atheist". Die Sozialdemokratie stand der Bewegung zunächst skeptisch abwartend gegenüber, da sie eine Spaltung des politischen und gewerkschaftlichen Kampfes befürchtete und die Arbeiterkulturaktivitäten als „unpolitische Ablenkung" geringschätzte.

Nach dem Ersten Weltkrieg blieben die beiden Freidenkerorganisationen zunächst nebeneinander bestehen, schlossen sich aber 1927 zum „Verband für Freidenkertum und Feuerbestattung" zusammen, der sich 1930 in „Deutscher Freidenkerverband" umbenannte. Seit 1922 waren die proletarischen mit den bürgerlichen Freidenkerverbänden (Monisten und Freireligiöse) in der RAG (Reichsarbeitsgemeinschaft freigeistiger Verbände im Deutschen Reich) zusammengeschlossen, die sich 1930 aus dem Deutschen Freidenker-Verband (DFV, ca. 600.000 Mitglieder), dem Verband proletarischer Freidenker (VpFD, ca. 100.000 Mitglieder), dem Volksbund für Geistesfreiheit (VfG, ca. 60.000 Mitglieder) und dem Deutschen Monistenbund (DMB, ca. 10.000 Mitglieder) zusammensetzte. Die Freidenkerorganisationen setzten sich ein: für die Erleichterung des Kirchenaustritts, die Trennung von Staat und Kirche, ein weltliches Schulwesen, die Aufhebung des Gotteslästerungsparagraphen und später gegen die Konkordate und Kirchenverträge in Bayern und Preußen.

Anfang des 20. Jahrhunderts wuchs in der Arbeiterbewegung die Kritik an den Kirchen als Stütze des monarchistischen Staates. 1913/14 kam es zu einer ersten Austrittswelle (ca. 23.000 Austritte). Das Erlebnis des Krieges und seine religiöse Weihe durch die christlichen Kirchen, das Predigen von Völkerhass und Massenmord, führten nach der Novemberrevolution (1919) zu fast 230.000 Austritten. Ein Jahr darauf erreichte die Kirchenflucht mit fast 306.000 Austrittserklärungen ihren Höhepunkt. Eine neue Austrittswelle 1925/26 stand mit der Fürstenentschädigung, dem Schulkampf und dem Engagement des Protestantismus für Hindenburgs Reichspräsidentschaft in Verbindung. Danach gingen die jährlichen Kirchenaustritte geringfügig zurück (ca. 182.000), um mit der Weltwirtschaftskrise wieder auf rund 230.000 im Jahr 1931 anzusteigen. So stieg der Prozentsatz der Konfessionslosen von nur 0,02 % zur Jahrhundertwende auf 4 % zum Ende der Weimarer Republik. An der Spitze der Austritte standen die Bewohner städtischer und industrieller Gebiete. Außerdem war die Zahl der Konfessionslosen bei den Mitgliedern der beiden Arbeiterparteien besonders hoch. 1927 schätzte man den Anteil auf 75 % der SPD- und 95 % der KPD-Mitglieder. (Kirchl. Jb. 1931, S. 94)

Im süddeutschen Raum konnte die Freidenkerbewegung kaum richtig Fuß fassen, ihre Schwerpunkte lagen in den größeren Städten mit überwiegend protestantischer Bevölkerung. In Bayern aber war die evangelische Landeskirche so deutschnational-konservativ geprägt, dass nach 1918 nur ein einziger Pfarrer der SPD angehörte, sich jedoch 53 Pfarrer schon vor 1933 der NSDAP anschlossen.

Seit Mitte der zwanziger Jahre machten sich innerhalb der proletarischen Freidenkerorganisationen kommunistische Strömungen bemerkbar. Wegen der Anpassung der SPD an die katholische Zentrumspolitik erlangten die Kommunisten unter den proletarischen Freidenkern eine starke Stellung. Beeinträchtigt wurde die Zusammenarbeit jedoch durch den Parteizentralismus der KPD, die – ebenso wie die SPD – die Freidenker ihrer Parteipolitik unterwerfen wollte. Als Folge des Ringens von SPD und KPD um den Deutschen Freidenkerverband lösten sich 1929/30 die marxistischen Freidenker von ihm als „Verband proletarischer Freidenker" (VpFD) heraus, sodass der Streit eskalierte. Die kommunistische Freidenkerorganisation griff die sozialdemokratischen Freidenker als „pfaffensozialistische Agenten" an, gab sich 1931 ein marxistisches Programm und verschärfte im Selbstverständnis einer Volksaktion gegen den Faschismus den Kampf gegen den politischen Klerikalismus als Wegbereiter des Faschismus.

Ende 1931 verstärkten sich unter dem Schlagwort des „Kulturbolschewismus" die Angriffe gegen die gespaltene Freidenkerbewegung. Insbesondere der „Bayerische Kurier", das Presseorgan der Zentrumspartei hetzte unverhohlen gegen die proletarischen Freidenker. Im Mai 1932 wurde der VpFD von der Regierung Brüning mit der Begründung verboten, er gefährde die Gewissensfreiheit, wolle die bolschewistische Gottlosenbewegung auf Deutschland ausdehnen und Religion und Sittlichkeit abschaffen. Nach dem Verbot des VpFD konzentrierten sich die kirchlichen und politischen Angriffe auf die Zerschlagung des „Deutschen Freidenkerverbandes". Im Juni 1932 stellte die preußische Landtagsfraktion der NSDAP einen Verbotsantrag gegen den Freidenkerverband. Am 17. März 1933 stürmten SA-Männer das Berliner Freidenkerhaus, die Geschäftsstellen des Freidenkerverbandes wurden aufgelöst, Büchereien und Schulungsmaterial vernichtet. Max Sievers, der letzte Vorsitzende der Freidenker, wurde am 17. Januar 1944 im Zuchthaus Brandenburg-Görden enthauptet. Der NS-Volksgerichtshof unter Vorsitz von Roland Freisler urteilte: Eine andere politische Weltanschauung zu propagieren, sei Verrat am deutschen Volk und könne nur mit dem Tod gesühnt werden. (Vgl. Algermissen [4]1930, Kahl 1981, Kaiser 1981, Lindemann 1981, Rudloff 1991, Vollnhals 1989, Walter 1993)

Erwin Petzi

# Quellen

*Bayerisches Hauptstaatsarchiv, Abt. IV Kriegsarchiv*
Offizierspersonalakt Wilhelm Maldaque, OP 73334

*Bayerische Staatsbibliothek. Digitale Bibliothek*
Verhandlungen des Provisorischen Nationalrates des Volksstaates Bayern, 5. Sitzung v. 18.12.1918. Digitale Bibliothek. München, 4 Bavar.3135b, Sten.Ber.; Internet-Zugang über http://www.bayerische-landesbibliothek-online.de
Verhandlungen des bayerischen Landtags 1919–1933, Sitzungsperiode 1928–1928, Bd. 4: Stenographische Berichte zu den öffentlichen Sitzungen 1930, Nr. 78–96; Internet-Zugang über http://www.bayerische-landesbibliothek-online.de/landtag1919–1933

*Evangelisch-lutherisches Pfarrarchiv Regensburg*
Chronik des evangelisch-lutherischen Pfarramts untere Stadt (ab 1929), Nr. 330
Evangelisches Gemeindeblatt für den Donaugau. Organ für den evangelischen Kirchenbezirk Regensburg

*Landeskirchliches Archiv der Evangelisch-Lutherischen Kirche in Bayern*
Bayerisches Dekanat Regensburg, Nr. 287 (Volksschulen)

*Staatliche Bibliothek Regensburg*
Bericht über den Stand der Gemeindeangelegenheiten der Kreishauptstadt Regensburg für das Jahr 1924/25 (zitiert als Bericht 1924/25)
Steinbeißer, Josef Wolfgang: Lehrerin Elly. Ein soziales Drama in vier Akten, maschinenschriftlich geänderte Fassung, (Regensburg 1970). Die erste Fassung hat den Titel „Die Kommunistin. Ein Trauerspiel in vier Akten", handschriftliches Manuskript (Regensburg 1930)

*Staatsarchiv Amberg (STA)*
Akten der Regierung der Oberpfalz, Nr. 25 995
Akten der Regierung der Oberpfalz, Nr. 26 120 (Personalakte Maldaque)
Akten der Regierung der Oberpfalz, Abgabe 1949, Nr. 5079
Justizvollzugsanstalt Regensburg Nr. 289, Gefangenenbuch B, 26.11.1931–12.11.1933 (Nr. 700 u. 1403)
Regierung KdJ, Abg. 1949 ft, Nr. 14087

*Stadtarchiv Erlangen (StE)*
Familienbogen Wilhelm Maldaque
Verzeichnis der Erlanger Schützenscheiben im Stadtmuseum Erlangen

Klassenfoto der Klasse IV der Städtischen Höheren weiblichen Bildungsanstalt Erlangen, VI.O.b.237
Jahresberichte der Städtischen höheren weiblichen Bildungsanstalt Erlangen 1903/04 bis 1913/14, R 217c
Seminar- und Präparandenschlußprüfung für die Schulamtszöglinge der Städtischen höheren weiblichen Bildungsanstalt Erlangen, Akte 420.A.8
Zensur-Liste d. Städtischen höheren weiblichen Bildungsanstalt, Akte 420.A.8
Adressbücher von Erlangen 1895 ff.

*Stadtarchiv Regensburg (StR)*
Adressbücher von Regensburg
Familienbogen Rupert Limmer
Familienbogen Wilhelm Maldaque
Meldekarte Elisabeth Maldaque
Personalakt: Maldaque Elly, Personalamt PA-P 5651
Regensburger Anzeiger
Regensburger Echo
Volkswacht für Oberpfalz und Regensburg
19. Sitzung des Verwaltung- und Polizeisenats am 19. Juli 1930
Ratsprotokolle 156; II 143/1713, Konrad Fuß
Stadtratsprotokolle 1928–1932 (alt:72) 112–116)

*Bezirksklinikum Regensburg*
Krankenakte Elly Maldaque

*Auskünfte*
Prof. Clemens Cording, Bezirksklinikum: Vortragsmanuskript
Luise Gutmann, Privatarchiv, Flugblätter der GEW
Reinhard Hanausch
Fred Karl, Briefwechsel
Jakob Rester, Kreisheimatpfleger von Nittenau
Prof. Jürgen Schröder, Universität Tübingen, Privatarchiv
Stadtarchiv Nürnberg, Institut Lohmann
Martina Wunner

# Literatur

*Literatur über Elly Maldaque*
Allgemeine Deutsche Lehrerzeitung, 59. Jg., Nr. 32, Nr. 36
Baron, Bernhard: Die Lehrerin Elly Maldaque – ein Oberpfälzer Frauenschicksal. In: Maldaque, Span und Durchkriechstein, hrsg. vom Landkreis Tirschenreuth. Landkreis-Schriftenreihe, Band 21. Pressath 2009, S. 43–51
Bayerische Lehrerinnenzeitung, Nr. 15, Nr. 17
Feldmann, Christian: Fräulein Parzival. Opfer politischer Hexenjagd: Elly Maldaque, die „Lehrerin von Regensburg". In: Regensburger Almanach 1997, Bd. 30. Regensburg 1997, S. 126–130
Heigl, Peter: Elly Maldaque. In: Heigl, Peter: Regensburg privat. Von Albertus Magnus bis Oskar Schindler – Ein Gang durch die Stadt. Regensburg 1997, S. 217–221
Horváths Lehrerin von Regensburg. Der Fall Elly Maldaque, dargestellt und dokumentiert von Jürgen Schröder. Frankfurt am Main 1982
Hummel, Franz: An der schönen blauen Donau. Kammeroper nach einem Libretto von Elisabeth Gutjahr (Uraufführung im Mai 1993 in Klagenfurt); 1995 im Stadttheater Ingolstadt aufgenommen und 1996 bei ARTE NOVA als CD veröffentlicht
Kätzel, Ute: „Sie war ihrer Zeit voraus". Ein Porträt der Elly Maldaque, „Lehrerin von Regensburg", nach Berichten ihrer SchülerInnen. In: Kätzel, Ute/Schrott, Karin (Hg.): Regensburger Frauenspuren. Regensburg 1995, S. 179–191
König, Eginhard: Der Fall Maldaque. Ereignisse und Wirkungen. In: Es ist eine Lust zu leben! Die 20er Jahre in Regensburg, hrsg. vom Kunst- und Gewerbeverein Regensburg. Regensburg: Dr. Peter Morsbach Verlag, 2009, S. 254–259
Elly Maldaque 1930. In: Regensburger Liederbuch. Eine Stadtgeschichte in Noten, hrsg. v. Eginhard König und Martina Forster. Regensburg 1989, S. 48–53 u. S. 77
Mehring, Walter: Die Ballade der Lehrerin Elly Maldaque. In: Mehring, Walter: Werke: Chronik der Lustbarkeiten. Die Gedichte, Lieder und Chansons 1918–1933. Düsseldorf 1981, S. 352–353; Anmerkung S. 511: „Durchgesehene Fassung (Manuskript). Die Erstfassung heißt ‚Ballade der Lehrerin Elly Maldaque' (1931) und hat im dritten Refrain die Zeilen ‚Ihr Totenarzt war einem Mutterleib/Und der Irrenanstalt entsprungen!'"
Raab, Harald: „Horváths Lehrerin von Regensburg". In: Die Woche v. 16.09.1982
Schröder, s. Horváths Lehrerin von Regensburg
Schröder, Jürgen: Ödön von Horváth als „Chronist seiner Zeit". Zum Dramenfragment „Der Fall E.". In: Drama und Theater im 20. Jahrhundert. Festschrift für Walter Hinck, hrsg. v. Hans Dietrich Irmscher und Werner Keller. Göttingen 1983, S.193–156.
Schröder, Jürgen: Elly Maldaque. Ödön von Horváths „Lehrerin von Regensburg". In: Schmitz, Walter/Schneidler, Herbert (Hrsg.): Expressionismus in Regensburg. Regensburg 1991, S. 175–185

Sommer, Karin: „Die Lehrerin von Regensburg". Eine Erinnerung an Elly Maldaque. Manuskript: Bayern – Land und Leute, Bayerischer Rundfunk, Bayern 2, gesendet am 24. April 1994

**Weiterführende Literatur**
Algermissen, Konrad: Freidenkertum, Arbeiterschaft und Seelsorge. [4]Hannover 1930
Amts-Blatt für den Landkreis Roding, Nr. 16: 17.April 1948, S. 44 (Kerscher)
Amts-Blatt für den Landkreis Roding, Nr. 19: 08.Mai 1948, S. 53 (Kerscher)
Anschütz, Gerhard: Die Verfassung des Deutschen Reichs vom 11. August 1919. Ein Kommentar für Wissenschaft und Praxis. [9]Berlin 1929
Assmann, Aleida: Arbeit am nationalen Gedächtnis. Frankfurt a. M./New York 1993
Barbusse, Henri: Das Feuer. Tagebuch einer Korporalschaft. Zürich 1918
Barbusse, Henri: Der Schimmer im Abgrund. Ein Manifest an alle Denkenden. Deutsche Ausgabe von Iwan Goll. Basel/Leipzig (1920)
Barbusse, Henri: Ein Mitkämpfer spricht. Aufsätze und Reden aus den Jahren 1917–1921, hrsg. v. Viktor Henning Pfannkuche. [3]Basel 1922
Barbusse, Henri: Jesus. Autorisierte Übertragung aus dem Französischen von Eduard Trautner. Leipzig 1928
Barbusse, Henri: Tatsachen. Mit einer Vorrede von Ernst Toller. Berlin 1929
Bauernfeind, Martina: Erlangen als Garnisonsstadt (1868–1994). In: Erlanger Stadtlexikon. Nürnberg 2002, S. 78–81
Bayerische Lehrerzeitung, 64. Jg., Nr. 29: 17.07.1930, S. 442–443 (Politische Gesinnung der Beamten)
Bayerische Verfassungsurkunden. Dokumentation der bayerischen Verfassungsgeschichte, bearb. V. Alfons Wenzel. Stamsried 2002
Bayerisches Volksschullehrergesetz und Schulbedarfsgesetz in neuer Fassung samt den Beamtenbesoldungsgesetz. 3., umgearb. Aufl. München u. a. 1920
Beer, Max: Allgemeine Geschichte des Sozialismus und der sozialen Kämpfe, 5. Teil: Die neueste Zeit bis 1920. Berlin 1923
Behringer, Wolfgang: Thurn und Taxis. München 1990
Beilner, Helmut: Die Emanzipation der bayerischen Lehrerin – aufgezeigt an der Arbeit des bayerischen Lehrerinnenvereins (1898–1933). München 1971
Benjamin, Walter: Über den Begriff der Geschichte. In: Benjamin, Walter: Sprache und Geschichte. Stuttgart 1992, S. 141–154
Blessing, Werner K.: Im Königreich Bayern (1810–1918). In: Erlanger Stadtlexikon. Nürnberg 2002, S. 38–41
Bölling, Rainer: Volksschullehrer und Politik. Der Deutsche Lehrerverein 1918–1933. Göttingen 1978
Borut, Jakob: Die Juden in Regensburg 1861–1933. In: Brenner, Michael/Höpfinger, Renate (Hrsg.): Die Juden in der Oberpfalz. München 2000, S. 159–181
Bucharin, Nikolai Iwanowitsch: Theorie des historischen Materialismus. Gemeinverständliches Lehrbuch der Marxistischen Soziologie. Hamburg 1922

Buchberger, Michael: Gibt es noch eine Rettung? Regensburg (1931)
Bühl, Charlotte: Institut Lohmann. In: Stadtlexikon Nürnberg. Nürnberg 1999, S. 478 u. 479
Bund der Freunde der Sowjet-Union (Hg.): Der Kampf der Sowjet-Union um den Frieden. Mit einer Einleitung von Henri Barbusse. Berlin 1929
Cording, Clemens: Die Regensburger Heil- und Pflegeanstalt Karthaus-Prüll im „Dritten Reich". Würzburg 2000
Dertinger, Antje: Dazwischen liegt nur der Tod. Leben und Sterben der Sozialistin Antonie Pfülf. Berlin/ Bonn 1984
Dolhofer, Josef: Zur geschichtlichen Entwicklung der Regensburger Polizei. In: Regensburger Almanach 1974. Regensburg 1974, S. 93–103
Dralle, L.: Von der Sowjetunion lernen, .... Zur Geschichte der Deutschen Gesellschaft für Deutsch-Sowjetische Freundschaft. Berlin 1993
Eppe, Heinrich: Datenchronik der deutschen Kinderfreundebewegung 1919–1939, 2. erw. Aufl., Oer-Erkenschwick 2000
Faatz, Martin: Vom Staatsschutz zum Gestapo-Terror. Politische Polizei in Bayern in der Endphase der Weimarer Republik und der Anfangsphase der nationalsozialistischen Diktatur. Würzburg 1995
Faschismus. Bericht vom Internationalen Antifaschisten-Kongress, Berlin 9. bis 10. März 1929, hrsg. vom internationalen Antifaschisten-Komitee. Berlin o. J. (1930)
Flierl, Christine/Gschwendner, Karl: Die Schule in der Weimarer Zeit. Regionalgeschichtliche Ergänzungen: Oberpfalz. In: Handbuch der Geschichte des bayerischen Bildungswesens, 3. Bd.: Geschichte der Schule in Bayern von 1918 bis 1990. Bad Heilbrunn/Obb. 1997, S. 99–107
Fontane, Theodor: Von der Tann ist da! In: Theodor Fontane: Sämtliche Werke, Abt. I, Bd. 6. München 1964, S. 231–232 u. S. 932, Anm. 231
Formationsordnung vom 17.12.1825. In: Döllinger, Georg Ferdinand: Sammlung der im Gebiete der inneren Staats-Verwaltung des Königreichs Bayern bestehenden Verordnungen, 2. Bd., Abt. III u. IV. München 1835, S. 431–474
Gerstenberg, Günther: Zweites Arbeiter-Turn- und Sportfest, Nürnberg, 18. – 21. Juli 1929. In: Historisches Lexikon Bayerns, URL: http://www.historisches-lexikon-bayerns.de/artikel
Gollwitzer, Heinz: Ludwig d I. von Bayern. München 1997
Groß, Marianne u. a.: Frauen außer Haus. Spuren von Regensburgerinnen aus zwei Jahrtausenden. Regensburg 1992
Große Bayerische Biographische Enzyklopädie, hrsg. von Hans-Michael Körner unter Mitarbeit von Bruno Jahn, Band 1. München 2005, S. 663 (Franz Goldenberger)
Guthmann, Johannes: Ein Jahrhundert Standes- und Vereinsgeschichte. Der Bayerische Lehrer- und Lehrerinnenverein. München 1961
Halter, Helmut: Stadt unterm Hakenkreuz. Kommunalpolitik in Regensburg während der NS-Zeit. Regensburg 1994

Handbuch der oberpfälzischen Volksschulen nach dem Stande vom 1. September 1924, hrsg. nach amtlichen Quellen von J. Leißl und J. Lindner. Regensburg 1924

Handbuch der oberpfälzischen Volksschulen nach dem Stande vom 1. September 1928, hrsg. nach amtlichen Quellen von J. Leißl und J. Lindner. Regensburg 1928

Hausberger, Karl: Franz Xaver Kiefl (1869–1928). Regensburg 2003

Jobst, Andreas: Pressegeschichte Regensburgs von der Revolution 1848/49 bis in die Anfänge der Bundesrepublik Deutschland. Regensburg 2002

Kahl, Joachim/Wernig, Erich (Hrsg.): Freidenker. Geschichte und Gegenwart. Köln 1981

Karthäuser Blätter, 2. Jg. (1930), Nr. 3

Katholische Lehrerzeitung, 7. Jg., Nr. 24: 21.08.1930, S. 269 (Rundschau: Schulpolitik)

Kaiser, Jochen-Christoph: Arbeiterbewegung und organisierte Religionskritik. Proletarische Freidenkerverbände in Kaiserreich und Weimarer Republik. Stuttgart 1981

Kick, Wilhelm: Sag es unseren Kindern. Widerstand 1933–1945. Beispiel Regensburg. Berlin/Vilseck 1985

Kiefl, Franz Xaver: Die Staatsphilosophie der katholischen Kirche. Regensburg 1928

Kirchliches Jahrbuch für die evangelischen Landeskirchen Deutschlands, 58. Jg., Gütersloh 1931

Kiskinen, Elina: Die Deutschnationale Volkspartei in Bayern (Bayerische Mittelpartei) in der Regierungspolitik des Freistaats während der Weimarer Zeit. München 2005

Klepsch, Michael: Romain Rolland im Ersten Weltkrieg. Ein Intellektueller auf verlorenem Posten. Stuttgart 2000

Klerusblatt v. 17.09.1930

Koch, G./Münch, H./Grahn, G.: Traditionen der deutsch-sowjetischen Freundschaft. Zur Geschichte des „Bundes der Freunde der Sowjetunion". Hrsg. v. Zentralvorstand der Gesellschaft für Deutsch-Sowjetische Freundschaft. Berlin-Ost 1978

Küchler, Walther: Romain Rolland. Henri Barbusse. Fritz von Unruh. Vier Vorträge. Würzburg 1919

Kuhn, Katja: „Wer mit der Sowjetunion verbunden ist, gehört zu den Siegern der Geschichte...". Die Gesellschaft für Deutsch-Sowjetische Freundschaft im Spannungsfeld von Moskau und Ostberlin. Mannheim 2002

Kunst- und Gewerbeverein Regensburg: Es ist eine Lust zu leben! Die 20er Jahre in Regensburg. Regensburg 2009

Lehner, Johann B.: Krummennaab. ²Krummennaab 1966

Lehrordnung für die bayerischen Volksschulen. In: Amtsblatt des Bayerischen Staatsministeriums für Unterricht und Kultus, Nr. 16: 29.12.1926, S. 127–190

Lex, Johann: Gedanken zur Lehrordnung für die bayerische Volksschule. In: Die Scholle, 3. Jg. (1927), S. 371–378

Lilla, Joachim: Der Bayerische Landtag 1918/1919 bis 1933. Wahlvorschläge-Zusammensetzung-Biographien. München 2008

Lindemann, Walter: Die proletarische Freidenkerbewegung. Geschichte, Theorie, Praxis. Münster 1981

Lönne, Karl-Egon: Politischer Katholizismus im 19. und 20. Jahrhundert. Frankfurt a. M. 1986

Lohmann, Elise: Pascal und Nietzsche. Borna-Leipzig 1917

Lukács, Georg: Werke. Bd. 2: Frühschriften II – Geschichte und Klassenbewußtsein. Neuwied/Berlin: 1968

Mehringer, Hartmut: Die KPD in Bayern 1919–1945. In: Bayern in der NS-Zeit, Band V. München/Wien 1983, S. 1–286

Motyleva, Tamara: Romain Rolland. Eine Biographie. ²Berlin-Ost 1984

Neuhäußer-Wespy, Ulrich: Die KPD in Nordbayern 1919–1933. Nürnberg 1981

Oberpfälzischer Schul-Anzeiger, 42. Jg., Nr. 16/17: 01.09.1920

Obpacher, Josef: Das königlich bayerische 2. Chevaulegers-Regiment Taxis. München 1926

Peukert, Detlev J.: Die Weimarer Republik. Frankfurt a. M. 1987

Piazza, Hans: Die Antiimperialistische Liga – die erste antikoloniale Weltorganisation. In: Die Liga gegen Imperialismus und für nationale Unabhängigkeit 1927 –1937. Protokoll einer wissenschaftlichen Konferenz. Wissenschaftliche Beiträge der Karl-Marx-Universität Leipzig, Reihe Gesellschaftswissenschaften. Leipzig 1987, S. 6–43

Polizeistrafgesetzbuch für Bayern. ⁸München 1927

Reindl, Gerhard: Zwischen Tradition und Moderne. Regensburg in der Weimarer Republik. In: Geschichte der Stadt Regensburg, Bd. 1, hrsg. v. Peter Schmid. Regensburg 2000, S. 373–418

Remer, C.: Der Bund der Freunde der Sowjetunion und seine Tätigkeit auf kulturellem Gebiet. In: Deutschland-Sowjetunion. Aus fünf Jahrzehnten kultureller Zusammenarbeit. Wissenschaftliche Zeitschrift der Humboldt-Universität Berlin. Sonderband. Berlin-Ost 1966

Romain, Rolland: Verzauberte Seele. Band 2: Sommer. München 1924

Romain, Rolland: Verzauberte Seele. Band 3: Mutter und Sohn. München 1927

Rudloff, Michael: Weltanschauungsorganisationen innerhalb der Arbeiterbewegung der Weimarer Republik. Frankfurt a. M. 1991

Rumschöttel, Hermann: Das bayerische Offizierskorps 1866–1914. Berlin 1973

Schmahl, Hermannjosef: Disziplinarrecht und politische Betätigung der Beamten in der Weimarer Republik. Berlin 1977

Schlund, Erhard: Kirche und Sozialdemokratie. In: Klerusblatt, Nr. 19: 12.05.1929, S. 261–266

Schmidt, Wolfgang: Eine Stadt und ihr Militär. Regensburg als bayerische Garnisonsstadt im 19. und frühen 20. Jahrhundert. Regensburg 1993

Schönhoven, Klaus: Die Bayerische Volkspartei 1924–1932. Düsseldorf 1972

Schönknecht, Thomas: Gesellschaft für Deutsch-Sowjetische Freundschaft (DSF). In: SBZ-Handbuch. Staatliche Verwaltungen, Parteien, gesellschaftliche Organisationen und ihre Führungskräfte in der Sowjetischen Besatzungszone Deutschlands 1945 – 1949, hgg. v. Martin Broszat und Hermann Weber. ²München 1993. S. 734

Schröder, Wilhelm Heinz: Sozialdemokratische Parlamentarier in den deutschen Reichs- und Landtagen 1867–1933. Düsseldorf 1995, S. 541 (Elisabeth Kaeser)

Sellin, Volker: Mentalität und Mentalitätsgeschichte. In: Historische Zeitschrift, Bd. 249 (1985), S. 555–598

Spehr, Christoph: Zerstörter Fortschritt. Die bayerische Kinderfreundebewegung – ein sozialdemokratisches Lehrstück. Oer-Erkenschwick 1991

Spitzer, Leo: Studien zu Henri Barbusse. Bonn 1920

Trillhaas, Wolfgang: Aufgehobene Vergangenheit. Aus meinem Leben. Göttingen 1976

Ullrich, Volker: Der ruhelose Rebell. Karl Plättner 1893–1945. Eine Biographie. München 2000

Verfassung des Freistaates Bayern vom 14. August 1919. In: Bayerische Verfassungsurkunden, bearb. V. Alfons Wenzel. Stamsried 2002, S. 57–75

Vollnhals, Clemens: Evangelische Kirche und Entnazifizierung 1945 bis 1949. München 1989

Walter, Franz/Heimann, Siegfried: Religiöse Sozialisten und Freidenker in der Weimarer Republik. Bonn 1993

Zernin, Gerhard: Freiherr Ludwig von und zu der Tann-Ramtshausen. Darmstadt/ Leipzig 1884

Zierl, Fritz: Geschichte der Heil- und Pflegeanstalt Regensburg 1852–1932. Regensburg 1932

Zweck, Erich: Antisemitismus in Regensburg während der Weimarer Zeit (1918–1933). In: „Stadt und Mutter Israel", Ausstellungskatalog, ³Regensburg 1995, S. 200–204

Zweig, Stefan: Romain Rolland. Der Mann und das Werk. Frankfurt a. M. 1921

# Abbildungsnachweis

Martina Wunner: Titelbild, S. 12 und S. 34
Stadtarchiv Erlangen: S. 18
Bildstelle des Stadtarchivs Regensburg: S. 79
Waltraud Bierkirth: S. 130
Staatsarchiv Amberg: S. 137

# Ein Stück Regensburger Stadtgeschichte

Peter Eiser / Günter Schießl
**Kriegsende in Regensburg**
Revision einer Legende

160 Seiten, 22 Abbildungen
Kartoniert
ISBN 978-3-7917-2410-2
€ (D) 19,95

Anders als viele andere bayerische Mittelstädte hat Regensburg den Zweiten Weltkrieg glimpflich überstanden. Bisher wurde dies zu einem wesentlichen Teil dem beherzten Handeln eines Mannes als Verdienst zugerechnet – Major Robert Bürger. Dabei verließ man sich auf dessen eigene Schilderung der Ereignisse, wie sie im Lauf der Jahre in verschiedenen Regensburger Zeitungen und Jahrbüchern veröffentlicht wurde.
Die Verfasser dieses Buches haben es erstmals unternommen, alle wesentlichen Punkte der Bürgerschen Version der Ereignisse auf den Prüfstand zu stellen und zu untersuchen, welche seiner Angaben beweisbar sind oder wenigstens mit den anderen dokumentierten Quellen im Einklang stehen. Das Ergebnis ist überraschend: Viele Einzelheiten, die Bürger berichtet, lassen sich nicht beweisen oder auch nur als wahrscheinlich annehmen. In akribischem Zusammentragen zahlloser einzelner Indizien wird der Nachweis geführt, dass die Darstellung Bürgers nicht stimmen kann, dass vielmehr ein anderer, Major Matzke, durch mutigen Entschluss und unter Hintanstellung seiner persönlichen Sicherheit den Beschuss der Stadt durch die Amerikaner verhindern half. Das Buch ist ein Beitrag zu einer notwendigen Neuuntersuchung der Frage, was im April 1945 in Regensburg wirklich geschah und es vor der Zerstörung bewahrte.

Verlag Friedrich Pustet
Unser komplettes Programm unter:
www.verlag-pustet.de

Tel. 0941 / 92022-0
Fax 0941 / 92022-330
bestellung@pustet.de

# Eine Zeitreise durch die Geschichte Bayerns

Manfred Treml
**Der bayerischen Geschichte auf der Spur**

Wie alt ist eigentlich Bayern? Das Buch zur gleichnamigen Sendereihe auf BR alpha folgt in einer Zeitreise der Geschichte Bayerns – von der Frühzeit bis in die Jahre um 1900! 14 Kapitel vermitteln Epochen und wichtige Ereignisse, zeigen Entwicklungen, Strukturen und ihre Veränderungen, verweisen auf maßgebliche Persönlichkeiten und verfolgen so den Weg Bayerns von der Stammesbildung bis zum Freistaat. 100 überwiegend farbige Abbildungen, Karten und Grafiken veranschaulichen – ausführlich kommentiert – die bayerische Landesgeschichte und machen sie lebendig. Eine umfangreiche Zeittafel gibt schnell und präzise Auskunft zu Daten und Fakten – Ein informatives Bildgeschichtsbuch!

184 S., 111 z. T. farb. Abb., Hardcover, ISBN 978-3-7917-2369-3, € (D) 22,–

Verlag Friedrich Pustet
Unser komplettes Programm unter:
www.verlag-pustet.de

Tel. 0941 / 92022-0
Fax 0941 / 92022-330
bestellung@pustet.de